*Meinen Töchtern
Sandra, Sabine, Sonja*

Der europäische Imperialismus

Gustav Schmidt

Studienausgabe

R. Oldenbourg Verlag München 1989

CIP-Kurztitelaufnahme der Deutschen Bibliothek

Schmidt, Gustav:
Der europäische Imperialismus / Gustav Schmidt. –
Studienausg. – München ; Wien : Oldenbourg, 1989
    ISBN 3-486-52402-X

© 1989 R. Oldenbourg Verlag GmbH, München

Das Werk einschließlich aller Abbildungen ist urheberrechtlich geschützt. Jede Verwertung außerhalb der Grenzen des Urheberrechtsgesetzes ist ohne Zustimmung des Verlages unzulässig und strafbar. Das gilt insbesondere für Vervielfältigungen, Übersetzungen, Mikroverfilmungen und die Einspeicherung und Bearbeitung in elektronischen Systemen.

Satz: Robert Hurler GmbH, Notzingen
Druck: grafik + druck, München
Bindearbeiten: R. Oldenbourg Graphische Betriebe GmbH, München

ISBN 3-486-52402-X

INHALT

Vorwort IX

I. Darstellung 1

  1. Das Zeitalter des Imperialismus im Überblick: Grundzüge und Tendenzen 1
    a) Das Ausgreifen der Nationalstaaten 3
    b) Stabilität der Weltwirtschaftsordnung – gefährdete politische Staatenordnung 6
    c) Innenpolitische Antriebskräfte: Gesamteuropäische Erscheinungen und nationale Regime-Unterschiede 7
    d) Die Gruppierung politischer Kräfte im Zeichen der Wechselwirkungen zwischen Innen- und Außenpolitik 23
    e) Hauptmerkmale der Epoche 28

  2. Europas Stellung in der Weltwirtschaft 31
    a) Grobstrukturen des Welthandels und des Außenhandels der führenden Nationen 32
    b) Großbritannien und Frankreich als Finanzzentren und Clearing-Stellen des Weltwirtschaftssystems 39
    c) Internationalisierung der Konjunkturverläufe, Goldstandard und Kapitalexporte – Die Versäulung der Weltwirtschaft ... 41

  3. Typen des Imperialismus 44
    A. Rußland 44
      a) Hauptmerkmale 44
      b) Einzugsfelder 45
      c) Wirtschaftsstrategische Aspekte 46
      d) Politische Verhältnisse in Rußland 49
      e) Rußland zwischen Frankreich und Deutschland 50

    B. Frankreich 53
      a) Kolonialreich 53

		b) Gesellschaftspolitische und ökonomische Bestimmungsfaktoren	54
		c) Außenbeziehungen	56
	C.	Großbritannien	59
		a) Globale Präsenz	59
		b) Konsolidierung des Empire und Weltmachtstreben	60
		c) Strukturmerkmale des britischen Imperialismus	64
	D.	Deutsches Reich	67
		a) Ziele, Strategien und Methoden „konservativer Politik" und das Kräftefeld der deutschen Politik	67
		b) Deutsche Weltpolitik – Kolonialerwerb, Flottenbau und Sozialimperialismus	73
		c) Informeller Imperialismus, Finanzimperialismus und Machtpolitik – Der Fall „Bagdadbahn"	75
		d) Besonderheiten des deutschen Imperialismus: „Drohpolitik" und Stellung des Militärs im Herrschaftsgefüge	80
		α) Diskrepanzen zwischen Militär-, Marinestrategien und Außenpolitik	81
		β) Die Militärmachtkomponente im Image deutscher Weltpolitik	88
		γ) „Weltpolitik ohne Krieg" – Eine Alternative?	89
4.	Das Deutsche Reich im Kreis der Großmächte		90
	a)	Erste Phase 1890–1897: Handelsverträge und außenpolitische Optionen	91
	b)	Zweite Phase 1897/98–1905/6: Wirtschaftlicher Höhenflug und Schlüsselstellung in den internationalen Beziehungen	95
	c)	Der Doppelkonflikt Fernost-Krieg und Marokko-Krise	100
	d)	Dritte Phase 1906/7–1913/14: Aufschwung des Welthandels (seit 1908) und Dauerkrise in der internationalen Politik	101
	e)	Julikrise 1914	108

II.	Grundprobleme und Tendenzen der Forschung		114
1.	Das Zeitalter des Imperialismus		114
	a)	Interpretationsmuster	114
	b)	Gesamtdarstellungen der Epoche	119
2.	Imperialismus-Theorien		121

a) Typen des Imperialismus 121
   α) „Informal and formal imperialism" 121
   β) Britischer Imperialismus und politische Kultur 124
   γ) Französischer Imperialismus — Nationale und internationale Dimensionen 125
   δ) Russischer Imperialismus — Prestigegeleitete Großmachtpolitik und Vernachlässigung imperialer Entfaltungsmöglichkeiten 127
b) Ökonomischer Imperialismus — Ökonomische Theorie des Imperialismus 128
c) Marxistische Theorien 131
d) Sozialimperialismus 132
e) Finanzimperialismus 136

3. Weltwirtschaft 138

4. Außenbeziehungen — Interessenpolitik und Bündnissysteme 143

5. Kriegsschuld — Kriegsursachen 147

6. Gestaltungskräfte des Zeitalters 152
   a) Militarismus 152
   b) Staatsinterventionismus, organisierter Kapitalismus 154

7. „Deutscher Sonderweg" 155
   a) Der Faktor „Preußen" 156
   b) Integrationsfähigkeit der politisch-sozialen Systeme 158
   c) Parteien und Verbände — Zum Problem Demokratisierung und Parlamentarisierung 159
   d) Die Parteienlandschaft im Kaiserreich 162

8. Gesellschaftliche Verhältnisse und politische Organisationen 165
   a) Bürgertum und Liberalismus 165
   b) Landwirtschaft und agrarpolitische Bewegungen 166
   c) Arbeiterbewegungen, Gewerkschaften und Parteien 168

III. Quellen und Literatur 174

A. Quellen 174

B. Literatur 177
   1. Literaturberichte und Forschungskontroversen 177

2. Imperialismus — Grundzüge und Grundlagen 177
3. Europa im Zeitalter des Imperialismus 178
4. Imperialismus-Theorien 180
5. Kolonialgeschichte 181
6. Typen des Imperialismus 182
7 Europa in der Weltwirtschaft 189
8. Die Beziehungen zwischen den „großen Mächten" 192
9. Ausbruch des Ersten Weltkriegs: Vorgeschichte und Ursachen 196
10. Wettrüsten und Militarismus 197
11. Friedensbewegungen, Pazifismus, Sozialistische Internationale 200
12. Innere Entwicklung der Großmächte 201
13. Wirtschaftliche Entwicklungen 207
14. Soziale Entwicklungen und soziale Konflikte 211
15. Arbeiterbewegung, Sozialdemokratie, Sozialistische Parteien 215
16. Unternehmer, Angestellte, Bourgeoisie, Bürgertum 216

Anhang
  Abkürzungsverzeichnis 218
  Zeittafel 219
  Karte (mit statistischen Angaben) 231
  Register 232

Vorwort

In der langen Entstehungsgeschichte dieses Buches ist über zahlreiche Umarbeitungen und Kürzungen das Grundanliegen unverändert geblieben, nämlich die in der ersten Hälfte der 1970er Jahre verfaßten vergleichenden Studien zum innenpolitischen Bezugsfeld der britischen und der deutschen Außenpolitik im Zeitalter des Nationalismus und des Imperialismus in einer Abhandlung zusammenzufassen und zugleich durch Ausblicke auf die französische Dritte Republik und das zaristische Rußland zu erweitern. Nicht eine „eurozentrische" Sichtweise ist der Grund für die Schwerpunktsetzungen in diesem Buch, sondern die in vielfachen Zusammenhängen immer wieder bestätigte Ansicht, daß die sicherheitspolitischen und die wirtschaftlichen Beziehungen zwischen den vier europäischen Großmächten einerseits und die innenpolitischen Entwicklungen in diesen Staaten andererseits einen wechselseitig verschränkten Prozeß mit hoher Eigendynamik bildeten. Beschäftigt man sich mit Weltwirtschaft und internationaler Politik nach dem Zweiten Weltkrieg, insbesondere mit Struktur und Vorgeschichte des Ost-West- und Nord-Süd-Konfliktes, so werden anhand des Zeitvergleiches die gravierenden Unterschiede zum Zeitalter des Hochimperialismus mit seiner besonderen Qualität der Beziehungen zwischen den dominanten Staaten Europas deutlich. Für die Fragestellungen dieses Buches über das Zeitalter des Hochimperialismus macht es daher keinen Sinn, die U.S.A., Japan, China und die „Koloniale Welt" in gleicher Weise zu behandeln wie dies hinsichtlich der europäischen Großmächte hier beabsichtigt ist. Für die relative Vernachlässigung Österreich-Ungarns und Italiens war maßgeblich, daß das gesetzte Limit für den Umfang des Buches die Entscheidung herausforderte, der Konzentration der Gedankenführung den Vorzug zu geben gegenüber einer auf „Vollständigkeit" ausgerichteten Gleichbehandlung.

Das Buch sollte ursprünglich in der Reihe „Grundriß der Geschichte" des Oldenbourg Verlags mit dem Titel „Zeitalter des Imperialismus 1890–1918" erscheinen. Bei der Abfassung der ersten zusammenhängenden Manuskripte stellte sich freilich heraus, daß zwischen der eigenen Konzeption und den für die Reihe maßgeblichen Vorgaben schwerlich ein beiderseits befriedigender Mittelweg zu finden war. Der Verlag bot an, einen Teil des Manuskriptes selbständig zu veröffentlichen, doch für die Gestaltung des Buches – d. h. die Gliederung in Darstellung, Forschungsbericht und Bibliographie – blieben die Bestimmungen für die „Grundriß"-Reihe verbindlich.

Das Manuskript hat viele Kürzungen erfahren, um dem Limit für den Umfang zu genügen. Den Richtwert in diesem zeitraubenden Prozeß bildete das Ziel, die

Ergebnisse der Forschung zu präsentieren und im Sinne der eigenen Gesamtdeutung des Zeitalters zu einer unaufdringlichen, dennoch in sich geschlossenen Darstellung zu integrieren. Doch nur in Ausnahmefällen war es möglich, Literaturnachweise (im Text) anzuzeigen, da das Buch Fußnoten bzw. Anmerkungen nicht enthalten sollte. Die von mir bemühten Autoren mögen diese ungewöhnliche, von der Konzeption der Verlags-Reihe geforderte Umgangsform nachsehen. Eine weitere Einschränkung, deren Befolgung nicht immer leicht fiel, betrifft die Endauswahl für die Bibliographie. Die genaue Entsprechung zwischen Titel-Numerierung in der Auswahl-Bibliographie einerseits und der Bezugnahme in Darstellung und Forschungsbericht andererseits erforderte strikte Begrenzung in der Berücksichtigung der Autoren und ihrer Werke; die Verdienste der ‚älteren' Forschung durften in keinem Fall hinter den Neuerscheinungen zurücktreten. Aus dem gleichen ‚technischen' Grunde war es dann kaum noch möglich, die nach Abschluß des Manuskripts (im Oktober 1983) und erst recht die nach Ablieferung der Druckvorlage veröffentlichten Studien einzuarbeiten oder auch nur zu nennen; betroffen sind unter anderem die Bücher von James Joll und Gregor Schöllgen. Bei der Auswahl der Titel spielte außer der Bedeutung für die Interpretation des Verfassers der Gesichtspunkt der Zugänglichkeit in Seminar- und Universitätsbibliotheken und damit ihrer Heranziehung für den Oberstufen- und akademischen Unterricht eine Rolle. Den Vorzug erhielten in jedem Fall gute Übersichten und problemorientierte Studien.

In der Sprachregelung bin ich bei Titeln, Amtsbezeichnungen, Ländernamen u. a. von der offiziellen Bezeichnung gelegentlich abgewichen: Statt „Staatssekretär" spreche ich auch für das Deutsche Reich von Ministern, statt „Vereinigtes Königreich" steht Großbritannien oder England, statt „Osmanisches Reich" Türkei.

Dieses Buch, wie andere Werke auch, ist niemals nur die eigene Leistung. Volker Berghahn, Lothar Gall, Karl Rohe und Clemens Wurm haben die Entstehung des Buches mit wohlwollender Kritik und hilfreichen Anregungen begleitet. Die Mitarbeiter meines Lehrstuhls, allen voran Ursula Lehmkuhl und Heinz-Werner Würzler, haben mit großer Umsicht und nie erlahmendem Eifer die Transkription von Daten, Zitaten und bibliographischen Angaben in den Phasen der Umarbeitung geprüft und dann die Mühen des Korrekturlesens geteilt. Das Register verdanke ich Heinz-Werner Würzler. Für die Geduld und Sorgfalt, mit der sie die Schreibarbeiten bewältigten, bin ich Regina Hülsmann-Jebramczik, Heidegret Illner und Inge Elting zu Dank verpflichtet.

Herdecke, im Januar 1985
GUSTAV SCHMIDT

I. Darstellung

1. Das Zeitalter des Imperialismus im Überblick: Grundzüge und Tendenzen

Jedes Zeitalter entwickelt ein Bild von sich selbst. Im Zeitalter des Imperialismus richtete sich der Blick auf die Rangordnung unter den großen Mächten. Die Blicke schweiften aber nicht nur über die Landkarten mit ihren markanten Angaben über Bevölkerungszahl, Produktionsziffern, Militär- und Flottenstärken sowie über den Kolonialbesitz, die Kohlestationen usf., in Übersee. Vielmehr hielten sie auch die inneren Zustände im eigenen Staat und in den Nachbarländern fest. Wir wollen diesem Beispiel folgen und auf den Untergrund der gleichsam gesamteuropäischen Erscheinungen die unterschiedlichen nationalen Profile einzeichnen, die entsprechend der Grundausstattung jedes Staates – seiner historischen Vorbelastungen, seiner verfassungspolitischen und wirtschaftlichstrukturellen Verhältnisse – in den kritischen Situationen hervortreten.

Das *politische Weltbild der Europäer* im Zeitalter des klassischen Imperialismus war klar und einfach. Adenauers Rückblick gibt es korrekt wieder: „Deutschland war die stärkste Militärmacht, England war die stärkste Seemacht, seine Flotte war größer als die beiden nächstfolgenden zusammen. Frankreich war eine wirtschaftlich und militärisch starke Großmacht ... Dieses ... im großen und ganzen im Gleichgewicht sich befindende europäische Staatensystem konnte ... wirtschaftlich und politisch die übrige Welt führen: Die Vereinigten Staaten von Nordamerika waren ... 1914 ein Schuldnerland. Ihre Streitmacht war relativ klein ... Europa war maßgebend für die Geschicke der Welt." [24, Adenauer, Reden, 183] Den europäischen Politikern erschien es selbstverständlich, daß sie überseeische Gebiete in Besitz nahmen und dabei fast überall nur auf andere europäische Interessen stießen.

Politisches Weltbild der Europäer

Der Prozeß der Aufteilung der Welt in Kolonialreiche oder in „informal empires" näherte sich um 1900 dem Ende. Diese Tatsache und die Verschiebung der Anteile am Welthandel, an der industriellen Produktion und am Kapitalexport zugunsten der „jungen" Weltmächte Deutschland, USA, Japan verschafften jenen Stimmen Gehör, die zum Kampf um den Platz an der Sonne anspornten. Im Deutschen Reich trug Max Weber diese Auffassung in seiner Freiburger Antrittsvorlesung (1895) vor. Mit Verve setzte er sich dafür ein, daß Deutschland den Schritt in die Weltpolitik wagen müsse, wolle das Reich als Großmacht weiterbestehen und nicht zum zweitrangigen europäischen Kleinstaat absinken. In Großbritannien argumentierten in ähnlicher Weise Charles Dilke, Robert Seely, J. Chamberlain, Lord Rosebery; in Frankreich waren es die Stimmen von Jules Ferry, Paul Leroy-Beaulieu, E. Etienne, die im Sinne Max Webers plädierten. Diese Appelle erzeugten ein neues „Normengefüge internationalen Prestiges" [255, G. SCHRAMM], das für die Epoche charakteristisch ist. Folgende Argumente stützten die Appelle: der Nationalstaat könne sich als zu klein erweisen, um die wirtschaftlich-sozialen und politischen Umbrüche zu bewältigen; die Industrieländer müßten außerhalb des eigenen Wirtschaftsgebietes ihre Überproduktion absetzen und den Kapitalüberschuß investieren, insbesondere zur Sicherung von Rohstoffbasen; sozialer Friede sei im industriellen Zeitalter eine Frage der Absatzmärkte. Denn Welt- und Kolonialpolitik fungiere als Sicherheitsventil für den im Lande sich aufstauenden gesellschaftspolitischen Druck. Mit diesen Formeln verteidigten die politischen Akteure ihre von Linksliberalen und Sozialdemokraten, aber auch von Altkonservativen als kostspielige Ablenkungsmanöver kritisierten Übersee-Abenteuer. Sie bieten erste Anhaltspunkte, um die Antriebskräfte und die Stützgruppen der imperialistischen Bewegungen zu identifizieren. Dem ersten Anschein nach wäre Imperialismus ein Produkt der Anspannungen und Belastungen in den europäischen Gesellschaften selbst, also ein soziales Phänomen. Wirtschaftliche Argumentationen umkleideten gesellschaftspolitisch motivierte Zielvorstellungen sozialer Schichten, die auf diese Weise ihren Führungsanspruch und ihre Interessen durchsetzen wollten. „Die Stärke des Imperialismus beruht in allen Ländern auf einer entschlossenen ... Minderheit, die ihren Einfluß über eine Vielzahl von ‚pressure groups' übte, in denen die Mittelklassen den Ton angaben," [114a, WATT, 34/35]. Den Mittelklassen und den Mittelparteien dienten die Parolen des Imperialismus — wie zuvor der „nationale Gedanke" — zur Selbstbehauptung in den von wirtschaftlichen und gesellschaftspolitischen Fragen geprägten Auseinandersetzungen mit Parteien, die eine festgefügte soziale (Arbeiterparteien; Konservative) oder sozio-kulturelle Basis (konfessionelle Parteien) hatten.

Führt man diesen Gedanken weiter, so erscheint das Zeitalter des Imperialismus als zweite Phase in der nationalstaatlichen Entwicklung, in der der verfassungsrechtliche und sozialpolitische Ausgleich im Inneren als primäre politische Aufgabe im Vordergrund stand. Für die großen europäischen Staaten erhoben sich folgende Fragen:

— Konnten sie sich in dem nationalstaatlichen Gebäude einrichten oder sollten sie versuchen, durch Anbauten nach außen die Verteilungskämpfe im Innern um Rechte (soziale Rechte, Rechte nationaler Minderheiten) und Interessen zu entschärfen?
— Konnten sie die Arbeiterschaft in den Verfassungsstaat und in das Wirtschaftssystem bürgerlich-liberaler Prägung integrieren und sozialpolitisch befriedigen, aber von der Regierungsführung möglichst fernhalten?

a) Das Ausgreifen der Nationalstaaten

„Die politische Methode des imperialistischen Zeitalters" unterscheide sich von denen früherer überseeischer Expansionsphasen, so beobachtete Kurt Riezler (alias Ruedorffer), „durch die politische Ausnutzung der vielgestaltigen, durch die moderne Entwicklung des Wirtschaftslebens geschaffenen Abhängigkeiten und Einflußmöglichkeiten sowie durch die kulturelle Penetration der Interessengebiete", d. h. „das Ringen um die Meinung der Menschen". [354, VOM BRUCH, 44]. Die Internationalisierung der Bewegungen von Kapital, Handel und Arbeitskräften fügte die Austauschbeziehungen zum Weltwirtschaftssystem, gab der Weltwirtschaft aber auch eine autonome Dynamik. Der Wettlauf um die Aufteilung der Erde, um die Eroberung und Sicherung von Handelswegen und Rohstoffquellen, knüpfte an ältere Formen des Beute- und des Handelsimperialismus oder der militär-kolonialistischen Expansion an. Doch schuf der Imperialismus in den abhängigen Gebieten jene dualistischen Wirtschaftsstrukturen, die nach der Entkolonialisierung für die Fortdauer wirtschaftlicher Abhängigkeit sorgten und den Hintergrund des Nord-Süd-Konflikts bildeten [s. I 2.]. Auch das für das europäische Staatensystem charakteristische machtpolitische Konkurrenzdenken, das seit dem 17. Jahrhundert ein ausgeprägtes System von Aktion und Reaktion geschaffen hatte [367, GALL], bewahrte seine Grundstrukturen. In der Hochphase des Imperialismus − 1895/1905 − rückte der weltpolitische Konflikt zwischen Großbritannien und Rußland ins Zentrum der machtpolitischen Kalkulationen der Regierungen. Die europäischen Mächte legten nach den heftigen Konflikten in der „Orientfrage" 1875−1887 eine Phase der Reorientierung (1890−96) ein. Die Hauptkonkurrenten Rußland und Österreich-Ungarn schlossen 1897 ein Stillhalteabkommen für den Balkanraum und befolgten es für gut ein Jahrzehnt. Die militärische „Entladung" der politischen Spannungen und der wirtschaftlichen Rivalitäten des Zeitalters im Ersten Weltkrieg wurde nicht durch Konflikte in Übersee oder durch Mißgunst der führenden Welthandels- und Finanzmächte gegenüber dem Aufsteiger Deutschland entfacht. Vielmehr wirkten die mit dem europäischen Mächtesystem aufs engste verbundenen Balkanwirren und Orientkrisen als Lunte am Pulverfaß.

Kontinuitäten und Unterschiede

Die europäischen Nationen, die den Wettlauf um Einfluß- und Herrschaftszonen austrugen, folgten den Traditionen des europäischen Staatensystems. Händler, Investoren u. a. konnten ihren Interessen im Windschatten dieser Beziehungen nachgehen, aber auch quer zu politischen Erbfeindschaften komplementäre finanzielle und wirtschaftliche Kooperationsformen zwischen diesen Nationen entwickeln. Die Regierungen suchten die Expansionsbestrebungen ihrer Konkurrenten auf Regionen zu lenken, in denen andere Großmächte dem Rivalen ohnehin entgegentreten würden. Die nationalen Egoismen bildeten dabei folgende Schwerpunkte: *England* wünschte als europäische Macht, die außerhalb des Kontinents gelegen war, „that Europe provides the balance, while

Schwerpunkte machtstaatlichen Expansionsstrebens

Britain gets the power".* Ferner wünschte London, daß keine Großmacht irgendeine Etappe auf dem „Weg nach Indien" kontrollierte. *Rußland* wollte die Expansion in Asien fortsetzen und endlich den Weg zum Mittelmeer – über die Meerengen – freibekommen. *Frankreich und das Deutsche Reich* achteten wechselseitig darauf, daß die Rivalitäten zwischen Deutschland/England bzw. Frankreich/England bestehen blieben, weil eben diese Konstellation ihnen den größtmöglichen Spielraum in Europa und in Übersee gewährleistete.

<small>Bündnisse und Einflußzonen</small>

Die auf die Erhaltung der Sicherheit und des Gleichgewichts der Kräfte gerichteten Bündnisse waren weitgehend auf die europäische Arena beschränkt und bildeten gerade keine imperialistischen Erwerbsgemeinschaften. Diese Wendung erfolgte erst in der Kriegszielpolitik während des Ersten Weltkriegs. Die Verbündeten Frankreich und Rußland bzw. Deutschland und Österreich-Ungarn stimmten ihre wirtschaftliche Penetration in den sicherheitspolitisch „heißen Zonen", Balkanraum und Naher Osten, nicht aufeinander ab und verhielten sich in den imperialistischen Konflikten ihres Verbündeten mit Drittmächten neutral. Aus Verdruß über Deutschlands ökonomische Durchdringung des Balkans suchten politische Kräfte in Österreich-Ungarn (Andrassy, Apponyi) z. B. 1911 ein politisches Übereinkommen mit Frankreich. Sie wollten ihrem Land Zutritt zum Pariser Kapitalmarkt verschaffen und die außenpolitische Unabhängigkeit zurückerlangen. Auf französischer Seite wirkten allerdings politisch motivierte Vorbehalte gegenüber Wien der ökonomischen Liaison als Vorstufe zum Bündniswechsel entgegen. Lediglich *Italien* beurteilte die europäischen Partner nach deren Bereitschaft, den Kolonialambitionen die Wege zu ebnen oder Italiens Ansprüche auf Gebietserwerb an der Adriaküste anzuerkennen. Für die wechselseitige Zubilligung freier Hand für Frankreich in Marokko und für Italien in Libyen/Tripolis sagte Rom Paris zu, daß es die Mitgliedschaft im Dreibund mit Deutschland und Österreich-Ungarn nicht gegen Frankreich anwenden werde. Frankreich war dank dieser Neutralitätszusage Italiens im Geheimvertrag vom November 1902 der Sorge einer zweiten Front enthoben und konnte sich politisch und strategisch auf seine Ostfront (gegen Deutschland) bzw. den Militärpakt mit Rußland konzentrieren, aber auch überschüssige Energien auf die Konsolidierung der nordafrikanischen Protektorate Algerien, Tunesien und die Einbindung Marokkos lenken.

<small>Regimeinterne Zielkonflikte</small>

In den innenpolitischen Formationsprozessen der europäischen National-Imperien und in den diplomatischen Beziehungen zwischen den Mächten ist das Bestreben anzutreffen, die Aktionsfelder „europäisches Gleichgewichtssystem" und „Welt- und Kolonialpolitik" auseinanderzuhalten. Im jeweiligen konkreten Konfliktfall – z. B. in der Marokkokrise – sind „machtpolitische" und „imperialistische" Ambitionen hingegen kaum zu unterscheiden. In den herrschenden

---

* „Balance" ist im Englischen doppelsinnig: Es meint Kräftegleichgewicht, aber auch das Guthaben auf dem eigenen Bankkonto. „Power" hat die Bedeutung von „Macht", aber auch „Energie", die man nach eigenem Gutdünken einsetzen kann.

„Cliquen" waren Zielkonflikte zwischen den an traditioneller Sicherungs- und Arrondierungspolitik orientierten „defensiven" Imperialisten oder den auf die Sicherung der Position in Europa bedachten nationalistischen Machtpolitikern einerseits und vorwärtsdrängenden, auf Profit- und Herrschaftserweiterung durch Präventivannexionen sinnenden Imperialisten andererseits an der Tagesordnung. Wollten die ersten sich mit „preponderance" zufriedengeben, so beharrten die zweiten auf „partition", auf Zugewinn von Land und Herrschaft. Der Protest des Allgemeinen Deutschen Verbands vom April 1891–1894 umbe-   Deutschland nannt in Alldeutscher Verband — richtete sich nicht nur gegen die Herausgabe des Besitzes in Ostafrika an England im Tausch gegen die Felseninsel Helgoland, sondern vor allem auch gegen die Konzentration des Neuen Kurses auf die Sicherung der Stellung des Reiches in der Mitte Europas. Am Scheitelpunkt deutscher Weltpolitik 1904/06 plädierten Kaiser Wilhelm II. und Tirpitz entschieden für Weltpolitik und gegen eine den Frieden auf dem Kontinent bedrohende deutsche Präventivkriegspolitik gegen Frankreich. Dagegen gaben Schlieffen und Holstein ihr Ziel der Sicherung der kontinentalen Machtstellung des Reiches als maßvoll und realistisch im Vergleich mit dem weltpolitischen Expansionsstreben der Flottenpolitik aus. Sie wollten gleichzeitig aber — sichere Siegeschancen voraussetzend — einen präventiv geführten Coup gegen Frankreich riskieren.

In *Frankreich* betonten Clemenceau und Déroulède den Vorrang der Sicher-   Frankreich heitspolitik in Europa gegenüber kolonialem oder ökonomischem Expansionismus, wie ihn die von E. Etienne geführte Kolonialfraktion verlangte. Mit dem „System Delcassé" [96, GIRAULT, 176ff.] setzte sich nach der Jahrhundertwende die Einsicht durch, die beste Strategie bestehe darin, das Kolonialreich auf der Grundlage eines „gentleman agreement" mit anderen Imperialmächten zu konsolidieren und unter Ausnutzung der britisch-deutschen Flottenrivalität das Reich Zug um Zug in ähnlicher Weise zu isolieren wie es Bismarck in seiner Zeit gegenüber Frankreich erreicht hatte.

In *Großbritannien* bezogen Salisbury und Balfour eine sicherheitspolitisch-   Großbritannien traditionalistische Position gegenüber der „forward policy" eines Curzon im Mittleren Osten — mit der Stoßrichtung gegen Rußlands Ambitionen — oder eines J. Chamberlain in Afrika, mit der Stoßrichtung ursprünglich gegen Frankreich. Die Schatzkanzler, die Bedenken wegen der finanziellen Belastungen einer Offensivdiplomatie an mehreren Plätzen zu gleicher Zeit anmeldeten, waren andererseits fest entschlossen, Englands Stellung als Handels- und Finanzmacht gegebenenfalls auch mit militärischen Mitteln zu verteidigen, in jedem Fall ein Flottenwettrüsten zu finanzieren, sofern Abrüstungsvorschläge ungehört blieben.

Fassen wir diese ersten Anhaltspunkte als Zwischenergebnis auf dem Weg zu einer Begriffsbildung zusammen: Imperialismus ist das Ineinandergreifen der wechselnden politischen Konstellationen zwischen dem nationalen Expansionismus der großen und kleinen europäischen Mächte, das sich auf der Grundlage der Gesamtheit der ökonomischen Tauschrelationen vollzog. Der Zuschnitt dieser Tauschrelationen bescherte Europa — hauptsächlich Großbritannien, Frankreich, Deutschland — die Herrschaft über weite Teile der Welt.

b) Stabilität der Weltwirtschaftsordnung — gefährdete politische Staatenordnung

Die Grundnormen des Weltwährungs- und des Welthandelssystems — Goldstandard, Freizügigkeit des Kapitals, Handelsverträge — wurden von den Industrieländern ebenso wie von Rußland, Österreich-Ungarn, unbeschadet des ideologischen „Bürgerkriegs" zwischen Freihändlern und Schutzzöllnern in diesen Staaten, akzeptiert. Im Weltstaatensystem hingegen gingen mit erheblichen Verschiebungen in der Mächtehierarchie Ansprüche einher, die auf eine Auflösung des Systems hinausliefen. Dem funktionstüchtigen Weltwirtschaftssystem stand in der internationalen Politik ein Sicherheitsstreben gegenüber, das die regulativen Maßgaben der europäischen Friedensordnung ersetzen wollte. Der Widerspruch auf der internationalen Ebene wiederholte sich in den nationalen Politiken:

Großbritannien (1) *Großbritannien*, die Schaltzentrale der Finanz- und Handelsbeziehungen in der Welt und „archimedischer Punkt" des Gleichgewichtssystems, brach zwar nicht mit dem Freihandel, wohl aber mit den Traditionen der „splendid isolation" und dem Interesse an den deutschen Mittelmächten als Gegengewicht zu den Flankenmächten Frankreich und Rußland. England erstrebte zwar auch auf ökonomischem Felde — in bestimmten Regionen — ein engeres Zusammenwirken mit den Partnern seiner Sicherheitsgemeinschaft, behandelte die „commercial relations" aber eher als Gegengewicht zu den sicherheitspolitischen Weichenstellungen, d. h. es suchte die Geschäftsbeziehungen zwischen britischen und deutschen Häusern von (bündnis)politischen Restriktionen oder Rücksichtnahmen auf die Interessen der Ententepartner freizuhalten.

Deutschland (2) Außenwirtschaftlich intensivierte *Deutschland* die Handels- und Finanzbeziehungen gerade mit Frankreich, Rußland, den USA und England, während es sich außenpolitisch aus normalen Beziehungen zu diesen (künftigen Feind)-Staaten — zunehmend nach 1905/06 — auskreiste. Die deutsche Militärstrategie, die die außenpolitischen Verhältnisse belastete, respektierte paradoxerweise die „Gebote" des Weltwirtschaftssystems, insofern sie für einen kurzen, die vom Rohstoffimport abhängige deutsche Industrieproduktion möglichst wenig gefährdenden Krieg rüstete. Die im System rivalisierender nationaler Imperialismen stark expandierenden neuen Weltwirtschaftsmächte USA und Japan wurden von den „alten" europäischen Weltreichen politisch und wirtschaftlich beschwichtigt. Das großpreußisch-deutsche Kaiserreich, das als stärkste Land- und als zweitstärkste Seemacht einen Umsturz der europäischen Gleichgewichtsordnung anstrebte, konnte niemandem glaubhaft machen, daß die Gruppierungen den Kurs bestimmten, die „Weltpolitik ohne Krieg" — gestützt auf die friedliche wirtschaftliche Einflußausbreitung — auf ihre Fahnen geschrieben hatten.

(3) Die miteinander konkurrierenden, durch Zollmauern geschützten Nationalwirtschaften fügten den im Konzert der europäischen Großmächte mühsam austarierten nationalpolitischen Interessengegensätzen konfliktträchtige ökonomische Elemente hinzu. Zoll- und Handelskriege – zwischen Italien und Frankreich (1887–97); Deutschland und Rußland (1886/89, 1893, 1903, 1913/14); Frankreich und der Schweiz (1893/5); Österreich-Ungarn und Rumänien bzw. Serbien – waren ebenso an der Tagesordnung wie eine oftmals gleichzeitige Steigerung der Rüstungsausgaben für Heer, Marine oder Kolonialkriege. Die Inanspruchnahme der Staatsmacht für den Schutz der Landwirtschaft und der Industrie hatte zur Folge, „daß die natürliche Konkurrenz zwischen einzelnen Unternehmen auf dem Weltmarkt zur Konkurrenz zwischen den Regierungen bei der Verfolgung ihrer nationalen wirtschaftlichen Ziele und vermittels dieser zur Konkurrenz zwischen den einzelnen Volkswirtschaften aggregierte" [70, HÜTTER, 104]. Die Machtkämpfe der protektionistischen Nationalwirtschaften führten insgesamt nicht zur Formation fester ökonomischer Kriegslager. Dies ist wesentlich dem Umstand zuzuschreiben, daß England, das nahezu die Hälfte seiner Gesamtexporte in Schutzzolländer ausführte, dem Freihandel treu blieb und durch seine Kapitalexporte zur Auflockerung von Handelskonflikten beitrug.

Handels- und Marktpositionen

c) *Innenpolitische Antriebskräfte: Gesamteuropäische Erscheinungen und nationale Regime-Unterschiede*

Der Übergang von der außenpolitischen Perspektive zu den innerstaatlichen Antriebskräften erfolgt meines Erachtens recht reibungslos. Als Verbindungsglieder fungierten Hypothesen über bestimmte gemeinsame Grundlagen und Grundzüge der inneren Entwicklung imperialistischer Länder. Gehen wir diesem Eindruck nach.

Ein erster Blick auf eine Chronologie der wichtigsten Ereignisse des Zeitalters zeigt, daß sich in bestimmten Jahren in den meisten Ländern fast ähnliche Vorgänge abspielten. So fand Anfang der 1890er Jahre eine Reduzierung der Wehrpflicht bei gleichzeitiger Heraufsetzung der Friedenspräsenzstärken statt; 1891–93, 1903–6, 1910–14 treffen wir Streikwellen an; 1909/11 sehen wir Budgetkrisen in Verfassungskonflikte umschlagen. Ende der 1890er Jahre kommt es zu Koalitionen zwischen Liberalen, Konservativen und katholischen Parteien in Reaktion auf soziale Protestbewegungen. Parallel dazu beobachten wir Aussperrungspraktiken der Unternehmer, gesetzliche oder gerichtliche Maßnahmen gegen Gewerkschaftspraktiken; eine vergleichbare Konstellation ist in den letzten Vorkriegsjahren anzutreffen. 1905/06 kommt es zu Klärungen im Verhältnis zwischen Gewerkschaften und sozialistischen Parteien.

Gesamteuropäische Erscheinungen

Für die Parallelität der Entwicklungen gab es gesamteuropäische Ursachen: (1) Die Volkswirtschaften wurden zunehmend in *weltweite Konjunkturen* eingebunden; die Rezession in Deutschland um 1900 zog Rußland in Mitleidenschaft.

Parallelität der Entwicklungen

Ein Schnupfen der US-amerikanischen Wirtschaft, so lautet ein zeitgenössisches Bonmot, löse Fieberkurven in England aus. Preisverfall traf die Landwirtschaft, die Rohstoffproduzenten und bestimmte Industriezweige härter als andere, und zwar gleichzeitig in mehreren Ländern. Der Konjunktureinbruch 1908/09 beispielsweise, der insbesondere für die Metall (verarbeitenden) Industrien und den Schiffsbau Ertragsverluste bedeutete, stimulierte die Flottenagitation und die Erhöhung der jährlichen Neubauten in Großbritannien und im Reich gleichermaßen. Neben dem einebnenden Einfluß auf das politische Verhalten vergleichbarer Interessengruppen und sozialer Schichten in beiden Ländern förderte die Großwetterlage jedoch gerade auch die Regime-Unterschiede zutage. In Großbritannien sollte das „People's Budget" (April 1909) die landbesitzenden Schichten stärker belasten – die Landwirtschaft war volkswirtschaftlich kaum noch von Bedeutung. Im Deutschen Reich hingegen konnten sich die Agrarkonservativen dank einer objektiv guten Situation im Streit um die Reichsfinanzreform 1908/09 eine unnachgiebige Haltung leisten. Während nämlich die Landwirtschaft vom weltweiten Anstieg der Nahrungsmittelpreise profitierte, bereitete die weltweite Rezession den Stahl- und Hüttenwerken, dem Maschinenbau und den Metallindustrien Absatzschwierigkeiten und Gewinneinbrüche [690, HENTSCHEL]. Die objektiv unterschiedliche Lage der Wirtschaftszweige beeinflußte in Deutschland den Ausgang der Finanzreform-Krise als *politischen* Konflikt zugunsten des agrarischen Begünstigungssystems (s. u.) – entgegen den Bedürfnissen von Handel, Banken, Gewerbe und Arbeiterschaft. Unter *wirtschaftlichem* Aspekt wurde hingegen deutlich, daß Deutschland „Industriestaat" war: Die Landwirtschaft konnte trotz Einkommensverbesserung und Erhöhung ihrer Exporte weder direkt zusätzliche Arbeitskräfte aufnehmen noch die Nachfrage nach Industrieprodukten ausreichend beleben, um – entsprechend ihrer Ideologie des geschlossenen Handelsstaates – einen Aufschwung zu induzieren.

Erosion adeligen Landbesitzes

(2) Die Erosion des adligen Landbesitzes – ausgelöst durch nicht nur ökonomisch verursachte Verschuldung, durch Phasen des Niedergangs und Verfalls des Wertes von Grundbesitz auf dem Lande und oftmals begleitet von der Schwierigkeit, die „Landflucht" aufzuhalten – rief in den verschiedenen Ländern ähnliche Reaktionen hervor. Die Reaktionen stellten sich manchmal auch dann ein – wie die Klage Mélines über die Landflucht in Frankreich –, wenn es dafür im eigenen Land kaum Anhaltspunkte gab. Adelsfamilien suchten ökonomische Sicherheit für ihre Söhne im Militärdienst. Das Einströmen Adliger in die Armee-Offizierskorps und Schwierigkeiten, Güter in Familienbesitz zu halten, sind in Frankreich, im Reich, in Rußland zwei Seiten einer Medaille.

„Mittelklassen"

(3) Die Mittelklassen erlebten massive Veränderungen. Die Ausweitung und Veränderung im Erziehungs- und Bildungssystem und die Herausbildung neuer Berufe und „Stände" bedingten sich wechselseitig. Veränderungen der Arbeitsprozesse und Ausweitung der Staatstätigkeit erhöhten schlagartig die öffentliche und private Beamten- und Angestelltenschaft. Nach der Jahrhundertwende

erfuhren insbesondere die Mittelklassen ein verlangsamtes Wachstum ihres Einkommens, bedingt durch Zinsanstieg, inflationäre Tendenzen und ähnliches. Die Stagnation der Bevölkerungsentwicklung ist zumindest im Fall des klassischen bürgerlichen Staats, in Frankreich, auch aus dem geringen Wachstum des Familieneinkommens der Mittelklassen zu erklären. Die Radikalisierung bürgerlicher Kreise – ihre politische Anlehnung nach rechts besonders nach 1905/06 – ist sicher auch eine Folge der Unzufriedenheit mit der ökonomischen Lage dieser sich diversifizierenden und zugleich explosionsartig umschichtenden Klasse.

(4) Auf Inflation, Anstieg des Lebenshaltungskostenindexes, Stagnation der Reallöhne – nach 1895 und erneut nach 1906 – bei gleichzeitigem Anstieg der „Profite" der Unternehmen, aber auch auf die Auswirkungen neuer Technologien auf den Arbeitsprozeß reagierten die Arbeitnehmer mit erhöhter Militanz. Dies gilt insbesondere für die Metall- und metallverarbeitenden Branchen, in denen Facharbeiter an Status einbüßten, an- und ungelernte Arbeitskräfte relativ besser entlohnt wurden.

(5) Die von den weltpolitischen Ambitionen erzeugten Anforderungen an die politisch-sozialen Systeme schufen in den Ländern vergleichbare politische Aufmarschpositionen und Bildung von „Großlagern".

(6) Die *politischen Großwetterlagen*, wie beispielsweise die außenpolitischen Krisen 1898, 1905 oder 1911 oder wie die russische Oktoberrevolution 1905, hatten in den verschiedenen Ländern vergleichbare Fernwirkungen – teils nationalistischer Observanz, teils in Gestalt sozialpolitischer Beschwichtigungsansätze.

Die genannten Parallelitäten bewirkten vor allem in der Handels-, Finanz- und Sozialpolitik der imperialistischen Länder eine Reihe vergleichbarer Verhaltensdispositionen. Die grundsätzlichen Positionen der gesellschaftlichen Interessengruppen waren in den verschiedenen Staaten gleichgelagert – mochten sie auch im einen Sektor früher, im anderen später hervortreten. In der Wahl der Strategien und Instrumente zu ihrer Durchsetzung oder Verhinderung hatte man jedoch nur eine begrenzte Zahl von Optionen zur Verfügung. Öffentliche Hände, Unternehmer, organisierte Arbeiterschaft richteten ihr Augenmerk auf die Verhältnisse und Wettbewerbsbedingungen im Ausland. Als Glied internationaler Bewegungen machten sie sich bestimmte Mindestforderungen – Achtstundentag, Mindestlohn, Arbeitsschutz, um nur einige zu nennen – zu eigen. Ferner wirkten die wechselseitigen Beeinflussungen (sozial) philosophischer Strömungen, oder genereller, die Transnationalität der modernen sozial- und kulturwissenschaftlichen Informationsströme und Erkenntnisse verstärkend auf die Interessenartikulation zurück. Die „Gesellschaft für Soziale Reform" war beispielsweise die deutsche Sektion einer internationalen Vereinigung für gesetzlichen Arbeitsschutz, die für den Informationstransfer sorgte und internationale Regelungen anstrebte.

_{Vergleichbare Verhaltensdispositionen}

Bei aller Ähnlichkeit der Grundkonstellationen, wie wir sie skizzierten, verliefen die Auseinandersetzungen in den einzelnen national-imperialen Staaten

_{Regime-Unterschiede}

entsprechend den historischen Vorbelastungen, den verfassungspolitischen und wirtschaftlich-strukturellen Verhältnissen, unterschiedlich. Sehen wir uns die *inneren Zustände* der imperialistischen Staaten in den Politikfeldern Handel, Finanzen und Soziales der Reihe nach an.

Finanz- und Steuerpolitik sind Indikatoren für die Ausgewogenheit eines politischen Gemeinwesens. Dabei haben Höhe und Zusammensetzung der verfügbaren Mittel (Herkunft der Steuereinnahmen) eine ebenso große Bedeutung wie die politische Zielsetzungen induzierende Ausgabenseite. Der Vorwurf der sozialen Unausgewogenheit trifft im Fall des *Deutschen Reiches* eher die Einnahmenseite als die Ausgabenseite der Finanzpolitik. Zwar waren die Reichsausgaben zu rund 90% auf Heer und Marine (incl. Pensionen, strategische Bahnbauten, etc.) fixiert; doch übertrafen die sozialen Leistungen aller öffentlichen Hände diese Ausgaben für die Streitkräfte 1913 um 246 Mill. Mark. Die Gemeinden, deren Ausgaben hauptsächlich auf Gesundheits- und Schulwesen entfielen und die die Hauptmasse der öffentlichen Investitionen tätigten, steigerten die Einnahmen und die Ausgaben im Zeitraum zwischen 1890 und 1913 stärker als das Reich und die Bundesstaaten [690, HENTSCHEL]. Einseitiger fällt die Bilanz der Begünstigungen bzw. Benachteiligungen sozialer Schichten aus. Hier wurden die Gutsbesitzer als Steuerzahler geschont und als „soziale Klasse" von der Staatstätigkeit bevorteilt. Die Staatstätigkeit half, das „System der agrarischen Begünstigungspolitik mit dem Ziel der Einkommensbeihilfe" [552, WITT] zu erhalten und zu vollenden: Vergünstigungen bei den Eisenbahnfrachttarifen, Schutzzölle, Formen legalisierter Steuerhinterziehung, polizeilicher Flankenschutz zur Erschwerung der Landflucht von Arbeitskräften. Diesen und vielen anderen großen und kleinen Gefälligkeiten und Unterstützungsmaßnahmen für die getreideanbauende ostelbische Großlandwirtschaft standen die Untätigkeit der Behörden gegen Fleisch- und Brotteuerungen, die steuerliche Benachteiligung von Handel und Gewerbe gegenüber. Dieses Kontrastbild veranlaßte selbst rechtsstehende Nationalliberale, öffentlich die Frage aufzuwerfen, ob das deutsche Volk weiterhin von bzw. im Interesse einer kleinen sozialen Schicht regiert werden dürfe. [534, MOMMSEN, 36 ff.] Die Agrarkonservativen machten ihrerseits kein Hehl aus ihrer Grundeinstellung, daß der preußische Staat dem Junkertum, das ihm Beamte und Offiziere/Soldaten stelle, helfen müsse, sein wirtschaftliches Auskommen und gesellschaftliches Ansehen zu erhalten. Obwohl die Reichsleitungen in ihren Gesetzesvorlagen die Interessen der Landwirtschaft durch Sonderregelungen mehr als ausreichend berücksichtigten und Kautelen einfügten, um die verfassungsrechtlichen Zustände zu bewahren, lehnten die Konservativen jeden Versuch, nach ruhendem Verfassungsrecht des Reiches direkte Steuern zu erheben, ab. „Linke" Mehrheiten unter Einschluß des Zentrums setzten zwar die Erbschaftssteuer (1906, 1909) und eine Reichsvermögenszuwachssteuer (1913) durch, doch waren die Modalitäten von Rücksichten auf die Bundesstaaten und auf die Konservativen geprägt. Verbesserungen auf der Einnahmeseite des Reichshaushaltes wurden durch die Finanzverfassung und durch Gebote politischer Rücksichtnahmen erheblich erschwert. Die Staaten, insbesondere Preußen, wollten ihre durch Finanzreformen (Miquels 1891/3 in Preußen) konsolidierten Haushalte nicht den Bedarfsanmeldungen des Reiches aussetzen, und zwar auch nicht für Zwecke der Heeres- (1892/3) oder Flottenverstärkung. Bundesrat und Reichstagsmehrheiten zeigten zwar Erfindungsgabe bei der Erschließung von indirekten Steuerquellen oder sie hoben die Verbrauchssteuern an. Doch weil diese Steuerarten als Geschäftssteuern konjunkturanfällig waren, kam es immer wieder dazu, daß die von den Mehrheitsparteien überdies stets zu optimistisch veranschlagten Stempel-, Verkehrs-, Verbrauchssteuern in ihrem faktischen Ertrag hinter den Sollansätzen zurückblieben. Regierungen und Parteien konnten damit leben, solange strikte Mittelbewirtschaftung, Sparsamkeit und Umschichtungen ausreichten, um Lücken im Staatshaushalt zu schließen. Die miteinander unvereinbaren Ziele, die die Reichsleitung, das Preußische Staatsministerium, Bundesrat und Reichstagsfraktionen in ihren Steuerpaketen formulierten, um sicherheitspolitisch motivierte Ausgabenerhöhungen zu decken, führten in den letzten Vorkriegsjahren zu folgenden Fragen: (1) Ist das Finanzsystem des Reiches überhaupt den Anforderungen der ambitiösen Weltpolitik gewachsen? (2) Untergräbt die Machterhaltungsstrategie des „Bündnisses der Eliten" [527, FISCHER] den Konsens zwischen den besitzenden Klassen statt ihn zu festigen? [430, BERGHAHN/DEIST]. Für Bethmann Hollweg gesellte sich zum Wettrüsten und seiner Finanzierbarkeit und zur Mobilisierung von Unterstützungsgruppen für die Reichspolitik als drittes Problem die Schwierigkeit, dem Deutschen Reich keine zusätzlichen Feinde zu schaffen. Der Kampf um die Anteile von Heer und Marine am Etat wurde durch den Streit um Für und Wider der Verständigungspolitik mit Großbritannien erweitert. In der Deckungsfrage für die Heraufsetzung der Friedenspräsenzstärke des Heeres ging die Initiative auf den Reichstag über. Die Führer der Mittelparteien zwangen durch den Antrag Bassermann-Erzberger die Reichsleitung, innerhalb Jahresfrist – bis zum 30. IV. 1913 – eine allgemeine Besitzsteuer einzubringen. Deren Erträge sollten das Aufkommen aus der Zuckersteuer ersetzen, also in Form einer Geste eine Besitz- an die Stelle einer Verbrauchssteuer setzen.

Finanzsystem und Weltpolitik

Finanzierung der Heeresverstärkung 1912/1913

Die Deckung der Mehrkosten von 1050 Mill. Mark, die durch die am 7. April 1913 im Reichstag eingebrachte Heeresvorlage verursacht wurden, erfolgte auf der Basis eines Kompromisses: die einmaligen Ausgaben sollten aus einer direkten Abgabe, als einer Art „antizipierter Kriegskontribution", als „patriotisches Opfer", bestritten werden; die laufenden Ausgaben von rund 200 Mill. Mark sollten z. T. durch indirekte, z. T. durch Besitzsteuern gedeckt werden. Für letzte wählten Nationalliberale und Zentrum die Form der Reichsvermögenszuwachssteuer, die sie mit den Stimmen der Linksliberalen und der SPD gegen die Konservativen durchsetzten (30. 6. 1913). Die Hoffnung der SPD, die bürgerlichen Parteien würden auch die in der Haushaltsdebatte gemeinsam vorgetragenen Forderungen nach durchgreifenden Reformen im Heerwesen durchfechten, ging nicht auf. Die Drohung der Regierung, den Reichstag wegen seiner Eingriffe in die der Kommandogewalt des Monarchen zugerechneten Fragen aufzulösen, bewog die Mittelparteien zu Rückzugsmanövern.

Großbritannien

In *Großbritannien* legten sich die liberalen Regierungen und Parteien (1892–95, 1905–15) in Ergänzung zur 1852 eingeführten progressiven Einkommensteuer auf die Besteuerung ererbten Reichtums fest (1893/4; 1909). Als Antwort auf die Tariff-Reform-Kampagne der konservativen Opposition schlug Schatzkanzler Lloyd George mit dem „People's Budget" (30. 4. 1909) klassenkämpferische Töne an. Mit der Besteuerung von unverdienten Wertsteigerungen von Grund und Boden, mit Abgaben auf den Kapitalwert von ungenutztem Land und mit anderen als Angriff auf „wealth" gedeuteten Besitzsteuern wollte der Schatzkanzler manifestieren, gegen welchen Gegner die Mittelklassen- und die Arbeiterwähler der Liberalen ihrer Partei zur Machtbehauptung verhelfen sollten. Um dem britischen Liberalismus das Schicksal des organisierten Liberalismus auf dem Kontinent zu ersparen, sollte die Steuerpolitik den Wählerschichten der liberalen Regierungspartei auch direkt zugutekommen. Die Klasse der unteren und mittleren Einkommensbezieher (bis zu £ 2000 jährlich) wurde hinsichtlich der Steuerprogression relativ geschont. Bezieher von mehr als £ 5000 Einkommen mußten für den 3000 Pfund Sterling überschreitenden Betrag außerdem eine „surtax" entrichten. Der Budgetkonflikt eskalierte zum Verfassungskonflikt, als die konservative Opposition im Unterhaus die konservative Mehrheit im Oberhaus nutzen wollte, um das Budget und damit die liberale Regierung zu Fall zu bringen. Lloyd George sah nicht nur die Chance, das Oberhaus als Bremshebel in der Hand der Konservativen gegen progressive Gesetzgebung zu entmachten, sondern auch die lokale Herrschaft der Besitzer großer Güter zu untergraben. Die Androhung eines Pairsschub motivierte aber eine ausreichende Zahl konservativer Lords, rechtzeitig einzulenken.

„People's Budget"

„Steuerstaat"

In Großbritannien betrat der *„Steuerstaat"* die Bahnen einer Umverteilung des Einkommens. Der Anteil der direkten, nach sozialen Gesichtspunkten gestaffelten Besitzsteuern an den Staatseinkommen stieg insgesamt stärker an als die den Massenverbrauch der unteren Steuerklassen der Einkommensbezieher belastenden Abgaben (1891/2 : 44% – 1901/2 : 50% – 1911/2 : 57%). Die Steigerungsfähigkeit der Einnahmequellen in dem Staat mit dem bei weitem höchsten Pro-Kopf-Einkommen der damaligen Welt erwies sich angesichts des rapiden Anstiegs der Ausgaben im Flottenwettrüsten und für den Aufbau der „British Expeditionary Force" als außerordentlich wichtig. Die Staatsausgaben umfaßten jedoch auch schon Transferleistungen. Das Wohlfahrtsstaatsdenken hielt in der Liberalen Partei (sog. Social Liberals) Einzug. Die Einkommensumverteilung unterlag jedoch strengen Begrenzungen. Zum einen scheuten die Liberalen in der Sozialgesetzgebung vor einer Reform der Gemeindefinanzen und der Kompetenzverteilung zwischen Zentralstaatsebene und lokalen Instanzen zurück. Zum anderen optierte die Liberale Regierung für das Versicherungsprinzip, weil dieses – dank der Steuerähnlichkeit – die öffentlichen Einnahmen erweiterte, zugleich aber einem schrankenlosen Anspruchsdenken die Rechnung von Beitragsleistung und Versorgungsansprüchen entgegensetzte.

In *Frankreich* spiegelte sich das Verhältnis: „Wer regiert?"— „Wem nützt Staatstätigkeit?" ziemlich genau in der Ambivalenz der an nahezu allen Regierungsbildungen maßgeblich beteiligten Radikalsozialisten wider. In ihren Parteiprogrammen von 1881 und 1901 — an die sich die Abgeordneten freilich nicht gebunden fühlten — sahen sie die *progressive Einkommenssteuer* vor. Im politischen Alltag herrschten jedoch die Auffassungen eines anti-etatistischen Individualismus im Sinne der Lehren des Philosophen Alain und des Nationalökonomen Léon Say vor: die Privatverhältnisse des Bürgers, vor allem seine Vermögens- und Einkommensverhältnisse, sollten dem Einblick von Behörden und Staatsbeamten entzogen bleiben. Lehrer, Postbeamte, Eisenbahner und andere „Staatsdiener" gehörten zu den schlechtest bezahlten Arbeitnehmern. Viele Abgeordnete waren als Freiberufler, durch Erbschaften oder Heiraten finanziell unabhängig und konnten mit Clemenceau, dem Vater des 1881er Parteiprogrammes, die Meinung äußern, beim Geld höre der Patriotismus auf. Die Masse der Geschäftsleute, Gewerbetreibenden und Bauern, d. h. die Wählerschaft der Radikalen, bildete die Abwehrfront gegen Angriffe auf Besitz und Eigentum; die Bauern wurden 1913/14 von der progressiven Einkommensteuer ausgenommen. Die Mitglieder des in Finanz- und Steuerfragen gleichberechtigten Senats, der zweiten Kammer, wurden de facto — dank der Zusammensetzung des Wahlmännergremiums — hauptsächlich von den Landgemeinden gewählt. Aus Furcht vor dem „revolutionären" Potential der Städte waren die Wahlkreise so abgegrenzt, daß kleinere Arrondissements vergleichsweise stärker vertreten waren als Städte wie Marseille.

Änderungen an dem seit 1791 bzw. 1816 nahezu unveränderten Steuersystem vorzunehmen, war kompliziert. Aus zwei Gründen schienen Änderungen jedoch erforderlich — um neue Einnahmequellen zu erschließen und um die Steuerarten den inzwischen eingetretenen wirtschaftlichen und gesellschaftlichen Veränderungen anzupassen. Im Jahre 1901 gelang die Einführung einer progressiven Erbschaftssteuer — die wichtigere progressive Einkommenssteuer scheiterte 1895/6 daran, daß die Regierung Méline (1896—98) ihren Auftrag dahin verstand, eine Steuerreform zu verhindern; Méline war der Architekt der Schutzzollmehrheiten von 1881 und 1892 und insofern Gewährsmann des Solidarprotektionismus in Frankreich. Erst 1907 kam mit Caillaux' großem Steuerentwurf, insbesondere dem Vorschlag einer „impôt général" zur Erfassung des bislang kaum herangezogenen Einkommens der freien Berufe, der Gehalts- und der Lohnempfänger Bewegung in die französische Innenpolitik. Die von der Kammermehrheit 1909 verabschiedete Vorlage blieb bis Ende 1913 blockiert, da der Senat seine Mitwirkungsrechte bis zum letzten ausschöpfte. Erst Mitte Juli 1914 kam nach langwierigen Verhandlungen über die Bildung einer regierungsfähigen Mehrheit ein politisches Tauschgeschäft zustande. Die aus den Wahlen vom Mai 1914 gestärkt hervorgegangene Linke nahm von der sofortigen Revision des Gesetzes zur Wiedereinführung der – vom Linksblock 1905 abgeschafften – dreijährigen Wehrpflicht Abstand. Im Gegenzug stimmten der Senat und Mitte-Rechts-Gruppen in der Kammer einer Regelung zu, wonach die progressive Einkommensteuer 1917 in Kraft treten sollte. Für Einkommen über 5000 Francs betrug der Steuersatz 3–4%; auf Jahreseinkommen über 25 000 Francs wurde eine Zusatzsteuer erhoben. Ähnlich wie im Deutschen Reich erfolgte die Deckung der Kosten für die Heeresvorlage, d. h. für die einmaligen Ausgaben, durch eine freiwillige, auf mehrere Jahre verteilte Kapitalsteuer; sie betraf Vermögen über 30 000 Francs und betrug im Höchstfall 6%. Für die Verteidigungsanleihe, die ca. 800 Mill. Francs erbringen sollte, wurde also zugleich eine Steuerquelle zur Abtragung der Verschuldung bestimmt.

Lastenverteilung in der Steuerpolitik

In der Dritten Republik, die man wahlweise als Staat der Bourgeoisie und als „démocratie rurale" bezeichnen kann, kamen die landwirtschaftsfreundlichen Tendenzen in der Steuerpolitik weniger deutlich zum Tragen als in der Handelspolitik. Die Besteuerung von Land und Immobilien erbrachte in Frankreich den höchsten Ertrag auf Seiten der direkten Steuern, auch wenn der Anteil der „patente", der Besteuerung von Handel und Gewerbe/Industrie, anstieg. Unter den vier alten direkten Steuern aus der Zeit der Großen Revolution von 1789 war die „impôt sur la terre" die wichtigste. Deren Gesamtaufkommen legten Finanzminister und Parlament fest; doch erlaubte die Aufbringung nach Departments, daß die Höhe der Landsteuer entsprechend dem Domizil variierte. In der Steuerpolitik wurden Handel und Industrie sowie freie Berufe erst spät systematisch erfaßt. Die ländlichen Gebiete und die in kleineren und mittleren Städten beheimatete Textilindustrie machten in der Handels- und Zollpolitik von dem Übergewicht Gebrauch, das ihnen das Wahlsystem der „scrutine d'arrondissements" verschaffte. Um der agrarischen Selbstversorgung willen wurden Brotpreissteuerungen in Kauf genommen. Die Zollgesetze von 1881/5, 1892 und 1910 berücksichtigten die Agrarinteressen systematisch stärker als die Schutzansprüche der Industrie. Die Sätze für Getreide- und Fleischimporte durften in den Handelsverträgen nicht unterschritten werden, hingegen waren Abschläge auf Industrieprodukte zulässig. Die Sätze der Doppeltarife lagen für Industrieprodukte von vornherein durchschnittlich niedriger als für Agrarerzeugnisse. Aus aktuellem Anlaß erhielt die Regierung 1897 außerdem Vollmacht, die Zölle für Nahrungsmittel im Fall eines Preissturzes anzuheben. Das seit 1903 vorbereitete, am 19. März 1910 verabschiedete Schutzzollgesetz erhöhte die Minimaltarife für Agrarprodukte auf 13% und für Industriegüter auf 11%.

Handels- und Zollpolitik in der „démocratie rurale"

Im Deutschen Reich, aber auch in Frankreich wurde „staatstragende" Gesinnung daran gemessen, ob bürgerliche Parteien, Industrie und Regierung bereit waren, hohe Nahrungsmittelpreise in Kauf zu nehmen, um die Kapital- und Bodenrente der Landwirte/Grundbesitzer sichern zu helfen. Frankreich unterschied sich vom Kaiserreich allerdings dadurch erheblich, daß die Aristokratie in der französischen Politik nicht die dominante Rolle spielte wie die unter dem Begriff „Preußen" zusammengefaßten Einflußmöglichkeiten des Junkertums im

Deutschen Reich. In Großbritannien bildete die Freihandelsparole mit dem Schlagwort „abgabenfreier Frühstückstisch des kleinen Mannes" das einigende Band der die liberale Regierung stützenden Interessen.

Im *Deutschen Reich* blieb die Forderung nach Lockerung des Agrarschutzzolls, der wie eine progressive Besteuerung der unteren Einkommen wirkte, ein Anliegen der „Opposition" (Linksliberale; SPD). Nur in der Caprivi-Ära gelang es — im Rahmen einer sicherheitspolitischen Konzeption und sozialpolitischer Motivation — die Senkung der Agrarzölle gegen den heftigen Widerstand der Konservativen mit den Stimmen der SPD, Linksliberalen, Polen, Welfen, Elsässer und knappen Mehrheiten in der Zentrums- und in der Nationalliberalen Partei durchzusetzen. Caprivis Devise, Produktion für den Export sei gleichfalls „nationale Arbeit", Schutzzollbegehren müßten also an Exportinteressen ihre Grenze finden, wurde in der Vorbereitung des Bülow-Tarifs (1897–1902) durch die vom Bund der Landwirte ausgeübte „pressure group"-Tätigkeit und durch das Interesse Miquels und Posadowskys an der Wiederherstellung des Bündnisses der Eliten außer Kraft gesetzt. Zwar machte Bülow die für seine Innen- und für seine Außenpolitik maßgeblichen Gesichtspunkte geltend und verlangte, auf die Leistungsfähigkeit der Industrie und die Lebenshaltungskosten der Arbeiterschaft Rücksicht zu nehmen. Dennoch machte das Zollgesetz Deutschland zum Land mit den höchsten Lebensmittelpreisen in Europa. Die organisierte Arbeiterschaft protestierte gegen die Brotteuerung, d. h. die Erhöhung der Mindestzölle, die in Handelsverträgen nicht unterschritten werden durften. Ihr Protest fiel um so heftiger aus, als die Arbeitnehmer in der Rezession (Mai 1900–1902) durch Entlassung, Kurzarbeit, Lohnsenkung ohnehin Einkommenseinbußen erlitten hatten.

Triumphierten die Agrar- und Schutzzollinteressen Anfang des 20. Jahrhunderts im Deutschen Reich, so zog die 1903 offiziell eröffnete Tariff-Reform-Kampagne J. Chamberlains in *Großbritannien* den Sturz der Konservativen Regierung und die Gefahr der Parteispaltung nach sich. Unter dem Banner des Freihandels führten hingegen die Liberalen ihre Wiedervereinigung und ihren Wahlsieg Ende 1905/Anfang 1906 herbei. Sie sahen sich einer doppelten Herausforderung gegenüber: (1) durch die Tariff Reformer von rechts, die für den Schutz der nationalen Arbeit agitierten; (2) durch die Independent Labour Party von links, die für Recht auf Arbeit und „national minimum wage" eintrat. Vor dem Hintergrund der Rezession von 1908/9 entschloß sich die Liberale Regierung zu einem mutigen Schritt nach vorn: das Budget vom 30. IV. 1909 kündigte eine Arbeitslosenversicherung an. Die 1911 eingeführte Maßnahme blieb — auf nationaler Ebene im Unterschied zur städtisch-kommunalen — die einzige ihrer Art im Europa vor 1914. Betroffen waren zunächst ca. 2.5 Mill. Arbeitnehmer, und zwar vornehmlich in den Branchen, in denen saisonale Arbeitslosigkeit die Regel war oder Entlassungen statt Kurzarbeit vorgenommen wurden. Mit dem gleichen Gesetz schuf die Regierungsmehrheit öffentliche Arbeitsvermittlungen. Entsprechend ihrer generellen Richtlinie, die Administration der Sozialgesetze

Deutsches Reich

Caprivis Handelsvertragspolitik

Bülow-Tarif

„Tariff Reform"-Kampagne in Großbritannien

an bestehende Organisationen zu delegieren statt die öffentliche Verwaltung zu expandieren, erleichterte sie es den Gewerkschaften, die Arbeitsnachweise vor Ort unter ihre Fittiche zu nehmen.

„Staat und Arbeiterschaft" im Deutschen Reich

Statt die Beteiligung der Gewerkschaften in öffentlich-rechtlichen Verwaltungen – Arbeitsnachweisen, Sozialversicherungsämter – zu begünstigen, wie dies in England der Fall war, suchten die Regierenden im *Deutschen Reich* die Arbeitnehmerorganisationen in ihrer Entfaltung zu hemmen. Das Stellenvermittlungsgesetz (1910) verstärkte die staatliche Aufsicht über die gewerbsmäßige Arbeitskräftevermittlung. Es entsprach weder dem von SPD, Linksliberalen, Zentrum, „Gesellschaft für Soziale Reform" und den Städten geforderten Arbeitsnachweisgesetz, noch nahm es die Frage der Arbeitslosenversicherung in Angriff. Die Regierenden folgten auch nicht dem Rat der bürgerlichen Parteien, die stabilisierende Funktion gewerkschaftlicher Autorität anzuerkennen. Vielmehr zog die Regierung Arbeitskammervorlagen zurück (1908, 1911), suchte die Mitwirkung von Gewerkschaftsvertretern in den Selbstverwaltungsorganen des Versicherungssystems zu beschränken oder proklamierte gar den Stop der Sozialpolitik (20. 1. 1914). Mit Erklärungen, man müsse die öffentlichen Einrichtungen davor bewahren, zu Instrumenten sozialdemokratischer Machtpolitik zu werden, wie es Bethmann Hollweg am 10. 12. 1910 äußerte, leistete die Reichsleitung dem Eindruck Vorschub, als ob sie sich von den Motiven der Arbeitgeberverbände bestimmen lasse. In seinen Eingaben erklärte der Centralverband deutscher Industrieller den Stop der Sozialpolitik und den Schutz der Arbeitswilligen als einzig wirksame Mittel gegen die Expansion der Gewerkschaften und gegen die parlamentarische Repräsentanz der SPD. Die Wahlerfolge der SPD 1893, 1903 und 1912 sind wesentlich auf die Begünstigungspolitik in den Zoll- und Steuergesetzen für die Agrarier und die „besitzenden Klassen" zurückzuführen. Dennoch deuteten die Arbeitgeber die Stimmen- und Mandatsgewinne der SPD genauso wie den Mitgliederzuwachs der Gewerkschaften als Folge sozialpolitischer Aktivitäten der Reichstagsmehrheiten und der Reichsleitung; ihnen warfen sie „Sozialduselei" vor. Statt den Zustrom zur SPD zu bremsen, schien „soziale Reform" die „Klassenkampfpartei" zu stärken.

Staatsmacht (Militär) und Arbeitskämpfe im Deutschen Reich

Die Regime-Unterschiede treten am deutlichsten im Verhältnis von Staat, Industrie und Arbeiterschaft zutage. Die rigorose Anwendung der Handhabe, Streikende unter Berufung auf den Dienstgehorsam als Wehrpflichtige zu den Fahnen zu rufen, bedeutete für die Gewerkschaften im Deutschen Reich und in Frankreich eine restriktive Bedingung, die den britischen und amerikanischen Arbeitnehmerverbänden fremd blieb [801, G. A. RITTER]. In Deutschland ebenso wie in Frankreich ließen die staatlichen Instanzen nie einen Zweifel daran, daß sie Produktion und Versorgung – insbesondere in den Montanindustrien und im Eisenbahnverkehr – unter Einsatz von Militär garantieren und den Widerstand von Streikenden durch Einberufung von Streikführern zum Militärdienst brechen würden. Die Zechenverwaltungen und Hüttenwerke diffamierten Streiks als terroristische Eingriffe in die Rechtssphäre des Unternehmens. Sie legitimierten ihren innerbetrieblichen Herrschaftsanspruch aus dem übergeordneten Zusammenhang, daß militärische Disziplin in den Schlüsselsektoren der Volkswirtschaft auch der Stabilisierung der politischen Ordnung im Staate diene. Das preußische Innenministerium drang allerdings darauf, dem von Arbeitgebern geäußerten Verlangen nicht voreilig nachzugeben; die Behörden sollten Truppen erst bei „völligem" Versagen der Polizei anfordern.

Mit dem Einsatz von Truppen, die die streikenden Bergleute in Carmaux zur Wiederaufnahme der Arbeit zwingen sollten, wollte die französische Regierung 1892 bekunden, daß sie das Gemeinwohl mit aller Macht gegen politisch inspirierte „revolutionäre" Aktionen schützen wollte. Der Verdacht, auf solche Weise nur die mangelnde Verständigungsbereitschaft der Unternehmer zu ermutigen, wirkte sich motivierend auf die Arbeiterschaft aus – die Gewerkschaften erlebten eine Beitrittswelle. Als die Regierung Briand im Oktober 1910 unter Geltendmachung nationaler Sicherheitsbedürfnisse den Streik der Eisenbahner unterdrückte, die wieder einmal gegen schwere Arbeitsbedingungen und schlechte Entlohnung durch den staatlichen Arbeitgeber protestierten, zerstörte die „Staatsmacht" zugleich die Illusion des französischen Syndikalismus, daß nämlich Militär gegen „einheitliche" „Syndicats" machtlos sein würde; der Eisenbahnerstreik war als Auftakt zum Massen (General-)streik gedacht. Frankreich

Auch in Großbritannien forderten Premier- und „Arbeits"minister unter Berufung auf äußere Gefahren im Sommer 1911 den Einsatz von Militär gegen streikende Eisenbahner in Nordengland und einen „fight to the finish", um die Versorgung der Bevölkerung aufrechtzuerhalten. Doch zwang Schatzkanzler Lloyd George die Arbeitgeber zum Nachgeben. In anderen Fällen gelangte Militär zum Einsatz, beispielsweise beim Londoner Dockarbeiterstreik. Großbritannien

Über den Einsatz des Militärs als Ordnungsfaktor hinaus hatte das Militär allerdings nur im Deutschen Reich sowie in Rußland herrschaftsstabilisierende Funktionen. In Großbritannien und in Frankreich unterstand das Militär der politischen Führung parlamentarischer Minister. Im Zusammenhang mit der forcierten Aufrüstung und der Aktivierung des Bündnisses mit Rußland wurde freilich auch in Frankreich 1912/13 die Abschirmung des Militärs gegen „zivile" Einflüsse weit vorangetrieben [502, RALSTON]. Doch nur im Deutschen Reich wurde die Armee unter dem Begriff der Kommandogewalt des Monarchen als „Staat im Staate", außerhalb der konstitutionellen Grundordnung, deklariert und als „rocher de bronce" der konstitutionellen Monarchie in ihrem Sonderstatus geschützt. Die Selbstherrlichkeit des Militärs zeigte sich in der Zabern-Affäre in den ungesetzlichen, aber dennoch vom Kaiser gebilligten Maßnahmen des Leutnants von Forstner gegen Zivilpersonen und in der Amtsanmaßung des Regimentschefs Oberst von Reuter gegenüber dem Kreisdirektor und dem Reichsstatthalter in Elsaß-Lothringen. Dies veranlaßte die Reichstagsmehrheit, (1) dem Reichskanzler das Mißtrauen auszusprechen, weil er die förmliche Verantwortung in dieser politisch brisanten Angelegenheit übernahm; (2) die Befugnisse der bewaffneten Macht im Verhältnis zur Zivilmacht auf dem Wege eines Militär als Ordnungsfaktor: Deutsches Reich

Reichsgesetzes zu regeln und insoweit die Eingliederung der Armee in den Verfassungs- und Rechtsstaat einen Schritt voranzubringen. Ein vom Kriegsminister gegengezeichneter Armeebefehl vom 19. 3. 1914 legte die Rechtsgrundlagen für Eingriffe des Militärs in die Zuständigkeitssphären der Zivilbehörden fest.

„Militarismus"

Im Hinblick auf den erwähnten Analogieschluß der Arbeitgeber zwischen dem Herr-im-Hause-Standpunkt und Gehorsamsanspruch im Betrieb und dem Feldherrnprinzip in der Armee kann man von einer „Militarisierung" im Bereich der Arbeitswelt sprechen. Die Übertragung militärischer Wertnormen in den zivilen Alltag des Studentenlebens, die Hochschätzung des Reserveoffizierspatents („Charaktermajor") und der Uniform, die wir aus Heinrich Manns „Der Untertan" oder Carl Zuckmayers „Der Hauptmann von Köpenick" kennen, deuten auf eine „Militarisierung" der politischen Kultur hin. Die mehr als einmal vollstreckte Drohung, den Reichstag aufzulösen, falls er Militärvorlagen ablehne oder unter Nutzung des Budgetbewilligungsrechts Reformen des Militärstrafrechts oder der Heeresorganisation verlange, war das Instrument, mit dem die „großpreußische" Komponente im Deutschen Reich den Selbstbehauptungswillen der bürgerlichen Gesellschaft, vertreten durch ihre Parlamentsparteien, zu

Kampf um Heeresvorlagen

brechen vermochte. Im Konflikt um die Heeresvorlage 1892/3 gelang es Reichskanzler Caprivi zwar durch eine Rücktrittsdrohung, die Staatsstreichpläne des Generalstabschefs Waldersee und des Kaisers zu stoppen. Auch gelang es ihm, mit der Herabsetzung der Dienstpflicht auf zwei Jahre eine Konzession an bürgerliche Vorstellungen durchzusetzen, die den Streitpunkt im Heeres- und Verfassungskonflikt der 1860er Jahre gebildet hatte. Doch die Hoffnung, Linksliberale und Zentrumspartei für den „Neuen Kurs" auf allen wichtigen Politikfeldern im Reich zu gewinnen, scheiterte daran, daß die Militärs den Kompromißvorschlag Huene ablehnten und Neuwahlen „nötig" wurden. Darüber spaltete der Linksliberalismus sich erneut. Aus den Wahlen gingen die „Linken" im Zentrum und im Liberalismus gestärkt hervor. Durch den Verzicht auf Mehrforderungen in den darauffolgenden Jahren vermied die Regierungsseite Auseinandersetzungen mit dem Reichstag. Tirpitz, der für die Erhöhung des Anteils des Marine-Etats zu Lasten des Heeresetats verantwortlich zeichnete, bezweifelte grundsätzlich, daß der „Staat" erneut einen Budgetkonflikt à la Bismarck riskieren könne, was er Bülow am 6. 11. 1905 darlegte [552, WITT, 140].

Unterschiedliche Reaktionen der Regierungen auf Streikbewegungen
Bergarbeiterstreik 1905

Im Kaiserreich griff der „Staat" aber nicht automatisch und einzig auf Repressionsmethoden zurück. In bestimmten Situationen setzte die Reichsleitung vielmehr durch, daß die öffentliche Hand zugunsten des Abbruchs von Arbeitskämpfen einschritt, beispielsweise 1889 in der ersten Phase des Ruhrbergarbeiterstreiks oder Anfang 1905. Im Fall des Bergarbeiterstreiks 1905 wollten Bülow und der Kaiser den innenpolitischen Konflikt beenden, und zwar vorrangig aus der Absicht heraus, in der außenpolitisch günstigen Konstellation des russisch-japanischen Kriegs volle Bewegungsfreiheit zu haben. „Innenminister" Posadowsky erhielt die Zustimmung zur Einbringung eines Gesetzentwurfes zur Regelung der Arbeitsverhältnisse im Bergbau, ein Schritt, der die Gewerkschaft vor der drohenden Zertrümmerung bewahrte und die Schwerindustrie der Gelegenheit beraubte, den Arbeitern ihre Bedingungen aufzuzwingen.

In einem zweiten Fall, dem *Bergarbeiterstreik* im Winter *1911/12* spiegeln sich die Regime-Unterschiede zwischen Deutschland und England im Verlauf und im Ausgang des Konfliktes wider. Im Ruhrgebiet setzte die Regierung nach anfänglichen Vermittlungsaktionen Polizei ein, nach Zwischenfällen zwischen Polizei und Streikenden ließ sie im März 1912 Militär einrücken. Die Arbeiter erlitten eine völlige Niederlage; die Gewerkschaften wurden mit Schadensersatzklagen und -verpflichtungen überschüttet. In Großbritannien griff die liberale Regierung gleichfalls ein, aber mit entgegengesetzter Zielsetzung. Sie führte durch ein beschleunigtes Gesetzgebungsverfahren (Februar 1912) den „minimum wage" ein, allerdings auf Distrikt- und nicht auf nationaler Ebene. Die Bergarbeiter, deren Streik 30 Mill. verlorene Arbeitstage gekostet hatte, legten es darauf an, die Regierung direkt einzuschalten, nachdem die Besitzer Verhandlungen mit ihnen abgelehnt hatten. Das Kabinett sah sich genötigt, die Umgehung des „National Industrial Council", d. h. des gesetzlich vorgesehenen Schlichtungsgremiums, hinzunehmen. Widersprüche im Kabinett wurden mit dem Argument abgewehrt, daß es besser sei, die Lohntarife anzuheben als der Forderung nach Sozialisierung/Nationalisierung in der Arbeiterbewegung Auftrieb zu geben.

<small>Bergarbeiterstreik 1912
Ruhrgebiet

Großbritannien</small>

Die harte Haltung der Arbeitgeber sowohl in England als auch in Deutschland ist nur zum Teil daraus zu erklären, daß ihnen staatlicher oder gerichtlicher Flankenschutz gewährt wurde. Ihre wichtigste Gegenmaßnahme, die Flächenaussperrung, hing von ökonomischen Eckdaten ab: niedrige Zinsen, leicht mobilisierbares Kapital, starke Expansion des Arbeitskräftepotentials waren Faktoren, die im Zeitraum 1895/6 bis 1899 einen Kurs des „fight to the finish" begünstigten. In der Depression 1908/9 konnten sich hingegen weder die deutschen noch die britischen Metallarbeitgeber ähnlich hohe Kosten wie anläßlich der Aussperrungsaktionen 1897/8 leisten, als sie den Gewerkschaften Verhaltensnormen hatten diktieren können.

<small>Strategien der Arbeitgeber</small>

Die Rechtssprechung erklärte Streikpostenstehen zur unerlaubten Handlung. Die Arbeitgeberorganisationen entwickelten in den meisten Ländern ähnliche Instrumente für den Arbeitskampf: Begünstigung wirtschaftsfriedlicher (sogenannter gelber) Gewerkvereine; Bildung von Freiwilligenreserven (als Streikbrecher); Führung von schwarzen Listen; Einrichtung von Entschädigungsfonds für durch Streik und Aussperrung erlittene Verluste. Wechselseitige Informationen und die bewußte Berücksichtigung von Erfahrungen in anderen Ländern verstärkten den Trend zur Angleichung der Verhaltens- und Organisationsformen im Arbeitskampfgeschehen.

Doch auch in der „Welt der Arbeit" prägten die politischen Regime das Klima in unterschiedlicher Weise.

Im *Deutschen Reich* bewirkten politische, in der Sozialversicherungsgesetzgebung verankerte Kriterien die Profilierung der Angestellten als statusmäßig

<small>Die Bedeutung der Gesetzgebung und Rechtsprechung für die „Welt der Arbeit"</small>

divergierende Gruppe, als „neuer Mittelstand", gegenüber der Arbeitnehmerschaft [817, KOCKA]. Durch den Rückgriff auf alte Rechte, z. B. auf das Streikverbot für ostelbische Landarbeiter aus dem Jahr 1854, suchten das preußische Innen- und das Landwirtschaftsministerium das Vordringen der SPD und der Gewerkschaften auf dem platten Land, d. h. im politischen Rekrutierungsfeld der Konservativen, zu hemmen. Die Gewerbeordnung von 1869 und 1871 (§ 152 GO) hoben zwar die einzelstaatlichen Streikverbote auf. Sie gestanden den Arbeiterkoalitionen aber keine Schutzbedürftigkeit zu, sondern schützten (§ 153 GO) ausdrücklich das Recht des Arbeiters, nicht zu koalieren. Die von der Reichstagsmehrheit befürwortete Aufhebung des § 153 wurde vom Bundesrat, vom Preußischen Staatsministerium und von der Reichsleitung bis Mai 1918 blockiert.

Im Unterschied dazu beseitigte die Liberale Regierung in England die unter anderem durch höchstrichterliche Urteile im Taff Vale Case 1901 verursachte Rechtsunsicherheit der Gewerkschaften. Diese gaben ihre Vorbehalte gegen eine selbständige Interessenvertretung im Parlament 1899 auf und halfen, die spätere Labour Party zu gründen. Im Trades Dispute Act von 1906 legalisierte die liberale Regierung den Status-Anspruch der Gewerkschaften, keine korporative Persönlichkeit zu sein. Entsprechend dem Motto „Trade Unions can do no wrong", das ist zu sehen im Vergleich mit dem politischen Grundsatz „The King can do no wrong", stellte das Gesetz die gewerkschaftliche Immunität vor dem Recht her und schützte sie als autonome kollektive Selbsthilfeorganisation gegen Schadensersatzansprüche.

Es gab Vorstöße, mit Hilfe von Berufsvereinsgesetzen (Reichstag, November 1906) oder Gewerkschaftsgesetzen (Vorschlag einer Royal Commission in England 1905) Unterstützungs- und Vermögensfonds der Gewerkschaften von Streikfonds deutlich abzugrenzen und gewerkschaftliche Aktivitäten auf unmittelbare Berufsinteressen ihrer Mitglieder zu beschränken. Sie scheiterten teils an der Schwierigkeit der Materie, z. T. aber auch daran, daß man die Protestandrohungen der Gewerkschaften gegen die Restriktion ihrer Handlungsspielräume (England) oder eine stark eingeschränkte Legalisierung ihrer Organisation (Deutschland) ernst nehmen mußte.

Sozialreform und Gewerkschaften

Die deutschen Sozialreformer (Berlepsch, von Brentano) empfahlen, die Gewerkschaften als kollektive Interessenvertreter der Arbeiter gegenüber dem Faktor „Kapital" nach englischem Vorbild anzuerkennen. Dies geschah in der Erwartung, eine soziale Integration der gewerkschaftlich organisierten Arbeiterschaft werde auch die Wandlung der SPD zu einer konstitutionellen Reformpartei beeinflussen. Dem lag die Auffassung zugrunde, daß jene Länder von einem politischen Umsturz (Revolution) verschont bleiben würden, in denen soziale und ökonomische Unzufriedenheit sich in Streiks, in kollektiven Arbeitsniederlegungen, entladen könnten. Entgegen diesem Theorem ging in Großbritannien die 1906 förmlich konstituierte Labour Party den Weg der Verfassungspartei, während in den englischen Gewerkschaften der Syndikalismus seit 1910 die Oberhand zu gewinnen schien.

Der zufällige Umstand, daß sich Gewerkschaftsbewegungen und sozialistische Parteien 1905/6 in Frankreich, in Großbritannien und in Deutschland gezwungen sahen, ihre Beziehungen zueinander zu regeln und durch Abkommen festzuschreiben, gibt Gelegenheit, in einer Momentaufnahme das gespannte Verhältnis zwischen dem „politischen" und dem „wirtschaftlichen" Arm der Arbeiterbewegung zu verdeutlichen.

Im *Deutschen Reich* besaß der „reformerische Optimismus" [801, RITTER] Deutsches Reich innerhalb der Gewerkschaftsbewegung eine Massenbasis. In Erkenntnis ihrer eigenen Schwächen – verglichen mit den Möglichkeiten der Arbeitgeberorganisationen – setzten die deutschen Gewerkschaften auch auf eine politische, d. h. gesetzgeberische Lösung der sozialen und arbeitsrechtlichen Probleme. Demgegenüber wandten sich die britischen und französischen Gewerkschaften generell gegen staatliche Einmischung in Tarifangelegenheiten. Während in *England* die Großbritannien großen Gewerkschaften, begünstigt durch das System des „block voting", den Trades Union Congress kontrollierten, gab in Frankreich die Vielzahl der kleinen Verbände in der Confédération Générale du Travail (CGT) den Ton an, begünstigt durch das Prinzip „Ein Verband – eine Stimme", womit man die Mitgliedschaft der Gewerkschaften in der CGT zu steigern hoffte. Von den 1,5 Mill. gewerkschaftlich organisierten Arbeitnehmern in *Frankreich* gehörten im Frankreich Jahre 1912 ca. 40% dem CGT an. Nur 12% der Arbeiterschaft waren in Frankreich überhaupt gewerkschaftlich organisiert (1911/13; 1891 waren es „nur" 2,7%). Von insgesamt 4 Mill. gewerkschaftlich organisierten Arbeitnehmern in Großbritannien (1914) gehörten 33% Gewerkvereinen an, die nicht dem TUC angeschlossen waren.

Die aus dem Zusammenschluß der „Bourses du Travail" und der „syndicats" (Gewerkschaften) 1895 auf dem Kongreß von Limoges entstandene Dachorganisation, die CGT, legte sich zwar mehrheitlich gegen „action directe" fest. Im Alltag bestimmten jedoch die syndikalistischen Richtungen Anlaß, Verlauf und Ausgang des Arbeitskampfes. Die unter dem Einfluß Proudhons und der Blanquisten 1886 gegründeten „Bourses du Travail", die zugleich lokale Arbeitsnachweise und Versammlungsorte waren, verstanden sich als Vorhut einer künftigen Gesellschaftsordnung. Sie suchten deren Gestalt in Form autonomer Produktionsstätten, Handelsorganisationen usw. vorwegzunehmen. Sie entzogen sich bürgerlicher Beeinflussung und lehnten staatlich-soziale Bevormundung strikt ab. In der Charta von Amiens 1906 bekannte sich die CGT in der Organisationsfrage zum Industrieverbandsprinzip. Im Grundsatzprogramm betonte die CGT die Autonomie der Bewegung gegenüber den sozialistischen Parteien, die 1899–1905 die Linksblockregierung parlamentarisch unterstützt hatten und auch Minister (Millerand) stellten. Schließlich verurteilte die CGT staatliche Sozialpolitik als Korruption – der Kongreß erklärte sich für „action directe" zur Expropriation der Kapitalistenklasse.

In Großbritannien schloß die Mehrheit des Trades Union Council (TUC) Großbritannien 1895 die zum Syndikalismus tendierenden Vertreter der Trades Council aus dem

Dachverband aus. Auf dem Kongreß von Bradford 1893 verlangten die neuen, auch ungelernte Arbeitskräfte rekrutierenden Gewerkschaften (Transportarbeiter u. a.) und die sozialistischen Parteizirkel (1) für eine eigene „pressure group" im Parlament aktiv zu werden, sogleich aber (2) die eigenen Abgeordneten zu verpflichten auf „collective ownership and control of the means of production, distribution and exchange"; sie scheiterten aber an dem Widerstand der großen Gewerkschaften der Bergleute und der Metallarbeiter. Erst die ungünstige Entwicklung der Rechtsprechung, die Niederlagen in den Arbeitskämpfen vor der Jahrhundertwende und die vermeintliche Effektivität der Arbeitgeber-Lobby im Unterhaus zwangen die alten und die neuen Gewerkschaften, ihre Kontroversen hintanzusetzen und den Aufbau einer parlamentarischen Vertretung zu betreiben. Im Caxton Hall-Konkordat von 1905 legten TUC, Labour Party und die 1898 von den Metallarbeitern gegründete General Federation of Trade Unions, eine Vereinigung zum Zweck gegenseitiger finanzieller Unterstützung, ihre Differenzen bei. Das Neben- und Gegeneinander konkurrierender Gewerkschaften auf Betriebsebene blieb davon unberührt. Rund 15% der Mitglieder der TUC-Gewerkschaften machten von der „contract out"-Klausel im Gewerkschaftsgesetz von 1913 Gebrauch, d. h. sie votierten dagegen, daß ihr Gewerkschaftsbeitrag für die Beitragsverpflichtung ihrer Gewerkschaft gegenüber der Labour Party herangezogen werden durfte.

„Triple Alliance"

Während die Labour Party ihre Respektabilität im Verfassungssystem unter Beweis stellen wollte, bereiteten die in den großen Streiks von 1910/11 reorganisierten, durch den Zustrom jüngerer Arbeiter militanter gestimmten Gewerkschaften der Eisenbahner, Bergleute und Transportarbeiter die *Triple Alliance* (April 1914) vor. Mit den Stichworten „workers' control of self-governing industries" und „closed shop" (Anstellung nur von Gewerkschaftsmitgliedern im betreffenden Betrieb) enthielt das Programm die Reizworte des Syndikalismus.

Freie Gewerkschaften und Sozialdemokratie in Deutschland

In England gründete die Gewerkschaftsbewegung die Partei und konstituierte durch kollektiven Beitritt die Mitgliedschaft der Labour Party. Im Deutschen Reich hingegen gab die SPD die „Freien" Gewerkschaften als nachgeordnete Organisation, als wirtschaftlichen Arm, aus. Kam es für die Arbeiterschaft auf die Änderung der politischen Machtverhältnisse an, dann gebührte der Partei und ihrem Programm die Leitfunktion gegenüber den Gewerkschaften. Letztere könnten zwar innerhalb des Wirtschaftslebens Verbesserungen erzielen, doch letztlich waren sie dem Bedürfnis nach Frieden unterworfen. Angesichts der auf den Parteitagen der SPD deutlich artikulierten Bestrebungen, die Streikwaffe in politischen Fragen- wie anläßlich der Wahlrechtsdemonstrationen in Schweden, Belgien, Österreich vorexerziert – einzusetzen, sah die Gewerkschaftsführung den Zeitpunkt gekommen, ihre Selbständigkeit zu erklären. Das Verlangen nach Parität mit der SPD bedeutete weitaus mehr als eine Herausforderung des überlieferten Selbstverständnisses der Partei: es bedeutete den Anspruch, selbständig zu entscheiden, wofür und wann die Mitgliedschaft der Gewerkschaften mobilisiert werden sollte. Die Tragweite des Anspruches ist daran zu messen, daß die

Gewerkschaftsbewegung nicht nur mehr Mitglieder zählte als die Partei (2.5 Mill. gegenüber 900 000), sondern daß ihre Mitgliedschaft expandierte, während die der SPD stagnierte. Die zwischen den Vorständen der SPD und der Freien Gewerkschaften im Februar 1906 geheim ausgehandelten Grundsätze für ein geregeltes Nebeneinander entsprachen eher dem auf dem Gewerkschaftskongreß in Köln 1905 vorgezeichneten Meinungsbild als den Strömungen in der Partei. Auf dem SPD-Parteitag in Mannheim im September 1906 hatte der Vorstand Mühe, das Abkommen mit der Gewerkschaftsspitze zu rechtfertigen. Für die Zukunft bedeutete das Abkommen, daß die Gewerkschaftsführer in die Rolle des Widersachers der „Linken" in der Massenstreikdebatte rückten: ihr Reformismus markierte eine wirkungsvolle Ablösung des auf den Parteitagen von 1899 und 1903 verurteilten Revisionismus.

d) Die Gruppierung politischer Kräfte im Zeichen der Wechselwirkungen zwischen Innen- und Außenpolitik

Welche Rückschlüsse ergeben sich aus dem Überblick über die inneren Verhältnisse und die Regime-Unterschiede zwischen den Staaten? Was berechtigt uns, das Zeitalter als imperialistisches zu kennzeichnen? Wenden wir uns im Folgenden der Aufgabe zu, jene gesamteuropäischen Erscheinungen hervorzuheben, die sich in der Summe zur Definition „Imperialismus" fügen. Merkmale des Imperialismus

Symptomatisch für das Zeitalter vor 1910 ist, daß nur wenige organisierte gesellschaftliche Kräfte Imperialismus oder nationale Machtpolitik durchgehend bekämpften. Die nationale Einheitsfront in der Außenpolitik blieb im allgemeinen unangetastet. Beispielsweise wurde die Flottenpolitik im Kaiserreich aus verschiedenen Gründen unterstützt: die Vertreter des Bildungsbürgertums sahen in ihr das Symbol künftiger Eintracht; dem Überseehandel galt sie als Untermauerung weltweiter Präsenz; der Schwerindustrie sicherte sie Abnehmer ihrer Produkte. Von Flottennovelle zu Flottennovelle verbreitete sich die parlamentarische Mehrheit. Um die Probleme der inneren Ordnung entbrannten ungleich schärfere und aufreibende Konflikte. Man denke an die Wahlrechtskämpfe in Belgien, Schweden, Österreich, im Deutschen Reich und in einzelnen seiner Bundesstaaten; an die großen Streikwellen in den europäischen Ländern 1903/6 und 1910/14; an die Finanz- und Verfassungskrisen; an die Affären und Skandale in den frühen 1890er Jahren. Die Dauerkrisen im Innern blieben, und mit ihnen die Notwendigkeit, sogenannte staatstragende Koalitionen zu bilden, um der definitiven Blockbildung, dem bürgerkriegsähnlichen Aufmarsch der Beharrungskräfte gegen die Bewegungsparteien, auszuweichen [103, A. J. MAYER].

Die Einhelligkeit in der Beurteilung der außenpolitischen Gefahrenlage begünstigte in den letzten Vorkriegsjahren in Frankreich und in England genauso wie im Deutschen Reich die Kooperation zwischen traditionellen Nationalisten, gemäßigtem Bürgertum und Teilen des Linkslagers. Die Auseinandersetzungen um den Haushaltsausgleich in den Jahren 1907/9 hatten die

24 Das Zeitalter des Imperialismus im Überblick

Mehrheitsbildungen in der Rüstungspolitik als Scharnier der Innen- und Außenpolitik

Annäherung zwischen den bürgerlich-konservativen Schichten wieder zu sprengen gedroht, die in Frankreich und im Reich nach 1903/5 im Zeichen der sozialen Protestbewegungen und Streikwellen erfolgt war. Vom außenpolitischen Konsens getragen, verliefen die Auseinandersetzungen um die Deckung der Heeres- und Marinevorlagen in der Vorkriegsära in veränderten „partei"politischen Bahnen. Die von Flügelgruppen der SPD oder SFIO bzw. den Konservativen vorangetriebene Polarisierung in der öffentlichen Meinung entlang einer Aufmarschlinie Militaristen/Konterrevolutionäre versus Pazifisten/Sozialreformer griff nicht auf das Parlament insgesamt über. Die als parlamentarische Kraft ausreichend starke „linke Mitte" — das sind Linksliberale und Zentrum im Reich; „social liberals" in England; Radikalsozialisten in Frankreich — unterstützten die Rüstungspolitik; im Unterschied zur Linken, die die Rüstungspolitik als bloße innenpolitische Disziplinierungsmaßnahme diskreditierte. Entgegen den Warnungen der Konservativen nutzte die „linke Mitte" die Bedrohung durch den „äußeren" Feind, um prinzipielle Neuerungen in Steuerfragen und insoweit gravierende Änderungen der Gesellschaftspolitik durchzusetzen. Die Mitte-Linke wollte dafür sorgen, daß die Stützgruppen der Konservativen für die in erster Linie von „rechts" geforderte Heraufsetzung der Truppenstärke und der Flottenmacht selbst verstärkt zur Kasse gebeten werden müßten. Eine Vermögens- oder Erbschaftssteuer müsse Teil jedes Finanzierungspakets sein. Die „Zentristen" bezeichneten die Aufrüstungsprogramme als außenpolitische Notwendigkeit, d. h. sie erklärten diese zur innenpolitisch „neutralen Sachfrage". [635, Krumeich]. Dies erlaubte ihnen, mit der Rechten für die Wehrvorlagen zu stimmen, mit der gemäßigten Linken jedoch die Deckungsfrage auszuhandeln, also verteidigungs- und finanzpolitische „Notwehr"maßnahmen in ihrer Strategie als Junktim zu behandeln. So wie beispielsweise die SPD die vorgelegten Rüstungsmaßnahmen nach eingehender Erläuterung der außenpolitischen Gefahrenlage in den Parlamentsausschüssen (24./25. März 1913) nicht mehr grundsätzlich in Frage stellte, so respektierte die gemäßigte Mitte-Rechte, daß die Marine- resp. Heeresvorlagen nur noch durch gesellschaftspolitische Konzessionen an die Reformbewegungen sichergestellt werden könnten.

Annäherungen im Gebrauch nationalpolitischer Phraseologie waren über weite Strecken dennoch nicht gleichbedeutend mit der Überbrückung innergesellschaftlicher Spannungslagen. Vielmehr bekundete man damit, daß man im Patriotismus mit den Konkurrenzparteien und -verbänden ebenbürtig sei, demzufolge im Streit, wie die Nation ihre inneren Zustände einrichten solle, gleichberechtigt eingreifen dürfe. Der National-Imperialismus bestimmte die Palette der Möglichkeiten, unter denen „Rechte", „Mitte" und „Linke" ihre Positionen markierten. [216, Eley].

Radikalisierung der Rechten

In den meisten Ländern ist eine *Radikalisierung der Rechten* festzustellen. Frankreich macht eine gewisse Ausnahme: im Parteiengefüge, das trotz der ökonomischen Veränderungen 1910 nicht viel anders zusammengesetzt war als um 1893, nahmen die konservativen Gruppierungen ca. 25% der Parlamentssitze ein. Als sich in der Dreyfus-Affäre 1894–99 eine Konfrontation zwischen der Rechten und den „Erben der großen Revolution" ankündigte, fanden sich führende Politiker der Kolonialpartei (E. Etienne), etablierte Vertreter der Finanzwelt (Rouvier) und der Großbourgeoisie sowie künftige Führer der Nationalisten (Poincaré) mit Waldeck Rousseau zur Verteidigung der Republik zusammen. Die „Sammlung" unter der Regierung Méline (1896–98), die in der Steuer- und in der Handelspolitik Vorstöße der Linken abblockte, blieb Episode. Der Kampf um die Trennung zwischen Staat und Kirche, der teilweise die Formen einer Revanche der „Linken" unter Premierminister Combes an der konservativ-reaktionären Haltung der Bischöfe und französischen Kirche in den 1890er Jahren, am Klerikalismus im Erziehungswesen und an der Hortung von Reichtümern annahm, okkupierte 1902–1907 das innenpolitische Geschehen. Um die progressive Steuerpolitik der sich erneuernden Radikalsozialisten unter Caillaux zu stoppen, verbündeten sich der ehemalige Sozialist Briand und Barthou, ein Mitglied der großen Finanzfamilien, zu einer „neuen Rechten". Deren Ziel war es, alle Kräfte für die Außenpolitik einzuspannen und den „réveil national" für ihre gesellschaftspolitische Stabilisierungsstrategie zu nutzen.

Im Deutschen Reich, in Großbritannien, in Rußland ist die Radikalisierung der Rechten auch in den Ansprüchen als Herrenvolk gegen nationale Minderheiten zu erkennen. Der Ostmarkenverein, die nach den Anfangsbuchstaben ihrer Gründer Hansemann, Tiedemann und Kennemann sogenannten Hakatisten, bekämpfte die Polonisierung in den preußischen Provinzen, d. h. den Aufkauf von Gütern, die Pflege polnischer Sprache und Kultur, und redete deutscher Ansiedlung das Wort; andererseits war es gerade der Arbeitskräftebedarf der Gutsbesitzer (insbesondere zur Erntezeit), der die Polen ins Land holte. In Rußland bildete die Tatsache, daß nur ca. 45% der Bevölkerung Russen waren und einige der großen Nationalitäten ihre Kulturwerte mit Stolz hüteten, den Hintergrund für die unter dem Einfluß von Pobedonozev und in der Ära Stolypin rigide durchgeführte Politik der Russifizierung. Der Madyarisierungspolitik in der ungarischen Reichshälfte der Habsburger Doppelmonarchie lagen vergleichbare Erscheinungen zugrunde. In Großbritannien richtete sich die Opposition der Conservative and Unionist Associations gegen die Versuche der Liberalen, „Home Rule for Ireland" durchzuführen. Auch konservative Regierungen hatten – etwa 1903 – gesetzliche Grundlagen für den Landerwerb seitens irischer Pächter geschaffen. Die „Home Rule"-Pläne der liberalen Regierung scheiterten an dem Widerstand der Protestanten in Ulster, der an den Rand des Bürgerkrieges führte. Während die preußische Regierung auf dem Gesetzgebungsweg 1908 den Zwangsaufkauf von Gütern bankrotter deutscher Besitzer oder von Besitz in polnischer Hand begünstigte, verschärfte die Liberale Regierung in England 1909 die Handhaben, um britische Gutsbesitzer in Irland zu zwingen, Land an die irischen Pächter zu verkaufen.

„Herrenvolk" und nationale Minderheiten

Die Radikalisierung der Rechten äußerte sich vor allem in pseudo-demokratischen Gründungen von Massenverbänden, die dem Gouvernementalismus den

Nationale Agitationsverbände

Kampf ansagten und damit bewußt das Begriffspaar konservativ-gemäßigt/regierungsfähig sprengten. Der englische Parteiführer und Ex-Premier Balfour aus der Cecil-Familie, die dem Weltreich seit Jahrhunderten Staatsmänner gestellt hatte, ist das prominenteste Opfer aggressiver Vorwärtspolitik der Rechten. Die Gründung von Wehr- und Flottenvereinen, von besitzstandorientierten, antisozialistischen Ligen und Bünden zur Verteidigung sozialer und politischer Privilegien gegen aufsteigende Klassen war ein Indiz für den Wandel der politischen Kultur und des Regierungsstils. Regimeunterschiede zeigten sich darin, ob die Konservativen Parteien in der Lage waren, die nationalen Agitationsverbände und Ligen wieder an sich zu binden, was in England der Fall war, ferner, ob die Regierungen dem Druck standhielten oder gar Reformmaßnahmen fortführten.

Intransigenz der Rechten

Vor dem Hintergrund umfassender Arbeitskämpfe, eines beschleunigten Wettrüstens und wachsender Auseinandersetzungen um Steuerreformen verlangte die in die Defensive gedrängte Rechte unverhohlen und kompromißlos die Begünstigung ihrer Gruppeninteressen. Den Volksvertretungen sollte verwehrt werden, unter Berufung auf demokratisch legitimierte Mehrheiten über die Besteuerung von Besitz und Vermögen zu befinden.

Großbritannien

In England steigerte die konservative Opposition ihren Kampf gegen den regierenden Liberalismus zur Kritik am System. Sie konnte jedoch die von der Labour Party und den Irish Nationalists tolerierte Liberale Regierung nicht stürzen. Nach der Verhinderung des Machtwechsels durch die Wahlerfolge von 1910 und nach der Entmachtung des Oberhauses durch die Parlamentsreform 1911 verlangten die Konservativen im Vertrauen auf die Wählerwirksamkeit ihrer Schutzzoll- und Anti-Home Rule-Parolen die Einführung des Referendums. Sie stellten damit das parlamentarische Regierungssystem britischer Prägung prinzipiell in Frage.

Frankreich/ Italien

In Italien, ansatzweise auch in Frankreich suchte die Rechte die „Gemäßigten" zu zermürben, indem sie die gewaltsame Unterdrückung militanter Streikaktionen – bis hin zum Versagen rechtsstaatlichen Mindestschutzes für verhaftete Streikführer, Schriftsteller – und gesteigerte Wehrhaftigkeit nach außen forderte.

Deutschland

Im Deutschen Reich setzten die Agrarkonservativen, der Bund der Landwirte, zum Angriff auf eben jene Staatsverfassung an, die um der Beschaffung parlamentarischer Mehrheiten willen, für Marine- und für Heeresvorlagen, Handelsgesetze, u. a., Zugeständnisse an die „Bewegungsparteien" in Fragen der Rechtsordnung (Vereins-, Strafprozeßrecht) erforderlich machte. Die Sammlungsbewegung überließ die Initiative nicht länger der Regierung – wie zur Zeit Miquels, Bülows und Tirpitz' –, sondern sie wurde eine personifizierte Kampfansage einer neuen Rechten an eine „schwächliche" Regierung. Die radikalisierte Rechte, so kann man Bilanz ziehen, wollte im Innern keine Reformpolitik mehr dulden und alle Energien nach außen ableiten.

„Mitte"

Die *Mitte* bestand auf Reformen als Zeichen einer Politik der Versöhnung nach innen zwischen Staat und Arbeiterschaft. Dies bilde die Grundlage, auf der die Nation im Wettstreit um Zukunftschancen in der Weltpolitik mithalten könne. Das Eintreten für gesicherte Wachstumschancen für den Industriestaat und dessen Eingliederung in die Weltwirtschaft sollte umgekehrt die Aussichten für eine Reformstrategie im Innern verbessern. Auch um den Verlust ihrer Wähler an „Arbeiter"parteien aufzuhalten, widersetzten die Mittelparteien sich einer sozial unausgewogenen Finanz- und Handelspolitik. Sie traten für die Erhöhung des Anteils der direkten Steuern an den Staatseinnahmen, insbesondere durch die Besteuerung unverdienten Vermögens, ein, in der Hoffnung, daraus sowohl Rüstungs- als auch Sozialmaßnahmen finanzieren zu können. Die Mitte-Linke stellte für längere Zeiträume in Frankreich (1899–1909) und in England (1906–15) die Regierung. Doch nur in England konnte sie in der Sozialpolitik in die Zukunft weisende Reformen gesetzmäßig verankern. Im Kaiserreich profilierte die Mitte sich erst nach den Wahlen von 1912 als eine „Realität", auf die die Reichsleitung vorsichtig-annähernd, die Rechte hingegen abwehrend-provokativ reagierte.

Die Parteien der zweiten Sozialistischen Internationale (1891) warnten vor den durch Imperialismus und Wettrüsten gesteigerten Gefahren eines Weltbrandes. Sie konnten jedoch die Bedingungen, unter denen die sozialistischen Parteien in ihren Vaterländern wirkten, bei den Beratungen über Strategien zur Kriegsverhütung nicht außer acht lassen. Die Sprecher der SPD ließen beispielsweise in der Marokkokrise 1911 durch H. Molkenbuhr die SI wissen, daß es ein Lebensinteresse der deutschen Partei sei, innenpolitisch vorrangige Fragen wie Steuerpolitik, Agrarprivilegien, Versicherungsordnung nicht durch Aktionen zur außenpolitischen Krisenlage aus der Diskussion zurückdrängen zu lassen. Während die Section Francaise de l'Internationale Ouvrière (SFIO) auf dem Stuttgarter Kongreß 1907 alle Mittel- von der parlamentarischen Aktion bis zum Massenstreik und Aufstand – zur Verhinderung eines Kriegsausbruchs aufgeboten wissen wollte, suchte Bebel als Führer der SPD eine Festlegung auf bestimmte Aktionen zu vermeiden. Der Führer der mitgliederstärksten und theoretisch führenden Partei in der SI vertrat den Standpunkt, die Arbeiter und ihre parlamentarischen Vertreter sollten aufgefordert werden, im Ernstfall die ihnen am wirksamsten erscheinenden Schritte zu unternehmen. Unter dem Eindruck der Solidarisierungseffekte, die von den Wahlrechtsdemonstrationen ausgingen, bevorzugte die SPD sogenannte Friedensdemonstrationen gegenüber „Massenstreik" als Plattform. Die Parteien der SI legten den Schwerpunkt ihrer friedenserhaltenden Aktionen auf Agitationen auf nationaler Ebene. Durch Kampagnen für internationalen Frieden und für Demokratie wollten sie die „Massen" und die öffentliche Meinung für sich gewinnen. Die Erfahrung, daß es den Staatsmännern gelungen war, Krisen beizulegen; die Erwartung, daß die eindrucksvollen Wahlerfolge der SPD, der SFIO und der italienischen Sozialisten die Amtsträger zu rationalem Verhalten veranlassen müßten; der Zweckoptimismus, daß die „besitzenden Klassen" letztlich daran interessiert waren, den Krieg als großes Verlustgeschäft zu verhindern – all dies erklärt den Widerspruch zwischen „theoretischer Kapitalismus- und Imperialismusanalyse einerseits und dem faktischen Unglauben daran, daß es zum Krieg kommen werde, andererseits."

[797, S. MILLER, 36]. In dieser Diskrepanz befangen und vom Patriotismus der Arbeiterschaft „überrascht", brachten die Führer der in der SI vereinten Parteien – mit Ausnahme von Minderheiten – in der Julikrise 1914 keine konzertierte Aktion im Sinne der Resolutionen ihrer Kongresse von Stuttgart 1907 und Kopenhagen 1910 zuwege.

e) Hauptmerkmale der Epoche

Sozialimperialismus Die Integrationsideologie des neuen Nationalismus („larger patriotism"), mit der die Zerwürfnisse im Innern überdeckt werden sollten, spielte auch in der Vorgehensweise gegenüber machtpolitischen und wirtschaftlichen Rivalen eine Rolle. Die inneren Zustände Frankreichs galten Bülow, wie zuvor Bismarck, als beste Garantie für die Sicherheit des Deutschen Reiches. Für die Ouvertüre der deutschen Weltpolitik 1897 waren die Krise in Frankreich, Richtungskämpfe in der englischen Regierung und die Möglichkeiten, Konflikte zwischen den „Alt-Imperien" an der Peripherie zu schüren, wichtige Ansatzpunkte. So betrachtet ist Sozialimperialismus in einem doppelten Sinne „Gesellschaftspolitik im Gewand der Außenpolitik" (183, ROHE, 69]: als Krisenvermeidungsstrategie nach innen und als Krisennutzungsstrategie gegenüber den Schwächen an der „Heimatfront" des außenpolitischen Rivalen.

„Rüstungsnationalismus" Die doppelte Stoßrichtung des Sozialimperialismus entfaltete ihre gefährliche Wirkung in dem Maße, in dem sie mit dem Rüstungswettlauf zusammenfiel. Die expansiven Rüstungsprogramme Rußlands (1909/11), Deutschlands (1908, 1911/13), Frankreichs (1912/14) hatten innenpolitisch *„Rüstungsnationalismus"* [54, BERGHAHN, 28] zur Voraussetzung. Außenpolitisch bezweckten sie, Nachgiebigkeit aus Schwäche künftig verhindern und umgekehrt Erfolge erzwingen zu können, und zwar auf sicherheitspolitischem Gebiet genauso wie auf handels- und finanzpolitischem Felde. Sie begrenzten den Spielraum für Verhandlungslösungen um so mehr, als der „Nationalismus von unten", kanalisiert durch die Agitationsverbände (Flotten-, Wehr-, Kolonialvereine), und die „Manipulation von oben", die Öffentlichkeitsarbeit der Regierungen, zur Solidarisierung gegen eine Welt von Feinden aufrufen. Die nationale Agitation verschaffte, indem sie dem Wettrüsten das Wort redete, einem anderen Machtfaktor, nämlich den militärischen Kräften, eine zusätzliche Möglichkeit, seine Ansprüche durchzusetzen.

Militär, Strategie und Politik Die Generalstäbe und die Regierungschefs enthielten in Deutschland, aber auch in Frankreich und in Großbritannien dem Parlament und der Öffentlichkeit die eigentlichen Beweggründe für die militärischen Aufstockungsmaßnahmen vor: die Festlegung auf offensive Aufmarsch- und Operationspläne. Diese sollten dem jeweiligen Verbündeten jene Entlastung bringen, die dieser zur Hebung seiner Kriegseintrittsbereitschaft zu benötigen meinte. Indem sich die Militärstrategie auf eine bestimmte Offensivstrategie und auf die dazu erforderlichen

Mindeststärken festlegte und der Außenpolitik die Aufgabe zugedacht wurde, sicherzustellen, daß der Bündnispartner die Entlastungsoffensive „pünktlich" starten würde, wurden an das politische Krisenmanagement ganz bestimmte Anforderungen gestellt. Die schwierigste darunter betraf die Innenpolitik. Die deutsche Reichsleitung mußte die „Opposition" – beispielsweise die SPD im Dezember 1912 und in der Julikrise 1914 – von der Kritik am und von der Distanzierung vom Habsburger Verbündeten abbringen. Die französische Regierung mußte Zweifel an der Bereitschaft zur unbedingten Unterstützung Rußlands in Prestigekonflikten mit den Mittelmächten ausräumen und konzentrierte sich auch deshalb auf die Durchsetzung der „Lois de trois ans". Die britische Diplomatie – besorgt, andernfalls dem Reich allein gegenüberzustehen – stärkte bestimmten Kräften in Frankreich den Rücken, um Paris einen Schulterschluß mit Berlin auszureden; nach innen mußte die Regierung hingegen darauf achten, nicht vorzeitig für den französischen „Schicksalspartner" Partei zu ergreifen.

Die klischeehaften, von den Regierungen beschworenen Feindbilder schufen eine latente Anfälligkeit, den strategischen Vorstellungen der Militärs zu folgen. Durch ihre Bereitschaft, dem Fachurteil der Militärs über den verbliebenen Handlungsspielraum zu vertrauen, begaben sich die Politiker in die Zwangslage, in der Außenpolitik Risiken einzugehen. Die Ursache dieser Konstellation lag darin, daß man es den Generalstäben bzw. Marineführungen überlassen hatte, den Aktionsradius im Hinblick auf ein von der politischen Führung gedecktes Feindbild festzulegen." Je weniger die komplizierten Probleme der Welt politisch regulierbar erschienen, desto größeres Gewicht (erhielten) die militärischen Kräfte." [435, K. HILDEBRAND 169]. Diese Erklärung für die in Deuschland, Frankreich, Rußland festzustellende Konfliktbereitschaft scheint derart plausibel, zumal die hohen Militärs in den Entscheidungsprozessen direkt vertreten waren, daß im Vergleich dazu Erklärungen verblassen, welche die ökonomischen Rivalitäten, wirtschaftliche Antriebskräfte des Imperialismus als Kriegsursache identifizieren.

Sehen wir uns von diesem Blickpunkt, der Einmündung des imperialistischen Zeitalters in den Ersten Weltkrieg, die Hauptmerkmale der Epoche an.

<small>Grundmerkmale der Epoche</small>

Das Spannungs- und Konfliktverhältnis zwischen „dem Machtwillen der führenden Nationalstaaten" und einem „nach ökonomischen Vorteilen strebenden, den Weltmarkt vereinheitlichenden Kapitalismus" bildet die Grundfigur der Epoche. [63, ZIEBURA, 178]. Dies gilt für die nationale Ebene und für die internationale Ebene.

Für die internationale Ebene beobachtete bereits Lenin, „daß die Teilung der Welt ... teils nach dem Kapital, teils nach der Macht vorgenommen wird ... Die Macht aber wechselt mit der ökonomischen und politischen Entwicklung ... Die Epoche des jüngsten Imperialismus zeigt uns, daß unter den Kapitalistenverbänden sich gewisse Beziehungen bilden auf dem Boden der ökonomischen Aufteilung der Welt, daß sich daneben und im Zusammenhang damit zwischen den politischen Verbänden, den Staaten, bestimmte Beziehungen herausbilden auf dem Boden der territorialen Aufteilung der Welt, des Kampfes um die Kolonien, des Kampfes um das Wirtschaftsgebiet." [118a, LENIN].

Auf der nationalen Ebene bestand für die Funktionsträger der Nationalstaaten die Doppelaufgabe darin, (1) „wie sie die divergierenden Interessen welt- und binnenmarktorientierter Branchen unter einen Hut bekamen" [63, ZIEBURA, 178]; (2) wie sie die aus dem Staatensystem hervortretenden politisch-militärischen Rivalitäten zu kontrollieren oder für sich auszunutzen vermochten und wie sie die internationalen Bewegungen der Faktoren Kapital, Arbeit und Waren mit ihren nationalen Zielen und Mitteln korrelieren konnten.

Bankiers und Wirtschaftsführer wie z. B. Ballin, Cassel, Hirsch, Warburg, Gunzbourg, die Rothschilds, wollten die von Technik und Wirtschaft vorangetriebene Vereinheitlichung der Welt als ökonomisches Gesamtsystem zur Eindämmung militärischen Wettbewerbs nutzen. Doch waren die von ihnen geknüpften internationalen Einflußnetze in vielen Fällen zu schwach, um den Ausbruch politischer Krisen abzufangen oder deren Verlauf zu dämpfen. In einigen Situationen stellten Bankiers und Handelskreise ihre internationalen Kommunikationsnetze in den Dienst geheimer Friedensverhandlungen und einer Politik des Rapprochement.

Die Epoche des Imperialismus ist 1898—1910 gleichermaßen eine Hochphase der Zusammenarbeit des internationalen Kapitals, in der die Mitwirkenden in Anleihesyndikaten, Firmenverbünden, Finanzkonsortien sich dem politischen Druck ihrer Regierungen mehr oder weniger erfolgreich zu entziehen verstanden, *und* eine Phase, in der die Regierungen Finanzmacht und Wirtschaftskraft für machtpolitische Manöver in den Dienst zu nehmen trachteten. Politische Strategien (Regierungsdirektiven) und ökonomische Interessenartikulation konvergierten keineswegs durchgängig. Die wirtschaftlichen Verflechtungen waren nicht identisch mit sicherheitspolitischen Optionen der Regierungen: die Jahre zwischen den beiden Marokko-Krisen 1905 und 1911 sind eine Phase deutsch-französischer wirtschaftlicher Interpenetration. Die Kapital- und Finanzinteressen des politischen „Erzrivalen" Frankreich verhalfen dem Reich direkt oder indirekt zu Erfolgen im Nahen Osten (Bagdadbahn) und in Lateinamerika. In den letzten Friedensjahren freilich veranlaßten die Regierungen die Finanzgruppen, ihre ökonomischen Ziele überwiegend im Einklang mit den machtstaatlichen Ambitionen, mit den sogenannten nationalen Interessen, zu verfolgen. Für die Re-Nationalisierung des „internationalen" Kapitals ist die Parole Poincarés kennzeichnend, daß mit politisch verfeindeten Staaten keine gemeinsamen wirtschaftlichen Aktionen durchgeführt werden dürften. [325, MOMMSEN, 76].

2. Europas Stellung in der Weltwirtschaft

Im Zeitraum zwischen 1880 und 1914 erhielt die weltwirtschaftliche Verflechtung eine neue Qualität; sie resultierte aus der im Vergleich zu früher größeren Mobilität der Produktionsfaktoren Kapital und Arbeit, die oftmals in die gleiche Richtung abwanderten, nämlich USA/Kanada und die ABC-Staaten in Südamerika. Weder der Kapitalexport noch die Repatriierung der Profite oder die Zulassung ausländischer Titel zu den Wertpapierbörsen waren restriktiven rechtlichen oder politischen Bedingungen unterworfen. Die Forderungen der Deutsch-Konservativen beispielsweise, den Abfluß des Kapitals ins Ausland zu erschweren, weil davon fremde Volkswirtschaften Nutzen hätten, während im Reich der „Preis des Kapitalgeldes" in die Höhe getrieben würde, kamen vor 1914 nicht zum Zuge. Das Netzwerk der internationalen Verschuldung begünstigte die Ausweitung multilateraler neben bi-lateralen Beziehungen. Die Auswanderung aus Deutschland, England, den skandinavischen Ländern wurde weder durch Gesetze noch von den Behörden behindert; zahlreiche Einwandererländer (insbesondere Brasilien) subventionierten sogar den Arbeitskräfteimport.

Internationalisierung der Handels- und Kapitalbeziehungen

Auch die Beschränkung des Handelsaustausches – in der Regel durch gestaffelte Schutzzölle bzw. Doppeltarife und weniger durch Importquoten oder Kontingentierungen – vermochte die rapide Ausweitung der Handelsbeziehungen nicht aufzuhalten; der Welthandel expandierte im Zeitraum 1906/13 um 45%. Das Aufleben protektionistischer Strömungen in Frankreich (1892, 1910) und im Reich (1902/05) konnte die großen Liberalisierungserfolge früherer Jahrzehnte nicht zunichtemachen. Die Ursachen dafür sind vielschichtig: 1) Die für längere Zeiträume geschlossenen Handelsverträge legten die Zolltarife fest und gewährten die Stabilität des Austausches. Im Unterschied zu einer Zollunion schlossen Handelsverträge kein Land – weder den Industrie- noch den Agrarkonkurrenten – a priori vom Markt aus, versperrten also nicht den Zugang zu den Weltexportmärkten. Wichtig war ferner, daß auch die Hochschutzzollländer USA, Frankreich, Deutschland die (unbeschränkte) Meistbegünstigungsklausel anwendeten, wonach jeder Vertragspartner in den Genuß jener Zollreduktionen kam, die einer von ihnen einem Dritten einräumte; dies verhinderte eine zügellose Diskriminierung zwischen den Staaten. 2) Die Schutz-, Fiskal- u. a. Zölle bildeten einen wichtigen Einnahmetitel in den Staatshaushalten. Sie konnten daher nicht alleine unter dem Aspekt des „Schutzes der nationalen Arbeit" behandelt und derart in die Höhe getrieben werden, daß sie Importe verhinderten. Ferner waren die Exportinteressen wichtiger Industriezweige zu berücksichtigen; oftmals wurden Zollkriege angezettelt, um eigene Exportforderungen in den Handelsvertragsverhandlungen durchzusetzen. 3) Die Handelsverträge enthielten privatrechtliche Schutzbestimmungen, durch die Ausländer Nutznießer des in aller Regel „liberalen" Unternehmens- und Handelsrechtes der europäischen Staaten wurden. 4) Durch Direktinvestitionen wurden die Hochschutzzollmauern unterlaufen; allerdings geschah dies vor 1914 erst im begrenzten

Umfang. 5) Die internationalen Finanzzentren und Warenbörsen (London, Liverpool, Paris, Hamburg, etc.) hielten den multilateralen Zahlungs- und Gütertransfer in Gang und schwächten die Wirkung der Maßnahmen ab, die zum Schutz der nationalen Arbeit getroffen wurden. 6) Englands Festhalten am Freihandel und Londons Schlüsselstellung in den internationalen Handelsverflechtungen und im Zahlungsverkehr (s. u.) begrenzten die Auswirkungen der Schutzzollpolitik auf den Welthandel.

Die Verbilligung der Transportkosten, die Erschließung neuer Gebiete für den Welthandel durch internationale Kapitalbewegungen und die Ansiedlung von europäischen Arbeitskräften in Übersee — im Durchschnitt der Jahre 1881—1915 über 900 000 — steigerten Nachfrage und Kaufkraft; dies erhöhte die Bedeutung des Außenhandels für die europäischen Länder. Der Anteil der Exporte der westeuropäischen Länder am Nationalprodukt erreichte am Vorabend des 1. Weltkrieges rund 1/5 (England 18%, Frankreich 16.9%, Deutschland 17.9%) [296, MILWARD/SAUL, 469]. Bezogen auf die industrielle Produktion lag der Anteil der Exporte an der Produktion noch höher, im englischen Fall 1907 : 33%.

Die stärkere Expansion des Welthandels im Zeitraum 1870—1914 (durchschnittlich 3,4%) im Vergleich zur Industriegüterproduktion (2,1%) ist daraus zu erklären, daß nahezu 2/3 der transnational gehandelten Waren Rohstoffe waren. Nahrungs- und Genußmittel, mit Ausnahme von Vieh und Getreide, sowie Rohstoffe unterlagen in Frankreich und in Deutschland — anders als in Rußland — kaum zollpolitischen Restriktionen. England als größter Importmarkt der Welt praktizierte „open door" gegenüber den Produkten anderer Länder. Die Expansion des Welthandels — Verdreifachung zwischen 1890 und 1913; Verdoppelung des Weltfertigwarenhandels im Zeitraum von 1900—1913 — bildete eine der Voraussetzungen für die Steigerung der wirtschaftlichen Produktion. Die Einkünfte aus dem gesteigerten Volkseinkommen dienten dem Ankauf von Rohstoffen und Nahrungsmitteln aus allen Teilen der Welt und riefen dort strukturelle Änderungen, aber auch eine Ausweitung der Nachfrage hervor.

a) Grobstrukturen des Welthandels und des Außenhandels der führenden Nationen

Grobstrukturen des Welthandels

Die europäischen Länder, Japan und die USA bezogen nahezu alle Teile der Welt in den Austausch von Waren, Dienstleistungen und Rohstoffen, Kapital und Arbeitskräften ein. Mit der rapiden Industrialisierung veränderte sich die Struktur des Welthandels. Die immer stärkere Spezialisierung im Textilgewerbe, in der Eisen- und Stahlindustrie usw. führte zu einer Arbeitsteilung, mit der eine Intensivierung des Güteraustausches zwischen den hochindustrialisierten Ländern einherging.

Europas Dominanz im Welthandel

Die Grobstruktur des internationalen Handelsaustausches änderte sich in der zweiten Hälfte des 19. Jahrhunderts nur wenig. Bis zum ersten Weltkrieg wird die Geschichte des Wachstums und der Ausbreitung des Welthandels weitgehend von den Europäern bestimmt; 2/3 des Welthandels wurde 1909–13 zwischen den europäischen Ländern selbst abgewickelt. Der Handelsaustausch zwischen den 7 führenden europäischen Staaten Großbritannien, Frankreich, Deutschland, Belgien, Niederlande, Schweiz, Dänemark untereinander machte 50% des Welthandels aus. Den zweitgrößten Anteil erreichte der Austausch zwischen Europa und den von den Europäern besiedelten Gebieten in Übersee, d. h. USA, weiße Dominions. Europa incl. Rußland nahm 1913 65% der Weltimporte auf – Nordamerika 12% – und stellte 59% der Weltexporte – Nordamerika 15%. Die lateinamerikanischen Länder wickelten 2/3, Afrika und Ozeanien mehr als 3/4 ihres Außenhandels mit Europa ab. Noch dominanter als im Welthandel insgesamt war Europas Stellung im Fertigwarensektor: England, Frankreich und Deutschland vereinigten 61% der Weltexporte an Fertigwaren auf sich. Doch auch beim Export von Rohstoffen – Kohle, Kali u. a. – und von Nahrungsmitteln entfielen um 1900 knapp 50%, um 1913 ca. 46% des Weltexports auf Europa (incl. Rußland).

Während Deutschland und Frankreich nahezu 70% ihres Außenhandels, insbesondere der Exporte, mit europäischen Partnern abwickelten, verteilten sich die *englischen* Ein- und Ausfuhren über alle Erdteile. Von den englischen Ausfuhren entfielen im Durchschnitt auf

Regionale Schwerpunkte des Außenhandels

	1880/83	1909/12
Westeuropa	14,2%	11,7%
übriges Europa/Mittelmeergebiete	24,3%	27,5%
USA	12,6%	6,8%
Asien	20,3%	20,8%

Die *deutschen* Exporte wurden zum überwiegenden Teil in Europa abgesetzt:

	1890	1900	1913
Europa insgesamt	78,1%	77,8%	76,1%
England	20,7%	19,2%	14,2%
Rußland	6,1%	6,8%	8,7%
Frankreich	6,8%	5,8%	7,8%
Österreich-Ungarn	10,3%	10,8%	10,8%
USA	12,2%	9,3%	7,1%

Die *französischen* Exporte verteilten sich auf:

	1880	1910
Europa	71,7%	69,8%
Nord- und Südamerika	19,4%	14,3%
Afrika	6,7%	12,3%

Bei der Herkunft der *deutschen Importe* fanden größere Verschiebungen statt:

	1890	1900	1913
Europa	75,7%	62,8%	54,7%
USA	9,5%	16,9%	15,9%
Afrika	1,2%	2,4%	4,6%
Asien	3,9%	6,1%	9,7%

Die Veränderungen in der regionalen Importstruktur resultierten aus dem steigenden Bedarf an Rohstoffen für die expandierende deutsche Industrie und an Agrarprodukten für die wachsende Bevölkerung. Das Reich war trotz Agrarprotektionismus, verbesserter Ertragsleistungen und Investitionen seit den 1890er Jahren nicht mehr in der Lage, sich selbst zu ernähren.

Großbritannien, aber auch das Deutsche Reich, verdankten ihre Schlüsselstellung im Weltwirtschaftssystem dem hohen Anteil ihrer Importe an den Weltimporten: Englands Anteil lag 1913 bei 19% (1880: 30%), Deutschlands bei 14%. Die deutsche Einfuhr aus „Übersee" stieg in den 25 Jahren von 1890–1913/14 um 480%. Über 70% der englischen und über 60% der deutschen Gesamtimporte entfielen auf die Kategorien industrielle Rohstoffe sowie Nahrungs- und Genußmittel. Die englischen Fertigwarenimporte aus Europa entsprachen 50% der englischen Gesamtexporte nach Europa. Deutschland führte nicht nur Primärgüter ein, sondern war – in absoluten Zahlen – unter den europäischen Ländern auch der größte Importeur von Fertigwaren.

England   Im Wettbewerb um Weltmarktanteile war England durch den hohen Anteil der »staple-goods«-Industrien von 53% an den Gesamtexporten gehandicapt: Baumwoll- und Wollerzeugnisse mit einem Wert von £ 160 Mill. machten 22%, Stahl-/Eisenerzeugnisse und Kohleexporte im Wert von rd. £ 55 Mill. je 7% der Gesamtexporte aus. Die innovationsfähigen und zukunftsträchtigen „neuen" Industrien vergrößerten zwar ihren Anteil am Exportwert – Maschinenbau £ 37 Mill., chemische Produkte £ 22 Mill. –, doch bei optischen und Elektrogeräten, Farbstoffen und Pharmazeutika u. a. fiel England weit hinter Deutschland zurück.

USA   Die Vereinigten Staaten wurden vor der Jahrhundertwende noch vorrangig zum Lager der Agrar- und Rohstoffexporteure (Baumwolle) gerechnet; so waren 1890: 74%, 1900: 61%, 1910: 40% der Exporte Agrarexporte. Im Vorkriegsjahrzehnt stießen sie jedoch auch auf die Weltmärkte für Industrieprodukte vor, und zwar auf Kosten Englands. Der Anteil der Halb- und Fertigwaren an den US-Exporten erhöhte sich von 35,5% (1900) auf 51,5% (1910). Europas Anteil an den Gesamtexporten der USA blieb hoch (1913: 60%), umfaßte im wesentlichen jedoch weiterhin Baumwolle, Tabak, Getreide und Fleischwaren. Die US-Industrieexporte eroberten andere Absatzmärkte, vor allem Kanada, Asien und

Lateinamerika. Im Vergleich mit den europäischen Industrieländern besaß der Fertigwarenexport für die US-Wirtschaft angesichts des expansionsträchtigen Binnenmarktes allerdings nur eine geringe Bedeutung, wie die Tabelle verdeutlicht:

Anteile der Länder an den Fertigwarenprodukten der Welt [339, Maizels, 220 ff.]

		Erzeugung	Weltexport	nationaler Export
USA	1899	41%	10,5%	ca. 5%
	1913	41%	12 %	5%
Deutschland	1899	15,1%	20,4%	31%
	1913	18,1%	25,6%	31%
England	1899	20,8%	38,3%	42%
	1913	15,8%	31,8%	45%
Frankreich	1899	11,6%	13,6%	33%
	1913	12,3%	12 %	26%

Neben Rußland, dessen Überschuß im Agrar- und Rohstoffexport gegenüber den Importen in diesen Sektoren stärker zunahm als das Defizit im Fertigwarensektor, waren die USA die einzige Weltmacht, die einen Handelsbilanzüberschuß verzeichnete. Aufgrund der hohen Kapitalimporte blieben die USA jedoch Nettoschuldner. Die US-Handelsflotte transportierte (1915) „nur" 10% des gesamten US-Außenhandels, so daß die USA durch Frachtgebühren, ferner durch Touristenausgaben in Übersee (Jahresdurchschnitt 350 Mill. US $) und durch die Überweisungen der Einwanderer an ihre Familien im Heimatland jährlich erhebliche Beträge ausführten. Insgesamt betrachtet, erweiterten die USA in erster Linie ihren großen Binnenmarkt. Sie erreichten 1913 mit einem Anteil von 11% an den Weltexporten jedoch, vor Frankreich (7,2%; 1880 : 11%), schon den dritten Platz hinter England (15%; 1880 : 20%) und Deutschland (1913 : 13,2%; 1880 : 11%). Für die drei europäischen Großmächte blieben die USA trotz ihrer Hochschutzpolitik ein wichtiger Absatzmarkt. Der Anteil der USA an den Gesamtimporten bzw. -exporten betrug:

	Englands		Deutschlands		Frankreichs	
	Importe	Exporte	Importe	Exporte	Importe	Exporte
1900	26%	7%	17%	9%	11%	6%
1913	18%	6%	16%	7%	11%	6%

Frankreich   Frankreich, das gleichfalls an der Spitze der Hochschutzzollländer stand, hatte unter den Erzeugern und Exporteuren von Automobilen und Fahrrädern eine Spitzenstellung inne. Hingegen gehörte es zu den führenden Importeuren von Landwirtschaftsmaschinen und Elektroerzeugnissen; es führte 2/3 seines Bedarfs an Werkzeugmaschinen aus Deutschland ein. Auswärtige Märkte für seine industrielle, vorwiegend auf Gebrauchsgüter ausgerichtete Produktion fand Frankreich überwiegend in den nord- und westeuropäischen Nachbarländern, mit aufsteigender Tendenz jedoch auch im eigenen Hoheitsgebiet (Algerien). Die französischen Kolonien nahmen 14–15% der französischen Fertigwarenexporte auf (= 4% der Produktion), aber 65% des Exports von Baumwolltextilien (= 12% der Produktion). Die französischen Exporte in die Kolonien stiegen von 6,73% (1882/86) auf 10,92% (1910/13) an, die Importe aus den Kolonien von 4,7% auf 9,28%. Auf die Kolonialgebiete entfielen 8–10% der französischen Kapitalexporte und 12–13% des Außenhandels Frankreichs. Bedingt durch die Vergünstigungen im Rahmen des kolonialen Präferenzsystems, unternahm die französische Exportwirtschaft nur geringfügige Anstrengungen, um ausländische Märkte für ihre Erzeugnisse zu erobern. Die Importe aus Frankreich blieben in 52 Staaten hinter den Ausfuhren aus Deutschland zurück; die Ausnahme bildeten Belgien und Haiti. Für seine Luxusartikel hingegen – Haute Couture, Weine, Parfums – besaß Frankreich einen an die Prosperität und an die gesellschaftlichen Lebensformen der Vorkriegszeit gebundenen „sicheren" internationalen Markt. Unter den Industrieexportartikeln nahmen Textilien (Seide, Baumwolle, Wollartikel) die Spitzenstellung ein (1890 : 54,5%; 1913 : 40%), gefolgt von Genußmitteln und Metallwaren.

Dank der Schutzzollgesetzgebung von 1881/85, 1892 und 1910 konnte Frankreich das Ungleichgewicht zwischen Importen und Exporten verringern: Die Importdeckung betrug durchschnittlich 88,3% im Zeitraum 1895/1913 (im Vergleich zu 71,2% in der Periode 1880/94). Außer in den Jahren schlechter Ernten (1891, 1898, 1910/13) waren die Agrarimporte rückläufig, die Einkünfte aus den Agrarexporten blieben stabil (ca. 600–700 Mill. Frs.). Demgegenüber nahmen die Rohstoffimporte sowie die Fertigwarenexporte erheblich zu. In der Bilanz erzielte Frankreich im Industriesektor einen Exportüberschuß, da die Fertigwarenimporte nur einen leichten Anstieg verzeichneten [718, Bouvier, 231 ff.].

Für die französische Außenwirtschaft ist bezeichnend, daß die Schwerpunkte des Waren- und des Kapitalexportes nicht übereinstimmten [210, Ziebura]. Während Rußland Anleihen im Wert von 11 Milliarden Francs aufnahm, importierte das Zarenreich im Zeitraum 1870–1913 französische Waren lediglich im Wert von 2 Mrd. Francs. Waren 25% der französischen Kapitalexporte in Rußland plaziert, so erreichte Frankreichs Anteil an den russischen Gesamtimporten nur 3,5%. Über 60% der französischen Kapitaleinlagen im Ausland entfielen auf Rußland, Südeuropa und den Nahen Osten, doch der Handelsaustausch mit diesen Regionen machte nur 14% des Außenhandels Frankreichs aus. 55% des Außenhandels wurde mit den europäischen Industrieländern und den USA abgewickelt, dorthin gingen aber nur 12% des französischen Kapitalexports. [294, LÉVY-LEBOYER].

Europa nahm die Zentralstellung in der Weltwirtschaft ein. Innerhalb Europas wiederum hatten die großen „Drei" in der Erzeugung von Kohle und Stahl, im Maschinenbau und bei den Fertigwaren eine Monopolstellung inne. Allerdings vollzogen sich in diesem Rahmen auch in politischer Hinsicht hochbedeutsame Verschiebungen zugunsten des *Deutschen Reiches* bei den Anteilen an der Weltproduktion, am Welthandel und schließlich auch bei den Kapitalanlagen im Ausland [694, PETZINA, 66]. Entsprach der Wert der deutschen Auslandsinvestitionen im Jahr 1890 20% der englischen und ca. 50% der französischen, so verringerte sich der Abstand bis 1913/14 gegenüber England auf die Hälfte und gegenüber Frankreich auf 25%. Im Jahr 1890 machte die deutsche Industrieproduktion zwei Drittel der englischen aus — 1913 hatte sie die englische überrundet. Hinter England, das 1885: 65% und 1913: 44% der Welthandelstonnage besaß, erreichte Deutschland 1913 mit 2,5 Mill. BRT den 2. Platz; die Tonnage der deutschen Handelsflotte stieg zwischen 1890 und 1913 um das Vierfache. Die deutsche Wirtschaft verdreifachte zwischen 1890 und 1913 ihre Exporte, England verzeichnete eine Verdopplung. Auf 9 von 13 europäischen Märkten — außer Spanien, Portugal und der Türkei — erzielte der deutsche Export eine klare Vorrangstellung, insbesondere nach 1908.

Zentralstellung Europas in der Weltwirtschaft — Verschiebungen in der Rangfolge der europäischen Wirtschaften

Das Reich holte nicht nur gegenüber den beiden älteren Industrieländern auf. Ins Gewicht fällt vor allem, daß die Exportstruktur der Westmächte einerseits und des Reiches (sowie der USA) andererseits deutlich voneinander abwichen:

Exportstruktur und Wachstumsdynamik

Exportstruktur gemäß Wachstumsdynamik der Sektoren
[303, Svennilson, 295, Tab. A 61] (Prozentzahlen abgerundet)

	USA	Deutsches Reich	Großbritannien	Frankreich
expandierende (Maschinen, Fahrzeuge)	24%	17%	16%	10%
relativ stabile (Metallwaren, chemische —)	39%	34%	22%	16%
kontraktive (Textil- u.a.)	37%	49%	62%	74%

Generell war England dadurch benachteiligt, daß der Verbrauchsgütersektor einen höheren Anteil an der Industrieerzeugung einnahm. Die Textilindustrie ging beispielsweise mit 33,3% gegenüber 8% im deutschen Fall in den Index der

Industrieproduktion ein — diese Branche wies sinkende Zuwachsraten auf. Zwar war auch Deutschland davon betroffen, daß die entwicklungsgeschichtlich älteren Industrien eine relative Verlangsamung des Wachstums verzeichneten, doch sorgte das schnellere Wachstumstempo in den Produktionsmittelindustrien dafür, daß das Wachstum im Reich im Vergleich mit England schneller (im Vergleich mit den USA: langsamer) verlief [695, ABELSHAUSER/PETZINA, 68]. Der Anteil der Produktionsmittelindustrien an der Fertigwarenausfuhr des Reiches erhöhte sich von 27% (1880) auf 52% (1913). Vor 1914 dominierte Deutschland in den Bereichen Stahl (37% der Weltexporte), chemische Produkte (40%) und Maschinenbau auf den Weltmärkten.

Begünstigungsfaktoren des deutschen Exports

Im Vergleich mit den europäischen Konkurrenten kamen dem deutschen Außenhandel
- *politische* (Eisenbahntarifpolitik, Schutzzölle, Begünstigung der Kartell- und Syndikatsbildung sowie Konzentrationsprozesse)
- *wirtschaftliche* (Konzentration der Finanzmittel durch die 5 Großbanken und deren Zusammenarbeit bei der Beschaffung und Emittierung von Anleihen) und
- *geostrategische* (Verlauf der europäischen Eisenbahnlinien)

Faktoren zugute.

Die Länder Ost-, Nord- und SO-Europas bestritten 1913 zusammen 31,8% der deutschen Gesamteinfuhren. Das Reich war — oftmals mit großem Abstand — für seine Nachbarländer der wichtigste Abnehmer und Lieferant; z. B. gingen 39% der Exporte der Donaumonarchie nach Deutschland und Österreich-Ungarn bezog 39,3% seiner Gesamtimporte aus dem Reich. Deutschland führte über 40% seiner Werkzeugmaschinenexporte und mehr als 25% seines Elektromaschinenexports nach Rußland, Italien und Österreich-Ungarn sowie über 33% bei den Landwirtschaftsmaschinen nach Rußland aus; ein weiteres Viertel der Werkzeugmaschinenexporte entfiel auf Frankreich, Belgien und die Schweiz. Im Handel mit seinen europäischen Nachbarn erzielte das Reich im Laufe der 1890er Jahre Exportüberschüsse. Die Expansion des Exports nach Südamerika reichte hingegen nicht aus, um die stärker zunehmenden Importe — Kaffee, Wolle, Nitrate, etc. — direkt auszugleichen.

Übereinstimmung der Expansionsrichtung von Waren- und Kapitalexport

Die Stoßrichtung und die Schwerpunkte der deutschen Investitionen und der Expansion der Großbanken waren nahezu identisch mit den Schwerpunkten des deutschen Außenhandels: Westeuropa, Balkan, Südamerika. Die von den deutschen Banken vermittelte systematische Verbindung von Kapital- und Warenexporten unterscheidet den deutschen vom französischen und englischen Imperialismus [in: 741, ZIEBURA, 508].

Politische Aspekte der Außenhandelsverflechtungen des Reiches

Die hochgradige Verflechtung der deutschen Wirtschaft mit den Nachbarstaaten und die steigende Abhängigkeit von Importen aus den USA, Rußland und dem British Empire hatten unter politischen Aspekten allerdings ihre Schattenseiten. Die „moderne" Industriestruktur, die wesentlich zur Verbesserung des deutschen Anteils am Welthandel beitrug, bedeutete nämlich, daß die Entwicklungschancen der exportorientierten Branchen nicht nur von der Wettbewerbsfähigkeit der Produkte selbst abhingen, sondern auch anfällig waren gegen die Außenwirtschafts- und Außenpolitik dieser Partnerländer. Die Hauptabsatzgebiete waren potentielle Feindstaaten: 60% der deutschen Exporte und 68% der Importe wurden mit den europäischen Entente-Ländern (+ Belgien und Holland) abgewickelt, weitere 16% der Gesamtimporte kamen aus den USA, über 7% der deutschen Exporte gingen in die USA.

b) Großbritannien und Frankreich als Finanzzentren und Clearing-Stellen des Weltwirtschaftssystems

Das *Weltwirtschaftssystem* beruhte auf zwei *Dreieckssystemen*, in denen London bzw. Paris, die Metropolen der „alten" Kapitalmächte, als Währungs- und Finanzzentren fungierten:

Großbritannien erzielte im Handel mit Ländern der tropischen Zone einen Exportüberschuß. Im Handelsaustausch mit den USA und mit Kontinentaleuropa verzeichnete England dagegen beträchtliche Defizite. Negativ war ferner die Handelsbilanz mit Kanada, Südafrika und Argentinien. Doch die USA und die europäischen Länder, vor allem Deutschland, importierten aus den Ländern der tropischen Zone (Indien, Brasilien) mehr Rohstoffe und Nahrungs/Genußmittel als sie dorthin exportierten. Damit verhalfen sie diesen Primärgüterländern zu jener Kaufkraft, mit der diese ihre Handelsschulden gegenüber England abtragen und zugleich die Zinsdienste für ihre Kapitalimporte – vorwiegend aus England – leisten konnten. Die europäischen Industrieländer finanzierten ihre Importe aus den USA und aus Übersee aus Exportüberschüssen gegenüber England, sowie aus den sogenannten „invisible incomes"; d. h. den Dividenden aus Kapitalanlagen, Überweisungen der Auswanderer (im Fall Italiens). England importierte sowohl Primärprodukte aus aller Welt als auch Halb- und Fertigwaren aus den Schutzzollländern, und exportierte Rohstoffe (Kohle) in die Industrieländer, „staple goods"-Produkte in die Dominions und nach Indien, das 80% seiner Fertigwarenimporte aus England bezog. Diesen hohen Einfuhrüberschuß (£ 59 Mill.) gegenüber England (1910) vermochte Indien seinerseits durch Exportüberschüsse im Verkehr mit den USA (£ 17 Mill.) und mit Europa (£ 55 Mill.) auszugleichen. Diese Konstellation, die einen Devisenausgleich im Dreiecksverfahren ermöglichte, erlaubte England, den Freihandel beizubehalten.

Das multilaterale Austauschsystem beruhte auf bestimmten Voraussetzungen: (1) Die „primary producers" wickelten ihre Geschäfte auf Pfund Sterling-Basis ab. (2) Londons City beherbergte viele Rohstoffbörsen. (3) Europäische Banken und Bürger legten im Vertrauen auf das Pfund Sterling als Leit- und Reservewährung Gelder in London an (und erhielten anders als im Fall der Goldhortung Zinsen). (4) Englands Kapitalmarkt konnte dank der Einkünfte aus den Dienstleistungen für den Welthandel (Schiffahrt, Akzeptkredite, Versicherungen etc.) und aus Auslandsanlagen die Welt mit liquiden Mitteln versorgen. Die in Lon-

Voraussetzungen des multilateralen, um England zentrierten Austauschsystems

don ansässigen internationalen „Merchant Bankers" (Handels- und Akzeptbanken) finanzierten durch den Ankauf von Warenwechseln die Transaktionen zwischen Drittländern vor und stellten bei Fälligkeit der Warenwechsel Devisen zur Deckung bereit. Die spezialisierten Firmen der „bill brokers" führten die überschüssigen — vom Bankensystem mobilisierten, aber nicht in England profitabel anzulegenden — Mittel der Finanzierung des internationalen Handels zu.

Die Rolle der Londoner City Entscheidend für die Rolle der Londoner City war, daß Englands Außenhandel und Kapitalexport schneller als zuvor anwuchsen, so daß es für andere Länder leichter wurde, £ Sterling zu beziehen, um für englische Dienstleistungen und Waren zu bezahlen. Das Britische Pfund wurde nicht nur verfügbarer, sondern auch sicherer, dank der kontinuierlichen Zahlungsbilanzüberschüsse. Der Vorteil des Pfundes als Leit- und Reservewährung lag darin, daß es nicht ständig zu den englischen Exporteuren zurückfloß, sondern daß der Überschuß gleichsam in einen internationalen Liquiditätspool wanderte, aus dem Bankiers, Händler und Geschäftsleute aus aller Welt über die in London ansässigen Bankverbindungen Pfund Sterling im benötigten Umfang erwerben bzw. leihen konnten. So half London mit kurzfristigen Krediten den Handelspartnern über Handelsbilanzdefizite hinweg. Dank der als Manövriermasse dienenden, die eigenen englischen Reserven verstärkenden hohen Guthaben Indiens und anderer Gebiete des formellen und informellen Empire an Gold und Devisen; dank der Empire-Zugehörigkeit Südafrikas als größtem Golderzeugerland der Welt (dessen Verkauf über London erfolgte); dank der Funktion als Re-Exporteur sowie dank der gut organisierten Rohstoffbörsen absorbierte England auch und gerade in Depressionsphasen Überschüsse der Weltproduktion und stabilisierte damit die Warenmärkte und die Währungsrelationen.

Das um Frankreich zentrierte Dreieckssystem Neben London gewährleistete *Paris* im Zeitalter imperialistischer Rivalitäten internationale monetäre Stabilität und den Handels- und Dienstleistungsaustausch. Paris nahm dabei im innereuropäischen Austausch den Platz ein, den London im Welthandel ausfüllte. Die Stärke des französischen Kapitalmarktes beruhte darauf, daß die Pariser Börse sich auf ein über das ganze Land erstreckendes Bankensystem stützte, das seinerseits über leicht zu mobilisierendes Sparkapital disponieren konnte. Das um Frankreich zentrierte Dreiecksgeschäft zwischen Rußland, Europa und Übersee fußte auf zwei Funktionen des Pariser Finanzzentrums [294, Lévy-Leboyer, 27/28]: (1) Rußland überwies jährlich an französische Banken mehr als 500 Mill. Francs im Rahmen seiner Zinsdienste für die von Frankreich plazierten Staatsanleihen. Im Handel mit den europäischen Staaten (bes. Deutschland) verbuchte Rußland einen Exportüberschuß von jährlich etwa 1,3 Mrd. Francs. (2) Die Mittelmeerländer deponierten die Überweisungen, die sie aus den USA und aus Lateinamerika von Auswanderern erhielten, in Paris. Italien z. B. bestritt daraus den Ausgleich seines Handelsbilanzdefizits gegenüber Frankreich sowie seine Schuldenobligationen. Im Handelsaustausch mit England und NW-Europa (Belgien), in dem Frankreich einen Exportüberschuß erzielte, flossen Paris weitere Devisen zu. Frankreich finanzierte also aus den direkten Überweisungen Rußlands und aus den indirekten Überweisungen und Zinszahlungen der Mittelmeerländer sowie aus den Exportüberschüssen im Handel mit NW-Europa sein Defizit im Handelsaustausch mit Deutschland, mit den skandinavischen Staaten, etc. Es ermöglichte dadurch unter anderem Deutschland, das Defizit im Handel mit den Primärgüterexporteuren in Übersee auszugleichen. Der Überschuß war so groß, um auch Frankreichs Defizit gegenüber den überseeischen „primary producers" zu begleichen.

c) Internationalisierung der Konjunkturverläufe, Goldstandard und Kapitalexporte – Die Versäulung der Weltwirtschaft

Weder Frankreich noch England, die beiden Clearing-Stellen des Weltwirtschaftssystems vor 1914, erlebten anhaltend einschneidende Geld- und Währungskrisen. Der Pariser Geld- und Kapitalmarkt blieb von den Londoner Zinssätzen insgesamt gesehen ziemlich unabhängig; in der Regel lagen die Pariser Zinssätze sogar niedriger.

Mit der fortschreitenden Erweiterung der multilateralen Wirtschaftsbeziehungen infolge der europäischen Waren-, Kapital- und Arbeitskräftebewegungen bildete sich auch eine Internationalisierung der Konjunkturen und Krisen in den Volkswirtschaften heraus. Die Internationalisierung der Warenströme erfolgte sowohl im Agrarsektor als auch im Konsum- und Produktionsmittelbereich. In wichtigen Schlüsselsektoren des Wirtschaftslebens, wie dem Maschinenbau und der Eisen- und Stahlindustrie, bildeten sich überdies internationale Märkte. Die weltweiten Interaktionen der Geld- und Kapitalmärkte beeinflußten die Liquidität der Zentralbanken und der Staatshaushalte. „Der internationale Konjunkturverbund beruhte auf der Übertragung von Nachfrageschwankungen zwischen im Handel verbundenen Regionen und auf der breiten Entfaltung eines internationalen Kreditsystems, das bei konvertiblen Währungen mit relativ festen Wechselkursen nicht nur die Preisbewegungen verallgemeinerte, sondern auch einen gewissen Liquiditätsverbund der Geldkreisläufe bewirkte." [681, BORCHARDT, 260].

Internationalisierung der Konjunkturen

Die Bedingungen für einen sich selbst regulierenden Welthandel mit mehr oder weniger automatischem Zahlungsbilanzausgleich schienen gegeben, als eine Reihe von Staaten – Deutschland 1873, Frankreich 1878, Rußland und Japan 1897, die USA 1900, Österreich-Ungarn 1892 – dem englischen Beispiel (1821) folgend, den Goldstandard einführte. Die Gebiete des British Empire und viele überseeische Länder, die Europa belieferten und europäische Produkte einführten, berechneten ihren Handel bereits auf Sterling-Basis. Über die fixe Parität des Pfund Sterling zum Gold entstand eine gemeinsame Währungseinheit mit den Staaten, die den Goldstandard einführten. England wies zudem als einziges entwickeltes Land die „sozialen" Voraussetzungen für die Schlüsselrolle im Goldstandard auf: Im Unterschied zu den USA oder zum Reich gab es in England keine politisch organisierte Schuldnerklasse – wie die Populisten in den

Goldstandard

USA oder den Bund der Landwirte im Kaiserreich −, die sich von einer Doppelwährung, d. h. Remonetarisierung des Silbers, einen inflationsbedingten Abbau ihrer Schuldenlast erhofften.

Die Zentralbanken bemühten sich um die Aufrechterhaltung der festen Wechselkurse. Dies war die Grundbedingung für die Bewegungen des internationalen Kapitals. Zugleich gaben feste Währungsparitäten dem Welthandel eine stabile Basis. Ausschlaggebend für das Funktionieren des Goldstandards in der Praxis war, daß die Regierungen bzw. Zentralbanken ihrer Verpflichtung nachkamen, den Geld- und Kreditstrom so zu regulieren, daß die Geldmenge auf der Basis der Goldparität stabilisiert wurde. Als gut organisierte Finanzplätze und Kapitalsammelstellen der Leit- und Reservewährungen machten London bzw. Paris mit Hilfe kurz- und langfristiger Geld- und Kapitalströme dem Weltwirtschaftssystem die benötigte Liquidität verfügbar. Vor dem ersten Weltkrieg entwickelten die Staaten, die einen hohen Außenhandelsanteil hatten, ein integriertes Finanzierungssystem. Die Preise für die Haupthandelsgüter wurden praktisch an ein oder zwei Börsenzentren auf der Basis von Informationen über Ernten usw. festgelegt. Die Märkte für die Warengruppen, die einen hohen Anteil des Welthandels ausmachten, unterlagen damit kommerziellen und finanziellen Einflüssen. Durch den Wechselkursmechanismus des Goldstandards schlugen Veränderungen in den Produktionskosten direkt auf die Preise durch. Der Goldstandard sorgte damit für die Fortgeltung des Prinzips der internationalen Arbeitsteilung, dem die Regierungen durch Zollpolitik und indirekte Handelsbarrieren (Veterinärschutz usw.) entgegenzuwirken suchten.

Kapitalexport   Neben und im Zusammenwirken mit der Internationalisierung der Handelsbeziehungen waren die Auslandsinvestitionen der wichtigste Transmissionsriemen für die Übertragung von technischen Fortschritten und Entwicklungen aus einem Teil der Welt in andere Regionen. Im einzelnen ist umstritten, ob die langfristigen Folgen des Transfers für die Empfänger-, für die Kapitalexportländer oder beide vorteilhaft oder nachteilig waren. Der Gesamtwert der deutschen Kapitalanlagen im Ausland (1913) entsprach dem Dreifachen einer Jahresausfuhr; der Gesamtwert der französischen, aber auch der englischen Kapitalanlagen entsprach dem sechsfachen Jahresexport [694, PETZINA].

Von den europäischen Kapitalexporten entfielen 31% (i.e. 14 von rd. 44 Mrd. $) auf Europa (incl. Türkei), 23% auf Nord- und 25% auf Südamerika; der Rest (21%) verteilte sich auf Afrika, Asien und Ozeanien. Von den amerikanischen Kapitalexporten entfielen 40% auf Mexiko, 30% auf Kanada. 47% der britischen Kapitalexporte waren auf die weißen Siedlungsgebiete des Empire, je 20% auf die USA und Lateinamerika konzentriert, während auf Europa „nur" 6% entfielen. Englands Kapitalexporte galten hauptsächlich der Schaffung und Verbesserungen von Infrastrukturen (Eisenbahn-, Hafen- und Wasserstraßenbauten), der Exploration und Förderung von Rohstoffen und der Aufbereitung von Agrarprodukten (Kaffee, Tee, Fleisch, Getreide, Baumwolle). Sie bezogen damit immer neue Gebiete in die Weltwirtschaft ein. Noch 1910 entfielen 41% der britischen Überseeinvestitionen auf die Finanzierung von Eisenbahnlinien, wovon nicht zuletzt die englische Stahlindustrie durch Aufträge profitierte. Die britischen Auslandsanlagen, die 1913 ebenso wie 1900 soviel ausmachten wie die deutschen und die französischen zusammengenommen, gingen zu 70% in die Länder der gemäßigten Zone, d. h. in die politisch selbständigen, „informeller" Herrschaft unterworfenen Staaten Lateinamerikas, nach China, in das Osmanische Reich sowie in die Dominions. Einschließlich Indiens empfingen die unselbständigen kolonialen Entwicklungsgebiete in Afrika und in Südostasien, also die Zone des formellen Imperialismus, rund 13% der englischen Kapitalexporte (1913). Die Schwerpunkte des deutschen „Finanzimperialismus" lagen in Österreich-Ungarn, in der Türkei, in Rußland, doch gingen wichtige Teile des Kapitalexportes ebenso nach Nord- und Südamerika.

Verteilung der Kapitalexporte nach Regionen (1913) [in Mrd. Francs]

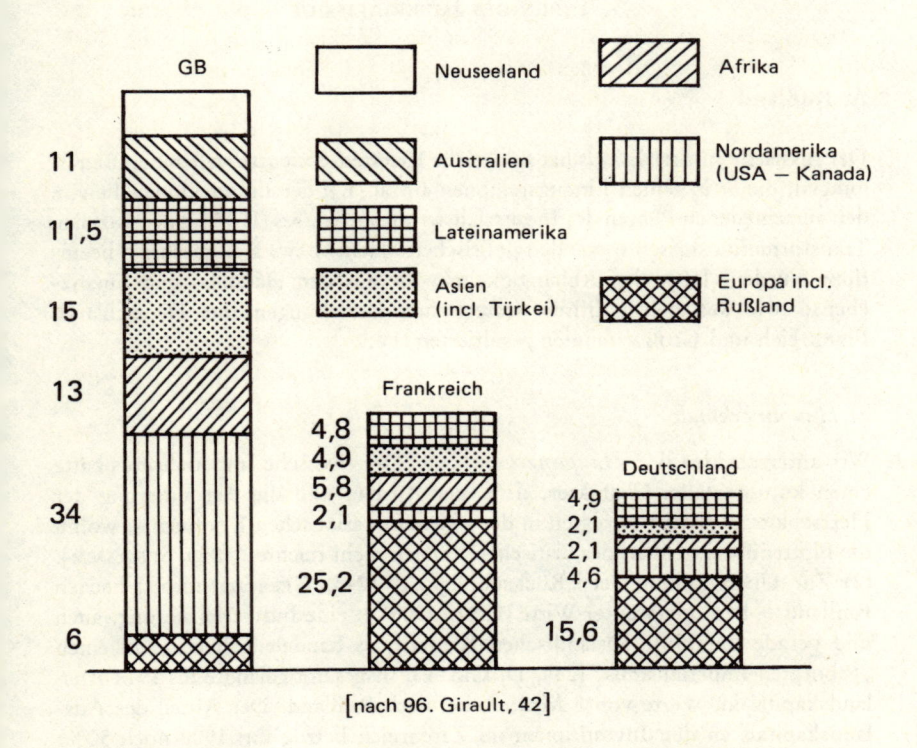

[nach 96. Girault, 42]

Die Grundlage der steigenden Kapitalexporte der westeuropäischen Länder und Deutschlands in alle Erdteile bildeten Überschüsse in der Zahlungsbilanz: Die Erlöse aus Dienstleistungen (Versicherungsgeschäfte, Schiffahrt, etc.), die

Einkommen aus dem Tourismus, die Zinsen/Dividenden aus Auslandsguthaben glichen nicht nur die passiven Handelsbilanzen der europäischen Industrieländer aus, sondern erlaubten neue Investitionen im Ausland.

	Frankreich		England		Deutschland	
	1890/95	1910/13	1891/95	1911/13	1891/95	1910/13
Handelsbilanz	− 674	−1440	−134	−140	− 939	−1367
„invisibles"	+1332	+2795	+226	+346	+1310	+2064
Zahlungsbilanz	+ 519	+1124	+ 52	+206	+ 371	+ 697
	(Ø Mill. Francs)		(Ø Mill. £)		(Ø Mill. Mark)	

3. Typen des Imperialismus

A. Rußland

Der russische Imperialismus hat zahlreiche Facetten. Sie entsprechen den Bedingungen, die er in seinen Einzugsregionen antraf (I.); der Entwicklung, die von den verschiedenen Phasen des Industrialisierungsprozesses (II.) und den sozialen Transformationskrisen sowie den politischen Macht- bzw. Kurswechseln beeinflußt wurden (III.); den Abhängigkeiten, die aus den Handels- und Finanzebenso wie aus den politisch-strategischen Beziehungen mit Deutschland, Frankreich und Großbritannien resultierten (IV.).

a) Hauptmerkmale

Hauptmerkmale Wir unterscheiden drei *Hauptmerkmale:* (1) Der russische Imperialismus hatte einen kontinentalen Charakter, d. h. der Ausbau und die Arrondierung der Herrschaftsansprüche erfolgten in der „Tiefe des asiatischen Kontinents, wohin die Flottenüberlegenheit des britischen Rivalen nicht reichte." [255, Schramm]. (2) Zur Überwindung der „Rückständigkeit" [243, Gerschenkron] betrieb Rußland – besonders unter Witte (1892–1903) – eine Industrialisierung, auch und gerade mit Hilfe ausländischen Kapitals; es handelt sich also um einen „geborgten Imperialismus" [244, D. Geyer]. Insgesamt gelangte bis 1914 Auslandskapital im Werte von 8 Mrd. Rubel nach Rußland. Der Anteil des Auslandskapitals an den Investitionen im Zarenreich betrug um 1900 noch 50%, doch verringerte dieser sich bis 1914 auf 20%, d. h. Rußland erhöhte den Eigenanteil entsprechend. (3) In Persien und in China versuchte Rußland seinerseits – unter Ausnutzung einer strategisch günstigen Situation –, einen Finanzimperialismus ähnlich dem englischen Beispiel in Ägypten und dem französischen in der Türkei zu praktizieren. Die russische Staatsbank kaufte das Aktienkapital der privaten Poljakovschen „Kreditgesellschaft Persiens" auf (1894—6), führte diese Diskonto- und Darlehensbank jedoch als Privatbank weiter. Während Rußland in Nordpersien mit eigenen Mitteln arbeitete, bemühte es sich in China seit 1895 um ausländische, hauptsächlich französische Kapitalbeteiligung an der Russisch-Chinesischen Bank. In beiden Fällen diente die Bankgründung dazu, Rußland zunächst durch Anleihen zum Hauptgläubiger zu machen und dann das Schah-Regime bzw. das chinesische Kaiserhaus dem russischen Einfluß zu unterwerfen. Über die Verwaltung der Staatsschulden, die Kontrolle der Zollämter(Persien) und ähnliche Maßnahmen legte Rußland auch Hand auf die Einkünfte des mittelasiatischen bzw. fernöstlichen Kaiserreiches.

b) Einzugsfelder

Die Expansion nach Ostasien war ein Novum der Periode 1890—1905 im Vergleich mit den in älteren Traditionen verwurzelten Ambitionen, die Großmachtrolle Rußlands in der Rivalität mit England durch Aktionen in Mittelasien und an den Meerengen zu demonstrieren [255, SCHRAMM]. Sie zielte zunächst auf die Herstellung einer Verbindung zwischen Sibirien und der See-Provinz durch den Erwerb der nördlichen Mandschurei ab. Finanzminister Witte strebte — mit Unterstützung des Zaren Nikolaus II. — die ungeteilte ökonomische und politische Vorherrschaft in Nordchina an, nach Möglichkeit auf der Basis von Sonderverträgen, in denen China der Zarenmacht Sonderrechte einräumte. Hier sollte der Absatzmarkt für Rußlands Industrieerzeugnisse geschaffen werden, bevor England (oder Deutschland) endgültig in China Fuß fassen konnten. Da das rückständige Zarenreich sich der europäischen und nordamerikanischen Konkurrenz auf dem chinesischen Markt nicht gewachsen fühlte, sah es sich zum Erwerb abgegrenzter Einflußzonen genötigt [244, D. GEYER]. Den sogenannten „Koreanern" um Admiral Alekseev, der das Fernostkommando und 1903 zusätzlich die Statthalterschaft im Fernen Osten erhielt, und den Eisenbahnprojektor und zeitweiligen Staatssekretär Bezobrazov, ging selbst diese Zielsetzung nicht weit genug. Sie forderten über Sibirien und die Mandschurei hinaus wirtschaftliche Privilegien für Rußland auch in Korea. Nach dem Sturz Wittes im August 1903 trieben sie die Entwicklung auf den Krieg mit Japan zu, hatten freilich die Führung der Verhandlungen mit Japan nicht in ihrer Hand.
<small>Expansion nach Ostasien</small>

Unter dem Einfluß nationalistischer und panslawistischer Massenbewegungen verfolgte Rußland — 1896/7 vorangetrieben durch Botschafter Nelidov und Außenminister Muravev; 1908 unter Isvolskij; 1913/4 unter Sazanov — jedoch vorrangig die traditionellen Ziele der Beherrschung der Meerengen und der Vorherrschaft auf dem Balkan (s. u.).
<small>Balkanpolitik</small>

Eine dritte Variante bildeten die militär-kolonialistischen Expansionsbestrebungen in Richtung Persien, denen sich nach der Jahrhundertwende Kapitalin-
<small>Mittelasien</small>

teressen hinzugesellten. Siedlungskolonien entstanden parallel zum Bau der Transsibirischen Eisenbahn und im Rahmen des Ansiedlungsprogrammes von Stolypin; zwischen 1906 und 1911 sind 2,5 Mill. Zuwanderer nach Sibirien zu verzeichnen. Turkestan und Kaukasien waren Militärlager bzw. strategische Bastionen — Buchara und die russische Einflußzone in China können als handelsmäßig interessante Vasallenstaaten gelten. In Mittelasien stieß der russische Expansionismus mit den Sicherheitsinteressen der britischen Weltmacht zusammen, die keiner Großmacht auf dem „Weg nach Indien" begegnen wollte. Die Expansion im Mittleren und im Fernen Osten erfolgte zur Kompensation von Rückschlägen in europäischen Angelegenheiten. Die Vorstöße auf dem Balkan waren in hohem Maße Kompensationen für die inneren Schwächen des Zarenregimes: „Die großen Entwicklungsperspektiven, die dem russischen Imperialismus an der asiatischen Peripherie offenstanden ... (hatten) nur geringes Gewicht im Vergleich mit dem russischen Nationalismus, der ... sich zum großen Entscheidungskampf mit dem Germanentum rüstete." [244, GEYER]. In der Südosteuropa-Politik war die russische Staatsmacht stärker als anderswo von der öffentlichen Meinung abhängig, drängten doch neben den traditionellen auch die „neuen" (noch oppositionellen) Eliten, beispielsweise die Kadettenpartei, auf eine forsche Balkanpolitik.

c) Wirtschaftsstrategische Aspekte

Landwirtschaft Die forcierte Industrialisierung erschien Witte angesichts der Bevölkerungsexpansion — 1861: 60 Mill., 1900: 100 Mill., 1914: 140 Mill. Einwohner — einerseits und der Strukturschwächen der Landwirtschaft und wiederholten Agrardepressionen andererseits unvermeidlich. Die im kollektiven Besitz des „Mir" (Landgemeinde/Kommune) befindliche landwirtschaftliche Nutzfläche wurde nach Kriterien aufgeteilt, die mit Ertragssteigerung, Gewinnmaximierung wenig zu tun hatten. Hinzu kam, daß die Haushalte viel zu arm waren, um sich Vieh, Pflug usw. leisten zu können. Die Zahl der „privaten" Bauern, die nach „kapitalistischen" Gesichtspunkten oder jedenfalls für den „Markt" produzierten, war zu gering, um einen Kapitalüberschuß für investive Zwecke zu erwirtschaften. Der späte Versuch unter Stolypin 1906/11, das „Mir" aufzulösen und die Bildung individuellen Besitzes einer breiten Bauern-Schicht zu begünstigen, fand nicht die erhoffte Resonanz. Für Witte fiel ins Gewicht, daß auch der „Grundbesitz" keine ökonomische Zukunft zu bieten schien. Der in Adelshand befindliche Grundbesitz ging trotz staatlicher Unterstützungsmaßnahmen — etwa durch die 1885 gegründete "Landbank", die Kredite zu Vorzugszinsen gewähren durfte — immer stärker zurück. In den 1890er Jahren wurden jährlich durchschnittlich 4–5% der Güter wegen Verschuldung zwangsversteigert. Waren 1861 noch 120 Mill. „desjatinen" (1 desjatin = 1,09 ha.) in adligem Besitz, so reduzierte sich der „Gutsbesitz" auf rd. 80 Mill. im Jahre 1905 und fiel schließlich bis 1914 auf 35 Mill.; davon war ein Drittel landwirtschaftliche Nutzfläche.

Als „Agrarstaat", der den Lebensunterhalt des russischen Volkes sichern und Investiv-Kapital erwirtschaften könnte, schien Rußland keine Zukunft zu besitzen. Falls der „Staat" hingegen Industrien aufbaute und eine Infrastruktur schuf, so schien es Witte, würde das Zarenreich Anschluß an den Westen gewinnen können. Die Kalkulation Wittes ging dahin, mit Hilfe des (zum großen Teil fremdfinanzierten) Eisenbahnbaus die Goldminen an der Lena und andere Bodenschätze Sibiriens auszubeuten, die landwirtschaftlichen Ertragsflächen zu erweitern (Baumwolle in Turkestan) und Energieträger (Erdöl in Transkaukasien) zu entwickeln. Rußland sollte auf diese Weise seine Selbstversorgung mit industriellen Rohstoffen erreichen und der eigenen Industrie Absatzmärkte im imperialen Hoheitsgebiet erschließen. Aus den erwarteten Überschüssen, ergänzt durch den zu Lasten der Nahrungsmittelversorgung der (Über)Bevölkerung auf dem Lande forcierten Agrarexport, würde Rußland die Auslandsschulden ablösen können. Diese Rechnung ging freilich aus mehreren Gründen nicht auf: (1) Wittes auf lange Sicht angelegte friedliche Durchdringung der Expansionszonen wurde vom Prestige- und Gewinnstreben seiner innenpolitischen Rivalen durchkreuzt. (2) Das politische System erzeugte zu viele Reibungsverluste; das untergrub die Funktion der „Staatsmaschine" als Reformkraft. (3) Die Rüstungs- und schließlich die Folgelasten des Krieges mit Japan 1904/5 erhöhten die Abhängigkeit vom Auslandskapital. [244, D. GEYER].

<small>Wittes Konzept der Industrialisierung</small>

Die russische Wirtschaft blieb zu stark importabhängig und entwickelte sich zu ungleichmäßig, um in Analogie zu den USA eine sich selbst tragende Binnenkonjunktur hervorzubringen. 40% der Industriearbeiter waren im Textilgewerbe tätig. Die hohe Wachstumsrate (8,8% nach 1908) bedeutete zwar enorme Produktionssteigerungen in der Eisen- und Stahl-, Kohle-, aber auch der Stromerzeugung und im Bereich der chemischen Industrien, aber noch keine integrierte Volkswirtschaft. Die Industrialisierung, die in der Ära Witte zu Lasten der Bauern und der Landbevölkerung erfolgte, verschärfte die sozialen Spannungen und machte schließlich einen Kurswechsel, Stolypins Agrarreformen, notwendig.

Zur forcierten Industrialisierungspolitik des Zarenreichs gehörte, daß Polizei und Militär Streiks niederschlugen, die Polizei vermehrt wurde und die Behörden auf spontane Arbeitsniederlegungen mit Repressalien antworteten. Um die Arbeitskämpfe einzuschränken, ließ die Sicherheitspolizei in Petersburg — wo es 1914 über 900 große Fabriken, darunter die Putilov'sche Waffenfabrik mit 30 000 Arbeitern gab — und in Moskau, den beiden Hauptstädten des Reiches, patriotische Gewerkvereine aufziehen. Streiks waren bis 1912 verboten; unter dem Einfluß der 3. Duma wurden sie als wirtschaftliche Kampfmittel formal zugelassen; die Polizei behielt aber die Möglichkeit, Streiks als politische Akte zu erklären und zu unterdrücken. Arbeiter, die Kontraktbruch begingen, konnten strafrechtlich verfolgt werden. Für die meisten Industriearbeiter gab es andererseits unregelmäßige Beschäftigung. Sie mußten mit niedrigen Löhnen, unverhältnismäßig schlechten Wohnverhältnissen sich zufriedengeben. Kamen, wie

<small>Industrialisierungspolitik und innenpolitische Verhältnisse</small>

1900/2, eine Rezession oder, wie 1905/6, Inflationstrends hinzu, griffen Streikaktionen schnell um sich. Die großen Streikwellen vor der Revolution von 1905 hatten als einzige Zugeständnisse die Herabsetzung der Arbeitszeit (1897) und die Verordnung zur Wahl von Arbeiterältesten durch Innenminister Plehwe ausgelöst. Das erst 1906 gewährte Recht, Arbeiterkoalitionen zu bilden, war an das Verbot gekoppelt, mit anderen Ortsverbänden Verbindung aufzunehmen. In der späten Zulassung der Gewerkschaften kann man einen Grund dafür sehen, daß in Rußland die „revolutionären Ideen" in den sozialistischen Zirkeln eindeutig dominierten. Die seit dem Frühjahr 1912 einsetzende Streikwelle erreichte im Sommer 1914 mit Zusammenstößen zwischen Demonstranten und Polizei in Petersburg ihren Höhepunkt. Die angespannte Lage beeinflußte nicht nur das Verhalten der Ratgeber des Zaren, sondern auch das Urteil des österreichisch-ungarischen Generalstabschefs von Hoetzendorff: Während erste den Zaren zum Kriegsentschluß drängten, kalkulierte Conrad, daß der russische Widersacher aufgrund der Krisenlage im Innern Zurückhaltung an der Außenfront würde bewahren müssen und — wollen.

Eisenbahnimperialismus

Der Eisenbahnbau war „Motor und Gleitschiene der Industrialisierung" [244, D. GEYER, 115] unter Vysnegradskij (1886—92) und Witte (1892—1903); 1894—1903 wurde das Streckennetz um 25 300 km erweitert, wofür 39% der russischen Roheisenerzeugung aufgebraucht wurden. Der Eisenbahnbau verbesserte die strategischen Möglichkeiten der russischen Politik, verlangte aber auch immer neue Anstrengungen, um die erschlossenen und die angeschlossenen Gebiete zu schützen. Demnach gab der Eisenbahnbau der Expansion neue Ziele vor, voran die Eroberung eines eisfreien Hafens südlich von Wladiwostok und den Bau der ostchinesischen Eisenbahn. Im russischen Eisenbahnimperialismus sind also die Wachstumskomponente, die Komponente des Kapitaleinsatzes für politisch-strategische bzw. Prestigeobjekte und die kriegstreibende Komponente (gegenüber Japan 1894/5 und 1903/5) vereint.

Außenpolitische Aktivitäten

Der Bau der Transsibirischen Eisenbahn bestimmte für ein Jahrzehnt von 1891—1903/5 ganz wesentlich die außenpolitischen Aktivitäten des Zarenreichs. Stets darauf achtend, daß sich keine andere Macht in den Vorfeldern des Expansionsstrebens festsetzte, betrieb Rußland eine aggressive Arrondierungspolitik. Dank des Eisenbahnbaus im Fernen Osten gegenüber den europäischen Rivalen im strategischen Vorteil und in Europa gegen einen Bündniskrieg durch den Zweibund mit Frankreich gesichert, schlug Petersburg sogar britische Offerten aus und ging aufs Ganze. Rußland nutzte dabei rigoros das anderweitige Engagement Großbritanniens (1898 in West- und in Ostafrika, 1900—2 im Burenkrieg) zu militärischen Eroberungszügen aus. China mußte im Frühjahr 1898 (1) Port Arthur abtreten, (2) die in den Verhandlungen von 1895/6 noch versagte Konzession zum Bau einer Transmandschurischen Eisenbahnlinie in Richtung Kirin-Mukden zu einem Hafen im Golf von Petschili oder zum Gelben Meer gewähren, (3) der Russisch-Chinesischen Bank, die die Eisenbahngesellschaft betrieb, das Recht einräumen, eigene Polizeikorps zu unterhalten, d. h. praktisch Gebietshoheit auszuüben. Durch den Bau einer Zweigbahn der „Trans-Sib" durch die Mandschurei provozierte Rußland den Konflikt mit Japan, auch wenn Japans Überfall auf Port Arthur den akuten Kriegszustand auslöste.

Zum Eisenbahnimperialismus zählt nicht nur die Magistrale, die „Trans-Sib", sondern auch der Eisenbahnbau zur Durchdringung und Verbindung Turkestans, der Rohstoffbasis der russischen Baumwoll-Textilindustrie, mit dem innerrussischen Schienennetz. Hinzu kommt der Eisenbahnbau in Persien zur Abstützung der ökonomischen und politisch-strategischen Vorherrschaft Rußlands in seiner von England 1901 de facto, 1907 formell anerkannten nordpersischen Einflußzone. Rußland zwang in den Jahren 1898–1901 die Türkei, keine Eisenbahnbauten in der Schwarzmeerregion ohne russische Einwilligung zu konzedieren. Persien wurde durch den Anleihevertrag vom Januar 1900 und durch den Handelsvertrag von 1901 genötigt, Rußland Vorteile zu Lasten Englands einzuräumen.

Rußlands Auftrumpfen in dieser Region um die Jahrhundertwende wurde dadurch begünstigt, daß (1) das Deutsche Reich Spannungen zwischen Großbritannien und Rußland an der Peripherie schüren wollte, (2) Frankreich in der Übergangsphase von der Niederlage in der Faschodakrise bis zum Aufbau des „Systems Delcassé" [96, GIRAULT] danach strebte, das Bündnis mit dem Zarenreich gegen den britischen Imperialismus zu richten. Anläßlich eines Besuches in Petersburg im April 1901 ratifizierten Delcassé und Lamsdorff die im Juli 1900 getroffenen Absprachen zwischen den Generalstäben für den Fall eines gemeinsamen Krieges gegen England: Frankreich sollte im Fall eines britisch-russischen Konfliktes 150 000 Mann an den Küsten des Ärmelkanals konzentrieren, Rußland im Fall eines englisch-französischen Konfliktes eine zweite Front gegen England mit 300 000 Mann von Turkestan aus mit Stoßrichtung Indien errichten. Der Ratifikation ging die Zustimmung Wittes voraus, die im militärischen Konfliktfall wichtige, aber ökonomisch wenig rentable – im Oktober 1904 fertiggestellte – Eisenbahnlinie Orenburg–Taschkent mit französischen Geldern zu bauen. Um sich den Zugang zum französischen Geld- und Kapitalmarkt zu erhalten, gaben die Minister des Zaren (Oktober 1900) diesem Projekt den Vorrang gegenüber anderen, die wegen der Überbeanspruchung der Staatskassen zurückgestellt werden mußten.

Rußland–Frankreich und die Erweiterung des Geltungsbereichs des Zweibundes

d) Politische Verhältnisse in Rußland

Die russische Politik wurde durch verfassungsrechtliche Mitwirkungsbestimmungen kaum tangiert. Die in den 1860er Jahren eingerichteten Semstwos waren mit Verwaltungsfunktionen ausgestattete Landgemeinderäte. Sie durften Abgaben erheben, doch sobald sie Mitspracherechte im Staat geltend zu machen oder sich als Adels-Opposition zu profilieren versuchten, wurden sie vom Zaren in ihren Rechten beschnitten. Die ersten parlamentarischen Einrichtungen wurden dem Zaren nach der Oktoberrevolution 1905 abgetrotzt. Die erste und die

Politische Verhältnisse in Rußland

zweite Duma, die auf der Grundlage eines weitgehend allgemeinen Wahlrechts gewählt wurden, wiesen linksliberale Mehrheiten auf und wurden aufgelöst. Der Auflösung der zweiten Duma im Juni 1907 ließ Stolypin die Oktroyierung eines neuen Wahlrechtes folgen. Dieser „Staatsstreich" sorgte dafür, daß aus den Wahlen „konservative" Mehrheiten hervorgingen. Eine Zusammenarbeit zwischen Regierung und „Volksvertretung" stellte sich jedoch nicht ein. Die 3. und die 4. Duma bewilligten zwar die Aufrüstungsprogramme der Regierung; die Gruppierungen waren aber zu stark mit internen Problemen beschäftigt, um die Regierung zur Erklärung ihrer Politik und zur Begründung ihrer Finanzvorlagen zwingen oder gar sozialpolitische Gegenleistungen fordern zu können. In der 3. und 4. Duma bildete sich eine deutliche Mehrheit der Rechten. Obwohl Stolypin mit seiner Russifizierungspolitik, durch die Förderung der Kirche und anderes einen nationalimperialen und konservativen Kurs steuerte, betrieb die „Rechte" seinen Sturz. In Rußland blieb „Politik" ein Vabanquespiel: Es war davon abhängig, ob die Wahl des Zaren auf fähige „Technokraten der Macht"-Witte, Stolypin; Kokovzov – oder auf alte „Günstlinge" – Goremykin – fiel; ob die „Zentrale" in Petersburg die Aktivitäten der Generalgouverneure und der Militärs zu kontrollieren vermochte und ob die Ressortminister die Linie des „Chefministers" zumindest nicht konterkarrierten. Der Zar war genausowenig wie Wilhelm II. fähig, die beanspruchte Autorität auch tatsächlich im Entscheidungshandeln geltend zu machen.

e) Rußland zwischen Deutschland und Frankreich

Rußland zwischen Frankreich und Deutschland

Rußland verfolgte seine Expansionspolitik ohne Rücksichtnahme auf die ökonomisch-finanziellen (in der Türkei) oder politisch-strategischen Interessen des Verbündeten; nur in der Chinapolitik stimmte Rußland die Politik mit Paris ab. Das Zarenreich riskierte Konflikte mit Großbritannien und Japan; es übte militärischen Druck auf China, auf Persien sowie auf die Türkei aus. Jedoch gelang es der russischen Diplomatie immer wieder, durch Annäherung an andere Großmächte, in kritischen Fällen – 1904/5, 1910/11 – an das Deutsche Reich, so viel Bewegungsspielraum zu behaupten, daß temporäre Rückschläge und selbst die Niederlage im Krieg mit Japan den Offensivdrang des Zarenreiches langfristig nicht aufhielten. Der von den USA vermittelte Frieden von Portsmouth 1905 fiel glimpflich aus: Rußland kam mit der Anerkennung der japanischen Vorherrschaft in Korea und mit der Abtretung der südlichen Sachalin-Inseln davon. Der Prestigeverlust einer hohen Geldzahlung an Japan (Reparationen) blieb dem Zarenregime erspart. Das Expansionsstreben strapazierte zwar ständig die russischen Ressourcen, doch litt die russische Position im Gefüge der Weltmächte keinen Schaden.

Es gelang Rußland, auswärtige Geldpolitik, Handelsbeziehungen und Bündnisinteressen als unterschiedliche Aktionsbereiche auseinander- und sich verschiedene Kombinationsmöglichkeiten offenzuhalten. Die Chance, Berlin und

Paris gegeneinander auszuspielen, verschaffte Rußland im wirtschaftlichen ebenso wie im politischen Verhandlungsprozeß Positions-Vorteile.

Die *„Schaukelpolitik" Rußlands* war ein wesentlicher Bestimmungsfaktor der internationalen Politik 1890—1912. Überzogen die französischen Banken ihre Forderungen zugunsten des eigenen Profits — unter Ausnutzung russischer Notlagen (1905/6) oder durch Verquickung mit Exportaufträgen für die französische Industrie —, dann konnten die russischen Finanzminister in Berlin Banken und Börse aufsuchen. Denn die Reichsleitung, insbesondere Bülow, und die im Rußlandgeschäft tätigen Bankhäuser Mendelssohn, Bleichröder, Diskonto- und Berliner Handelsgesellschaft blieben für russische Papiere ansprechbar. Dem russischen Wunsch, Anleihen in Berlin zu plazieren, entsprach auf deutscher Seite die Hoffnung, die Bande zwischen Paris und Petersburg auf diese Weise lockern zu können. Den immensen russischen Finanzierungsbedarf 1905/6 konnte allerdings nur Frankreich, nicht das deutsche „Russenkonsortium" erfüllen.

„Schaukelpolitik" Rußlands

Die Schaukelpolitik Rußlands hing mit der doppelten Abhängigkeit von Frankreich und Deutschland zusammen: Rußlands Eisenbahnimperialismus war auf französische Kapitalhilfen angewiesen und Rußlands strategischer Eisenbahnbau wurde maßgeblich von den Wünschen des französischen Generalstabs beeinflußt. Doch war das Zarenreich ebenso vom Getreideexport nach Deutschland und vom Import schwerindustrieller Erzeugnisse aus dem Reich abhängig [244, GEYER, 127]. Das bedeutete aber gleichzeitig deutsche Abhängigkeiten von Rußland, etwa bei den Futtermittelimporten für die Landwirtschaft. Die finanziellen Abhängigkeiten gegenüber Frankreich bedeuteten allerdings nicht, daß Rußland sich zur Loyalität gegenüber dem Verbündeten verpflichtet fühlte. Sowohl in den Marokko-Krisen als auch in den Wirtschaftsbeziehungen betonte Rußland den Vorrang seiner eigenen Interessen. Rußland widerstand weitgehend den französischen Pressionen, die französische (Schwer-)Industrie mit Aufträgen zu bedenken, um auf diese Weise die Kluft zwischen dem hohen französischen Kapitalexport und den relativ geringen französischen Warenexporten nach Rußland zu schließen. Französische Investoren beherrschten freilich die Putilov'sche Kompanie, die größte private Waffenfabrik in Rußland.

Frankreich—Rußland

Frankreichs Bestreben, die Gewährung von Finanzhilfen an die russische Regierung für politische Zwecke zu instrumentalisieren, kam unter bestimmten Umständen und in bestimmten Bereichen allerdings zum Zuge: (1) Nach der unerwartet schweren Niederlage im Krieg mit Japan zögerte Frankreich nicht, die Abhängigkeit Rußlands vom französischen (und englischen) Kapitalmarkt auszunutzen, um Rußlands Stimme auf der Algeciras-Konferenz gleichsam zu kaufen. Damit wollte Paris jeden Anflug auf russischer Seite im Keim ersticken, Frankreichs — vertraglich durchaus korrekte — Neutralität im Fernostkrieg mit russischem Desinteresse am Ausgang des französisch-deutschen Marokkokonfliktes zu vergelten. Die im Dezember 1905/Januar 1906 ausgehandelte 1,25 Mrd. Francs-Anleihe floß daher erst ab, als Rußland auf der internationalen Konferenz tatsächlich Frankreich sekundierte. (2) Nach 1912 beschleunigte

Rußland den strategischen Eisenbahnbau an der Westfront seines Reiches und schuf damit die verkehrsmäßigen Voraussetzungen für die Erfüllung der seit 1892/94 bestehenden Abmachungen zwischen den Generalstäben für eine beschleunigte Mobilmachung im Fall eines Zweifrontenkriegs mit den deutschen Mittelmächten. Der französische Generalstab hatte wiederholt auf eine schnellere russische Einsatzbereitschaft gedrungen. „Der Bau der 1100 km langen Linie von Bologoe über Velikie Luki und Polock nach Siedlce in Kongreß-Polen sollte die Konzentration mobilisierter Feldtruppen gegen Deutschland um vier Tage verkürzen." [244, Geyer, 141]. Am Vorabend des Ersten Weltkriegs räumte Frankreich dem russischen Verbündeten Kreditmittel im Gesamtumfang von 2 Mrd. Francs unter der zweifachen Bedingung ein, den Eisenbahnbau in Polen tatsächlich zu beschleunigen und die zwischen Kriegsminister Suchomlinov und dem französischen Generalstab abgesprochene Heeresverstärkung zu verwirklichen.

Im Zeichen der Liman von Sanders-Krise maß Rußland der Allianz fortan die gleiche hohe Bedeutung bei wie Frankreich unter Poincaré und Joffre (Juli/August 1912).

Aktivierung der Balkaninteressen

Das russische Außen-, Kriegs- und Marineministerium kamen aus eigenem Antrieb dem französischen Drängen entgegen, Ententen mit Japan und mit England abzuschließen (Spätsommer 1907). Rußland nutzte die Flurbereinigung im Fernen und im Mittleren Osten, um wieder stärker an den Meerengen und auf dem Balkan aktiv zu werden. Prestigeerfolge dort sollten die Autorität des Zarenregimes nach der Kriegsniederlage und der Revolution 1905 aufpolieren. Erreichbar schienen sie aber nur bei englischer Einwilligung und französischer Vermittlung. Auf Drängen der Kriegsmarine, die den Persischen Golf kontrollierte, vereinbarte Großbritannien zwar mit Rußland die Einflußzonenteilung in Persien – der Norden mit Teheran fiel an Rußland; der Westen/Südwesten und die Mitte fungierten als Pufferzone; der Südosten kam unter Englands Einfluß. Im übrigen beschränkte London sich darauf, Rußlands Rückkehr zur Balkanpolitik zu begrüßen, ohne die russische Unterstützung für die offensive Politik der Balkanländer gegen die Türkei und Österreich-Ungarn gutzuheißen. Die französische Politik sah mit der Zeit, seit etwa November 1912, keine andere Wahl, als den russischen Partner gewähren zu lassen.

Rußlands Reaktion auf deutsche Drohpolitik

Die deutsche Drohpolitik, die dem Zarenreich seine militärische Aktionsunfähigkeit vor Augen geführt und dessen „Stellvertreter" Serbien zum Einlenken gegenüber den Forderungen der Habsburger Monarchie genötigt hatte, und die Inanspruchnahme deutscher Vorrechte an den Meerengen, beispielsweise durch die Entsendung von Militärberatern, veranlaßten die russischen Machthaber, ihre Schaukelpolitik einzustellen und das Bündnis gegen die Mittelmächte zu festigen. Anläßlich des Besuchs Poincarés in Petersburg im August 1912 und noch deutlicher in der Novemberkrise 1912 willigte Frankreich in die Erweiterung seiner Bündnisverpflichtungen dahingehend ein, daß es militärischen Beistand leisten werde, falls Österreich-Ungarn auf dem Balkan vorstoße und vom

Deutschen Reich gedeckt werde. Die russische Regierung wollte den Konflikt mit den deutschen Mittelmächten vertagen, bis Rußland militärisch den Belastungen eines solchen Krieges gewachsen wäre. Die Rüstungsprogramme für Flotte und Armee von 1909/10 waren darauf berechnet, Rußland nach Möglichkeit bis 1917 für den Kriegsfall zu wappnen. Rußland wollte das Deutsche Reich durch seine Bündnisse und durch seine eigene militärische Machtstellung zwingen, auf die Unterstützung des Habsburger Reiches oder der Türkei in künftigen Balkankrisen zu verzichten.

B. Frankreich

a) Kolonialreich

Frankreich betrieb, wenn auch keineswegs planmäßig und durchgängig, seit den 1830/40er Jahren in *Indochina* (Kambodscha, Tonkin, Annam, Cochinchina), in *Nordafrika* (Algerien 1830, Tunesien 1881, Marokko 1912) und in *Schwarzafrika* (Senegal, Dahomey, Guinea, Elfenbeinküste, Niger, Gabun, Tschad, Mittelkongo, Mauretanien, Madagaskar, Somalia, Sudan) eine erfolgreiche territoriale, ökonomische und kulturelle Expansionspolitik. Das Kolonialreich, bis Ende der 1880er Jahre vom Marineministerium verwaltet, unterstand nur z. T. dem Kolonialministerium; Algerien, das als Teil der Metropole galt, wurde vom Innenministerium regiert; die Protektorate Tunesien und Marokko lagen in der Verantwortung des Quai d'Orsay. Der Kolonialbesitz spielte vor 1914 weder bei der Entwicklung der französischen Wirtschaft noch für den Außenhandel generell eine ausschlaggebende Rolle — abgesehen von der Bedeutung für einzelne Firmen, Branchen oder Regionen (Marseille, Bordeaux). Die in der Dritten Republik maßgeblichen politischen Gruppierungen, voran die Radikalsozialisten, „akzeptierten das Kolonialreich, ohne es ökonomisch zu nutzen" [210, ZIEBURA]. Um das Kolonialreich systematisch zu erschließen, war Frankreich industriell-wirtschaftlich zu schwach und politisch zu unentschlossen. Das Finanzgesetz von 1900 verlangte, daß die Kolonien aus eigenen Kräften leben sollten. Der französische Protektionismus richtete sich auch gegen Importe aus den eigenen Kolonien. Erst 1913 wurde eine Reihe von Kolonialerzeugnissen von den Einfuhrzöllen befreit. Die nordafrikanischen Protektorate wurden freilich früher und stärker in die ökonomische Sphäre des Mutterlandes einbezogen, im Fall Tunesiens in Gestalt einer beschränkten (1896), später (1906) vollständigen Zollunion. Der Rückgang seines Anteils am Welthandel bewog Frankreich, die Kolonialgebiete durch Zollmauern vor ausländischer Konkurrenz zu schützen und den französischen Produkten Präferenzen einzuräumen. Trotzdem betrug der französische Anteil am Außenhandel der eigenen Kolonien weniger als 50%.

54 Typen des Imperialismus

Unterschiede zu Großbritannien

Parallel zum Kolonialerwerb fungierte Frankreich Mitte des 19. Jahrhunderts neben Großbritannien als Finanzier der Entwicklung Europas, insbesondere des Verkehrswesens in Süd- und Südosteuropa. Doch anders als England behauptete sich Frankreich nach 1890 nicht an der Spitze der führenden Industrienationen. Es wurde von Rußland auf den vierten Platz in Europa verdrängt. Daß Frankreich die mitunter stürmische, z. T. vom „Staat" forcierte Industrialisierung – in Rußland, Italien – nicht mitmachte, liegt an objektiven Benachteiligungen, so am Mangel essentieller Rohstoffe (Kohle; Eisenerze nach dem Verlust Elsaß-Lothringens). Aber auch subjektive Faktoren spielen eine Rolle, z. B. das Sicherheitsdenken der Bourgeoisie, das in Warnungen vor Überproduktion, in der von den Besitzstrukturen her erklärlichen Stagnation der Bevölkerungsentwicklung seinen Ausdruck fand. Die Industrie prägte lediglich den Norden, z. T. das Rhônetal und den Osten. In einigen Wirtschaftszweigen, etwa dem Flugzeugbau, aber auch in der chemischen Industrie, hielt Frankreich Schritt. Die durchschnittliche Zuwachsrate des Sozialprodukts blieb zumindest in den „dynamischen" Sektoren und Regionen ansehnlich. Im Vergleich mit Großbritannien gilt dennoch: Frankreich konzentrierte politisch-strategisch und ökonomisch sein Potential auf Europa, während Großbritannien in die ganze Welt ausgriff.

b) Gesellschaftspolitische und ökonomische Bestimmungsfaktoren

Die französische Gesellschaft gliederte sich nicht entlang der Linie „Kapital versus Arbeit". Sie war vielmehr bestimmt von einer Verbindung zwischen Groß-, Kleinbourgeoisie und Bauernschaft, die politisch „Mitte-Links" wählte, in Wirtschafts- und Gesellschaftsfragen konservativ reagierte. Symptomatisch dafür ist, daß Clemenceau, Vater des Programms der Radikalsozialisten von 1881 und Verteidiger des Erbes der großen Revolution, als Premier- und Innenminister einer den Linksblock ablösenden „starken" Regierung den Spitznamen „premier flic de France" erhielt, weil er 1906 Polizei gegen Streikende aufbot.

Die Bauern, Kleinhändler und unabhängigen Handwerker prägten das gesellschaftliche Profil stärker als die Arbeiterschaft. Die Zahl der Selbständigen, Kleingewerbetreibenden und anderer „patrons" erreichte mit 8,6 Mill. fast die Stärke der Lohnabhängigen (8,9 Mill.). Die Arbeiterschaft war entsprechend der von Klein- und Mittelbetrieben geprägten Industriestruktur schwach organisiert; 1896 beschäftigten 1,3% der Firmen mehr als 50 und weitere 13% zwischen 5 und 50 Arbeitnehmer – die Mehrzahl der Betriebe hatte vier und weniger Lohnempfänger in Brot und Arbeit. Typisch für Frankreich waren die Marktflecken – in den Orten unter 2000 Einwohnern lebten 56% der Franzosen – und die Mittelstädte (5–25 000 E.). 1906 lebten 40% der französischen Bevölkerung von der Landwirtschaft. In der „démocratie rurale" widersetzten sich die Stützgruppen des Regimes sowohl einer „Arbeitersozialpolitik" als auch einer „inquisitorischen" Steuer- und Finanzpolitik. Durch hohes Sparaufkommen, geringe Kinderzahl sorgten sie gleichsam selbstregulierend für die Aufrechterhaltung der Besitzstrukturen. Andererseits begehrten Bauern-Landwirte und Gewerbe in der Handelspolitik vom Staat massive Einkommensstützung. Sie waren bereit, der Regierung diskriminierende Vollmachten gegen Konkurrenzländer zu erteilen. Die von Handelsminister Millerand, einem in die Regierung Waldeck-Rousseau berufenen unabhängigen Reformsozialisten, verfochtenen Ideen fanden keine Resonanz, nämlich den Staat als Muster-Arbeitgeber zum Wegbereiter sozialen Fortschritts zu machen; vorgesehen war die Einführung von Mindestlöhnen in öffentlichen Unternehmen. Hingegen verschärften die Mehrheitsparteien die Schutzzollgesetzgebung (19. 3. 1910) – insbesondere zur Begünstigung der Landwirtschaft – und statteten die Regierung mit außenhandelspolitischen Vollmachten aus. Sie durfte die 20%-Spanne zwischen Minimal- und Generaltarif sowie Spezialzuschläge einsetzen, um einerseits Exportdumping anderer Länder zu bekämpfen, andererseits aber auch politisch (al)liierte Staaten als Handelspartner bevorzugt behandeln zu können.

Das Übergewicht des Wertpapierbesitzes (Staatsanleihen) gegenüber dem Industrie- und Emissionsgeschäft der Banque d'affaires und die Bedeutung, die dem Rückfluß der Erlöse aus dem im Ausland angelegten Kapital für breite Bevölkerungsgruppen zukam, ließ Frankreich als klassisches Land couponschneidender Rentiers, also eines „parasitären Imperialismus" (Lenin; Max Weber), erscheinen. Damit verbanden deutsche Beobachter die Vorstellung, Frankreich sei eine zum Abstieg verurteilte Großmacht. In Wirklichkeit konnte sich Frankreich nach 1890 sowohl im Konzert der großen Mächte behaupten als auch im Wettstreit mit dem Deutschen Reich um die Vorherrschaft über Südost- und Mitteleuropa finanzielle Druckmittel erfolgreich einsetzen.

„Parasitärer Imperialismus?"

Dieser Widerspruch läßt sich zwar nicht auflösen, aber aufschlüsseln. Infolge der landwirtschaftlichen Depression, die unter anderem ein Absinken des Wertes von Land und Boden zwischen 1880 und 1890 um ein Viertel andeutet, brachen traditionelle Gefüge zusammen; ein Überschuß nicht wiederverwendeten Kapitals wurde zum Kauf von staatlichen Wertpapieren (Renten) eingesetzt. „Wegen des weit zerstreuten Wertpapierbesitzes band der Staat breite Teile der bürgerlichen Gesellschaftsformation an sich . . . Der Kapitalexport war nun die große Wunderwaffe, die höhere Rendite und festes Einkommen verhieß." [210, ZIEBURA, 89]. Das Sicherheitsverlangen der französischen Rentiers erstreckte sich auch auf die Außenbeziehungen. Die französischen Banken verlängerten ihren Staatsschuldnern (Bulgarien, Türkei . . .) fällig werdende Kredite, damit sie den garantierten Festzins an die französischen „rentiers" entrichten konnten. Die französischen Regierungen zwangen den Staatsschuldnern institutionelle Regelungen auf und erwirkten mit dem Instrumentarium der Finanzkontrolle politische Mitspracherechte in den betreffenden Ländern.

Die französischen Depositenbanken nahmen vor 1914 kaum an der Entwicklung und Ausbeutung des Kolonialreiches teil. Ihre Konsortien emittierten und plazierten die Staatsanleihen Rußlands, der Türkei, lateinamerikanischer Staaten,

Banken und Industrie

ohne von sich aus Aufträge für die französische Industrie in jenen Ländern zu besorgen. Kapital- und Warenexport waren nicht aufeinander abgestimmt. Die Konzentration und Zentralisierung im Bankensektor und unter den Kreditgesellschaften waren stark ausgeprägt – noch heute gehören die französischen Großbanken zum Kreis der größten in der Welt. Im Industriesektor hingegen bildeten Kartelle und Syndikate oder Riesenunternehmen die Ausnahme. Sie sind anzutreffen in der Schwerindustrie (de Wendel; Schneider), wo der Staat durch Rüstungsaufträge derartige Tendenzen unterstützte, und in den „neuen" Industrien (Thomson in der Elektro-; Kuhlmann, Péchiney oder St. Gobain in der chemischen Industrie). Die Schwerindustrie besaß mit dem 1864 gegründeten Comité des Forges und der 1900 gegründeten Union des Industries Metallurgiques et Minières auch das am besten ausgebaute Netz von Unternehmerverbänden. Die Unternehmen finanzierten ihre Investitionen in der Regel ohne Inanspruchnahme der Großbanken; diese beteiligten sich ihrerseits wenig an der Finanzierung von Industrieunternehmen.

Auf Druck der Verbände, vor allem des Comité des Forges, intervenierten jedoch – seit etwa 1903 – französische Regierungen in wachsendem Maße zugunsten der Industrie. Neben den Geschäftsbanken (Banque de Paris et Pays Bas) verwendeten fortan auch die Depositenbanken (Société Générale; Crédit Lyonnais; Banque de l'Union Parisienne) ihren Einfluß, um der Industrie, voran der Rüstungsindustrie, im Ausland Aufträge zu verschaffen. Banken und Industriekapital koordinierten ihre Operationen auf den auswärtigen Märkten, besonders in Rußland, stärker als in Frankreich selbst. [199, GIRAULT].

c) Außenbeziehungen

Die französischen Außenbeziehungen im Zeitalter des Imperialismus blieben vom Bestreben gekennzeichnet, die Niederlage von 1870/1 und den Verlust von Elsaß-Lothringen wettzumachen. Das Bündnis mit Rußland sicherte Frankreich notdürftig gegen deutsche Drohpolitik ab. Für eine Verlagerung überschüssiger Energien nach außen, für einen aggressiven Imperialismus, konnte Frankreich hingegen russischen Beistand nicht voraussetzen, denn beide waren – besonders im Osmanischen Reich – Rivalen. Frankreich war nicht bereit, einen anti-britischen Kurs einzuschlagen, um die von Botschafter Nelidov (1895/6) und Außenminister Muravev forcierten Ansprüche Rußlands auf Konstantinopel zu unterstützen. Ebenso gering war auf russischer Seite die Neigung, die gegen England zielenden französischen Ambitionen in Syrien und in Ägypten unter Bündnisaspekten zu sehen. Dennoch zielte Frankreich 1895/6 mit einer vom Senegal über den Niger zum Nil und nach Dschibuti vorstoßenden (Militär-)Expedition darauf ab, Faustpfänder in die Hand zu bekommen, um Großbritannien zu einem Re-Arrangement über Ägypten und den Sudan, den Suezkanal, zu zwingen. Der französische Vorstoß kollidierte mit dem ehrgeizigen Kap-Kairo-Projekt des Regierungschefs der Kap-Kolonie, Cecil Rhodes, und den Plänen Lord

Faschoda-Krise

Cromers in Ägypten, die vom englischen Kolonialminister Chamberlain unterstützt wurden. Bevor die im März 1897 von Brazzaville aus gestartete, kaum 300 Mann starke Marchand-Expedition und die nach der Niederschlagung des Mahdi-Aufstandes bei Omdurman nach Khartum entsendete Kitchener-Armee am 19. September 1898 bei Faschoda zusammenstießen, war es dem englischen Premier- und Außenminister Salisbury gelungen, Frankreich diplomatisch zu isolieren. Die britischen Schachzüge durchkreuzten Außenminister Hanotaux' und Kolonialminister Delcassés (ab Juni 1898 Außenminister) Absicht, den Sudan als Faustpfand in die Hand zu bekommen. Überlegungen auf französischer Seite — Staatspräsident Faure; Delcassé —, einen Kolonialkrieg mit England zu riskieren, um von der Krise des Regimes abzulenken, gediehen nicht weit. Die Dreyfus-Affäre und Streikbewegungen banden der französischen Regierung innenpolitisch die Hände. Auf britischer Seite liebäugelten Chamberlain und Lord Cromer gleichfalls mit militärischen Aktionen. Durch den unzeitgemäßen Vorschlag, eine Abrüstungskonferenz einzuberufen (24. VIII. 1898), ließ Rußland erkennen, daß es an einem Stillhalteabkommen mit Rücksicht auf die Rüstungslasten interessiert war; es forderte Paris zum Einlenken auf. Unter diesen Umständen mußte Marchand sich dem Ultimatum Kitcheners beugen (27. 9. 1898) und — nach Verhandlungen zwischen London und Paris — Faschoda am 4. 11. 1898 räumen. In Frankreich wertete man die Niederlage als ein zweites Elsaß-Lothringen. Im Abkommen vom 21. März 1899 mußte Frankreich eingestehen, daß es im Nilgebiet östlich von Darfor nichts zu bestellen habe; dafür behielt es den Tschad und konnte den westafrikanischen Besitz konsolidieren.

Der Ausgang der Faschoda-Krise befreite Großbritanniens Nahostpolitik von einem Alpdruck. Künftig konnte man in London französische Proteste gegen den Ausbau der britischen Oberhoheit über Ägypten mit Hilfe finanzieller Reorganisation (durch Lord Cromer) ignorieren. Für Frankreich hingegen wog die Niederlage politisch-psychologisch um so schwerer, als Kaiser Wilhelm II. am 8. 11. 1898 in Damaskus das Deutsche Reich zum (angeblichen) Protektor über 300 Mill. Mohammedaner proklamieren konnte. Doch war es gerade dieser deutsche Vorstoß ins Zentrum englisch-russischer Rivalität, der Frankreich künftig einen ungewöhnlichen Spielraum eröffnete, falls es „Faschoda" schneller als „Elsaß-Lothringen" verschmerzen lernte: In Zukunft brauchte die französische Politik „nur" jene Fehler auszunutzen, welche die deutsche Weltpolitik in der anmaßenden Rolle des „arbiter mundi" beging.

Für Außenminister Delcassé kam es zunächst darauf an, das Verhältnis zu Rußland zu begradigen. Vor dem Hintergrund wirtschaftlicher Rezession, steigender Rüstungslasten und des Geld- und Kapitalmangels der russischen Staatsmacht kam es im August 1899 im Zarenreich zu einer Börsenkrise. Das gab Delcassé Gelegenheit, die vom Bankhaus Rothschild ausgehandelte Anleihe an den politischen Vorbehalt zu koppeln, das Bündnis enger zu gestalten und Frankreich außerdem zollpolitische Zusagen zu machen. Durch den Briefwechsel der

Das „System Delcassé"

Außenminister vom 9. VIII. 1899 definierten Rußland und Frankreich als Zweck des Bündnisses neben der Aufrechterhaltung des Friedens auch die Wahrung des Gleichgewichts in Europa. In Anbetracht der schweren Verfassungskrise in der Habsburger Monarchie und der Möglichkeit, daß „Deutsch-Österreich" nach dem Tod Kaiser Franz Josephs dem Reich angeschlossen oder Österreich-Ungarn zwischen Deutschland und Rußland geteilt werde könnte, wollte Delcassé für Frankreich ein Mitspracherecht über die Gestaltung des Gleichgewichts in Europa sicherstellen. Außerdem hoffte er darauf, im Zuge entsprechender diplomatischer Manöver Elsaß-Lothringen am Verhandlungstisch zurückzugewinnen.

Marokko-Politik Die Chance, „Faschoda" wettzumachen, bot sich in Nordafrika. Die von E. Etienne geführte Kolonialfraktion war schon vor der Faschoda-Krise dafür eingetreten, auf das Konzept einer französischen Ost-West-Achse quer durch Afrika als Gegenzug zum Kap-Kairo-Projekt Großbritanniens zu verzichten, da man die englische Seemacht nicht erfolgreich herausfordern könnte. Die Kolonialfraktion empfahl, die französische Suprematie in Marokko zu sichern. Als Außenminister in einer Regierung der linksrepublikanischen Sammlung unter Waldeck-Rousseau konnte Delcassé keine prononcierte Weltpolitik an der Seite Rußlands einschlagen, wohl aber eine Abrundung des Einflusses in Nordafrika ins Auge fassen. Der britische Handel war in Marokko stärker vertreten als der französische. Dennoch erklärte London sich bereit, Frankreichs Vorrangstellung in Marokko anzuerkennen, um Frankreich keinen Anlaß zu geben, für Rußland

Entente Cordiale im Fernen Osten oder in Mittelasien Partei zu ergreifen. Delcassé strebte nicht geradewegs das Tauschgeschäft auf der Basis an, wie es dann die Entente Cordiale vom 8. April 1904 besiegelte: England gewährte Frankreich freie Hand in Marokko, während Frankreich formell sein Desinteresse an Ägypten erklärte. Vielmehr wollte Delcassé sich zunächst (1) über andere Streitfragen – Neufundland, Senegal, Siam – mit London ins Benehmen setzen und (2) mit den „schwächeren" Interessenten an Marokko – Spanien und Italien – verhandeln, um dann mit Großbritannien eine umfassende Vereinbarung über beiderseitige Einflußzonen auszuhandeln. Delcassés Strategie sah vor, Marokko über finanzielle Transaktionen der faktischen Suprematie des französischen Kapitals zu unter-

1. Marokkokrise werfen. Deutschland suchte er unter dem Vorwand auszuschließen, daß die Reichsregierung in einer früheren Phase (1900/1) ihr Desinteresse an Marokko bekundet habe. Die Wilhelmstraße empfand dies als Provokation, auf die nur eine Antwort in Betracht käme: Frankreich zu demonstrieren, daß niemand Weltpolitik ohne Rücksichtnahme auf das Kaiserreich betreiben könne. Das Bestreben der deutschen Politik, Frankreich wenn nicht eine militärische, so doch wenigstens eine diplomatische Kapitulation aufzuzwingen, veranlaßte jedoch Großbritannien, die Entente zum Eckstein seiner Sicherheitspolitik in Europa aufzuwerten und entsprechend dem „continental commitment" eine

2. Marokkokrise „Expeditionary Force" aufzubauen. Auch in der zweiten Marokkokrise im Sommer 1911 ergriff London ostentativ für Frankreich Partei, um jede Versuchung,

sich mit dem Reich zu arrangieren, wie man es Caillaux nachsagte, im Keim zu ersticken. Rußland war hingegen wegen einer Krise in den Beziehungen mit England stärker daran interessiert, sich der deutschen Rückendeckung in Persien zu versichern. Nach der zweiten Marokkokrise, in der laut Generalstabschef Joffre für die Franzosen nur 70% Siegesaussichten bestanden hätten, richteten Poincaré, Delcassé (zunächst als Botschafter in Petersburg, dann als Kriegsminister) und Ministerpräsident Barthou ihr Augenmerk darauf, Frankreichs Militärpotential zu stärken sowie die Beziehungen mit Rußland und mit England in einem Dreibund zusammenzuführen. Staatspräsident Poincaré und Generalstabschef Joffre drängten darauf, (1) vom russischen Verbündeten eine möglichst große Effektivität zu verlangen; durch eine Verkürzung der Mobilmachungszeit und durch eine Offensive sollte Rußland im Kriegsfall erhebliche deutsche Truppenkontingente an der Ostfront des Deutschen Reiches binden; (2) für die offensive Konzeption des französischen Aufmarschplanes XVII vom April 1913 die benötigten Streitkräfte in ausreichender Stärke zur Verfügung zu haben; (3) für eine reibungslose Koordination von Diplomatie, Finanz- und Rüstungshilfe im Zweibund zu sorgen. Die von den parlamentarischen Mehrheitsverhältnissen stärker abhängigen Kabinette waren zu sehr mit den innenpolitischen Affären und dem Aushandeln von Kompromissen zwischen Finanzreform- und Wehrpflichtgesetz okkupiert, um die außenpolitischen Aktivitäten des Staatspräsidenten und des Generalstabschefs unter Kontrolle zu halten.

C. Großbritannien

a) Globale Präsenz

Das englische Mutterland war bereits vor Beginn der „letzten" Runde im Wettlauf um die Aufteilung der Erde in aller Welt als See- und Handelsmacht und als Kolonialherr präsent. Ferner kontrollierte es strategisch wichtige Knotenpunkte des Weltgeschehens: Gibraltar, Suez, Singapur, Kap der guten Hoffnung. Mit seinen überseeischen Besitzungen, vor allem Indien und Britisch-Nordamerika (Kanada, Neufundland), mutete es wie ein riesiges Ungeheuer an, „das seine gichtigen Finger und Zehen in alle Richtungen ausstreckt und dem man sich nicht nähern kann, ohne daß es einen Schrei ausstößt" [385, KENNEDY, 229]. Daher trafen Verschiebungen im Kräftefeld der Weltpolitik oftmals den Nerv britischer Sicherheitspolitik. Der Expansionsdrang der „neuen" Weltmächte USA, Japan, Deutsches Reich; das Arrondierungsstreben der „alten" Rivalen Frankreich und Rußland; der Protektionismus in nahezu allen Staaten (und deren Kolonien), der sich gegen britische Produkte richtete – dies alles hielt London permanent in Atem. Unter diesen Umständen schienen die Kontrollmethoden aus der Epoche des Freihandels für die Sicherung britischen Einflusses nicht mehr ausreichend. Vielmehr befürworteten Wirtschaft und Politik angesichts der veränderten Konkurrenzbedingungen in der internationalen Politik und unter Berufung auf Englands „imperiale Mission", „the white man's burden", einen Präventivimperialismus, „anticipatory annexations of overseas markets". Der Außenminister des letzten Kabinetts Gladstone, Lord Rosebery, nannte dies effektvoll: „pegging out claims for the future" (1893). Kolonialminister J. Chamberlain (1895–1903), als Führer der Liberal Unionists eine der treibenden Kräfte in der Konservativen Regierung, erklärte es als Aufgabe des Foreign Office, Gebiete zu erwerben, die dann das Colonial Office entwickeln könne, und zwar im Dienste der Förderung des imperialen Handels. Verlust oder Gewinn eines Marktes wurden „nationaler Stärke" ab- bzw. hinzugerechnet. Auf diese Weise verschmolzen politisch-strategische und finanziell-kommerzielle Aspekte der nationalen Sicherheit zum Bestimmungsfaktor britischer Außenbeziehungen in der Epoche des Imperialismus. Die englischen Regierungen lehnten zwar eine offensive imperialistische Politik ab. Sie waren jedoch zum Eingreifen entschlossen, sobald andere Regierungen die Aufteilung der Welt vorantrieben, wie es Deutschland und Frankreich 1894 in Uganda oder das Deutsche Reich in Transvaal und in der Delagoa-Bucht 1894–98 zu tun schienen. Mit der Erweiterung des eigenen Herrschaftsgebietes um Burma, Ägypten (1882/5), Uganda (1894), Somalia (1884), Kenia, Sansibar (1890), Rhodesien (1885), die Burenrepublik (1902), Sierra Leone (1889), Njassaland (1891), Niger (1900) ging ein Mangel an Sympathie für ähnliche Ambitionen anderer Staaten einher. „Falls eine Nation kompensationssüchtig war, dann war es Großbritannien." [446, REMAK].

b) Konsolidierung des Empire und Weltmachtstreben

„Greater Britain" Anstelle einer ständigen Erweiterung des britischen Hoheitsbereichs, die in Teilen der Geschäftswelt auf Widerwillen stieß, drängten andere Kräfte in England darauf, die vorwiegend von Weißen besiedelten und bevölkerungsmäßig anwachsenden „alten" Kolonien (Kanada, Australien, Neuseeland, schließlich Südafrika) zum „Greater Britain" zu vereinen. Man wollte sie als Abnehmer des englischen „trade" (d. h. Handel und Gewerbe/Industrie) und als Lieferant von Rohstoffen und Nahrungsmitteln mit dem Mutterland in einem Wirtschaftsverbund konsolidieren, und zwar mit Hilfe von Handels-, Kredit- und Schiffahrtspräferenzen. Die Lösung betitelte man bezeichnenderweise „Imperial Zollverein". Unter dem Schlagwort „Federalism" befürworteten sie ein gemeinsames Dach für England und für die nach „Self-Government" strebenden Dominions und warben sogar für die Entwicklung einer imperialen Verteidigungsgemeinschaft. Das Verlangen nach Konsolidierung des Empire- besonders in bezug auf die Dominions, wie die weißen Siedlungskolonien seit der Imperial Conference 1907 hießen – resultierte nicht zuletzt daraus, daß der britische Export in die Dominions zwischen 1871/5 und 1896/1900 um 45% stieg, verglichen mit einer

Steigerung um 29% in das gesamte Empire und von 6% im Gesamtexport. Einige Konzeptionen schlossen Indien gleichrangig ein, das den exportorientierten, mit veralteten Produktionsanlagen ausgestatteten „staple goods"-Industrien Absatzchancen bot. „The attention paid by the British to their Empire . . . was essentially an attempt to stave off that decline to which all indices of world power pointed." [180, PORTER, 353f.]

Überseehandel, „invisible incomes" aus dem von der englischen Handelsflotte transportierten Welthandel, Englands Finanzkraft („credit"), die City als Drehscheibe des Welthandels und die Royal Navy waren die Säulen, auf denen die Macht des Vereinigten Königreichs beruhte, „and each is essential to the other" (Marineminister Selborne, 16. 11. 1901). Für den Schutz der Handelswege und britischer „trade"-Interessen in China, in der Levante und in Afrika, ganz zu schweigen von den politischen und militärischen Maßnahmen zur Verteidigung Indiens und der Wege nach Indien, wollten nicht nur die Kolonialminister, sondern auch die Schatzkanzler notfalls militärische Konflikte riskieren.

Säulen britischer Weltmachtstellung

Die Präsenz englischer Interessen und die „subsidiären Formen der Herrschaftsübung", die Techniken der „indirect rule" [174, MOMMSEN], waren in den verschiedenen Regionen so unterschiedlich, daß jede beispielhafte Hervorhebung eines „Typus" irreführend wirken kann. Ähnlich mannigfaltig gestaltete sich das Zusammenwirken ökonomischer und politischer Interessen auf britischer Seite. Die Regierung in London beharrte zwar auf dem Standpunkt, daß sie nicht der Gerichtsvollzieher („debt collector") britischer Gläubiger gegenüber öffentlichen und privaten Schuldnern im Ausland sei. Sie beteiligte sich jedoch an internationalen diplomatischen Interventionen oder an Strafaktionen anderer Staaten, z. B. Deutschlands in der Venezuela-Krise 1899 und 1902. Die Vielzahl britischer Interessen vor Ort erschwerte den miteinander rivalisierenden Handelshäusern, „britische" Positionen gegenüber russischer, japanischer, deutscher Konkurrenz zu behaupten, deren Bank- und Exportinteressen mit der Unterstützung ihrer politischen Repräsentanten rechnen durften. Das Foreign Office instruierte daher britische Diplomaten, für einen Zusammenschluß der im China-, im Türkeigeschäft tätigen Häuser einzutreten. Ferner forderte das Foreign Office Finanzhäuser dazu auf, das investierende Publikum für Projekte zu gewinnen, die politisch-strategische (und weniger ökonomische) „Rentabilität" versprachen; dies betraf Eisenbahnbauten in China zu dem Zweck, Rußlands Monopolansprüche zu durchkreuzen. In Persien war die englische Regierung 1899 bestrebt, die Imperial Bank of Persia als ihr Einflußinstrument zu stützen und mit Hilfe von Anleihen das verschuldete Regime des Schah an sich zu binden. Denn, so formulierte Curzon, „geschäftliche und industrielle Unternehmen sind in den östlichen Ländern (:Persien) die üblichen Mittel, durch die fremde Mächte politischen Einfluß ausüben" (Curzon, 21. 9. 1899). In einem anderen Fall arbeiteten Foreign Office und Admiralty zur Sicherung britischer Ölinteressen darauf hin, daß England in der Golfregion wichtige Stützpunkte – Bahrein, Muskat, Kuweit – unter seine informelle Kontrolle brachte und daß der briti-

Ökonomie und Politik-Formen des Zusammenwirkens

sche Staat eine Aktienmehrheit in der Anglo-Persian Oil Co. erwarb. Ingesamt gesehen, blieb die Geschäftswelt zurückhaltend bei der Anforderung staatlicher Unterstützung. „Commercial prosperity convinced businessmen of the virtues of independence . . . it is not at all surprising that the Foreign Office took only a limited role in economic matters." [330, STEINER]

Handlungsspielraum britischer Weltpolitik

Der Handlungsspielraum der britischen Weltmacht war im Zeitalter der Weltmächte durch eine doppelte Diskrepanz entscheidend begrenzt: (1) Die Diskrepanz zwischen den Ressourcen des Mutterlandes und der Ausdehnung des Herrschaftsgebiets bestimmte die imperiale Strategie, wobei die Schwerpunkte Indien, Ägypten/Sudan, Gibraltar und Singapur als unverzichtbar galten. (2) Die Aufrechterhaltung des „Two-Power-Standard" – d. h. die Kriegsmarine sollte so stark sein wie die beiden rangnächsten zusammengenommen – galt als primäre sicherheitspolitische Maxime der insularen Weltmacht. Die aufgrund des maritimen Wettrüstens zur Erreichung/Erhaltung der Flottenstärke erforderlichen Kosten waren nicht nur hoch. Im Vergleich mit der geostrategischen Situation der kontinentalen Herausforderer Deutschland und Rußland stellte sich auch die Frage, ob die Seemacht noch ein vergleichbares Einflußmittel im Nahen, Mittleren und Fernen Osten war. Rußland und das Deutsche Reich hatten die Möglichkeit, mit einer Kombination wirtschaftlichen und militärischen Drucks die Nachbargebiete des British Empire in ihre Abhängigkeit zu bringen. Sie konnten, zumal wenn sie den Eisenbahnbau vorantrieben, das Empire an neuralgischen Punkten treffen, ohne die englische Seeherrschaft herauszufordern.

Diese doppelte Diskrepanz stellte die englische Politik vor eine Bewährungsprobe: „Like all other countries, Britain has but a limited amount of power, wealth, public credit and political influence, and success requires a careful economy of resources. Just because the interests of this country are world-wide, . . . it is more than any other country exposed to the danger of pursuing conflicting aims and arousing opposition, and for this reason, objects which are desirable in themselves cannot all be attained at the same time." (J. Headlam-Morley). Nur noch Optimisten konnten darauf vertrauen, daß England auch in Zukunft gleichzeitig in Übersee expandieren, die Konflikte zwischen den europäischen Mächten in sicherer Isolierung von außen verfolgen und mit einem Minimalaufwand an Rüstungskosten (in Relation zum Einflußbereich sowie zum Sozialprodukt) die Führungsrolle in der Weltpolitik und -wirtschaft spielen könne.

Wahlchancen britischer Politik

Für das breite Spektrum der liberalen und konservativen Imperialisten lauteten die Wahlchancen: (1) Reorganisation der Kräfte des Empire mit dem Ziel, im Wettbewerb mit kontinentalen Weltmächten – mit den USA, mit Rußland und mit Deutschland („Mitteleuropa") – als „geschlossener Handelsstaat", als „Imperial Zollverein", bestehen zu können. (2) Sicherung der zentralen strategischen und ökonomischen Interessen gegen den Hauptherausforderer, d. h. ab 1905/6: Deutschland, indem England mit den anderen Mächten Interessen absprach (Ententen) statt auch ihnen gegenüber die eigene finanziell-ökonomische oder militärische Präsenz zu erhöhen. Dies erfolgte z. T. auch auf die Gefahr hin, daß einer der Vertragspartner über die abgesprochene Einflußzone hinauszielte und dort nicht nur deutsche, sondern auch britische Interessen verdrängte. Die treibende Kraft hinter dem Bündnisschluß mit Japan (1902 und 1905), den Ententen mit Frankreich (1904) und Rußland (1907) war neben dem Foreign Office die Admiralität. Zur Konzentration englischer Ressourcen auf die Wahrung der „balance of power in Europe" genötigt, schlug die britische Regierung gegenüber Rußland in Persien (seit 1909) und gegenüber Japan in China (seit 1911) einen Beschwichtigungskurs ein.

Die vor allem von J. Chamberlain verfochtenen, der Colonial Conference 1902 unterbreiteten Vorschläge, den Weg vom Zollverein, d. h. Freihandel nach innen, Schutzzoll gegen Importe aus Drittländern, zum Reich („Imperial Federation") zu beschreiten, schienen zunächst diskutabel. Im Umfeld der 50resp. 60jährigen Regierungsjubiläen der Queen Victoria 1887 und 1897 hatten sie in Kreisen der „Dominions" Resonanz gefunden. Sie stießen seitens Kanadas und der anderen weißen Kolonien jedoch zunehmend auf Widerspruch und Ablehnung. Die „Dominions" wollten ihre „jungen" Industrien auch gegen englische Konkurrenz schützen; außerdem brauchten sie die Zölle als Einnahmequelle. Als Chamberlain sich mit seinen modifizierten Vorstellungen, die Zölle auf Nahrungsmittelimporte einschlossen, in der englischen Regierung nicht durchsetzen konnte, trat er zurück. Er begann 1903 seine Kampagne für „Tariff Reform" und „Imperial Preference" (d. h. wechselseitige Besserstellung der Mitglieder des Empire auf den Binnenmärkten gegenüber auswärtiger Konkurrenz dank eines Abschlages auf die Zolltarife), die letztlich eine Machtprobe mit der eigenen Parteiregierung bildete.

„Konstruktiver Imperialismus"

Die „Schwächeanfälle" des Osmanischen, des Persischen, des Chinesischen Großreiches hatten zur Folge, daß die englische Außenpolitik sich in den 1890er Jahren primär um die Abwehr des russischen Vormarsches in Richtung Afghanistan/Indien und des französischen Bestrebens sorgte, die Ägyptenfrage wieder aufzurollen. In beiden Fällen ging es um die Vorherrschaft über die wichtigsten Wegstationen nach Indien, der zentralen Stütze des britischen Außenhandels. Sobald die englische Politik dank ihres überlegenen Krisenmanagement in der Faschodakrise 1898 die britische Vorrangstellung am Suezkanal und in Ägypten/Sudan gegen Frankreich gesichert hatte, erlangte sie in der für die Beziehungen zu Rußland zentralen Meerengenfrage die volle Bewegungsfreiheit zurück. Denn im gleichen Maße, wie die Meerengen unter dem Sicherheitsaspekt für England entbehrlich wurden, blieben sie für das Zarenreich oberste Priorität. Um die Jahrhundertwende, als Großbritannien seine Kräfte unerwartet lange im Burenkrieg binden mußte, sah die russische Regierung keine Notwendigkeit, ernsthaft auf englische Fühlungnahmen einzugehen und Absprachen über Einflußzonen zu erreichen. Das Zarenreich ging stattdessen in China und in Persien auf Kollisionskurs mit England. Die keineswegs uneigennützige deutsche Neutralität im

Einflußsicherung durch Verständigungspolitik

Burenkrieg und die sogenannten Bündnisgespräche 1898—1901 halfen London über diese schwierige Phase hinweg. Als Gegenleistung machte London dem Reich jedoch lediglich Avancen auf Kosten Dritter, z. B. des portugiesischen Verbündeten, und als Wechsel auf eine unbestimmte Zukunft (Windsor-Vertrag vom 30. 8. 1898). Hingegen gestand es den neuen Weltmächten in Übersee, den USA und Japan, um die gleiche Zeit konkrete Einflußzonen zu. Es schuf sich dadurch Entlastung für die Auseinandersetzung mit den europäischen Imperialismen. Dabei ging London davon aus, daß die lateinamerikanischen Republiken bzw. China in jedem Fall unter den Einfluß einer der Weltmächte geraten würden. London wollte den „jungen" Mächten die Expansion in einer Richtung erlauben, gerade weil man beispielsweise Japan von bestimmten englischen Einflußzonen, nämlich Indien, fernzuhalten wünschte. J. Chamberlain, die Admiralty, die Außenminister Lansdowne (1901—1905) und Grey (1905—15) wirkten dabei mit, daß die USA im Pazifik, bezüglich des Panamakanals und in Lateinamerika, und Japan in China „imperiale" Ambitionen befriedigen könnten. Sie erwarteten allerdings, daß die beiden außer-europäischen neuen Weltmächte als Gegenleistung bestehende britische ökonomische Interessen respektierten.

Ententen mit Frankreich und Rußland

Insgesamt ist beeindruckend, wie die britische Außenpolitik es verstand, durch geschicktes „timing" zu erreichen, daß England in keiner Krisensituation gleichzeitig mit mehr als einem Rivalen in gespannten Verhältnissen stand. Indem London den jeweiligen Hauptwidersacher isolierte (Frankreich 1898; Rußland; Deutschland nach 1908), waren die anderen genötigt, den Ausgleich zu suchen und ihn dann zu englischen Bedingungen anzunehmen — oder ausgeschlossen zu werden. Frankreich und Rußland ergriffen die Initiativen für Ententeverhandlungen und schlossen sie 1904 bzw. 1907 erfolgreich ab. Die Ententen stellten nicht nur eine Flurbereinigung zwischen den Imperien und die Vorstufe zu einer Sicherheitsgemeinschaft dar, sondern ebneten auch den Weg zur wirtschaftlichen Zusammenarbeit. Letzte kam freilich nicht überall voran. In der Türkei folgte die einflußreiche Banque Impériale Ottoman nicht dem Drängen der französischen Regierung zur Partnerschaft mit englischen Interessenten. Im Hinblick auf die von England beanspruchte Einflußzone im Yangtsebecken erfüllte sich hingegen die Hoffnung auf die Liquidität des französischen Kapitalmarktes. Die englischen Stellen konnten französische Investitionsmittel für die Verwirklichung von Eisenbahnkonzessionen in Südchina mobilisieren.

c) Strukturmerkmale des britischen Imperialismus

Die Erfolgsgeschichte der britischen Politik bei der Verteidigung und beim Ausbau traditioneller national-imperialer Interessen ist freilich nicht allein ein Fall für die Diplomatiegeschichte. Die geschickte Ausnutzung der Konstellationen der internationalen Politik reicht zur Erklärung des britischen Imperialismus keineswegs aus. Die ökonomischen Vorgänge, vor allem die Verlagerung britischer Exporte auf außereuropäische Märkte und der Kapitalexport, beeinflußten nicht nur die Stellung Englands in der Weltwirtschaft und -politik. Sie waren vielmehr auch gleichbedeutend mit einschneidenden Wandlungen in der britischen Industriegesellschaft und in den sozio-politischen Formationsprozessen im Mutterland [183, ROHE]. Koloniale Expansion und Ausbau der Austauschbeziehungen sowohl mit dem „Informal Empire" – Argentinien, Südchina, Naher Osten – als auch mit dem „Formal Empire" – Indien; Kolonien, Kronkolonien, Dominions – mußten die Verluste ausgleichen, die die „alte" Industrie- und Handelsnation aufgrund der Industrialisierung und des Schutzes der Binnenmärkte in den USA, in Rußland, im Deutschen Reich und generell in Europa erlitt. Die drei südlichen Dominions – Australien, Neuseeland, Südafrika – und Indien bezogen mehr als die Hälfte bzw. zwei Drittel ihrer Importe aus England und führten über 50% (Australien) bzw. rd. 80% (Südafrika, Neuseeland) ihrer Exporte nach England aus. England besaß eine Möglichkeit, worum es von Ferry, Etienne und anderen französischen Imperialisten beneidet wurde: es konnte auf ungesättigte expandierende Kolonialmärkte ausweichen.

Die Hochschutzzollpolitik der Kontinentaleuropäer (außer Holland) veranlaßte politische und Wirtschaftskreise in England, weitergehende Vorkehrungen zu verlangen. Auch Großbritannien sollte den Übergang zum Protektionismus vollziehen. Dieses Ziel blieb ein Wunschtraum. Als Freihandelsland blieb England der Dreh- und Angelpunkt des Weltwährungs- und Handelssystems. Die Verbindung der Tariff-Reform-Kampagne mit dem Flottenwettrüsten brachte allerdings Zündstoff in die internationale Politik und erst recht in die Innenpolitik.

Freihandel versus Schutzzoll

Die „Tariff Reformer" nahmen daran Anstoß, daß der Handel mit den Erzeugnissen der englischen Industrie in der Außenwirtschaft zunehmend an Gewicht verlor gegenüber den „invisible exports", d. h. den Profiten der Banken, der Schiffahrt, der Warenbörsen und Versicherungen aus dem wachsenden Handel zwischen anderen Staaten. Die Schutzzöllner verlangten nun, daß England wieder eine „industrial nation" werden müsse – „the world's workshop" statt „the world's banker". Die Tariff Reformer und konservativen Sozialimperialisten um J. Chamberlain und L. S. Amery gaben die Parole aus, daß die Masse der Bevölkerung „regelmäßiger Beschäftigung" (durch Schutz der nationalen Arbeit) den Vorzug gäbe gegenüber „billigen Nahrungsmitteln" (dank Freihandel). Sie hofften, auf diesem Weg der Liberalen Partei die Massengefolgschaft streitig zu machen. Das von ihnen propagierte „imperial preference"-System beruhte darauf, daß die Dominions und die abhängigen Kolonien die Rolle des Nahrungsmittel- und Rohstofflieferanten einerseits und des Abnehmers britischer Industrieprodukte andererseits übernahmen. Die engere wirtschaftliche Verflechtung des Empire mit dem Mutterland und der Schutz der nationalen Arbeit durch Zolltarife sollten nach Ansicht der Sozialimperialisten nicht nur die britische Weltgeltung garantieren. Dank der Sicherung der Wirtschaftskraft sollten vielmehr auch die Mittel mobilisiert werden, um Arbeitsschutz, Gesundheitsdienste, Altersrente und andere soziale Reformen und die für erforderlich gehaltenen Rüstungsausgaben finanzieren zu können. Die Freihändler und die

Liberalen, die von 1905–1915 die Regierung stellten, konnten sich gegen die Tariff Reformer nicht zuletzt deshalb behaupten, weil (1) der englische Warenexport am Aufschwung des Welthandels (seit 1910, dem Jahr zweier Wahlen) partizipierte und die Arbeitsmarktlage sich entspannte; vor allem aber (2), weil die meisten der beschäftigungsintensiven Industrien, die einen hohen Anteil an den Erwerbstätigen hatten – nämlich Bergbau; Baumwolltextilindustrie; Schiffbau und Schiffahrt – exportorientiert waren und fest im Freihandelslager verankert blieben. Verflechtungen zwischen Schiffahrts- und Eisen/Stahlinteressen, aber auch Überlappungen zwischen Schutzzoll- und Freihandelsinteressen innerhalb einer Branche wirkten einer Konfrontation zwischen Industrie/Gewerbe auf der einen und Finanz-Interessen auf der anderen Seite entgegen.

Irlandfrage
Die Ambivalenz des imperialistischen Zeitalters, die Machtentfaltung nach außen und die Aufladung der internen Spannungen durch außerparlamentarische, die Regierungsautorität herausfordernde Aktionen von rechts und von links, ist im englischen Fall deutlich ausgeprägt. In der Irlandfrage rücken beide Aspekte dicht zusammen. Die zunehmend militantere Formen annehmende Auflehnung der irischen Nationalisten sprengte nicht nur das englische Zweiparteiensystem. Sie verwickelte die beiden Großlager der englischen Politik in eine Konfrontation, die zum Verfassungskonflikt eskalierte. Genauso folgenreich ist ein zweiter Aspekt: die irische Auflehnung war ein nationaler, aus sozialen und religiösen Quellen gespeister Protest gegen „Fremdherrschaft". Der Protest richtete sich gegen den „British way of life" insgesamt und traf damit den britischen Imperialismus an seinem Lebensnerv; denn die britische imperialistische Ideologie, daß die unter-entwickelten Regionen der Welt am englischen Wesen genesen und vom britischen Vorbild profitieren könnten, stieß sozusagen vor der Haustür auf den Willen zur Selbstbehauptung einer eigenen politischen Kultur. Konnte Großbritannien so tun, als ob diese Herausforderung nicht vorliege, oder mußte es entschlossen reagieren? Für die nordirischen Protestanten und die liberalen und konservativen „Unionists" in England galt nur ein Gesichtspunkt: „If you tell your Empire in India, in Egypt and all over the world that you have not got the men, the money, the pluck, the inclination, and the backing to restore order in a country within twenty miles of your own shore, you may as well begin to abandon the attempt to make British rule prevail throughout the Empire at all." [Sir Edward Carson, s. 151, BELOFF, 313 ff.]. Vor dem Hintergrund der „Home-Rule-for Ireland"-Ankündigung und ihrer Folgen für die Umgestaltung der politischen Landschaft in England seit 1885/6 erscheint die „neue" Welle kolonial-imperialer Betätigung in der Welt wie ein Versuch, den Irland-Schock zu verdrängen und durch Selbstbestätigung „draußen" zu überwinden. Dies ist ein wichtiger Einschlag im Webmuster des britischen Imperialismus. Die sicherheitspolitischen, die gesellschaftlich-kulturellen und die ökonomischen Antriebskräfte, die zuvor skizziert wurden, machen aber das Grundmuster aus, in das der „irische Komplex" wie ein Licht- und Schattenspender eingeflochten ist.

D. Deutsches Reich

„Deutsche Weltpolitik" vereint unterschiedliche Aspekte einer „Globalisierung der deutschen Außenpolitik" [96, GIRAULT, 171]: I. Kolonialerwerb in Afrika und Erwerb von Außenposten in China und im Pazifik; II. Sicherung und Erweiterung des politisch-ökonomischen Einflusses in Südamerika und (III.) im Nahen und Mittleren Osten; IV. Auftrumpfen als Weltmacht. Jede dieser vier Stoßrichtungen hatte ihre innenpolitische Kehrseite. Jedoch können wir nur im letzten Fall, dem der sogenannten „Drohpolitik", auf die inneren und äußeren Aspekte gleichermaßen eingehen. Bevor wir die vier Schwerpunkte deutscher Weltpolitik vorstellen, müssen wir uns einen Überblick verschaffen über die Ziele, Strategien und Methoden konservativer Politik im Deutschen Reich.

„Weltpolitik"

a) Ziele, Strategien und Methoden „konservativer Politik" und das Kräftefeld der deutschen Politik

In der Endphase der Bismarckzeit hatte man den Eindruck, daß der Reichsleitung die Einwirkungsmöglichkeiten auf das gesellschaftlich-politische Kräftefeld zu entgleiten begannen. Mit dem Übergang zum „Industriestaat" sah der vom Reichsgründer als Nachfolger vorgeschlagene General Caprivi die Notwendigkeit verbunden, eine Politik des verstärkten Interessenausgleiches mit allen (bürgerlichen) Parteien zu versuchen. Bismarcks Nachfolger Caprivi (1890–94), Hohenlohe (1894–1900), Bülow (1900–1909) und Bethmann Hollweg (1909–1917) wollten Mehrheiten für eine konservative Politik gewinnen; dies sei aber nur durchführbar, sofern es gelinge, in der öffentlichen Meinung die Furcht vor der „Reaktion", vor den Staatsstreichplänen, abzubauen, welche ein Zusammenwirken der bürgerlichen Kräfte gegen die Bestrebungen der Sozialdemokratie erschwere [213, BERGHAHN, 23]. In Reaktion auf die erheblichen Veränderungen in den gesellschaftlichen Verhältnissen, die ihrerseits durch Unterschiede in der industriellen und in der landwirtschaftlichen Entwicklung hervorgerufen wurden, bildeten sich innerhalb der Reichsleitung zwei rivalisierende Strategien konservativer Politik heraus. Die erste, mit dem Namen des preußischen Finanzministers Johannes von Miquel verbundene Sammlungspolitik wollte das im Streit um „Agrar- oder Industriestaat" [522, BARKIN] zerbrochene „agrarisch-industrielle Kondominium mit der Spitze gegen das Proletariat" [224, KEHR] wiederherstellen. Die zweite, von Caprivi, im Ansatz aber auch von Tirpitz und dessen Mitarbeitern Capelle, Hollmann, Heeringen verfochtene Auffassung suchte erstens den offenen Konflikt zwischen Verfassungsstaat, d. h. Reichstag und Mehrheitsparteien, und preußischem Militärstaat zu vermeiden, und zweitens der kaiserlichen Regierung die Gefolgschaft der export- und weltmarktorientierten Interessen zu sichern, indem die Flotten- und Weltpolitik auch ihnen Vergünstigungen in Aussicht stellte. Tirpitz erweckte den Anschein, als ob mit der Flottenpolitik die Bevorteilung für die Agrarinteressen zurückgedämmt

Rivalisierende Strategien konservativer Politik

und darüber hinaus eine Annäherung der politischen Machtverhältnisse im Reich an die grundlegenden Veränderungen in den deutschen volkswirtschaftlichen und gesellschaftlichen Verhältnissen vollzogen werden solle. Durch Prestigeerfolge im Ausland und durch eine Politik des Interessenausgleiches im Innern hoffte man, den Zustrom zur Sozialdemokratie bremsen zu können. Falls es gelinge, so folgerte Bülow aus dem Grundgedanken Tirpitz', Zentrum und Linksliberale in eine Mehrheitsbildung einzubeziehen, dann werde die Sozialdemokratie — auf sich allein gestellt — eine Übergangserscheinung bleiben [420, WINZEN, 38 f.]. Die Nagelprobe bestand diese Strategie allerdings gerade unter Bülows Führung nicht. Im ersten Testfall, der Revision der Handelsvertragspolitik 1897–1905, mußte Bülow massives politisches Geschütz auffahren, um auch nur die im Vergleich zu den Forderungen des Bundes der Landwirte und denen der Reichstagskommission (unter Kardorff) gemäßigte Regierungsvorlage durchzusetzen (13./14. 12. 1902). Bülow warnte davor, (1) der SPD kostenlos Wahlkampfhilfe — in Form der Parole „Brotteuerung" — zu liefern, (2) die Beziehungen mit Rußland durch importerschwerende hohe Getreidezölle in einem Zeitraum zu belasten, in dem die Gefahrenzone im Flottenbau „Ruhe an der Ostfront" gebiete.

Testfall 1: Bülow-Tarif

Testfall 2: Reichsfinanzreform

Im zweiten Testfall, der Reichsfinanzreform 1907/9, verweigerte Bülow nach dem Fehlschlag seiner Regierungsvorlage und damit dem Scheitern des konservativ-liberalen Blocks dem von den Partnern des schwarz-blauen Blocks, Zentrum und Konservative, zusammengestückelten Steuerpaket die Unterschrift. Er überließ es seinem Nachfolger Bethmann Hollweg, die mit der Gründung des „Hansa-Bundes für Gewerbe, Handel und Industrie" signalisierte Spaltung im bürgerlichen Lager zu überbrücken. Für den letzten Friedenszeit-Kanzler wurde konservative Politik zu einem Drahtseilakt. Angesichts der selbstverschuldeten Isolierung der Konservativen und der Formation einer „gouvernementale" Kompromißbereitschaft ablehnenden Rechten, erklärte Bethmann Hollweg im preußischen Staatsministerium bei Übernahme der Amtsgeschäfte als Ziel seiner Strategie, „ohne grundsätzliche Änderung der sachlichen Politik" einen „möglichst großen Teil der Liberalen an positiver Mitarbeit zu halten und dem Zentrum die weitere Beteiligung an den politischen Geschäften zu erleichtern" [554, WITT, 22]. Auf der anderen Seite sah die Strategie vor, Fragen wie die Wahlrechts-, Schulfrage, Änderungen in der Zollpolitik zu vertagen bzw. zurückzuhalten, die die Interessengegensätze zwischen Konservativen und Bürgerlichen verschärfen könnten.

Im Verzicht auf Reforminitiativen, die direkt gegen die Interessen der Konservativen gerichtet waren und die Stellung der Machtfrage im preußisch-deutschen Reich bedeutet hätten, gingen Reichsleitung und Mittelparteien konform. Kein Reichskanzler, weder Hohenlohe (August 1898) noch Bülow (Juli 1909), wagte tatsächlich die zeitweilig erwogene Reichstagsauflösung gegen „rechts" oder setzte sie beim Kaiser (im Kronrat) durch. Die bürgerlichen Parteien ließen sich trotz aller Enttäuschung über die Intransingenz der Konservativen — in der

Handelsvertragspolitik 1893/4, in der Reichsfinanzreform 1907/9 oder in der Deckungsfrage 1912/13 — nicht auf die Aufforderung der SPD ein, die Bewilligung neuer Steuern bzw. neuer militärischer Machtmittel zu nutzen, um die Parlamentarisierung durchzusetzen oder zumindest die außer-konstitutionellen, unter dem Begriff „Kommandogewalt" des Kaisers als Oberstem Kriegsherrn gebündelten Herrschaftsrechte der Krone einzuschränken. [530, GROSSER]

In der dritten großen Testfrage hatte Bülow im preußischen Staatsministerium (21. 9. und 15. 10. 1908) durchsetzen können, daß die Thronrede (20. 10. 1908) die Reformbedürftigkeit des preußischen Dreiklassenwahlrechts betonte. Er hoffte, dadurch die Unterstützung der (Links)Liberalen für die im Reichstag eingebrachte (19. 10. 1908) Regierungsvorlage zur Reichsfinanzreform zu mobilisieren. Die Übertragung des „Blocks" — eine den französischen Verhältnissen entnommene Bezeichnung für die Stützgruppen der Regierung — auf Preußen bewirkte das Gegenteil. Statt der Angleichung des Konservatismus in Preußen an die in der Reichspolitik schon mögliche „konservative" Politik zur Erweiterung der sogenannten staatstragenden Schichten verwendeten die preußischen Konservativen ihren Einfluß darauf, die Politik der Gouvernementalen und Gemäßigten zu untergraben. Der Regierungsentwurf in der Wahlrechtsfrage wurde im preußischen Abgeordnetenhaus von den Konservativen und dem Zentrum derart umgestaltet, daß Bethmann Hollweg die Vorlage mit der Begründung gegenüber dem Kaiser (27. 5. 1910) zurückzog, eine von einer Parlamentsmehrheit diktierte Gesetzgebung schade der Autorität der Regierung. Dieses interne Eingeständnis, daß es in Preußen tatsächlich den von „links" behaupteten Krypto-Parlamentarismus gebe, kompensierte der Reichskanzler im preußischen Abgeordnetenhaus vor der Öffentlichkeit mit scharfen Ausfällen gegen das Reichstagswahlrecht. Der nationalliberale Parteiführer Bassermann sah sich daraufhin veranlaßt, die Angriffe im Reichstag zurückzuweisen.

Testfall 3: preußische Wahlreform

In Anbetracht der Spannungsverhältnisse zwischen Reichsleitung und Parteien ist zu fragen, welches Interesse nun ihrerseits die Parteien am Erfolg der Strategien konservativer Politik hatten, die ja auf die Sammlung von Mehrheiten abzielten. Beide Seiten waren gleichermaßen darauf bedacht, sich vor der Einbringung von Vorlagen zu konsultieren, Kompensationswünsche der am Kompromiß beteiligten Fraktionen zu konzedieren, gegebenenfalls aber auch Vorhaben zurückzustellen, für die eine Mehrheit ungewiß war. Dies Interesse betraf vor allem die Politikfelder Handel, Finanzen und Soziales. In ihnen lagen Sachfragen und Machtaspekte stets dicht beieinander.

Interesse der „bürgerlichen" Parteien an „konservativer Politik"

Die grundsätzliche Bereitschaft, der Arbeiterschaft dort entgegenzukommen, wo sie berechtigte Forderungen erhob, besagte wenig über die Mittel und Wege zur Verwirklichung des Zieles. Selbst wenn man sich für sozialpolitische Lösungen entschied, kamen neben oder ergänzend zu Sozialversicherungsgesetzen Maßnahmen in anderen Bereichen in Betracht, die — wie Caprivis Handelsvertragspolitik — unter sozialen Gesichtspunkten u. U. sogar wirkungsvoller sein mochten. In Kenntnis der Tatsachen, daß zwei Drittel der Erwerbstätigen

Sach- und Machtpolitik: Handelsverträge

durchschnittlich weniger als 900 Mark im Jahr verdienten und daß regelmäßige Lohneinkommen die einzige Gewähr für die Erhaltung eines minimalen Lebensstandards bildeten, waren die langfristige vertragliche Regelung „billiger" Nahrungsmittelimporte und die Schaffung von Arbeitsplätzen im (Export)Industriesektor eine sozialpolitische „Sachlösung", für die sich eine Machtprobe lohnte. Eine „linke" Mehrheit entschied sie 1891 und 1893/4 für sich.

Zentrum: Handels- und Sozialpolitik

Für die Handelsverträge und für Militär-(Marine- und Heeres-)Vorlagen, die Reichsangelegenheiten waren, benötigte die Reichsleitung die Stimmen des Zentrums, das als einzige Partei mehr als 50% seiner rund 100 Mandate in absolut sicheren Wahlkreisen verankert sah und daher für Mehrheitsbildungen kaum zu umgehen war. In Erwartung schul- und kirchenpolitischer Gegenleistungen in Preußen und sozialpolitischer Konzessionen im Reich gab das Zentrum (oder ein ausreichender Teil der Fraktion) wiederholt sein Plazet zu Heeres- bzw. Flottengesetzen. Auf Konzessionen konnte das Zentrum hoffen, solange es seine parlamentarische Schlüsselstellung zu bewahren wußte. Entscheidend dafür wiederum war, daß die Fraktion sich gegen Versuche der Regierung schützte, die Partei zu spalten oder den „furor teutonicus" gegen sie zu mobilisieren, wie es Bismarck erfolgreich gegen den „nationalen" Liberalismus vorexerziert hatte. Die Taktik, „sprengstoffgeladene" Regierungsvorlagen – wie z. B. die Umsturzvorlage (6. 12. 1894) – im Ausschußstadium in ein Gesetz zum Schutz der Moral und der christlichen Kirche umzuwandeln, verhalf dem Zentrum, für die Ablehnung im Reichstag zu sorgen, ohne es sich mit den Konservativen zu verderben. Für die Liberalen hatte diese Taktik den durchaus erwünschten Nebeneffekt, daß sie sich selbst vor der Entscheidung für oder wider Ausnahmegesetze und Änderungen des Reichstagswahlrechtes drücken konnten. Auf Reichsebene kam es zu ausgeprägtem Koalitionsgebaren. Innenminister Posadowsky etwa förderte Arbeitsschutzpolitik auch in der Absicht, dem Zentrum zu sozialpolitischer Profilierung im Konkurrenzkampf mit der SPD zu verhelfen, und zwar als Ausgleich für die Unterstützung der Regierung durch das Zentrum in den auch von den Konservativen getragenen handels-(schutzzoll-)politischen und steuerpolitischen Fragen.

Konservative

Den Konservativen suchten die Reichsleitungen die Zustimmung, sich an den aus außen- und weltpolitisch hochrangigen Zielvorstellungen resultierenden Folgekosten zu beteiligen, durch äquivalente Gegenleistungen abzukaufen. Für die (dann doch mehrheitlich verweigerte) Zustimmung zu Caprivis Handelsverträgen mit Rumänien und Rußland wurden sie (März 1894) mit dem Einfuhrscheinsystem in günstiger Weise abgefunden [690, HENTSCHEL; 552, WITT]. Für die Tolerierung der Flottenpolitik erhielten sie die Bülow-Zolltarife.

Liberale

Das Entgegenkommen der Reichsleitung gegenüber dem bürgerlich-liberalen Lager fiel weit geringer aus als die den Konservativen und dem Zentrum gemachten Konzessionen. Die Forderungen waren freilich auch höher gesteckt. Der bürokratisch-monarchische Konstitutionalismus sollte nämlich auf Ausnahmegesetze (Sozialisten-, Umsturz- und Zuchthausvorlagen) verzichten und in der

Handels- und Finanzpolitik den Bedürfnissen des „Industriestaates" nach langfristigen Handelsverträgen und Senkung der Lebenshaltungskosten Rechnung tragen. Ein neuer Kurs sollte die materiale Reformfähigkeit des politischen Regimes signalisieren. Angesichts der Zersplitterung des liberal-bürgerlichen Lagers und der Gegensätze zwischen Schwerindustrie, Handels- und Kaufmannschaft, Bildungs- und Besitzbürgertum glaubten die Regierungen es sich leisten zu können, die Liberalen schlechter zu bedienen. Da der Kaiser über die Auswahl „seiner" Minister die Chance behauptete, Sachfragen zu entscheiden, konnte die kaiserliche Umgebung Reformvorstöße mit den Mitteln der Personalpolitik blockieren [541, RÖHL]. Gelegentlich mußten jedoch auch Kaiser und Reichsleitung sich damit abfinden, daß ein Geschäft auf Gegenseitigkeit nicht aufging. Um die Zuchthausvorlage zu retten, deren Weiterleitung an die Kommission die Reichstagsmehrheit verweigert hatte (29. 6. 1899), gestand Wilhelm II. auf Anraten Hohenlohes und Posadowskys die den Linksparteien 1896 versprochene Aufhebung des Verbindungsverbots für politische Parteien zu; der Reichstag beharrte dennoch bei der Ablehnung des „Gesetzentwurfs zum Schutz des gewerblichen Arbeitsverhältnisses" („Zuchthausvorlage").

Entscheidend für die ungleiche Behandlung der regierungsfreundlichen Gruppierungen war, daß die liberalen Parteien, die ihre fluktuierenden Wählerschichten mit Hilfe national-imperialistischer Plattformen zu stabilisieren trachteten, von Regierungsseite durch das Hochspielen nationaler Fragen daran gehindert werden konnten, ähnlich dem Zentrum auch einmal die Option für eine Linksmehrheit tatsächlich wahrzumachen. So sehr die Liberalen über den Egoismus der Agrarier in der Handelspolitik sich erregten, die im Zusammenhang mit der Erhöhung der Friedenspräsenzstärke (Lex Huene, Juli 1893) und der Steuerreform Miquels in Preußen eingependelte Mitte-Rechts-Interessenformation hatte Bestand. Die Enttäuschung über den Bülowschen Zolltarif, über die mageren Reformergebnisse des Bülow-Blocks sowie über die Finanzgesetze von 1909, Anlässe, die sie als Triumph des wirtschaftlichen Egoismus der Agrarkonservativen über die Vernunftgebote preußisch-deutscher Politik geißelten (Bennigsen, 27. 2. 1894; Hansa-Bund Juli 1909), bewirkten dennoch keinen Rückzug aus dem Lager der „staatstragenden Schichten". Zentrum und Liberale, d. h. Links-, im Reich aber auch Nationalliberale, waren andererseits nach 1899/1901 nicht länger bereit, zusätzlich zum Agrarprotektionismus auch noch Einschränkungen des Reichstagswahlrechtes oder Ausnahmegesetze in Kauf zu nehmen. Die Chance, die Tirpitz-Mehrheit, d. h. die um Zentrum und Linksliberale erweiterte Sammlungsbewegung, auf andere Sachgebiete der Reichspolitik zu übertragen und damit den innenpolitischen Hauptzweck der Welt- und Flottenpolitik zu erreichen, war nicht gegeben. Weder die Konservativen noch die liberalen Gruppierungen waren bereit, einander in Interessenfragen auch nur die Minimalforderungen zu konzedieren. Tirpitz' Bestreben, den Ausbau der Risikoflotte nach Plan weiterzuführen und zu deren Finanzierung dem Reich den Zugriff auf direkte(Besitz)Steuern zu eröffnen, veranlaßte die Konservativen und die Bundesstaaten im Gegenzug, das Reich zu größerer Sparsamkeit anzuhalten. Durch die Betonung des Sparzwanges wollten sie Verschiebungen im Machtgefüge des Reiches abwehren, wie sie vom Arrangement zwischen Tirpitz und seiner Reichstagsmehrheit befürchtet wurden [213, BERGHAHN]. Anlaß zu entsprechenden Besorgnissen bestand. 1906 hatte die SPD die Aufnahme der Erbschaftssteuer in die „kleine" Finanzreform herbeiführen helfen. Um ein für die Partei zentrales Prinzip, das der direkten Besteuerung, im Reich generell zur Geltung zu bringen, entschloß sich die SPD-Fraktion 1913, der Deckungsvorlage für die Heeresverstärkung zuzustimmen. Noch waren dies einseitige Vorleistungen der SPD, Signale an die bürgerlichen Parteien, gemeinsam Druck auszuüben, um die politischen Machtverhältnisse zu verschieben.

Die Reichspolitik zwischen Begünstigungspolitik und Reformen

Das politische Geschehen im Kaiserreich zwischen Bismarcks Entlassung 1890 und dem Kriegsausbruch 1914 ist geprägt vom wechselvollen Neben- und Gegeneinander zwischen agrarisch-konservativer *Begünstigungspolitik* und schrittweiser Inangriffnahme einiger der von den bürgerlichen Kräften erstrebten (begrenzten) *Reformen*. Letzte sollten breitere Schichten in den „Staat" einbinden, und zwar durch Erweiterung der Mitbestimmungsrechte im sozialpolitischen Bereich. Die volle politische Partizipation resp. Demokratisierung – in Gestalt der parlamentarischen Regierungsverantwortlichkeit und der Beseitigung des preußischen Dreiklassenwahlrechts – sollten hingegen zurückgestellt werden. Grundsätzliche Sorge vor einem künftigen Zweifrontenkrieg (Caprivi) und der akute Stand der Außenbeziehungen in der Ära Bethmann Hollweg veranlaßten den ersten und den letzten Nachfolger Bismarcks, das Verhältnis zwischen Staat und Arbeiterschaft und zwischen „Kapital und Arbeit" an dem Ziel auszurichten, im Innern die Zahl der Feinde zu verringern. Durch einen Katalog konstruktiver Maßnahmen, so formulierte es Caprivi, hätten die Verantwortlichen den „innenpolitischen Kriegszustand" zu mildern [347, WEITOWITZ]. In der Ära des „Neuen Kurses" bedeutete das den Versuch Caprivis und seiner für innere Angelegenheiten zuständigen „Minister" Berlepsch und Boetticher, durch Maßnahmen auf dem Gebiete des Arbeits- und Versicherungsschutzes oder der Mitwirkung der Arbeitnehmer in öffentlich-rechtlichen Anstalten (Einigungs-, Versicherungsämter) die Arbeiterschaft in die Gesellschaft zu integrieren. Die Sozialpolitik sollte dafür entschädigen, daß in den ordnungspolitischen Machtfragen – Wahlrecht, Koalitionsrecht, Kommandogewalt des Monarchen – vorerst Stillstand geboten schien. In der Endphase des Wilhelminischen Reiches war die Reichsleitung Bethmann Hollweg/Delbrück darauf bedacht, die Maßnahmen der letzten Jahre – Reichsversicherungsordnung 1911 – zu konsolidieren (20. 1. 1914 im Reichstag). Ein Stop der Sozialpolitik sollte die Unruhe in konservativen Kreisen über das Wiederaufleben des „Caprivismus" (D. Hahn, 17. 2. 1913) nicht weiter anfachen.

Die Reichsregierung – von rechts überholt, aber auf Bewahrung des Status quo gegen die vergleichsweise gemäßigten Ansprüche von „links" bedacht – war auf die Rückendeckung der bürgerlichen Parteien angewiesen, die ihrerseits hofften, in dieser prekären Situation ihre Einflußchancen stärker verankern zu können (Bassermann, 8. 8. 1913). „Für das Gesamtbild des Kaiserreiches ist entscheidend, daß beim Anwachsen der Spannungen bis zum Siedepunkt 1913 sich die beiden Seiten in den entscheidenden Machtfragen blockierten, und zwar, weil keiner sich getraute, das konstitutionelle System tatsächlich radikal umzustürzen, und weil die bürgerlichen Parteien noch (im Unterschied zu 1932/33) als Puffer wirkten". [489a, GEYER, 24]

b) *Deutsche Weltpolitik – Kolonialerwerb, Flottenbau und „Sozialimperialismus"*

Durch den Flottenbau, den man als politisches Druckmittel ansetzen wollte, sollte Bismarcks Versäumnis, größere Kolonialgebiete für die deutsche Nation zu beanspruchen, wettgemacht werden. Der Reichsleitung ging es nur zu einem Teil um die jeweiligen Objekte selbst – Kiautschou 1897/98; Samoa-Inseln 1898/99; Marokko 1905 und 1911. Viel eher handelte es sich um den riskanten Versuch, durch deutsche Vorstöße nach der Devise „erst handeln – dann verhandeln" (Marschall, 18. 2. 1897) Faustpfänder zu nehmen und auf die internationalen Beziehungen verändernd einzuwirken. Das Reich, das England in der Weltwirtschaft einholte oder gar schon überholte, sollte in Zukunft auch in der Weltpolitik erfolgreich in den Verteilungskampf um das Erbe der „Altreiche" eingreifen können (Bülow 12. 12. 1899). Die taktische Absicht war, britisch-russische Rivalitäten auszunutzen und die eine oder die andere Weltmacht bei der Verfolgung ihrer Expansionsziele wohlwollend gewähren zu lassen, falls für das Reich eine Kompensation herausspringe. Diese Taktik geriet jedoch lediglich zu einer Politik der Nadelstiche. Sie hatte eine fatale Ähnlichkeit mit der innenpolitischen Machterhaltungsstrategie: ‚Wer dem Kaiser am meisten biete und gebe, mit dem wolle S.M. Regierung gehen.' Sie schuf Verärgerung, ohne dem Reich in Übersee mehr als den Ankauf der Südsee-Inseln von Spanien anläßlich des spanisch-amerikanischen Krieges und den Pachtvertrag mit China 1898 zu bescheren. Das große Zwischenstück in Mittelafrika, das eine Konsolidierung der Gewinne von 1884/85 (Kamerun, Togo, Deutsch-Südwest- und Deutsch-Ostafrika) zu einem Empire, zum deutschen „Indien in Afrika", nähergerückt hätte, wurde erst 1911 in der 2. Marokkokrise und 1912/14 in den Verhandlungen mit England ins Visier genommen (s. u.). Auch in wirtschaftlicher Hinsicht war die Kolonialpolitik keine Erfolgsgeschichte. Die Kolonien trugen durchschnittlich nur 0,1% zum Gesamtimport des Reiches bei. Die deutschen Exporte in die eigenen Kolonien überschritten in keinem Jahr die 1%-Marke. Auch die deutschen Kapitalexporte in die Kolonien erreichten nie mehr als 2% der Kapitalanlagen im Ausland. Folgt daraus schon, daß „Weltpolitik" anderen Zwecken diente als der Mehrung überseeischer Herrschaft und Einfluß? In der Innenpolitik wurde sie dem Konzept Caprivis entgegengestellt, „mit Hilfe einer rigoros

Flottenpolitik und Kolonialerwerb

„Weltpolitik" als Alternative zur Caprivi-Politik

durchgeführten Industrieförderungspolitik den sozialen Ausgleich zu inaugurieren" [238, ZIEBURA, 515 ff.]. Sie sollte von den innenpolitischen Querelen und Skandalen in der Mitte der 1890er Jahren ablenken und den Stillstand in der Sozialpolitik wettmachen. „Nur eine erfolgreiche Außenpolitik kann helfen, versöhnen, beruhigen, sammeln, einigen". [Bülow, in: 541, RÖHL]. Gemäß der oft zitierten Formulierung Tirpitz' bildeten Flottenbau und Weltpolitik eine neue große nationale Aufgabe, in der „mit dem damit verbundenen Wirtschaftsgewinn" „ein starkes Palliativ gegen gebildete und ungebildete Sozialdemokraten liege." [224, KEHR, in: 80, WEHLER, 281]. Diese als Sozialimperialismus bezeichnete Machterhaltungsstrategie beruhte auf der Erkenntnis, daß die herrschenden Schichten die Drohung mit dem Staatsstreich nicht mehr realisieren konnten. Sie wies eine Schwäche auf, die auch auf die Außenpolitik übergriff: „Die soziale Krise zwang die herrschenden Schichten zu außenpolitischen Erfolgen, aber dieselbe Krise zwang sie auch, auf das Risiko eines Krieges, der ihrer Herrschaft bei unglücklichem Ausgang ein Ende bereiten konnte, zu verzichten . . . Erst aus diesem sozialen circulus vitiosus heraus wird die Begeisterung über die Phrase von der Weltpolitik und dem unblutigen Sieg, den die Risikoflotte erringen sollte, verständlich". Trotz der großen Worte spielte beim Kaiser, bei Tirpitz, den Urhebern der Welt- und Flottenpolitik, das Motiv mit, „aus sozialen Gründen den Offensiv-Krieg zu vermeiden und sich zugleich in eine ungeheure Rüstung zu hüllen". [224, KEHR, ebd. 292].

Brüchige innenpolitische Basis der „Weltpolitik"

Die sozialökonomische Basis der auf Flotten- und Weltpolitik gerichteten Sammlungsbewegung war brüchig. Die Widersprüche innerhalb dieser Herrschaftsformation bestanden zwischen „den am meisten entwickelten Sektoren der Wirtschaft mit einem geringen innenpolitischen Gewicht (Maschinenbau, Chemie, Elektrobranchen) einerseits und den am wenigsten entwickelten, aber gesamtpolitisch dominierenden Sektoren (Landwirtschaft; Schwer- und Textilindustrie) andererseits" [238, ZIEBURA, 517]. Dem Wunsch, die besitzenden Klassen in einer Einheitsfront „gegen die Bestrebungen der Sozialdemokratie" zusammenzuschweißen und die Gegensätze durch Weltpolitik, Flottenbau, Militarismus und Indoktrination der Mittelschichten mit Hilfe chauvinistischer Ideologien zu überbrücken, standen objektive ökonomische Gegensätze entgegen. Während die einen auf den Weltmarkt drängten, die anderen sich auf Mitteleuropa ausrichteten, stellten die Agrarier ihre *national*wirtschaftlichen Interessen in den Vordergrund. Die deutsche Weltpolitik blieb den Erfordernissen der Gesellschaftspolitik (s. o.) und denen der Globalpolitik (Deutschland zwischen England und Rußland) zu sehr unterworfen, als daß sie eindeutigen wirtschaftlichen Bedürfnissen hätte entsprechen können. Ihr Hauptziel war eine „emotional gesteigerte Ersatzbefriedigung sozialer und wirtschaftlicher Forderungen, nicht aber die Durchsetzung einer Überseepolitik aufgrund vorgegebener Wirtschaftsexpansion" [214, BÖHME, in: MOMMSEN, 51].

c) Informeller Imperialismus, Finanzimperialismus und Machtpolitik – Der Fall „Bagdadbahn"

Im Unterschied zu England oder dem Dollar-Imperialismus der USA konnten Politik und Wirtschaft in Deutschland ihre Positionsgewinne in der Welt nicht nutzen, um einen „informal imperialism" zu entwickeln und zu pflegen. Eine gewisse Ausnahme bleibt die Bagdadbahn, auf die wir daher gleich noch näher eingehen. In Südamerika rückte das Reich unter den Handelsmächten zwar an die 2. Stelle hinter Großbritannien; auch kamen deutsche Schiffahrtslinien auf der La-Plata-Route oder in Südbrasilien gut ins Geschäft. Mit preisgünstigen Frachtraten versuchten sie, die ABC-Staaten zur Steigerung ihrer Importe aus Deutschland zu veranlassen; auch sicherten sich die deutschen Großbanken einen Anteil an den Profiten des Südamerikageschäftes. Doch die etablierte Stellung Englands und der ökonomisch-politische Druck der USA verhinderten letztlich, daß die Regierungen dieser Länder sich dauerhaft nach Berlin orientierten. Soweit das Deutsche Reich politischen Einfluß in Südamerika erreichte, verdankte es dies eher den Militärmissionen und Rüstungsfirmen als den Handels- oder Kapitalverflechtungen. Die deutschen Siedler assimilierten sich in ihrer neuen Heimat und bildeten keine Siedlungskolonien, die als „pressure group" für Sonderbeziehungen zwischen ihren beiden „Heimat"-ländern aktiv werden konnten.

Ansätze für einen deutschen „Informal Imperialism"

Auch im Balkan und im Nahen Osten diente der Waffenexport (Krupp, Ehrhardt) als ein Mittel, um für den Leistungsstand der deutschen Industrie zu werben und das Ansehen des Deutschen Reiches zu steigern. Zugleich waren Waffenlieferungen geeignet, Abhängigkeiten auf Seiten des Käufers zu schaffen. In Verbindung mit der Gewährung von Staatsanleihen spielte der Rüstungsexport im deutsch-französischen Wettstreit um die Vorherrschaft im „Orient" eine wechselvolle Rolle. In Lateinamerika, in China und in der Türkei trat die deutsche Wirtschaft mit belgischem, englischem und französischem Bankenkapital in Verbindung. Die Deutschen konnten auf diesem Wege ihre wirtschaftliche Präsenz ausweiten. Dennoch behaupteten die älteren Kolonialmächte diese Regionen als ihr „informal Empire".

Waffenexport als Einflußmittel

Vor allem Großbritannien, Frankreich und Rußland konnten auf ältere politische Verbindungen und auf Möglichkeiten der Finanzkontrolle zurückgreifen, um deutschen Interessen das Eindringen zu erschweren; dies soll am Beispiel der deutschen Eisenbahnbauten in der Türkei ausführlicher verdeutlicht werden. Einerseits mußte die Hohe Pforte ein Kilometergeld für deutsche Bahnbauten garantieren. In der Konzessionserteilung vom 16. 1. 1902 z. B. waren 16 500 Francs festgelegt, doch konnte diese Garantie nur im Falle von Einnahmesteigerungen – in erster Linie durch Erhöhung der türkischen Zölle – eingelöst werden. Andererseits legte die Deutsche Bank als Konzessionär Wert auf eine Garantierung der Kilometergeldpauschale durch die „Ottoman Debt Commission", in der England und Frankreich tonangebend waren. Da der Fortschritt

Startvorteile der „älteren" Imperien: Beispiel Osmanisches Reich

der deutschen Bahnlinie eingesessene britische und französische Wirtschaftsinteressen gefährdete, insofern die Handelsschiene Calais/Köln/Wien/Istanbul/Persischer Golf in Konkurrenz trat zur älteren Linie Calais/Marseille/Suez, konnten die alten Gläubigermächte in der internationalen Schuldenverwaltung ihr Veto gegen Vorschläge für eine Verbesserung der Finanzlage der türkischen Regierung einlegen. Damit schürten sie Zweifel an der Zahlungsfähigkeit des Sultans; dies wiederum beeinträchtigte die Bereitschaft zur Zeichnung der Anleihen. Darüber hinaus nutzte Großbritannien (1902; 1911) die Abhängigkeit des Sultans von seinen Hauptgläubigern, um für englische Gesellschaften Konzessionen für den Bau einer Linie durch das Tigristal zu erreichen, die der Bagdadbahn von Süden her entgegenwirken sollte.

Bagdadbahn – ein Exempel deutschen informellen Imperialismus

Der Bau der Anatolischen Bahn und der *Bagdadbahn* gilt als Prototyp eines deutschen informellen Imperialismus. Nach dem Willen ihrer Initiatoren, der „pragmatischen Anti-Imperialisten" um Georg von Siemens (Deutsche Bank), [W. J. MOMMSEN, in: 222, HOLL/LIST], sollte das Projekt in Kooperation mit interessierten Banken und mit Wirtschaftskreisen anderer europäischer Länder, z. B. französischer Baugesellschaften, betrieben werden. Der Kapitalmangel in Deutschland war der Grund, warum die Deutsche Bank Konsortialpartner im Ausland zu gewinnen suchte. Sie war bereit, Anteile abzutreten, ohne dadurch jedoch die 1902 vom Sultan ausbedungene deutsche Führung der Bahnbaugesellschaft aus der Hand zu geben, wenn nur die Partner die Fortführung des Bahnbaus nicht gefährdeten.

Zusammenarbeit der Banken – Rivalität der schwerindustriellen und Regierungsinteressen

Die Bagdadbahn konnte jedoch nicht allein als Wirtschaftsunternehmen und Investitionsobjekt eines „kosmopolitisch ausgerichteten Finanzkapitalismus" durchgeführt werden. Die französisch beherrschte „Banque Impériale Ottomane" (BIO) und die Deutsche Bank konnten ihre Interessen am Bahnbau gemeinsam verfolgen. Im Unterschied dazu kollidierten die stärker nationalstaatlich akzentuierten Interessen der Schwer- und der Exportindustrie beider Länder. Die Konkurrenzkämpfe zwischen Krupp und Schneider-Creusot um das Monopol der Waffenlieferung an die türkische Armee spitzten sich 1905 derart zu, daß die Regierungen offen intervenierten. Die Reichsregierung wollte Frankreich demonstrieren, daß es auf wirtschaftlichem Gebiet nichts gegen das Reich durchsetzen könne. Sie lehnte die von Delcassé geforderte Zweckbindung der von der BIO emittierten Anleihen an Aufträge ab. Delcassé wollte die Türkei zwingen, Kanonen bei Schneider-Creusot zu bestellen, um auf einen Schlag der Kritik im Inneren am französischen Kapitalexport die Grundlage zu entziehen und in der Außenpolitik die deutsche Stellung zu schwächen, indem Frankreich Krupps Monopol durchbrach. „Krupp" und Kaiser Wilhelm II. galten im „Orient" als Markenzeichen deutscher Weltmacht.

Haltung der Reichsregierung

Ähnlich der Deutschen Bank war auch die Reichsleitung generell zu Kompromissen mit anderen Regierungen bereit, um zu verhindern, daß der zum Prestigeobjekt deutscher Weltpolitik gewordene Bau der Bahnlinie ins Stocken geriet. Nach dem Ausbleiben der für 1903 fälligen türkischen Kilometergeldzahlungen für die erste Teilstrecke stockte der Bahnbau zwischen 1904 und 1908. In der Vorkriegsphase dämpften die Balkankrisen und Anzeichen einer Rezession die Bereitschaft, Kapital im Orient anzulegen. Die Beanspruchung des deutschen Kapitalmarktes durch „politische" Anleihen – für Verbündete; für die Heeres- und Flottenvorlagen – verringerten ebenfalls das Interesse des Börsenpublikums an Aktien der Bagdadbahngesellschaft. Die Deutsche Bank forderte die Wilhelmstraße auf, durch Zulassung einer 250 Mill. Francs-Anleihe auf dem Berliner Markt das Prestigeobjekt zu unterstützen, andernfalls müsse man die Arbeiten einstellen lassen. Nachdem die außenpolitischen Schwierigkeiten durch Abkommen mit Frankreich (Februar 1914) und mit England (Juni 1914) ausgeräumt schienen, sollte das Projekt nicht durch finanzielle Probleme bedroht werden.

Die Geschichte der Bagdadbahn beginnt damit, daß der Sultan nach dem griechisch-türkischen Krieg 1897 Berlin zur Bewerbung um Konzessionen für die Weiterführung der Strecke über Konia hinaus ermunterte. Der Sultan glaubte, mit Hilfe des Eisenbahnnetzes das Osmanische Reich vor dem Zerfall bewahren zu können. Die Reichsleitung mußte die Bagdadbahn im Rahmen ihrer Gesamtbeziehungen zu England, Frankreich und Rußland sehen und sie während der Risikophase – ähnlich wie beim Flottenbau – diplomatisch abschirmen. Die anderen Mächte sahen zwar ihre Aussichten auf lukrative Geschäfte (incl. Waffen-) bedroht, waren aber durch ihre Rivalitäten untereinander vorerst zu stark okkupiert, um dem Reich das weitere Vordringen im „Orient" kollektiv zu verwehren. Um die anderen Staaten nicht gegen das Reich zusammenzuführen, betonte die Wilhelmstraße, im Gegensatz zum neuen Botschafter bei der Hohen Pforte, Marschall von Bieberstein (1897–1912), daß das Reich sich auf kommerzielle Einflußnahme beschränken wolle.

<small>Die Bagdadbahnpolitik im Rahmen der Gesamtbeziehungen des Reiches mit den „älteren" Weltmächten</small>

Die Haltung der älteren Weltmächte zu den beiden, eine Betriebseinheit bildenden Bahngesellschaften veränderte sich laufend:

<small>Haltung zum Bagdadbahn-Projekt: Großbritannien</small>

England begrüßte den Erwerb der Konzession für die Haidar-Pasha-Ismid-Ankara-Linie 1888/89. Denn die deutsche Präsenz befreite England von der kostspieligen Pflicht, die Türkei gegen russische Ambitionen zu schützen; außerdem schuf sie ein Gegengewicht zur finanziellen Vorherrschaft Frankreichs im Osmanischen Reich. Wegen des „Raubs Ägyptens" war der direkte englische Einfluß auf die Hohe Pforte geschrumpft.

London erhob zwar 1892 im Zusammenwirken mit französischen Finanzinteressen Einspruch gegen die Ekischehir-Konia-Linie, doch die Androhung, England in der Ägyptenfrage nicht länger zu unterstützen, veranlaßte England zum Einlenken. London wurde erneut durch Erklärungen, in denen sich Wilhelm II. zum Beschützer der 300 Mill. Mohammedaner proklamierte (8. 11. 1898 in Damaskus), aufgeschreckt. Im Vergleich mit den russischen Bahnbauten in Turkestan und in Persien wirkte das deutsche Projekt vorerst weniger herausfordernd. Das war verständlich: in ökonomischer Hinsicht dämpften die Zweifel, ob die Pforte die nötigen Jahreseinnahmen aufbringen könne, auf deutscher Seite die Bereitschaft, die Preußische Seehandlung als Staatsbank an den Emissionen von Obligationen der Anatolischen Bahngesellschaft zu beteiligen (1897/98). Erst nach einer Intervention des Kaisers beim preußischen Finanzminister Miquel (September 1900) erfolgte die Anweisung, Bahnobligationen auszugeben. In politischer Hinsicht kamen englische Sondierungen über eine Teilung des türkischen Erbes (1896—98) für Berlin zu früh. In der Annahme, daß die Bahn in jedem Fall gebaut werden würde, befürworteten Außenminister Lansdowne und Premier Balfour (April 1903 im Unterhaus) einen internationalen Zuschnitt der Bagdadbahngesellschaft. Die deutschen Gesprächspartner waren bereit, auf den englischen Wunsch nach einer militärischen Neutralisierung der Bagdadbahnzone einzugehen. Doch unter dem Protest einer von britischen Schiffahrts-(Euphratlinie) und Kapitalinteressen (Lynch Brothers & Co.) finanzierten, von J. Chamberlain mitgetragenen antideutschen Pressekampagne zogen die englischen Interessen sich wieder zurück. Chamberlain hatte Berlin im Dezember 1899 anläßlich des Abschlusses des Vorvertrags zur Inangriffnahme des Bagdadbahnbaus ermuntert, um Gegensätze zwischen Rußland und Deutschland zu schüren. Nach dem Fehlschlag seiner Bündnissondierungen nutzte er hingegen die antideutsche Welle als Vehikel für seine Schutzzollkampagne. Mit dem Argument, die von deutscher Seite angebotene Beteiligung sei beleidigend niedrig, konnte er sich im britischen Kabinett durchsetzen.

Englands Kehrtwendung

Fortan widersetzte sich England dem deutschen ebenso wie zuvor dem russischen Vorstoß zum Persischen Golf. Als Präventivmaßnahme hatte Lord Curzon, Vizekönig von Indien, durch einen Vertrag mit dem Scheich von Kuweit (1899) England das Protektorat und damit politischen Einfluß im Golfgebiet gesichert. Die englische Seite bezeichnete in den Gesprächen vom 10.—18. 11. 1907 gegenüber Wilhelm II. die Bagdadbahn als Gefahr für die Verbindung nach Indien, da die Bahn zu militärischen Zwecken mißbraucht werden könnte. Auf Anraten Bülows sprach der Kaiser den Verzicht auf Basra als Endpunkt der projektierten deutschen Linie aus (die 1902 erteilte Konzession genehmigte den Bau bis Basra). Grey ersuchte die französische Regierung im Mai 1908, die Zulassungssperre für Bagdadbahnaktien zur Pariser Börse aufrechtzuerhalten, um die Stockungskrise im Bahnbau zu verlängern; gleichzeitig wollte Grey die Pforte zur Erteilung von Konzessionen an konkurrierende britische Projekte zwingen. Das im November 1909 unterbreitete Angebot Gwinners (Deutsche Bank) an Cassel bewertete Grey als Teil des Bestrebens, England für ein Generalabkommen zu gewinnen; eine echte deutsche Kompromißbereitschaft sah er hier jedoch ebensowenig gegeben wie in der Flottenfrage. Grey beharrte auf der Vorbedingung, die Gespräche im Rahmen der Ententen (à trois) mit dem Reich zu führen. Auf deutscher Seite argwöhnte man, daß Grey bezwecke, die englisch-russisch-französischen Rivalitäten im Nahen und im Mittleren Osten auf Kosten des Reiches beizulegen.

Chancen für eine Verhandlungslösung

Das Verhandlungsklima wurde erst 1911 freundlicher. Sowohl Bethmann Hollweg, Jagow und Kühlmann als auch Grey gelangten zu der Einsicht, man solle über konkrete Differenzen verhandeln. Sie verbanden dies mit der Hoffnung, daß sich dies auf die politische Atmosphäre entspannend auswirken würde. Die im Januar 1913 wiederaufgenommenen Verhandlungen gediehen zu einem unterschriftsreifen Abkommen (15. 6. 1914); der Kaiser autorisierte die Unterschrift am 27. 7. 1914. Im paraphierten Abkommen sagte London zu, der türkischen Regierung die Erhöhung von Zöllen und Steuern zu genehmigen, so daß die Anleihen zur Finanzierung der Bahnbauten gesichert waren. Ferner gestand England die Streckenführung bis Basra zu, doch mußte Deutschland auf die Linie von Basra zum Golf und auf die Errichtung von Häfen in Bagdad und Basra verzichten. Die Schiffahrt auf Euphrat und Tigris – nicht aber auf dem Shatt al Arab – wurde England überlassen. Abkommen zwischen der Deutschen Bank, der Anglo-Persian Oil Co. und der Royal Dutch/Shell Gruppe über die gemeinsame Nutzung des mesopotamischen Erdöls rundeten die Verhandlungsphase 1912/1914 ab.

Rußland wünschte weder ein Erstarken des türkischen Nachbarn mit Hilfe des Eisenbahnbaus noch wollte es anderen Mächten den Bau von Zweigbahnen (z. B. Täbris–Teheran) erlauben, die sie an die Grenzen des russischen Imperiums heranführten. Denn die durch Eisenbahnnetze verbesserten Nachschubmöglichkeiten hätten Rußland genötigt, im Kriegsfall Truppen für eine Südfront abzuzweigen. Rußland lehnte als erste unter den Großmächten eine Beteiligung an der Bagdadbahngesellschaft ab. Stattdessen übte es direkt auf die Türkei Druck aus und erwirkte die Zusage (1900), daß Konzessionen zum Bahnbau in Armenien und dem nördlichen Anatolien nur an Russen gewährt werden dürften. Aus dem Interesse heraus, das Zarenreich möglichst lange im Fernen Osten zu fesseln und somit die englisch-russische Rivalität zu verlängern, neigte Bülow dazu, russischen Protesten nachzugeben. Die russische Politik schwankte ihrerseits nach 1905 zwischen der Anerkennung eines deutschen Interesses an der Kleinasienbahn (Oktober 1906) und dem gegenteiligen Beschluß (Februar 1907), daß die Bagdadbahn Rußlands Sicherheit gefährde. Im August 1907 faßten Nikolaus II und Wilhelm II. bei ihrem Treffen in Swinemünde eine Einflußzonenregelung ins Auge. Als das Zarenreich 1908/9 in der Meerengenfrage keine Fortschritte erzielte und England sogar nach der Machtergreifung der „Jungtürken" seinen Einfluß auf die Türkei vorübergehend steigern konnte, suchte Petersburg erneut das Arrangement mit dem Reich. Die Monarchen und ihre Außenminister kamen im November 1910 in Potsdam überein, daß Rußland die Bagdadbahn (mit Basra als Endpunkt) und das Reich russische Projekte in Nordpersien diplomatisch unterstützen sollten. Die Absprache wurde im August 1911 auf dem Höhepunkt der 2. Marokkokrise bekräftigt. Aufgrund der Intervention Englands und Frankreichs mußte das Zarenreich diese Zusagen jedoch zurücknehmen.

Der Deutschen Bank gelang es im Mai 1899, die finanzielle Mitwirkung der von französischen Banken kontrollierten Banque Impériale Ottomane zu sichern. Unter dem Einfluß von Finanzminister Rouvier stellte auch die franzö-

Rußland

Frankreichs Haltung

sische Regierung ihre Unterstützung in Aussicht. Selbst Delcassé hieß anfänglich die Beteiligung gut, in der Annahme, das Kleinasienprojekt würde die Energien des deutschen Imperialismus aufbrauchen. 1902 setzte Delcassé aber den Standpunkt durch, daß Paris dem ablehnenden russischen Votum (Wittes) folgen müsse. Die BIO verhandelte jedoch mit der Deutschen Bank erfolgreich weiter; sie blieb dem für sie lukrativen Geschäft treu, obwohl die Regierung die Börse für Bagdadbahnaktien sperrte (Oktober 1903). In der Folgezeit kam der deutschen Politik zugute, daß einflußreiche Kräfte — so Finanzminister Rouvier 1905 und Caillaux 1909/14 — bereit schienen, Deutschland freie Hand in der Bagdadbahnfrage zu geben, falls Berlin im Gegenzug Frankreich Marokko überließ. Paris intervenierte zwar gegen deutsch-russische Sondervereinbarungen, doch aus Furcht, von solchen Absprachen ausgeschlossen zu werden, strebte Paris ebenfalls eine Verhandlungslösung mit dem Reich an. Im letzten Vorkriegsjahr trennten sich die deutschen und die französischen Partner einvernehmlich. Entsprechend dem Vertrag vom 15. 2. 1914 tauschte die französische Gruppe ihre Anteile an den für die Bahn aufgenommenen Anleihen gegen Anteile an der allgemeinen türkischen Staatsanleihe ein. Beide Partner wollten gemeinsam auf die türkische Regierung einwirken, die Lage der Staatsfinanzen zu verbessern; Frankreich sicherte sich Konzessionen für insgesamt 2000 Meilen in Syrien, Armenien und Nordanatolien.

d) Besonderheiten des deutschen Imperialismus: „Drohpolitik" und die Stellung des Militärs im Herrschaftsgefüge

Die Intensivierung der wirtschaftlichen Durchdringung ihrer Einflußzonen und die wiederholte, von national-imperialer Agitation beschleunigte Heraufsetzung der Flottenstärke gehören zum Erscheinungsbild der alten und der neuen Weltmächte. Die deutsche Weltpolitik fiel aus einem bestimmten Grund aus dem Rahmen. Durch die Verstärkung seiner militärischen Machtmittel suchte das Reich den Nachteil wettzumachen, daß es den Wettlauf um die Aufteilung der „freien" Flecken auf der Landkarte nahezu ohne überseeische Stützpunkte antrat. In viel höherem Maß als der englische, französische oder russische Imperialismus, die einander zur Beilegung von Konflikten stets Kolonialgebiet oder auch nur traditionelle Ansprüche — „Meerengen" — zum Tausch anbieten konnten, vermochte das Reich „nur" seine „Macht" ins Spiel zu bringen. Diese „Macht" war jedoch der Angelpunkt des innenpolitischen Herrschaftsgefüges. Sie war damit außenpolitischen Absprachen nicht nur entzogen, sondern im Gegenteil: mit der Drohung, den Reichstag aufzulösen, falls Heeres- (1893, 1913) und Marinevorlagen (1898) nicht bewilligt würden, sollten die innenpolitische Opposition zur Kapitulation und die außenpolitischen Widersacher zur Annäherung an Berlin genötigt werden. Diplomatische Niederlagen wie in der Samoa-Krise 1899, in den Marokkokrisen 1905 und 1911 führten geradewegs dazu, die Rückschläge mit der unzureichenden militärischen Ausstattung der deutschen Weltmacht zu erklären und zum Anlaß zu nehmen, um Flottenverstärkung und nach den Balkankriegen 1911/12 auch wieder Heeresverstärkungen zu fordern. Das Militär als „Reichsgründer" und die kaiserliche Kriegsmarine als Angelpunkt eines „Bündnisses der Besitzenden" waren eben nicht nur Instrumente der äußeren Sicherheitspolitik, sondern ebenso Ordnungsmächte im Inneren sowie Symbole nationalen Einheitsstrebens.

Das Rezept, diplomatische Niederlagen mit dem Anziehen der Rüstungsschraube zu beantworten, gehörte auch zu dem Repertoire russischer, französischer und italienischer Politik. Aber nur im Fall der deutschen Weltpolitik verschmolzen Imperialismus, Militarismus, Navalismus und die (eher postulierte als realisierte) innenpolitisch-ideologische Stabilisierungsfunktion der Ablenkungsmanöver nach außen zu einer „Drohpolitik".

Die Sonderstellung des Deutschen Reiches im Kreis der imperialistischen Mächte resultierte daraus, daß im Unterschied zur Bismarckzeit und zu den westeuropäischen Ländern die politische Führung, die Reichskanzler Hohenlohe, Bülow und Bethmann Hollweg sowie der Kaiser, die Unterordnung der deutschen Außenpolitik unter die Strategien des militärischen Establishments, unter den Schlieffen-Plan („Angriffskrieg gegen Frankreich") und den Tirpitz-Plan (Herausforderung Englands), zuließ, statt die Verteidigungsmaßnahmen an den Grundlagen der globalen Außenpolitik auszurichten. Als die Folgen unübersehbar wurden, bemühten sich die Reichsleitung und das Auswärtige Amt darum, (1) die (Schlacht-)Flottenpolitik zu korrigieren – unter Bülow 1906 und 1908/9 – zugunsten des Baus einer auf den Weltmeeren präsenten Kreuzerflotte, unter Bethmann Hollweg im Rahmen eines Flottenabkommens mit England; (2) das Verhältnis von Heeresstärke zu Flottenmacht zugunsten der kontinentalen Sicherheitsfunktion festzulegen (1911/12) und (3) eine Revision des Schlieffen-Plans (1913) zu erreichen. Die Vorstöße der Politik prallten jedoch an der Bollwerkstellung des Militärs im Machtgefüge des Reiches ab. Bülow riskierte erst gar nicht, den Kaiser zur Entscheidung zwischen Reichskanzler und „Marineminister" zu zwingen. Bethmann Hollweg erblickte seine Aufgabe darin, als Gegengewicht zur „Kriegspartei" im Amt zu bleiben, wohingegen Staatssekretär Wermuth nach Tirpitz' Störmanöver 1912 zurücktrat.

> Unterordnung deutscher Außenpolitik unter die Strategien der Heeres- und Flottenmacht

α) Diskrepanzen zwischen Militär-, Marinestrategien und Außenpolitik
Militär und Marine legten die Außenpolitik demnach in Fesseln. Dies war verhängnisvoll. Denn auf der einen Seite stand Frankreich qualitativ und quantitativ der Schlagkraft der deutschen Armee nur wenig nach; zudem war Rußland durch die Verbesserung seiner militärischen Infrastruktur ein beweglicherer Gegner geworden. Beide Bündnispartner konnten ihre Verpflichtung einlösen, einander durch offensive Entlastungsaktionen vor einem Blitzerfolg des deutschen Gegners zu schützen. Also konnte eigentlich nur die Außenpolitik die deutschen Militärs aus einer selbstverschuldeten Zwangslage herausführen.

Sehen wir uns als erstes die Vorgänge und Entscheidungen an, die jene

> Fehlkalkulationen der Militärstrategie

Zwangslage heraufbeschworen. Wir fassen sie unter 4 Kritikpunkten zusammen: (1) Die *Strategie des Schlieffenplanes ebenso wie die des Tirpitz-Planes eilte dem Rüstungsstand voraus:*

Diskrepanz zwischen Rüstungsstand und „Sollstärken" lt. Strategie

— Dem *Generalstab* fehlten die disponiblen Reserven für die „Blitzaktion" an der Westfront und für Auffangoperationen an der Ostfront. Moltke reduzierte das von Schlieffen vorgesehene Stärkeverhältnis des offensiven rechten zum defensiven linken Flügel des Westheeres von 59 : 9 auf 55 : 23 Divisionen, ohne für die Standfestigkeit der Ostfront Gewißheit zu erzielen.

— Die *Kriegsmarine* war — zunächst wegen ihres unfertigen Zustandes und generell wegen ihrer Konzentration auf den Großkampfschiffbau — sicherheitspolitisch nutzlos. Vor Abschluß des Nord-Ostseekanals (1914) war sie überdies in ihrer Operationsplanung gehandicapt. Wohlwissend, daß der Schlachtflotte im Kriegsfall eine Niederlage und damit die Bankrotterklärung der Flottenpolitik drohte, plädierte Tirpitz für Aufschub statt für das „Je eher, desto besser" des Generalstabschefs Moltke. Bis hin zur Julikrise erklärte Tirpitz — am 3. 6. 1909 in einer Ministerkonferenz; am 17. 8. 1911 bei einer Besprechung in Wilhelmshöhe; im Oktober 1911 auf Anfrage des Reichskanzlers; im „Kriegsrat" am 8. 12. 1912 —, daß ein Krieg für die kaiserliche Marine um einige Jahre zu früh käme; 1914 hieß es noch: $1^{1}/_{2}$ Jahre.

Disproportion zwischen Heeresverstärkung und Flottenexpansion 1896/7—1911

(2) Im Unterschied zur Flottenmacht, deren forcierter Aufbau nach dem Urteil der Reichskanzler Bülow und Bethmann Hollweg der deutschen Politik aber nur Feinde gemacht habe, hatten Kaiser, Reichsleitung und Heeresinstanzen die Armee in der Zeit zwischen der Heraufsetzung der Friedenspräsenzstärke 1893 und der Wehrvorlage 1913 zwar nicht vernachlässigt, aber doch auf dem Stand des Gesetzes von 1899 „eingefroren". Die Heeresinstanzen nutzten die gesetzlich mögliche Ausschöpfung der Wehrpflichtigen (1% des Jahrgangs) nicht aus, und fanden sich sogar mit den von Reichstagsmehrheiten 1898/99 und 1904/5 vorgenommenen Kürzungen der beantragten Friedenspräsenzstärken ab. Das Kriegsministerium verzichtete auf die zum 1. 4. 1904 mögliche neue Heeresverstärkung. Schlieffens Nachfolger Moltke und Kriegsminister von Einem (1903/9) bekundeten nach der ersten Marokkokrise kein Interesse an der von Bülow angeregten Heeresverstärkung (1. 6. 1906).

Gründe für das „Einfrieren" der Friedenspräsenzstärke des Heeres

Aufgrund des russischen Engagements im Fernen Osten 1895/1905 und der Auswirkungen der Niederlage brauchte der deutsche Generalstab faktisch bis 1911 „nur" mit dem französischen Gegner zu rechnen. Für die Stagnation waren finanzpolitische Restriktionen und sozial-konservative Bedenken ausschlaggebend. Die Erhaltung der Integrität des preußischen Offizierskorps und die Einsatzfähigkeit der Armee in innenpolitischen Ordnungsfragen hatten Vorrang vor den Wünschen des Generalstabs. Während in der Armee um der sozialen Geschlossenheit der Führungskader willen die Rüstungsexpansion von 1893/99—1911 „gebremst" verlief, forcierte die kaiserliche Regierung den Flottenbau. Sie fand die Unterstützung bürgerlicher Kreise und parlamentarischer Mehrheiten, die in der Marine ein Symbol der Reichseinheit erblickten und auf eine sozial offenere Karrierechance hofften. „In dem Maße, in dem sich die Angst vor der Einkreisung verschärfte (seit 1911/12), wurden die innenpolitischen Bedenken gegen eine Heeresverstärkung hinfällig. Das Urteil des Generalstabs, daß die äußere Gefahr größer sei als die innere, hatte eine Rückbesinnung auf die Kontinentalkonzeption zur Folge" [430, BERGHAHN/DEIST]. In dieser Situation, d. h. im Herbst 1911 im Vorfeld des Haldanebesuches und im Winter 1912/13, setzten Kanzler und Generalstab/Kriegsministerium den Vorrang der Heeresverstärkung vor den Ausbauplänen der Flotte durch. Bethmann Hollweg, Moltke und das Kriegsministerium einigten sich (23. 1. 1913), die Sollstärke bis zum Frühjahr 1915 um 117 000 Mann und 19 000 Offiziere anzuheben. Da der Generalstab jedoch keine Alternative zur Verletzung belgischen Territoriums bei einem Angriff auf die Nordflanke des französischen Feindes entwickelte, hatte die Politik im Ernstfall nur die Funktion, jenen Angriff auf Frankreich diplomatisch und innenpolitisch abzuschirmen, den England im Dezember 1912 als Grund für seine Parteinahme gegen das Reich im Kriegsfalle angekündigt hatte. Der Reichskanzler und die Wilhelmstraße kamen gleichsam vom Regen in die Traufe. Um die durch den Flottenbau provozierte Gefahr einer englisch-französischen Blockbildung zu verringern, befürworteten sie die Kontinentalstrategie des Generalstabs; der spezifische Zuschnitt der Schlieffen-Strategie führte England aber erst recht an die Seite Frankreichs. Paris hatte die geheimdienstlich ermittelte Information über den Schlieffen-Plan der englischen Regierung 1904/05 zukommen lassen. Die deutsche Militärstrategie unterschätzte den Machtfaktor England, der ja nicht nur die 6 Divisionen der British Expeditionary Force umfaßte (im Vergleich zu den je 80 deutschen und französischen Divisionen). Die Marine, die wegen der Importabhängigkeit des Reiches die Neutralität Belgiens und der Niederlande erhalten wissen wollte, fügte sich 1912/13 der Schlieffenstrategie und fiel als „Verbündeter" der Reichsleitung gegen das Militär in der Frage einer Korrektur des Schlieffen-Planes aus.

(3) Die Annahmen der Militärs über die außenpolitischen Rahmenbedingungen ihrer Strategie waren unzutreffend.

— Der *Generalstab* meinte, die deutsche Politik könne durch bloße Erklärungen, daß man nur den Durchmarsch durch Belgien verlange und keine Annexionsabsichten hege, das Problem des Bruchs der belgischen Neutralität aus der Welt schaffen. Der Generalstab hatte sich auf den völkerrechtswidrigen Akt definitiv durch Moltkes Entscheidung festgelegt, Lüttich möglichst früh nach Ausbruch der Feindseligkeiten zu nehmen. Von diesem Aspekt des modifizierten Schlieffen-Planes erfuhr Bethmann Hollweg erst am 31. 7. 1914. Auf deutscher Seite setzte man darauf, daß Frankreich als Erster in Belgien einfallen könnte. England lehnte jedoch Pläne für den Vorstoß durch Belgien ab, die im Frühjahr und Herbst 1912 von Delcassé und Joffre befürwortet, aber von Poincaré verworfen wurden. Der französische Generalstab optierte schließlich (Plan XVII) für die schwierige Offensive in Richtung Main über Lothringen.

Marginalien:
Durchsetzung des Vorrangs der Heeres- vor der Flottenverstärkung 1911/13

Folgen des Schlieffenplanes für die Außenpolitik

Außenpolitische Fehlannahmen der Heeres- und Flottenstrategie

84 Typen des Imperialismus

Stoßrichtung des Tirpitzplanes gegen England

– Die Stoßrichtung des *Tirpitz*-Planes gaben Tirpitz (Dezember 1899) und Bülow (27./28. 3. 1900) in Parlamentsdebatten öffentlich zu erkennen. Das Bauprogramm hatte eine für eine Entscheidungsschlacht einsatzfähige Großkampfschiff-Flotte im Operationsraum Nordsee zwischen Helgoland und Themse zum Ziel. Der Kaiser, Bülow und Tirpitz erblickten in Großbritannien die einzige Macht, die ohne größeres Risiko für sich selbst Deutschland angreifen könnte. Daher müsse das Reich nicht nur zu Lande, sondern auch zur See gegen Überraschungen gesichert und so stark sein, daß es „Beleidigungen" – wie das Debakel nach der Krügerdepesche Anfang 1896 – zurückweisen könne (Bülow, 11. 12. 1899; 28. 3. 1900). Die Großkampf-Flotte werde London gemahnen, gegenüber Berlin respektierlich aufzutreten; England müsse lernen, sich an eine deutsche Seemacht genauso zu gewöhnen wie an die deutsche Weltwirtschaftsmacht (Wilhelm II., 10. 8. 1908, gegenüber Eduard VIII. in Kronberg). Dazu benötige das Reich eine Kriegsmarine, die stark und konzentriert genug sein sollte, um England im Fall einer Aktion gegen das Reich nachhaltig zu schwächen und insofern vom Risiko einer Parteinahme gegen Deutschland abzuschrecken. Tirpitz spekulierte darauf, daß England aufgrund der Überbeanspruchung seiner Ressourcen durch weltweite „commitments" einer Partnerschaft mit dem Reich den Vorzug geben würde gegenüber dem finanziellen Ruin und gegenüber Abkommen mit den Altrivalen Rußland und Frankreich. Unter Druck gesetzt, würde London dem Reich zu Erfolgen in der Kolonial- und Weltpolitik verhelfen. „Nicht England hat die Trümpfe in der Hand, sondern wir . . . England muß und wird uns kommen.", hieß es noch im Herbst 1911 in einer Aufzeichnung Capelles [471, Hubatsch, 302]. In Anbetracht der Unmöglichkeit, gleichzeitig die asiatische (Indien, Persien, Südchina) und die europäische Bürde (Flottenwettrüsten) zu tragen, optierte die englische Politik jedoch 1902 für das Bündnis mit Japan sowie 1904 bzw. 1907 für Ententen mit Frankreich und Rußland und gegen vertragliche Abmachungen mit der deutschen Land- und Seemacht.

Ausgangsposition der Flottenpolitik Tirpitz' 1897

Angesichts der Ausgangsposition 1896/7, als 33 englischen Hochseepanzerschiffen 6 deutsche – sowie je 17 russische und französische – gegenüberstanden, war es ein kühnes Unterfangen, im Zieljahr der Flottengesetze und -novellen die Stärke von zwei Drittel der Royal Navy anzustreben. Die Kriegsmarine sollte dann 60 Schiffe umfassen. Tirpitz und Capelle nahmen an, daß England, über den gleichen Zeitraum verteilt, insgesamt nicht mehr als 90 Großkampfschiffe würde finanzieren und bauen können. Zur Anpassung an den Dreadnoughtbau genötigt – Ende 1907 hatte England 7, das Reich 2 Dreadnoughts in Dienst –, mußte Tirpitz 1908/11 eine Beschleunigung des 3er zum 4er Tempo herbeiführen; 1908–13 liefen 14 deutsche Dreadnoughts und 6 große Kreuzer vom Stapel. Deutschland erreichte 1914 das Verhältnis von 22 : 33 englischen Dreadnoughts.

Die langjährige Implementierungszeit des Tirpitz-Planes verpflichtete die

Reichspolitik, den Flottenbau während der Gefahrenzone abzuschirmen. Das war die Phase, in der England durch einen Präventivschlag die im Aufbau befindliche deutsche Flotte ähnlich dem englischen Überfall auf die in Kopenhagen stationierte dänische Flotte 1807 kapern und vernichten könnte. Die deutsche Planung setzte voraus, daß die 1897/1900 gesichert erscheinende kontinentale Machtstellung des Reiches während der Laufzeit des Bauprogrammes andauerte. Gelang es der deutschen Außenpolitik nicht, die Beziehungen zu Rußland oder zu Frankreich zu normalisieren, dann könnte die Zusammenfügung einer französisch-russischen mit einer englisch-russischen Marinekonvention die politisch-diplomatische Einkreisung zur militärischen Blockbildung erweitern.

„Risikoflotte" und „Gefahrenzone"

Die englische Politik suchte jedoch mit der deutschen Gefahr im Alleingang fertig zu werden. Die Parole des Kaisers „Bitter Not ist uns eine starke Flotte" (18. 10. 1899) bewirkte, daß England den „Two-Power-Standard" schließlich – von April 1908 bis Juli 1909 – in einen „Two-keels-to-one-Standard" gegen den deutschen Herausforderer umwandelte. Die Proklamation des Programms, für jedes deutsche zwei englische Kriegsschiffe zu bauen, war die Reaktion auf die Flottenvorlage von 1908. Sie stellte nicht nur Gelder für größere Schlachtschiffe bereit und reduzierte die Ersatzbaufrist von 25 auf 20 Jahre, sondern sah auch vier Neubauten pro Jahr in der Phase 1908/11 vor. In London deutete man die ablehnende deutsche Reaktion auf Angebote und Sondierungen (Lloyd George im August 1908; Hardinge gegenüber Wilhelm II.) dahin, daß das Reich keine Flottenbegrenzung wolle, es sei denn, England fände sich mit der von Tirpitz und dem Kaiser angestrebten Stärkerelation von 3 : 4 im Zieljahr des Tirpitz-Planes ab.

Englands Gegenmanöver

(4) Die Mächte, gegen die der Schlieffen- bzw. der Tirpitz-Plan gerichtet war, setzten durch ihre Gegenmaßnahmen die strategischen Annahmen des Generalstabs bzw. der Marineleitung außer Kraft.

Abmachungen zwischen dem französischen und russischen Generalstab

– Die Abmachungen zwischen dem französischen und dem russischen Generalstab vom Juli 1912 und in der Militärkonvention vom September 1913 reduzierten die Wirkungschancen des Schlieffen-Plans. Denn der Ausbau des strategischen Eisenbahnnetzes in Polen und die mit französischen Krediten unterstützte russische Heeresreform sollten sicherstellen, daß Rußland 14 Tage nach Verkündung der Mobilmachung 800 000 Mann zu einer Entlastungsaktion gegen Deutschland aufbieten konnte. Für Deutschland sollte der Zweifrontenkrieg also Wirklichkeit werden, bevor die deutsche Westoffensive die französische Hauptstadt in Gefahr bringen konnte. Um die russische Entlastungsoffensive in Richtung Ostpreußen und Berlin zu sichern, hatte Frankreich eine Offensive mit Stoßrichtung zum Main zugesagt. Angesichts des Zusammenschrumpfens der Zeitdifferenzen zwischen der deutschen Westoffensive und dem Beginn russischer Kampfhandlungen im Osten bestand der deutsche Generalstab darauf, daß mit der Teilmobilmachung in Rußland die Uhr gegen das Reich zu laufen beginne. Für diplomatisches Krisenmanagement wie in der Adria-Krise 1912/13 sah Moltke keinen zeitlichen Spielraum.

Die Reichsleitung zeigte sich in der Julikrise beeindruckt von den Generalstabsstudien über das russische Eisenbahnnetz und die wachsende Militärmacht des Zarenreiches und übernahm den Standpunkt, daß des Zaren Mobilmachungsorder das Ende der Diplomatie signalisiere. „Wenn Krieg käme, so käme er durch eine russische Mobilmachung ab irato, also vor eventuellen Verhandlungen . . . (dann sei) kaum noch etwas zu machen, weil wir dann sofort, um überhaupt noch gewinnen zu können, losschlagen müßten." [44, RIEZLER-Tagebücher, 23. 7. 1914].

Präventivkriegsbereitschaft

Auf die Abmachungen zwischen dem russischen und dem französischen Generalstab, die ihrerseits auf die Schlieffen-Strategie Bezug nahmen, reagierte der deutsche Generalstab mit dem Entschluß, eine Gelegenheit zum Krieg wahrzunehmen, bevor die russischen (1916/17) und die französischen Maßnahmen zum Abschluß gelangt wären (Moltke, Mai/Juni 1914). Präventivkriegsbereitschaft hatte vor 1911/12 auf der Schwäche Rußlands beruht und sich gegen Frankreich gerichtet. In der Erwartung einer abgestimmten französisch-russischen Doppeloffensive wurde aus der Präventivkriegsidee das kalkulierte Kriegsrisiko.

Stärkebewußtsein des französisch-russischen Militärbündnisses nach 1912/13

Die Zuspitzung des Konfliktbewußtseins blieb nicht auf Deutschland beschränkt. Bereits in der Krise von 1912/13 hob der französische Generalstab die eigene Kriegsbereitschaft hervor und wartete mit der Schlußfolgerung auf: „daß, wenn die jetzigen Verhältnisse zu einem Krieg führen würden, die Mächte der Entente unter günstigen Umständen dastünden und alle Chancen hätten, siegreich aus ihm hervorzugehen". [364, F. FISCHER, 618/19]. Die russische Politik begann damit zu rechnen, daß Deutschland immer weniger Abwehrchancen bleiben würden und man den Zeitpunkt abwarten könne, wo Berlin auf russische Ultimaten werde ähnlich reagieren müssen wie Petersburg 1909 und 1912/13 auf deutsche. Der Eindruck, daß der Zweibund kurz davor stünde, das Reich zu paralysieren, übertrug sich in der Julikrise auf Bethmann Hollweg, Jagow und Zimmermann. Aber auch ein Außenstehender, wie Lord Bertie, ein Exponent der Entente mit Frankreich im Foreign Office, beobachtete (27. 6. 1914) besorgt, daß Frankreich und Rußland ihre Rüstungsanstrengungen für politische Zwecke gegen die Mittelmächte ansetzten. „Die Wahrheit ist, daß die deutsche Regierung, die früher aggressive Absichten hervorkehrte, nunmehr berechtigte Befürchtungen wegen der militärischen Vorbereitungen in Rußland hegt". Der „russische Imperialismus der Schwäche", der in den Jahren zuvor einen Krieg mit einer anderen europäischen Großmacht wegen der unzureichenden Stärke der Finanzen und der Armee hatte scheuen müssen, „war 1914 im Begriff, in einen Imperialismus der Stärke mit voraussichtlich größerer Risikobereitschaft umzuschlagen". „Nur Rußland besaß die reale Möglichkeit, seine Schlagkraft entscheidend zu vergrößern. Und es war dabei, diese Möglichkeit auszuschöpfen." [255, SCHRAMM, 308/309].

— Großbritannien deckte durch den „qualitativen" Sprung des Dreadnoughtbaus vollends die Schwachstellen des Konzepts für die Finanzierung der Tirpitz'schen Schlachtflotte auf. London selbst nutzte die Möglichkeit, direkte Steuerquellen anzuzapfen und durch die Heraufsetzung der Einkommensteuer (30. 4. 1909 von 5 auf 6p pro £) auf einen Schlag erhebliche Mehreinnahmen zu erzielen (s. Einleitung).

Englische Maßnahmen, die Tirpitz' Risikokalkül unterliefen

Anteil des Rüstungsetats (Marine + Heer) am Volkseinkommen

	1895/1904	1900/1909	1905/1914
England	3,98%	4,4 %	3,26%
Deutschland	2,59%	2,65%	2,88%

Die Behauptung, daß England „ein Wettrüsten mit uns weniger aushalte als wir" und sich daher auf eine Verständigung unter Anerkennung deutscher Bedingungen einlassen müsse, drohte sich gegen die Urheber zu kehren [471, HUBATSCH, 302f.]. Die Admiralty unterlief die Kalkulation Tirpitz' durch weitere Gegenmaßnahmen. Sie nutzte die Vernichtung der russischen Flotte durch Japan in der Schlacht von Tshushima 1905 dazu, 5 Schlachtschiffe aus dem Pazifik ins Mittelmeer zu verlegen und damit die Lücke zu schließen, die dort seit 1902/03 wegen des Abzugs zugunsten der „Home Fleet" in der Nordsee entstanden war. Die Bewilligung eines dritten Geschwaders erhöhte die Einsatzfähigkeit der Royal Navy. Die Entscheidung für die Fernblockade (endgültig allerdings erst 1912) entzog dem deutschen Gegner den Ansatzpunkt, eine Entscheidungsschlacht zu erzwingen. Die Marineleitung sah sich dadurch Ende 1912 zur Änderung der Einsatz- und Operationspläne gezwungen. Die in der Deutschen Bucht stationierte Hochseeflotte war zum Abwarten verurteilt und konnte auf eine Entscheidungsschlacht nur rechnen, falls die englische Flottenführung den deutschen Gegner von sich aus aufsuchen würde; dafür sprachen lediglich Prestigeerwägungen, die in Kreisen der Royal Navy allerdings stark vertreten waren.

Wie konnte es, so wird man angesichts der im Überblick vorgestellten Sachverhalte fragen, überhaupt zu dieser „Kontinuität der Irrtümer" kommen. Auf diese Frage gibt es nur eine Antwort: Kaiser, Reichskanzler und Auswärtiges Amt leisteten einer Indienstnahme der Außenpolitik für die von Tirpitz und dem Generalstab autonom formulierten Erfordernisse Vorschub, indem sie an die Stelle bündnispolitisch gesicherter Macht allein militärische Macht treten ließen. Die Konzentration der Generalstabsplanung auf den Erstschlag gegen Frankreich hing aufs Engste mit Schlieffens Geringschätzung des österreichischen Bündnispartners zusammen, der seit 1897 bis etwa 1908 auch nicht mehr unterrichtet wurde. Mit Hilfe gesteigerten Rüstungsdrucks sollten, so führte Bülow aus, die anderen Staaten veranlaßt werden, den Wettlauf um die Gunst Berlins anzutreten (Bülow, 29. 11. 1907). Faktisch wollte Berlin, daß Rußland oder Großbritannien eine vertragliche Verpflichtung zur Neutralität in Konflikten zwischen dem Reich und einer Drittmacht eingingen. Tirpitz' Risikoflotte verfolgte diesen Zweck gegenüber England ebenso, wie Wilhelm II. mittels der

Außenpolitik mit Hilfe gesteigerten Rüstungsdrucks

Heeresvorlagen 1892/93 Rußland hatte zu freundschaftlichem Verhalten „bewegen" wollen. In beiden Fällen trat das Gegenteil des Beabsichtigten ein: (1) Auf russischer Seite erlosch praktisch der Widerstand gegen einen Militärpakt und gegen den Bündnisschluß mit der Dritten Republik (1893/94). (2) Auf englischer Seite werteten die zuständigen Ressortchefs (seit 1903/4) und die Mehrheit des liberalen Kabinetts (nach der Agadirkrise 1911) de-facto-Bündnistreue gegenüber Frankreich als Unterpfand britischer Sicherheit. Mit anderen Worten: Die Strategie-Konzepte der deutschen Militärs für den Kriegsfall machten aus dem Alptraum des Zweifrontenkrieges die Gewißheit einer politischen Einkreisung des Reiches durch die Flankenmächte Rußland und Großbritannien.

β) Die Militärmachtkomponente im Image deutscher Weltpolitik

Mit dem auf den Haager Friedenskonferenzen von 1899 und 1907 erklärten Standpunkt, die deutsche Militärmacht als solche behaupten zu wollen, engte die deutsche Politik ihren Spielraum gegenüber anderen Mächten ein. Sie machte die Pflege der militärischen Machtmittel und Machtstellung nahezu zum Selbstzweck. Auch die von Parteiführern (z. B. Erzberger, 24. 4. 1913) großsprecherisch abgegebenen Erklärungen, daß Deutschland weder auf finanziellem noch auf militärischem Gebiet am Ende seiner Leistungsfähigkeit angelangt sei, verallgemeinerten den Eindruck, Außenpolitik mit Hilfe gesteigerten Rüstungsdrucks zu betreiben, sei das A und O deutscher Weltpolitik. Aufrüstung sollte gleichsam den Mangel an effektiven Verbündeten ersetzen bzw. Deutschlands Anziehungskraft als Bündnisgenossen steigern (Bethmann Hollweg, 22. 12. 1912).

Aversion gegen „Konferenz"-diplomatie und Internationalismus

Die Isolierung der Mittelmächte auf der Algeciras-Konferenz verstärkte auf deutscher Seite die Aversion gegen Konferenzregelungen und generell gegen den Internationalismus. Berlin und Wien widersetzten sich 1909 und in der Julikrise den Vorschlägen, eine Konferenz einzuberufen, weil sie dies als Versuch deuteten, eigene Lebensinteressen der Urteilsfindung durch die Triple-Entente preiszugeben. Die Auffassung, eine aufgezwungene Teilnahme an einer internationalen Konferenz käme einer Gleichstellung mit Staaten niederen Ranges und damit einer Niederlage nahe, war im Zeitalter „junger" Nationalstaaten freilich weit verbreitet. Mit der Aversion gegen Konferenzregelungen stieg für Deutschland die Versuchung, Streitfragen bilateral zu lösen. Je mehr das Reich seine militärische Überlegenheit ausbaute, desto durchsetzungsfähiger glaubte es in bilateralen Beziehungen zu werden; die erfolgreiche Präsentation von Ultimaten in den Balkankrisen an Rußland 1909 und 1912/13 schien dies zu bestätigen. Weder Österreich-Ungarn, das dem deutschen Verbündeten Entlastungsaktionen gegen Rußland in Galizien zusagte, noch Italien, das Frankreich im Geheimvertrag vom November 1902 die Sorge vor der 2. Front genommen hatte, galten in deutscher Sicht als effektive Bündnispartner. Im Ernstfall konnte das Reich sich nur auf sich selbst verlassen. Darüber hinaus glaubte die Reichsleitung aber, letztlich nur die Wahl zu haben, ihre Beurteilung der internationalen Konstellation der Lesart der Militärs anzupassen. Der Auffassung des Generalstabs (1913/14), daß die Zukunft der wachsenden russischen Militärmacht gehöre, konnten Reichsleitung und Auswärtiges Amt nur die vage Aussicht entgegenhalten, die diplomatische Situation könne sich aufgrund der laufenden Gespräche mit London verbessern. Diese Aussichten wurden aber erschüttert durch die Meldung über die englisch-russischen Sondierungen über eine Marinekonvention; damit sollten die englisch-französische vom Juli bzw. November 1912 und die französisch-russische vom August 1912 ergänzt werden. Die zivile Reichsleitung schloß sich daraufhin der vorherrschenden Auffassung an, daß Deutschlands Stellung in der Welt sich nach der Stärke seiner Militärmacht bemesse.

γ) „Weltpolitik ohne Krieg" – eine Alternative?
Um das Reich von den Fesseln der Strategien des Generalstabs und des Tirpitz-Plans und den Folgen der Weltpolitik zu befreien, hätte Berlin von sich aus eine Entschärfung des europäischen Konfliktpotentials in Form eines Übereinkommens zwischen den Mächten einleiten müssen. Dazu fehlten aber nicht nur in Deutschland die inneren Voraussetzungen, sondern auch in den anderen Ländern die Bereitschaft, Berlin zu helfen, einen Ausweg aus der Sackgasse zu finden.
Ein möglicher Neuansatz konnte versuchen, die Position der „Liberalen Imperialisten" in Berlin zu stärken. Deren Standpunkt einer „Weltpolitik ohne Krieg" schien geeignet, Deutschland innerhalb des imperialistischen Staatensystems ähnlich Japan und den USA zu verankern. Auf englischer Seite wollten einige auch im Kabinett vertretene Gruppen das bewährte Rezept, den Herausforderern ein Ventil zur Ableitung ihrer überschüssigen Kräfte zu öffnen, auch auf Deutschland anwenden. Das Reich sollte von Europa nach Afrika abgelenkt werden (Harcourt), oder man solle dem Reich (so Lloyd George, Haldane, Kriegsminister Seely, Oktober 1912) „reasonable advance of commercial interest" in der Türkei zugestehen. Am 27. 11. 1911 deutete Grey im Unterhaus die Bereitschaft zu Verhandlungen über Kolonien an, falls das Reich sich auf eine Begrenzung des Flottenbautempos einlasse; er dachte an 2 deutsche, 3 englische Neubauten pro Jahr. Zur Debatte stellte London jedoch nicht Gebiete unter englischer Kontrolle. Man griff nicht die Haldane im Februar 1912 von deutscher Seite vorgelegte Forderung auf, Pemba/Sansibar an das Reich zurückzugeben, falls Berlin den Engländern die Streckenführung Basra-Bagdad überließe. Stattdessen offerierte England Kolonialgespräche über die Erbmasse befreundet-abhängiger Staaten, die entweder – wie Portugal – finanziell am Rande des Staatsbankrotts standen oder – wie Belgien – durch die Lasten der Kolonialverwaltung in Bedrängnis geraten waren. Die deutschen Blicke waren freilich auf den Erwerb Portugiesisch-Angolas und des belgischen Kongo gerichtet. Den liberalen Imperialisten schwebte ein deutsches „Zentralafrika" vor, d. h. die Verbindung zwischen Kamerun und Deutsch-Südwest an der Atlantikküste mit Deutsch-Ostafrika. Von der Sache her lohnte es sich für die deutsche Seite, mit London über die an die deutschen Kolonien grenzenden Gebiete zu sprechen.

Deutsches „Mittelafrika"

Für die Erfolgsaussichten hingegen war das englische Angebot weniger verlokkend, denn über Hoheitsgebiete Dritter zu verhandeln, erforderte, letztlich auch die Drittparteien selbst an den Sondierungen zu beteiligen. Deutschland und Großbritannien waren ohnehin zur Rücksichtnahme auf Portugal bzw. Belgien genötigt – das Reich, weil Antwerpen als deutscher Welthafen fungierte, Großbritannien, weil Belgien in den Sicherheitsfragen empfindlich geworden war. Ferner wurde erforderlich, Dritte hinzuzuziehen, die, wie Frankreich, ältere Rechte an Belgisch-Kongo geltend machen konnten.

Die deutschen „liberalen Imperialisten", das sind die Botschafter Metternich und Lichnowsky sowie Botschaftsrat von Kühlmann in London, Kolonial„minister" Solf, Rosen als Gesandter in Lissabon, u. a., drängten darauf, daß England ihnen als „Friedenspartei" zu Achtungserfolgen verhalf. Nur wenn sie dem Reich, so lautete ihre Argumentation, eine Zukunft als Kolonialmacht verbürgen könnten (Kühlmann an Bethmann Hollweg, 8. 1. 1912), d. h. die Verhandlungen erfolgreich abgeschlossen werden könnten, hofften sie innenpolitisch die Abkehr vom Flottenbau als Druckmittel auf Großbritannien durchsetzen zu können; dann wäre auch in der Außenpolitik die Gefahr des englischen Beitritts zum Zweibund gebannt. Indem Tirpitz die zwischen Grey und Metternich getroffenen Rahmenvereinbarungen als unzureichend abqualifizierte und deren Zurückweisung durchsetzte, wurde deutlich, daß die „liberalen Imperialisten" für den Reichskanzler keine Hilfe bei der Korrektur der Flottenpolitik darstellten. Die Kolonialgespräche wurden zwar fortgeführt, doch im Zeichen der Balkankrisen und der Rückbesinnung auf die kontinentale Basis deutscher Weltpolitik betonten sowohl Kaiser Wilhelm II. und Bethmann Hollweg als auch die „nationale Rechte" den Vorrang der Einflußsicherung in Europa vor dem Erwerb überseeischen Gebiets – „Mitteleuropa" lief „Mittelafrika" den Rang ab. In ökonomischer Hinsicht konnte und wollte das Reich sich allerdings keine Vernachlässigung des „Weltmarktes" leisten.

4. Das Deutsche Reich im Kreis der Grossmächte

Transformation des europäischen zum Weltstaatensystem

Bismarcks Nachfolger wirkten an der Transformation des europäischen Staatensystems entscheidend mit. Durch das Gewicht seiner ökonomischen Grundausstattung und seiner militärischen Machtmittel stellte das Reich auf seinem Weg zur europäischen Hegemonialmacht die Stellung Großbritanniens im „balance of power"-Gefüge in Frage. Durch die Forcierung der Flottenrüstung seit 1897/98 und mit der Forderung nach kolonialem Besitz schien das Deutsche Reich das Erbe des britischen Löwen anzustreben. Das Reich, so erklärte Bülow (11. 12. 1899), sollte nicht länger mit ansehen „wie andere die Meere oder die Landmassen in Beschlag nehmen, während sich die Deutschen im Himmel der Doktrinen niederließen." In der Vorstellung befangen, „jetzt oder nie" den Grundstein legen zu müssen, um in ca. 20 Jahren neben den USA, Rußland und dem British Empire definitiv zum exklusiven Klub der vier Weltmächte zu gehören, entfaltete das Reich in „Mitteleuropa" und durch den Flottenbau eine hektische, von verschiedenen politischen Kräftegruppierungen ausgehende Betriebsamkeit.

a) Erste Phase 1890–1897: Handelsverträge und außenpolitische Optionen

In der ersten Phase (1890–97) mutet es „wie der Auftakt zu einer weltweit orientierten imperialistischen Politik an, daß die Umgewichtung zugunsten der weltmarktorientierten Industrien und zu Lasten der Landwirtschaft mit dem Regierungsantritt Wilhelms II. zusammenfiel." [694, PETZINA]. Die *Handelsvertragspolitik* Caprivis sollte den Interessen der Exportindustrien Bahn brechen: „Wir müssen exportieren; entweder wir exportieren Waren oder wir exportieren Menschen; mit einer steigenden Bevölkerung ohne Industrie sind wir nicht in der Lage weiterzuleben." (Caprivi, 10. 12. 1891). In Anbetracht der begrenzten Aufnahmefähigkeit des Binnenmarktes forderte der Reichskanzler die Erschließung ausländischer Absatzmärkte für deutsche Industrieprodukte. Die Grundlage dafür war auf deutscher Seite die Bereitschaft, die Agrarzölle zu senken (Caprivi, 8. 11. 1893).

1. Phase

Handelsvertragspolitik Caprivis

Durch die Konzentration auf „Mitteleuropa" wollte der „Neue Kurs" Caprivis die Weltstellung der europäischen Länder „auf dem erweiterten Schauplatz der Weltgeschichte" „im Kreis der ökonomisch fundierten Imperien USA und Rußland aufrechterhalten." [214, BÖHME].

Mitteleuropa

Die Handelsvertragspolitik sollte die außenpolitische Grundorientierung des Neuen Kurses, nämlich den Schutz der Großmachtstellung der Habsburger Monarchie, durch ökonomische Kooperation abstützen (Caprivi, 30. 9. 1890). Frankreich, das die ihm in § 11 des Friedensvertrages von 1871 auferlegte Meistbegünstigung nach Ablauf der Vertragsverpflichtungen (per 1. 2. 1892) nicht erneuern wollte, kam der Reichspolitik indirekt zu Hilfe. Es bereitete einen gestaffelten Zolltarif, den Méline-Tarif, vor und wechselte – dem amerikanischen (Mc Kinley-Tarif, 1890) und russischen Beispiel (Mendeleev-Tarif, 1891) folgend – ins Lager der Hochschutzzolländer über. Für Italien, die Schweiz, Belgien, die ihre Exportmärkte durch den handelspolitischen Kurswechsel in Frankreich bedroht sahen, stellten die Handelsverträge und Tarife, wie sie Wien und Berlin gemeinsam offerierten, eine willkommene Alternative dar.

Caprivis Handelsvertragspolitik sollte die Sicherheit des Reiches verbessern, ohne – entsprechend Waldersees Plänen – einen „Präventivkrieg nach außen" (gegen Rußland) und ohne – entsprechend den Staatsstreichplänen der Rechten – einen „Präventivschlag nach innen" führen zu müssen. In der zweiten Runde sollte auch der Handel mit Rußland vertraglich geregelt werden. Russische Kampfmaßnahmen gegen den deutschen Industrieexport, den man als „Avantgarde der deutschen Armee bezeichnete", sollten den russischen Agrarexporten den Zugang zum wichtigen deutschen Markt erstreiten. Wichtige deutsche Indu-

Stellenwert Rußlands in der Handelsvertragspolitik Caprivis

striezweige (Eisen- und Stahlindustrie, Maschinenbau, Textil), die den russischen Markt benötigten, verlangten den Abbau des überhöhten deutschen Agrarschutzes. Die Agrarkonservativen wollten den russischen Konkurrenten, gegebenenfalls durch die entschlossene Durchführung eines Zollkrieges, zur Kapitulation vor den Schutzansprüchen des Bundes der Landwirte zwingen. Sie begründeten die Ablehnung des Handelsvertrages mit Rußland damit, daß dieser die Heeresverstärkung vom Juli 1893 zunichtemache; denn er schade den „Bauern", die doch das Rückgrat der preußisch-deutschen Armee bildeten. Der Kaiser tönte ins gleiche Horn: das Reich sollte seine Suprematie in Europa durch das Heer und die Handelsvertragsverbindungen demonstrieren, und zwar gerade auch gegen Rußland. In der entscheidenden Phase übte der Kaiser jedoch auf das Preußische Staatsministerium und auf die Konservativen Druck aus, den „Russenverträgen" zuzustimmen. Wilhelm II. ließ wissen, daß er „wegen 100 Junkern keinen Krieg gegen Rußland" führen werde (5. 2. 1894). Der politische Unterton der Handelsverträge und die Heeresvorlage 1892/93 förderten in Rußland und in Frankreich den Wunsch nach gegenseitiger Annäherung.

Rußland– Deutschland

Die Schwierigkeiten Bismarcks, den Draht nach Petersburg zu pflegen, aber gleichzeitig russische Überlegenheitsansprüche durch Gegenmanöver auf diplomatischem, finanziellem und handelspolitischem Felde zu dämpfen, veranlaßten den Kaiser und die Wilhelmstraße zum Kurswechsel. Caprivi und Außenminister Marschall gingen davon aus, daß der Rückversicherungsvertrag vom 18. 6. 1887 – ein „Verlegenheitsmoratorium" [244, GEYER] – weder die russische Mobilmachung selbst verhindern noch die französisch-russische Annäherung aufhalten könne. Deshalb rieten sie dem Kaiser, die deutsche Außenpolitik auf den Zweibund mit Österreich-Ungarn zu stützen und die Verbindung zu England zum Flankenschutz Österreich-Ungarns zu verbessern. Den Fall des Zweifrontenkrieges vor Augen, erwartete Generalstabschef Waldersee Entlastungsaktionen des Verbündeten gegen Rußland von Galizien aus. Rußland mißtrauend, wollte Holstein der Wiener Balkanpolitik nicht länger Zügel anlegen. Kaiser Wilhelm II. hatte Kaiser Franz Joseph bereits 1889 versichert, daß die deutsche Mobilmachung einer österreichischen auf dem Fuße folgen werde.

Frankreich– Rußland

Im Zuge dieser „unfreundlichen" deutschen Politik bröckelte auf russischer Seite der Widerstand gegen Frankreichs Anerbieten ab, einen Konsultationsvertrag und eine Militärkonvention abzuschließen. Im Rahmen eines Besuchs der französischen Kriegsmarine in Kronstadt im Juli 1891 wurden Gespräche über koordinierte Maßnahmen „zur Erhaltung des allgemeinen Friedens mit Hilfe des Gleichgewichts der europäischen Kräfte" geführt. Vorausgegangen waren der Abschluß der deutsch-österreichischen Handelsvertragsverhandlungen, die Verlängerung des Dreibunds (im Mai 1891 um 6 Jahre) und ein Besuch Wilhelms II. in London (Anfang Juli 1891). Der französische Wunsch, politische und militärische Absprachen zu verquicken, fand im Notenwechsel vom 27. 8. 1891 allerdings noch keinen Niederschlag. Die Verhandlungen zwischen Generalstabschef Boisdeffre und Obručev gingen jedoch weiter. In der Annahme, daß Rußland es

Generalstabsgespräche

bestenfalls mit Österreich-Ungarn allein, aber nicht mit Deutschland aufnehmen könne, stimmte Obručev der Vereinbarung zu, daß beide Partner sofort und gleichzeitig auf die Mobilmachung eines der Dreibundpartner hin die Totalmobilmachung einleiten sollten. Beide Stabschefs hielten Mobilmachung und Kriegeröffnung für faktisch identisch. Die Militärkonvention vom 17. 8. 1892 sah eine Geltungsdauer parallel zum Dreibund vor; sie schloß einen Separatfrieden aus und legte regelmäßige Stabsgespräche fest. Für den Fall, daß das Reich Frankreich angriff oder einen italienischen Angriff auf Frankreich (akut wegen des Streites um Tripolis) unterstütze, sollte Rußland mit 700 bis 800 000 Mann Beistand leisten; falls Deutschland Rußland angriff oder Österreich-Ungarn unterstützte, sollte Frankreich 1 300 000 Mann ins Feld schicken.

Aufgrund der von Waldersees Nachfolger, Schlieffen, 1892 geänderten Strategie brachte Caprivi im November 1892 eine Heeresvorlage ein. Ihre Durchsetzung erforderte innenpolitisch eine Auflösung des Reichstages. Außenpolitisch bewirkte die Erhöhung der Friedenspräsenzstärke um 59 000 Mann, daß Zar Alexander III. nunmehr in die Ratifikation der französisch-russischen Militärkonvention einwilligte. Rußland erblickte in der Verabschiedung der sogenannten „Lex Huene" in 3. Lesung am 15. 7. 1893 ebenso eine gegen sich gerichtete Pression wie in dem der Reichsleitung von den Agrariern aufgezwungenen Zollkrieg (seit dem Frühjahr 1893). In Reaktion darauf gewährte Witte Frankreich im Juni 1893 einen günstigen Handelsvertrag. Im Oktober 1893 stattete die russische Flotte ihren Gegenbesuch in Toulon ab und um die Jahreswende 1893/94 erfolgte die förmliche Besiegelung des Militärabkommens und des Bündnisses. Berlin nahm den Abschluß der von Bismarck gefürchteten Allianz relativ gelassen auf, zumal das Reich und Rußland den Handelskrieg beilegen konnten. Rußland mußte eine zum großen Teil noch unverkaufte Ernte absetzen; die deutsche Eisen- und Stahl-, die chemische – und die Textilindustrie begehrten die Zurücknahme der russischen Tarife. Frankreich reagierte auf den deutsch-russischen Handelsvertrag vom März 1894 verärgert. Der französische Außenminister lehnte weitere russische Anleihegesuche ab und setzte die französischen Weizenzölle gegenüber Rußland herauf. *(Deutschland und französisch-russische Allianz)*

Erfolglose Bemühungen, England an den Dreibund heranzuführen, und Spannungen im Verhältnis mit Wien ließen den Kaiser, aber auch Holstein, nach Gelegenheiten Ausschau halten, um mit Rußland gemeinsame Sache zu machen. Die beste Gelegenheit dazu bot sich, als London im April 1895 zögerte, auf die russische Aufforderung einzugehen, gemeinsam gegen Japans Siegfriedensdiktat über China (Shimonoseki, 17. 4. 1895) einzuschreiten. Die deutsche Politik beeilte sich, auch Frankreich im Wettlauf um die Gunst des Zarenreiches zuvorzukommen. Allerdings exponierte Berlin sich unnötigerweise durch des Kaisers Warnung vor der „gelben Gefahr". Nachdem durch jene deutsch-russisch-französische Démarche die Rückgabe Liaotungs mit Port Arthur an China erzwungen worden war, machte man sich in Berlin Hoffnung auf eine Kontinentalliga. Berlin war enttäuscht darüber, daß England einerseits den direkten Ausgleich *(Kontinentalliga)* mit Frankreich (in der Siamkrise 1893) und mit Rußland (in der Pamir-Krise 1894) suchte, aber andererseits die deutsch-französische „Erbfeindschaft" nutzte, um in allen Teilen der Welt den Kolonialerwerb weiterzutreiben. Berlin erwartete, daß England Österreich-Ungarn den Beistand bei der Verteidigung des Meerengenstatus garantierte. Demgegenüber verlangte die englische Regierung durch Rosebery (Januar 1894) die deutsche Zusage, in diesem Fall Frankreich (als Partner Rußlands) in Schach zu halten. Der Kaiser, Holstein und Marschall wollten London lehren, „daß es in der Politik wie überall im Leben eine Gegenseitigkeit auch für Ungefälligkeiten gibt." Die Unterstützung des Unabhängigkeitsstrebens der Burenrepublik unter Krüger und die Warnung an England vor Änderungen des Status quo in Transvaal war als Objekt für eine Belehrungspolitik freilich schlecht gewählt. Für das Reich standen in der der britischen Oberhoheit unterworfenen, durch Gold- und Diamantenfunde begehrt gewordenen Burenrepublik Kapital- und Handelsinteressen deutscher Bürger auf dem Spiel. Für England ging es darüber hinaus um die Kontrolle über das Kap und vor allem über die Delagoabucht, das Schlüsselglied für die wirtschaftliche und strategische Vorherrschaft in Südafrika. Kolonialminister Chamberlain und Cecil Rhodes, Premier der Kap-Kolonie, machten deutlich, daß sie keine zweite Teilung Afrikas zulassen wollten. Dennoch nahmen Wilhelm II. und die Reichsleitung die zwischen Chamberlain und Cecil Rhodes abgesprochene Jameson-Raid (31. 12. 1895), die schnell fehlschlug, zum Anlaß, um London die beabsichtigte Lektion zu erteilen. Der Kaiser und Marschall hofften, Frankreich und Rußland zur Teilnahme an der Demonstration gewinnen zu können; London würde sich dann mit Berlin arrangieren müssen. England sollte ein Denkzettel verpaßt werden, daß es sich nicht ungestraft vom Dreibund (wie im Oktober/Dezember 1895) distanzieren könnte. London reagierte auf die Gratulationsdepesche an Präsident Krüger (3. 1. 1896) damit, daß es aller Welt die Stärke der britischen Seemacht vor Augen führte. Daraufhin kündigte Wilhelm II. anläßlich der Reichsgründungsfeier (18. 1. 1896) den Eintritt Deutschlands in die Weltpolitik und die Flottenpolitik an.

Die Verschlechterung der deutsch-englischen Beziehungen gefährdete den englischen Flankenschutz für die Verbündeten des Reiches im Rahmen des Mittelmeerabkommens. Dies veranlaßte Italien, einen Interessenausgleich mit Frankreich (1901/2) zu suchen. Die über die weltpolitischen Ambitionen des Reiches ohnehin besorgte Regierung in Wien sah sich genötigt, in London und in Berlin auf eine Klärung der Frage zu dringen, ob sie dem Vielvölkerstaat bei der Verteidigung seiner Lebensinteressen gegenüber Rußland beistehen wollten. In Wien wollte man nicht einmal ausschließen, daß das Reich von dem durch Sprachen- und Verfassungskonflikte drohenden Zerfall der Donaumonarchie zu profitieren hoffte. Somit stieg das Interesse an einer Verständigung mit Petersburg über Balkanangelegenheiten. Da England und Frankreich dem Zarenreich nicht „freie Hand am Bosporus" signalisierten, war dem Zarenreich gleichfalls an einem Stillhalteabkommen für den Balkanraum gelegen; um so besser konnte es sich auf die Arrondierung seiner Position im Fernen Osten konzentrieren. Das am 5. 5. 1897 unterzeichnete Abkommen zwischen dem Habsburger Reich und Rußland, das im Oktober 1903 durch die Mürzsteger Punktation (betr. Reformen in Mazedonien) ergänzt wurde, vertagte die Frage territorialer Veränderungen auf dem Gebiet der europäischen Türkei für ein Jahrzehnt.

b) *Zweite Phase 1897/98–1905/6: Wirtschaftlicher Höhenflug und Schlüsselstellung in den internationalen Beziehungen*

In der *zweiten Phase – 1897/98 bis 1905/6* – erreichte das Reich anfänglich die Stellung einer von den älteren Weltmächten umworbenen Schlüsselfigur, die von Fall zu Fall entscheiden konnte, wem sie ihre Gunst zuwenden wollte. Um die Jahrhundertwende konnte das Reich England jene wohlwollende Neutralität antragen, um die es – nach 1909/10 – in London vergebens werben sollte. In einer von Sonderfaktoren begünstigten Konstellation verfügte das Reich – aufgrund seiner gesicherten militärischen Machtstellung auf dem Kontinent und seines wirtschaftlichen Höhenflugs (seit 1896) über einen beachtlichen Bewegungsspielraum. Holstein konnte feststellen, daß die Mächte, die dem Reich gefährlich werden könnten, durch innere oder äußere Sorgen so in Anspruch genommen seien, daß eine Koalition gegen das Reich nur denkbar wäre, wenn Berlin schwere Fehler beginge. Deutsche Sonderstellung

Durch eine erneute Beschleunigung des Bevölkerungswachstums, durch die imponierenden Resultate der Eisen- und Stahl- und Kohleproduktion und durch den Ausbau der internationalen Vorrangstellung der chemischen, elektrotechnischen und Maschinenbauindustrien wurden die deutsche Wirtschaft und somit die Handelspolitik noch deutlicher als zu Beginn der ersten Phase auf den Weltmarkt verwiesen. In der Caprivi-Ära hatte man durch Herabsetzung der Agrarzölle (und insoweit der Lohn- und Lebenshaltungskosten) die Wettbewerbsfähigkeit der deutschen Industrie verbessern wollen. In der zweiten Phase proklamierte die Welt- und Flottenpolitik *nach außen*, daß die deutsche Industrienation den Weltmarkt als ihr Revier betrachtete. In diese Richtung zielte auch die verbale Unterstützung der amerikanischen „open door"-Initiativen vom 6. 11. 1899 und 7. 3. 1900. *Im Inneren* hingegen bedeutete die Sammlungspolitik Miquels und Bülows die Rückkehr zum Agrarschutz. Zollpolitik und Handelsverträge

Der „Neue Kurs" Caprivis hatte die Option für den Zweibund und England, und die Distanzierung von Rußland auf sein Programm geschrieben. Am Anfang der Welt- und Flottenpolitik stand dagegen die Absprache zwischen den „neuen Männern" Bülow und Tirpitz (19./20. 8. 1897), gute Beziehungen zu Rußland zu pflegen, ohne freilich einen englandfeindlichen Kurs zu steuern. Die berechtigte Frage Bülows, wie man einen spannungsfreien Zustand mit England bewahren könne, wenn die Flottenpolitik den Bau einer ausschließlich zum Einsatz gegen England in der Nordsee geeigneten Schlachtflotte ins Auge fasse, trat jedoch hinter den sozialimperialistischen Stabilisierungsfunktionen des Tirpitz-

Planes immer mehr zurück. Die aus innenpolitischen Gründen für unverzichtbar gehaltene Heraufsetzung der Getreidezölle beschwor allerdings erneut einen Zoll- und Handelskrieg mit Rußland herauf. Die neue Tarifordnung Wittes vom Januar 1903 war eine prompte Reaktion. Obwohl Bülow die Parole ausgab, handelspolitische Entscheidungen dürften Rußland nicht brüskieren, war doch Ruhe an der Ostfront in dem Zeitraum geboten, in dem die Gefahrenzone im Flottenbau anstand, spitzte sich die Entwicklung zu. (1) Die Handelsvertragsverhandlungen zwischen Berlin und Wien fielen zeitlich mit den Ausgleichsverhandlungen zwischen der österreichischen und der ungarischen Reichshälfte zusammen, in denen alle 10 Jahre der Anteil an den Zolleinnahmen, der Beitrag zum Etat der Gesamtmonarchie u. a., festgelegt werden mußten. Die dadurch bewirkte Verzögerung des Abschlusses aller Verhandlungen — denn die Handelsverträge sollten dem Reichstag als Paket vorgelegt werden — rief in Petersburg den Eindruck hervor, als ob das Reich die schlechte militärische und politische Lage des Zarenreiches 1904/05 nutzen wolle, um ökonomische Vorteile herauszupressen. In Wahrheit erreichte Rußland im Handelsvertrag, was der Ministerrat als Konzept gebilligt hatte. (2) Von der russischen Seite zu einer gemeinsamen Haltung gegenüber dem deutschen Industriestaat gedrängt, verlangte Wien höhere Agrarexporte ins Reich. Wien und Petersburg setzten dagegen die Industriezölle zum Schutz der eigenen Produktionskapazitäten herauf. Die deutschen Agrarier konterten, daß die Reichsleitung die Nahrungsmittelimporte aus der Donaumonarchie gänzlich verbieten sollte. Die den agrarischen Interessen verpflichteten Minister Rheinbaben, Podbielski, Posadowsky vertraten die Linie, daß Rußland — schon wegen des Zwanges zum Getreideexport, und zwar gerade nach Deutschland — alles werde akzeptieren müssen, was Berlin verlange. Rußlands steigender Importbedarf (Düngemittel, Landwirtschaftsmaschinen u. a.) und Deutschlands wachsender Agrarbedarf (Futtergerste, Vieh) sorgten dafür, daß trotz beiderseitiger Heraufsetzung der Zollsätze der Warenaustausch zwischen beiden Reichen expandierte. Vor dem Hintergrund des durch den Krieg mit Japan erhöhten russischen Bedarfs an Fremdkapital und des russischen Wunsches, nicht allein vom Pariser Geld- und Kapitalmarkt abhängig zu werden, unterbreitete Deutschland Anleiheofferten (im Juli 1904 anläßlich der Paraphierung des Handelsvertrags; im Januar 1905 500 Mill.-Mark-Anleihe). Die Kredite konnten allerdings nur in Grenzen als Hebel angesetzt werden, um dem Zarenreich zollpolitische Zugeständnisse abzuringen.

Mit dem von ihm veranlaßten Paukenschlag, der China aufgezwungenen Verpachtung von Kiautschau (14. 11. 1897), wollte Wilhelm II. gleichsam Bülow und Tirpitz zeigen, wohin die Weltreise gehen sollte. Dieser erfolgreich abgeschlossene Coup — der nach dem Zwischentief in den deutsch-russischen Beziehungen erfolgte — wurde von Bülow in seiner ersten Rede als Außenminister vor dem Reichstag (6. 12. 1897) als Auftakt der deutschen Weltpolitik gepriesen. Gleichzeitig rechtfertigte er die Flottenvorlage. „Wir wollen niemand in den Schatten stellen, aber wir verlangen auch unseren Platz an der Sonne." [3, BEHNEN].

Der deutsche Vorstoß in China löste eine Kettenreaktion aus: Rußland hatte nach den Erfolgen über Japan (1895), in der Mandschurei und in China (1896) geglaubt, den Fernen Osten fest im Griff zu haben; es erwog, den deutschen Rivalen im Zusammenwirken mit England zu einem Rückzieher zu zwingen. Der deutschen Diplomatie gelang es jedoch, Nikolaus II., Muravev und die Militärs zu überreden (gegen Witte und die Marine), das 1894/95 von Japan begehrte Port Arthur zu besetzen (Mitte Dezember 1897). England nahm den deutschen Schritt zunächst hin; Chamberlain begrüßte sogar die deutsche Festsetzung in China als Gegenmacht zu Rußland. Hingegen sondierte Premier- und Außenminister Salisbury (25. 1. 1898) bei der russischen Regierung bezüglich einer Teilung der „preponderance of influence" nördlich bzw. südlich der Linie Alexandretta-Peking. Petersburg wollte jedoch England keine Exklusivrechte in Südchina (Yangtse-Becken) zubilligen. Als Rußland Mitte März 1898 dann Port Arthur und Dairen an sich brachte, trat der Gegensatz im englischen Kabinett offen zutage. Um einen deutsch-französisch-russischen Dreibund in Ostasien zu verhindern, sondierten Chamberlain und Balfour bei Botschafter Hatzfeldt die Chancen eines Bündnisses zwischen dem Deutschen Reich und dem British Empire. Salisbury hingegen versuchte durch direkte Verhandlungen sowohl die drohende Doppelkrise mit Frankreich in Westafrika und im Sudan/Ägypten als auch den Konflikt mit Rußland im Fernen Osten beizulegen. Das englische Kabinett befand, daß Port Arthur keinen Krieg mit Rußland wert sei, und entschloß sich seinerseits zum Ländererwerb in China (Wei hai Wei).

<small>England zwischen Deutschland und Rußland</small>

Im Umfeld der englisch-französischen Faschodakrise stellte London im Windsor-Vertrag (30. 8. 1898) dem Reich einen Wechsel auf die Zukunft aus. Falls Portugal in eine Finanzkrise geriete, wollten London und Berlin eine Anleihe zu der Bedingung gewähren, daß Anteile an den Zolleinnahmen Angolas und Mozambiques an Deutschland abgetreten würden. Dafür kassierte England die Verzichtserklärung des Reiches auf die 1894/5 noch umstrittenen Interessen an der Delagoabucht. Bülow und Holstein warteten jedoch vergebens auf eine Honorierung der deutschen wohlwollenden Neutralität während des Burenkrieges (Oktober 1899–Mai 1902). London hatte Portugal auf den Pariser Kapitalmarkt verwiesen und somit selbst verhindert, daß die Finanzkrise kulminierte.

<small>Deutschland–England</small>

Um die Jahrhundertwende schien das Reich in die bislang England vorbehaltene Lage des „lachenden Dritten" zu kommen. Der programmatische Ausdruck dafür ist die *Politik der freien Hand.* Sie beruht auf drei Annahmen, die sich zum Kreis schließen [420, WINZEN]. (1) Rußland empfinde die deutsche Herausforderung der englischen Seemacht nicht als Gefahr für sich selbst (eine positive Erklärung des Zaren zum deutschen Flottenbau anläßlich des Besuchs in Potsdam am 8. 11. 1899 schien das zu bestätigen); (2) der englisch-russische und nicht der deutsch-französische Interessengegensatz werde eventuell einen europäischen Krieg entfachen; (3) falls England und Frankreich einander näherrückten, vergrößere sich die Chance für ein deutsch-russisches Zusammenwirken; um diese Option offen zu halten, dürfe das Reich sich nicht in der Meerengen- oder in der

<small>Politik der „freien Hand"</small>

Balkanfrage gegenüber Rußland exponieren. Das Stillhalteabkommen zwischen Wien und Petersburg vom Mai 1897 kam dem entgegen.

Deutsch-englische Bündnisfühler

Die Politik der freien Hand implizierte, daß Deutschland weder die Geschäfte Englands besorgte noch Hilfsdienste für Rußland erledigte. Die „Bündnissondierungen" Chamberlains bezweckten aber, daß das Reich seine Macht als Abschreckungswaffe gegen Rußland und Frankreich zugunsten Englands zur Verfügung stellte. Chamberlain trat zwar dafür ein (Juni 1898), daß London als Gegenleistung garantieren solle, daß Frankreich keinen Vergeltungskrieg gegen das Deutsche Reich führen werde. Er setzte sich im Kabinett aber nicht durch. Nach dem Ausgang der Faschoda-Krise war England auf deutsche Rückendeckung gegen Frankreich weniger stark angewiesen. Im übrigen verließ man sich darauf, daß Deutschland aus eigenem Interesse einen Triumph des russisch-französischen Zweibundes über England verhindern müßte. Solange der Flottenbau in den Anfängen steckte, hing die Möglichkeit, London zur Verständigung mit Berlin zu bewegen, von der Qualität der deutsch-russischen Beziehungen ab. Weil Muravev oder Lamsdorff englischen Offerten mehrfach (1895/96, 1898, 1900, Oktober 1901) die kalte Schulter zeigten und weil Rußland Abmachungen mit England (betr. Eisenbahnbau-Konzessionen in China, 28. 4. 1899) bereits nach kurzer Zeit verletzte, bot London Berlin die Chance, für „Zuverlässigkeit" mit Konzessionen (z. B. in Westafrika) belohnt zu werden (Chamberlain, 10. 10. 1899). Das Deutsche Reich beabsichtigte aber keine Parteinahme für Großbritannien gegen Rußland. Die Festlegung auf „open door"-Klauseln im Yangtse-Abkommen mit England vom 16. 10. 1900 war aus Bülows Sicht auch keine Begünstigung Englands. Bülow fand daher nichts dabei zu erklären (15. 3. 1901), daß das Abkommen keine Verpflichtungen mit sich bringe, gemeinsam gegen Rußlands Entsendung von Truppen in die Mandschurei vorzugehen (Rußland bot sie unter dem Vorwand einer Aktion im Zusammenhang mit der Niederschlagung des Boxer-Aufstandes auf). Statt über solche Teilabsprachen mit England zu einer Vertiefung der Beziehungen zu gelangen – wie es Balfour und Lansdowne im März 1901 mit ihrem Vorschlag eines auf Fernostangelegenheiten konzentrierten Bündnisses mit Deutschland bezweckten –, erzeugten die Erklärungen Bülows und die Taten der deutschen Politik den Eindruck, als seien dem Kaiser und der Reichsleitung der innenpolitische Nutzwert der Flottenpolitik sowie die Empfindlichkeiten Rußlands wichtiger als die Pflege des Einvernehmens mit England. Aus Berliner Sicht bot London zu wenig, um das Risiko einzugehen, sich mit Rußlands ungebrochenem Willen zur Weltgeltung anzulegen.

Endphase der Bündnissondierungen

Die deutsche Politik hielt daran fest, daß die „Zeit" für das Reich arbeite und man daher warten könne, bis England den richtigen Preis entrichten würde, nämlich Österreich-Ungarns Integrität zu schützen. Als Berlin diese Forderung in der Endphase der Bündnissondierungen im Mai 1901 präsentierte, fügten sich die Wortführer eines Bündnisses mit Deutschland im Kabinett (Balfour, Chamberlain, Lansdowne) dem Urteil Salisburys, es sei um Großbritannien nicht so schlecht bestellt, daß es die „splendid isolation" gegen ein Bündnis mit dem Reich und dem Dreibund eintauschen müßte. Im Bündnis mit Japan (30. 1. 1902) fand London jenen „lokalen" Sicherheitspartner, den es in Asien benötigte; es machte England vom guten Willen des Reiches unabhängig. Mit der Beendigung des Burenkrieges (31. 5. 1902), der 300 000 Mann gebunden hatte, gewann London seine Handlungsfreiheit zurück.

Die sich lang hinziehende Zuspitzung der russisch-japanischen Rivalitäten bis zum Kriegsausbruch schien der deutschen Weltpolitik weiterhin Chancen offenzuhalten. Bülow ging davon aus, daß Rußland den Sieg davontragen und die russisch-japanischen die englisch-russischen Konflikte anreichern würden. Für diesen Fall erwartete er, daß das Reich ungezwungener und erfolgreicher als im Burenkrieg Profit aus der Situation schlagen könne, sobald die Völker „hinten weit" aufeinander einschlügen. In der ersten Phase schürte Berlin sowohl die russische als auch die japanische Intransigenz. In der zweiten Phase — gekennzeichnet durch die allseits unerwarteten japanischen Waffenerfolge — wollte Berlin dem Zarenreich beweisen, daß die deutsche Haltung Rußland mehr nutze als die des französischen Verbündeten. Paris zögerte nämlich — um England nicht hineinzuziehen —, seinem Alliierten wirksame Hilfe zuzusagen. An die wohlwollende Neutralität und an die Wirtschafts- und Kapitalhilfe für Rußland knüpfte die Reichsregierung die Hoffnung, daß Petersburg den Partner wechseln oder sogar Frankreich auf dem Weg der Annäherung an Deutschland mitziehen werde. Das Ende Oktober 1904 und erneut im Juli 1905 — anläßlich des Monarchentreffens in Björkö — unterbreitete deutsche Bündnisangebot sollte Rußland und gegebenenfalls Frankreich für eine Kontinental-Liga gewinnen und das Reich gegen die auf englischer Seite lautstark geäußerte Drohung mit einem „Copenhaguening" der deutschen Flotte absichern. Das Zarenreich behielt jedoch — dank des wachsenden Interesses Englands und Frankreichs an einer schnellen Regeneration der östlichen Flügelmacht — genügend Spielraum, um in einer Notlage nicht die Weichen seiner künftigen Außenpolitik zugunsten Deutschlands stellen zu müssen. Für die Restauration der Zarenmacht nach der Niederlage im Krieg mit Japan und der nachfolgenden Oktoberrevolution war die erfolgreiche Plazierung russischer Anleihen in Paris und London im Gesamtumfang von 2,3 Mrd. Francs (1 Mrd. Rubel) bedeutsamer als die Kollaboration der russischen und der preußischen Staats- und Geheimpolizeien gegen die „inneren Unruhen".

Japans Siege über Rußland zu Wasser und zu Lande und die Verlängerung des Bündnisses mit Japan (12. 8. 1905) setzten England in die Lage, die Konzentration seiner Seestreitkräfte in der Nordsee weiterzuführen und die Armee für ein „continental commitment" statt ausschließlich für „Defense of India" vorzubereiten. Der englische Generalstab konzentrierte die „Kriegsspiele" seit 1904/05 auf den Fall eines deutschen Angriffs gegen Frankreich durch Belgien.

Delcassé griff Anfang 1903 die von seinem Londoner Botschafter Paul Cambon bislang eigenständig geführten Bündnissondierungen auf, um (1) Deutsch-

Fernostkrieg

Wiederaufleben der „Kontinentalliga"-Konzeption

Folgen für England

Frankreich und der Fernostkrieg

land zu hindern, vom Fernostkrieg zu profitieren, (2) Englands Plazet zum erstrebten französischen Protektorat über Marokko zu sichern, und (3) durch den Brückenschlag zwischen Rußland und England das Deutsche Reich zu isolieren. Dies war eine Kehrtwendung gegenüber der 1900/01 vorgenommenen Ausdehnung des Zweibunds gegen England, die London veranlaßt hatte, zur Sicherung Indiens das Bündnis mit Japan zu schließen. Angesichts des seit Mitte 1903 für wahrscheinlich gehaltenen Ausbruchs eines Krieges zwischen Rußland und Japan beeilte man sich in Paris und in London, eine Flurbereinigung zwischen den „Westmächten" zu erzielen. Auf englischer Seite erblickten Premier Balfour und Außenminister Lansdowne in einer Entente mit Frankreich den Wegbereiter zur Verbesserung der Beziehungen mit Rußland. Auf russischer Seite verfochten Witte und Außenminister Lamsdorff ähnliche Ziele.

Entente Cordiale

c) Der Doppelkonflikt Fernost-Krieg und Marokko-Krise

Doppelkonflikt Fernostkrieg-Marokkokrise

Der japanisch-russische Krieg brachte auch Bewegung in die deutsch-französischen Beziehungen und lieferte das Szenario für die gegenläufigen Offensiven des „Systems Delcassé" und der Drohpolitik Holsteins/Schlieffens anläßlich der Marokko-Frage. Gegen einen „realen" Präventivkrieg sprachen die Befürchtungen des Kaisers, Bülows und Tirpitz' vor einem englischen Angriff auf die deutsche Flotte. Angesichts der katastrophalen militärischen Lage Rußlands nach der Schlacht bei Mukden Anfang März 1905 und der heraufziehenden Verfassungskrise des Zarenreiches wollte die deutsche Politik Frankreich zur diplomatischen Kapitulation zwingen. Die Landung Wilhelm II. in Tanger am 31. 3. 1905 sollte erstens die französische Politik unter Druck setzen, d. h. Delcassé als Drahtzieher der Entente und der französisch-italienischen Annäherung aus dem Sattel heben (sein Sturz erfolgte am 6. 6. 1905). Die Aktion sollte zweitens Frankreich die Nutzlosigkeit der von Delcassé zum Schutz- und Trutzbündnis hochstilisierten Entente Cordiale vom 8. 4. 1904 als Instrument der Sicherheitspolitik demonstrieren. Zum dritten ging es – in den Worten Holsteins, der treibenden Kraft in der Frankreichpolitik dieser Phase – darum, gegenüber Frankreich ein Exempel zu statuieren. Wenn das Reich sich die Zurückweisung seiner berechtigten Ansprüche von England gefallen lasse, dann könne es sicher sein, daß jeder Anspruch mit gleicher Unbefangenheit zurückgewiesen werde. Die deutsche Politik versuchte, nach der von Japan besorgten (vorübergehenden) Ausschaltung des Machtfaktors Rußland, nunmehr auch Frankreich zur Anerkennung deutscher Machtansprüche zu zwingen. Eine internationale Konferenz sollte einen Verstoß Frankreichs gegen die Madrider Konvention von 1880 feststellen und damit auch die von Delcassé getroffenen Abmachungen mit Spanien, Italien und England über Marokko für hinfällig erklären [402, RAULFF]. Dies ließ London keine andere Wahl als die drohende zweite Niederlage Frankreichs durch das Reich (nach 1870/71) aufzuhalten, indem es sich aktiv in die Abwehr deutscher Hegemonialansprüche einschaltete. Die Maßnahmen bestanden darin,

Deutsche Ziele

Englands Intervention

daß England (1) sich an der französischen Kredithilfe für Rußland Ende 1905/Anfang 1906 beteiligte; (2) Stabgespräche mit Belgien und Frankreich (10. bzw. 30. 1. 1906) autorisierte; (3) den Vorsitz auf der Algeçiras-Konferenz über Marokko nutzte, um die Mittelmächte zu isolieren; (4) den Vorsitzenden, Sir Arthur Nicolson, nach der für die Mittelmächte demütigenden Konferenz als Botschafter mit dem Auftrag nach Petersburg schickte, eine englisch-russische Entente auszuhandeln.

In Frankreich gewannen jene Kräfte an Boden, die — wie Innenminister und Premierminister Clemenceau (1906/09) — die von Delcassé eingeschlagene Richtung weiterverfolgten. Um den direkten deutschen Druck auf Frankreich zu verringern — konkret: deutsche Ressourcen von der Heeres- auf die Flottenrüstung umzuleiten — bestärkte Paris die englische Regierung darin, das Flottenwettrüsten aufzunehmen. Das Flottenrüsten mußte England überdies zu erhöhter Rücksichtnahme auf Frankreich als Kontinentalmacht zwingen. Dies erlaubte Paris, London zur Bündnistreue zu mahnen, seinerseits aber mit Deutschland auf wirtschaftlichem und finanziellem Gebiet zu kooperieren.

Nachwirkungen der Marokko-Krise

Mit der Begründung, daß Rußland zunächst seine Wirtschaft wiederaufrichten müsse und der Unterstützung Englands und Frankreichs bedürfe, setzten Stolypin, Finanzminister Kokovzov und Außenminister Isvolskij die Aufnahme und den Abschluß von Verhandlungen über Ententen mit Japan (30. 7. 1907) und mit England (31. 8. 1907) durch. Das vom Schah begünstigte deutsche Vordringen in Persien und der ökonomische Einfluß des Reiches in der Türkei bewogen Isvolskij, Rußland mit Hilfe der Ententen davor zu bewahren, daß es in Persien in ähnlicher Weise unter deutschen Druck geraten könne wie Frankreich in Marokko. Die russischen Vorstöße kamen der englischen Regierung entgegen, da sie befürchtete, daß eine — freiwillige oder erzwungene — deutsch-russische oder deutsch-französische Annäherung England isolieren könnte. Mußte Großbritannien, auf sich allein gestellt, seine weltweiten Interessen schützen, dann bedeutete das eine Überbeanspruchung seiner Ressourcen. Aus dieser Sorge heraus entwickelte die liberale Regierung eine Grunddisposition, die über die engeren Zwecksetzungen der Ententen — eine Flurbereinigung unter den Weltreichen — hinausreichte und bündnisähnliche Einstellungsmuster beinhaltete.

Rußland

d) Dritte Phase 1906/7—1913/14: Aufschwung des Welthandels (seit 1908) und Dauerkrise in der internationalen Politik

Die *dritte Phase* — 1906/7 bis 1914 — umfaßt die Auflösung des russisch-österreichischen Stillhalteabkommens und die Zuspitzung der Rivalitäten bis hin zur Überlagerung des serbisch-österreichischen, deutsch/österreichisch—russisch/französischen und deutsch-englischen Konfliktfeldes im Juli 1914.

3. Phase

Diese Dauerkrise der internationalen Politik in der dritten Phase wird — nach der Rezession 1907/08 — von einer rapiden Expansion des Welthandels und der

Weltkonjunktur (bis 1913/14) begleitet. Die sicherheitspolitischen Spannungen mündeten auch keineswegs geradlinig und unaufhaltsam in die Katastrophe, denn bis zum Balkankonflikt 1912/13 agierten die Verbündeten nicht als Blockpartner. Durch das rigorose Verlangen, (1) England solle dem Reich entsprechend seinem Platz in der Weltwirtschaft die zweitstärkste Flotte zugestehen; (2) Rußland solle den deutschen Eisenbahnimperialismus vor seiner „Haustür" (Bagdadbahn) tolerieren; (3) Frankreich solle endgültig den Verlust seiner Vormachtstellung in Europa anerkennen; (4) die Verbündeten Italien und Österreich-Ungarn sollten das Reich als „Mittelmacht" mit eigenen Interessen auf dem Balkan und im Nahen Osten wirken lassen — durch die Kumulation dieser Ansprüche verstärkte die deutsche Politik im Laufe der Zeit den Eindruck, daß allen anderen Mächten gegen diesen „Überdruck" nur solidarisches Verhalten helfe. Einschneidende Veränderungen auf dem Balkan und in der Türkei überlagerten sich nach 1907/08 mit der Eigendynamik der Rüstungspolitik der Großmächte und bewirkten, daß die Beziehungen zwischen den europäischen Imperien zunehmend von den Konflikten und der Instabilität des südosteuropäischen Sub-Systems geprägt wurden [367, GALL].

Konfliktebenen

Das langjährige Vasallenverhältnis zwischen der Habsburger Monarchie und Serbien endete (nach der Ermordung des Königspaares aus der Obrenovič-Dynastie im Juni 1903) abrupt. Die Regierung Pašić (seit Dezember 1904) plazierte Staatsanleihen und Rüstungsaufträge in Frankreich. Unter dem Einfluß der panslawistischen „Radikalen Partei" aktivierte Serbien auch die Verbindung mit den Serbo-Kroaten in Ungarn. Das Projekt einer Zollunion zwischen Serbien und Bulgarien beantwortete Wien mit einem Tarifboykott, dem sogenannten Schweinekrieg. Auf der Seite der Doppel-Monarchie kamen mit Generalstabschef Conrad von Hötzendorff und Außenminister Ährenthal nach 1906 Kräfte zum Zuge, die mit diplomatischen Kraftakten und militärischen Drohgebärden (Präventivkriegsideen) die Stellung Habsburgs auf dem Balkan wieder zur Erinnerung bringen wollten. Die offensive Balkanpolitik Wiens entwickelte sich aus dem Versuch des Ex-Botschafters in Petersburg, Ährenthal, die Position Österreich-Ungarns und Rußlands auf dem Balkan neu abzustecken.

Serbien–Habsburg

Drei Ereignisse lösten in einer Kettenreaktion die Bosnienkrise aus:

Bosnienkrise

(1) Aus der Befürchtung heraus, Rußland und England hätten anläßlich des Monarchentreffens in Reval (9.–10. 6. 1908) Pläne zur Aufteilung der Türkei besprochen, lösten die „Jungtürken" einen Umsturz aus (3. 7. 1908).

(2) In Wien erwartete man, daß die „Jungtürken" die Souveränität der Hohen Pforte über die seit 1878 unter Wiens Kuratel stehenden Provinzen Bosnien und Herzegowina zurückerlangen wollten.

(3) Die russische Aufforderung (Juli 1908), in eine Erörterung der strittigen Fragen einzutreten, aufgreifend, sicherte sich Ährenthal in Buchlau (16. 9. 1908) das grundsätzliche Einverständnis Isvolskijs zur Annexion der Provinzen. Diese Zustimmung setzte Wien in eine Aktion um (7. 10. 1908), während Isvolskij noch auf einer Rundreise durch die europäischen Hauptstädte war, um

dort die Chancen für eine Revision des Meerengenstatuts zu erkunden. Da er in Paris auf Desinteresse stieß und in London eine Absage erhielt, konnte Isvolskij das „Geschäft" von Buchlau innenpolitisch nicht verteidigen. Petersburg verlangte die Einberufung einer internationalen Konferenz. In Berlin meinte man (Bülow), Wien für die Bündnistreue auf der Algeçiras-Konferenz Dank zu schulden, und kalkulierte: Wenn die anderen Mächte die Konferenz zu einer Einigung auf Kosten Wiens nutzen wollten, dann sollten die Mittelmächte umgekehrt versuchen, durch Verhinderung einer Konferenz England und Rußland den „Zankapfel" „Meerengenfrage" vor die Füße zu werfen.

Über den Geist von „Reval" – d. h. Rußlands Beteiligung an der englischen „Einkreisungspolitik" – verärgert, wollte Berlin beiden einen Strich durch die Rechnung machen. Um sich voll auf die Balkankrise konzentrieren zu können, wollte Bülow die als lästig empfundene Marokkofrage abstoßen. Signale französischer Verständigungsbereitschaft auch über andere Fragen (Bagdadbahn) aufgreifend, konnte das Reich durch das deutsch-französische Marokko-Abkommen vom Februar 1909 gleichsam das französisch-russische Bündnis neutralisieren. Das wirkte sich auf die zweite Phase der Bosnienkrise aus. Auf Serbiens Mobilmachung konterte Wien mit dem Verlangen nach einer Wohlverhaltensklausel Belgrads gegenüber dem Vielvölkerstaat, während Isvolskij erneut die Einberufung einer Konferenz verlangte. Das Deutsche Reich gewährte seinem Verbündeten volle Rückendeckung und zwang Rußland, das sich von Frankreich im Stich gelassen fühlte, durch ein Ultimatum (21./22. 3. 1909) zur diplomatischen Kapitulation. Rußland mußte seinem serbischen Schützling militärischen Widerstand gegen Wien ausreden; Serbien und Rußland mußten die Aufhebung des Artikels 25 des Berliner Vertrags – d. h. die Annexion Bosniens und der Herzegowina durch Österreich-Ungarn – ohne Vorbehalt anerkennen.

Deutsch-französisches Zwischenspiel

Eine Folge der Bosnienkrise war, daß Italien zur Wahrung seiner Balkaninteressen Anlehnung bei Rußland suchte. Im Geheimvertrag von Raccognigi (24. 10. 1909) legte Italien sich gegen die Vorherrschaft seines formalen Verbündeten Österreich-Ungarn auf dem Balkan fest. Rußland sagte Italien „freie Hand" für den Fall der Auflösung des Osmanischen Reiches in der Tripolis-Frage zu. In Reaktion auf die diplomatische Niederlage in der Bosnienkrise steigerte das Zarenreich seine Verteidigungsausgaben für Heer und Marine. Von England und Frankreich vermeintlich „im Stich gelassen", wurde der Nationalismus der Balkanländer der Hauptverbündete Petersburgs für eine aktive Balkanpolitik. Die Schwierigkeit, Gegensätze – vor allem zwischen Serbien und Bulgarien – auszugleichen, und die Erfahrung, daß die „slawischen Nationen" ihre jeweils eigenen Ziele verfolgten, veranlaßten allerdings die russische Außenpolitik, sich zumindest phasenweise um die Verbesserung der Beziehungen zum Deutschen Reich, aber auch mit Wien zu bemühen.

Folgen der Bosnienkrise

Das Interesse des Reiches am Draht nach Petersburg beruhte darauf, daß die neue Phase des Flottenwettrüstens (Dreadnoughtbau) eine erhebliche Verschiebung in den Relationen Flotten-/Heeresetat (1908–1911) nach sich zog. Nor-

Deutsch-russische Annäherung

male Beziehungen mit Rußland bildeten in dieser Phase die Voraussetzung für weltpolitische Aktivitäten und für die Bereitstellung erheblicher Mittel für den Flottenbau. Dabei bot Berlin Petersburg hin und wieder sogar an, die Unterstützung der Donaumonarchie in Balkanfragen einzuschränken, falls Rußland sich der „antideutschen" Politik Englands verweigere. Dieser beim Monarchentreffen in Potsdam (in Anwesenheit der Außenminister, 3./4. 11. 1910) unternommene Vorstoß sollte den Kontrapunkt zum englisch-russischen Treffen in Reval zwei Jahre zuvor setzen. Der drohende Zusammenbruch der englisch-russischen Einflußzonenteilung in Persien bot Bethmann-Hollweg einen Hebel, um – à la Holstein/Bülow – die deutsch-russische Annäherung als Druckmittel gegenüber England anzusetzen. Deutlicher als um die Jahrhundertwende zeigte sich die Brüchigkeit der deutsch-russischen Abmachungen. Nach Demarchen des englischen und französischen Botschafters wollte Sazanov nicht mehr zu den in Potsdam gemachten Zusagen – betreffend Bagdadbahn und Konsultationen im Fall einer Gefährdung des Status quo im „Orient" – stehen.

Bethmann Hollwegs Englandpolitik

Diese Erfahrung bestätigte Bethmann Hollweg darin, die deutsch-englischen Spannungen direkt anzugehen, d. h. die Flottenpolitik zu überprüfen und mit London über weltpolitische Einzelfragen (Kolonien, Bagdadbahn) ins Gespräch zu kommen. Abmachungen in imperialistischen Fragen – ähnlich den Ententen – hatten zudem den Vorzug, daß Rußland und Frankreich an derart begrenzten Abkommen weniger Anstoß nehmen konnten als an einer Generalbereinigung in der Flottenrivalität, von deren Fortdauer beide Mächte profitierten.

Flottenbegrenzung und „Neutralität" Englands

Angesichts der sicheren Überlegenheit der englischen gegenüber der deutschen Schlachtflotte ging es für London nicht primär um die deutsche Flottengefahr, sondern darum, wem die Dirigentenrolle im „Concert of Europe" zufalle. Für die Änderung der Flottenpolitik konnte der Reichskanzler den Kaiser und Tirpitz nur dann gewinnen, falls England einer weitreichenden Neutralitätsformel zustimmte. Das war so gut wie aussichtslos, da das englische Kabinett Neutralität mit Selbstisolierung assoziierte. Den Ausweg erblickten Bethmann Hollweg und Kiderlen-Wächter darin, mit England bei der Beilegung europäischer Krisen zusammenzuarbeiten, um dann den Konfliktherd „Flottenfrage" stillzulegen. Die Fühlungnahmen verdichteten sich zu Verhandlungen, nachdem in der zweiten Marokkokrise die Gefahr eines europäischen Krieges deutlich geworden war. London hatte die Hochseeflotte nach den Juli-Manövern im Mobilmachungszustand gehalten und mit Frankreich Generalstabsgespräche über den Einsatz der „British Expeditionary Force" im Kriegsfall aufgenommen.

2. Marokkokrise

Die zweite Marokkokrise entwickelte sich von einem deutsch-französischen Zusammenstoß zu einer deutsch-englischen Konfrontation. In der Annahme, daß Deutschland mit dem Abkommen vom Februar 1909 seine politischen Ansprüche aufgegeben habe, schickte das französische Außenministerium sich an, den Bürgerkrieg zwischen den Anhängern des Sultans und dessen Bruder für die Errichtung eines Protektorats über Marokko auszunutzen. Die Strategie des deutschen Außenministers Kiderlen-Wächter, Anfang Mai 1911 *vor* der Entsendung französischer Truppen nach Fez festgelegt, sah vor, ein Faustpfand zu nehmen und Frankreich zu nötigen, dieses gegen die Abtretung des französischen Kongo — als Kern eines künftigen „deutschen Mittelafrika" — zurückzuerhalten. Statt die anderen Mächte die deutschen Kompensationswünsche wissen zu lassen und auf schnelle Gesprächsaufnahme mit Paris hinzuwirken, erweckten die Landung des Kriegsschiffes „Panther" in Agadir (1. 7. 1911) und die Anklage, Frankreich habe die Algeciras-Akte verletzt, den Eindruck, als ob Berlin erneut demonstrieren wolle, daß die deutsche Macht in alle Teile der Welt reiche. Pfandnahme und Kompensationsforderungen galten als übliche Phase des imperialistischen Poker. Doch die deutsche Flottendemonstration brachte eine weitere Dimension ins Spiel. England wollte den deutschen „Militarismus" nach dem Auftrumpfen in der Bosnienkrise gegenüber Rußland nicht ein zweites Mal ungestraft davonkommen lassen, zumal das Reich dieses Mal Frankreich — nach der Ablehnung der deutschen Kompensationswünsche (17. 7. 1911 betr. Kongo) — militärisch unter Druck setzte. Gegen Vorbehalte des Kaisers und des Reichskanzlers setzte Kiderlen-Wächter die vermeintlich Bismarck nachempfundene These durch, daß das Reich nur etwas erreichen könne, wenn es sich zu allem entschlossen zeige. Auf diplomatischen Weg und durch Schatzkanzler Lloyd Georges Mansion House-Rede (21. 7. 1911) rechtfertigte England seine Intervention damit, daß es nicht tatenlos zusehen könne, falls Europa gewaltsam eine Friedensordnung aufgezwungen werde. Der russische Verbündete Frankreichs hingegen bekräftigte gegenüber Berlin im August 1911 die Abmachungen von Potsdam (vom November 1910) und ließ Frankreich wissen, daß eine militärische Auseinandersetzung über Marokko keinen Bündnisfall darstellen würde. Man kann dies als russisches Gegenstück zum französischen Desinteresse in der Bosnienkrise werten.

<small>England interveniert gegen das Auftrumpfen deutscher Drohpolitik</small>

Von England massiv unterstützt, weigerte sich die französische Regierung, ihrerseits dem Reich Konzessionen anzubieten. Ministerpräsident Caillaux, der die Marokkoverträge zwischen Deutschland und Frankreich vom 4. 11. 1911 in Geheimverhandlungen unter Umgehung des Quai d'Orsay vorbereitet hatte, äußerte am Tag der Unterzeichnung gegenüber dem englischen Botschafter Lord Bertie, ohne Bindung an England hätte Frankreich längst eine Verständigung mit Berlin erreicht. Eine durch den Abzug französischer Gelder verschärfte Börsenkrise in Berlin (um den 9. 9. 1911) und Rußlands Drängen auf die Aufnahme von Verhandlungen veranlaßten die Reichsleitung, die Marokko-Affäre zu beenden. Das Abkommen vom 4. 11. 1911 legte das französische Protektorat über Marokko und deutschen Gebietserwerb im inneren französischen Kongo fest; es rief in Deutschland Proteststürme gegen die schwächliche Außenpolitik Bethmann Hollwegs hervor. Die Tendenzwende zum radikalen Nationalismus, die auch in Frankreich (sichtbar in gehässigen Kampagnen gegen Caillaux), in Rußland, in England und in Italien nach dem heißen Sommer 1911 eintrat, belastete den Neubeginn der deutsch-englischen Gespräche. Bethmann Hollweg und Kiderlen-Wächter wünschten sie, um den Vorrang der Heeresrüstung zu akzen-

<small>Deutsch-französisches Abkommen</small>

<small>Neubeginn deutsch-englischer Verhandlungen</small>

tuieren und weil die Agadirkrise gezeigt hatte, daß man England nicht übergehen konnte. Bethmann Hollweg wollte die aufgrund der Flottennovelle von 1908 fällige Reduzierung auf das Zweiertempo im Zeitraum 1912–1917 verwirklichen und darüber hinaus eventuell die von London angebotene 2 : 3-Relation auf die jährlichen Bauprogramme (statt auf die Sollstärken im Zieljahr) anwenden. Demgegenüber versuchte Tirpitz, die nationalistische Welle auf die Mühlen seiner Flottenpolitik zu lenken, um das 3er Tempo wiederherzustellen [Briefwechsel Bethmann Hollweg/Tirpitz, September/Oktober 1911]. Der Kaiser stimmte am 5. 12. 1911 dem Vorschlag Bethmann Hollwegs zu, die Armee zu verstärken und die Flottenvorlage – auch wegen der mit Großbritannien vereinbarten Gesprächsrunde – auszusetzen. Außenminister Grey hatte im Unterhaus (27. 11. 1911) eine Politik der Annäherung an Deutschland ohne Gefährdung der Ententen, insbesondere Verhandlungsbereitschaft in Kolonialfragen angekündigt. Die über private Kanäle (Ballin–Cassel) vorbereitete direkte Kontaktaufnahme in der Flottenfrage, die in den Besuch des „stellvertretenden" Außenministers Haldane in Berlin einmündete (8./9. 2. 1912), sollte Tirpitz' Novelle zu Fall bringen. Doch Tirpitz durchschaute die Taktik des Reichskanzlers. Mit der Veröffentlichung der Vorlage am Vorabend des Haldane-Besuches belastete er die Gespräche. Die inhaltliche Prüfung der Novelle durch die Londoner Admiralty (Mitte Februar 1912) ergab, daß Tirpitz die Kriegsbereitschaft der deutschen Marine durch die Indienststellung eines 3. einsatzfähigen Geschwaders schlagartig verbessern wollte. Die zwischen Haldane und Bethmann Hollweg/Wilhelm II. erörterte Verlangsamung des Flottenbautempos schien nunmehr inadäquat. Tirpitz' Forderung, nur eine Erklärung der uneingeschränkten Neutralität Englands könne die Hintanstellung der Novelle rechtfertigen, bedeutete, daß die Reichsleitung die politische Verständigung zuerst angehen mußte. Diese stand aber wegen der Diskrepanz zwischen der englischen und der deutschen (Tirpitz/Wilhelm II.) Definition von Neutralität nicht in Aussicht. Bethmann Hollwegs Formel einer „bedingten Neutralität" (gültig nur im Fall eines unprovozierten Angriffs von 3. Seite) ging Grey noch zu weit und Tirpitz nicht weit genug. Der Reichskanzler konnte die Flottenvorlage nicht aufhalten, die im April 1912 im Reichstag behandelt und im Mai verabschiedet wurde. Nach dem Fehlschlag der Haldane-Mission kam das Thema Flottenbegrenzung nicht mehr ernsthaft auf den Tisch deutsch-englischer Verhandlungen. London reagierte mit der Aufstockung des Bauprogramms sowie mit Änderungen in der Disposition der Flotte, die im Grey-Cambon-Schriftwechsel (November 1912) besiegelt wurden. England versprach Frankreich den Schutz der „vernachlässigten" Nordseezone und Frankreich den Schutz der von England hintangestellten Operationsräume im Mittelmeer. Der Abschluß einer französisch-russischen Marinekonvention und Poincarés Staatsbesuch in Petersburg im August 1912 zeigten an, daß auch Rußland und Frankreich einander in künftigen Krisen diplomatischen Flankenschutz und militärischen Beistand leisten wollten.

Trotz dieses Rückschlages gab das Deutsche Reich die Bemühungen um eine

Verständigung mit Großbritannien keineswegs auf. So verfolgte Kiderlen-Wächter im Sommer/Herbst 1912 eine Balkanpolitik, die die Interessen der Donaumonarchie hinter das deutsche Interesse an einer Verbesserung der Beziehungen mit England zurückstellte. Durch den Nachweis der Kooperationsbereitschaft mit London gerade in Balkanfragen hofften Bethmann Hollweg, Kiderlen-Wächter und dessen Nachfolger Jagow, daß England auf die Gefährlichkeit der Ambitionen Rußlands und des Panslawismus aufmerksam gemacht und insofern von der antizipierten „deutschen" Gefahr abgelenkt werden könnte.

<small>Balkanpolitik als Testfeld deutsch-englischer Zusammenarbeit</small>

Weitreichende Waffenerfolge der Balkanstaaten gegen die Türkei riefen im Spätherbst 1912 die Großmächte auf den Plan. Rußland sah zeitweilig seine Ansprüche gefährdet, doch blieb es ihm erspart, gegen einen seiner Protégés einzuschreiten, da die Türkei den bulgarischen Vorstoß bis kurz vor Istanbul abwehrte. Wien drängte Albanien, seine Unabhängigkeit von der Türkei zu erklären (28. 11. 1912), und zwar, um Serbien den Weg zur Adria zu verlegen; daran war auch Italien interessiert. Unter dem Druck des Generalstabs und der panslawistischen Agitatoren, aber auch aufgrund der Kritik Frankreichs an der schwächlichen Reaktion Rußlands auf den Albanien-Coup der Donaumonarchie, griff Petersburg die Proteste Serbiens auf und ersuchte London, eine Friedenskonferenz einzuberufen. Die deutsche Regierung unterstützte Wien in der für die Donaumonarchie lebenswichtigen Frage. Sie mahnte den Verbündeten aber gleichzeitig – auf englisches Drängen – zur Mäßigung. Im innenpolitischen Feld bewog die Reichsleitung den Parteivorstand der SPD (29. 11. 1912) zur Respektierung der Bündnisverpflichtungen, wobei für die Parteiführung ins Gewicht fiel, daß Bethmann Hollweg Wien seit Monaten größere Zurückhaltung nahegelegt hatte. Auf die Treuebekundung des Reichskanzlers zu Österreich-Ungarn im „Kampf des Germanentums gegen das Slawentum" (2. 12. 1912 im Reichstag) antwortete die englische Regierung (3. 12. 1912), daß England im Fall eines kontinentalen Krieges nicht neutral bleiben könne, da das Reich sonst allmächtig würde. Für den Kaiser stand diese Ankündigung im Zusammenhang mit einem erwarteten Kriegsausbruch an der Adria, und er berief den sogenannten „Kriegsrat" (8. 12. 1912) ein. Auf der Londoner Botschafterkonferenz (Beginn 17. 12. 1912) wirkten die deutsche und die englische Diplomatie jedoch wieder zusammen.

<small>Die Adriakrise November/Dezember 1912</small>

<small>„Kriegsrat" 8. 12. 1912</small>

Aus den Wirren der Balkankriege 1912/13 ragt eine Episode hervor: Berlin begrüßte den Wiener Kraftakt gegen Serbien (Ultimatum vom 11. 10. 1913), das sich durch die hartnäckige Weigerung zum Truppenabzug aus Albanien isoliert hatte. Wenige Tage vor dem Ultimatum hatte die Reichsleitung in London vorgefühlt, ob man Wiens Konfliktkurs gegenüber Serbien gemeinsam aufhalten sollte. Wilhelm II. und Moltke hingegen ließen Wien wissen, daß das Reich vollauf die Absicht billige, Serbien unter Kontrolle zu bringen. Sie hatten dafür Rückendeckung garantiert; sie gingen davon aus, daß die „anderen" noch nicht „fertig" seien und also einen Kriegsausbruch nicht riskieren würden. Die gegenläufigen Aktionen der politischen Amtsträger und der Militärs – Generalstabschef

<small>Vorspiel zur Doppelaktion in der Juli-Krise. Die Episode vom Oktober 1913</small>

Moltke und der Kaiser als „oberster Kriegsherr" – in dieser Krisensituation waren Vorläufer der Vorgänge in der Julikrise. Mit der Ausstellung einer Blankovollmacht wollten der Kaiser und der Generalstab den Selbstbehauptungswillen des Verbündeten stärken. Durch eine diplomatische konzertierte Aktion zwischen London und Berlin wollten hingegen Reichskanzler und Außenminister den Konfliktfall beilegen – ihn zumindest lokalisieren.

<small>2. Vorspiel: Frankreich erstreckt den Bündnisfall auf Balkankrisen</small>

Die Ähnlichkeit im Verhalten in der Julikrise 1914 und in der Herbstkrise 1913 betrifft auch Frankreichs Politik. Poincaré beantwortete im November 1913 zum ersten Mal die deutsche Rückendeckung für Wien mit der Zusicherung an Rußland, daß eine deutsche Intervention automatisch Frankreichs Beistand für Rußland auslösen werde. Die französische Bereitschaft, den „casus foederis" auf den Balkan einschließlich der Meerengen zu erstrecken, sollte nicht nur den moralischen Zusammenhalt der Allianz stärken, sondern hatte auch ökonomische Interessen im Blick. Ein wesentlicher Teil des russischen Außenhandels wurde über die Meerengen abgewickelt, und die Bedienung der französischen Anleihen hing vom Erlös aus den russischen Getreideexporten ab. Für den Zaren und für Sazanov war die Vorherrschaft einer anderen Großmacht über den Bosporus und die Meerengen gleichbedeutend mit der Unterjochung der Wirtschaft Südrußlands unter diese (deutsche) Macht.

<small>Liman von Sanders-Krise: Entschlossenheit, „den Kampf anzunehmen"</small>

Die Sorge der Politiker und Diplomaten, ein Nachgeben werde beim Verbündeten den Eindruck erwecken, man gebe um der Erhaltung des Friedens willens klein bei, führte bereits in der letzten Krise am Vorabend des Weltkrieges, in der Liman von Sanders-Affäre (November 1913–Februar 1914), dazu, daß die Entschlossenheit wuchs, bei nächster Gelegenheit „den Kampf anzunehmen". Rußland bemühte sich um den Abschluß einer Marinekonvention mit England in Analogie zur französisch-russischen und englisch-französischen und als Vorstufe zum Dreibund. Über die englisch-russischen Marinegespräche seit Mitte 1914 war Berlin durch ein Mitglied der russischen Botschaft in London (von Siebert) informiert. Die Nachricht veranlaßte den Reichskanzler, über Vertrauensjournalisten (Th. Wolff, O. Hoetzsch) Informationen zu lancieren, in der Hoffnung, die Vorbehalte der englischen Linksliberalen und die Abneigung eines Ministerflügels im britischen Kabinett gegen eine Umwandlung der Ententen in ein antideutsches Bündnissystem wachzuhalten. Umgekehrt bemühte sich Frankreich, von „profranzösischen" Einflüssen im Foreign Office unterstützt, von London die definitive Zusage zu erhalten, daß England im Konfliktfall auf der Seite der Allianz stehen werde.

<small>Englisch-russische Marinegespräche</small>

e) Julikrise 1914

<small>Julikrise 1914</small>

In der durch das Attentat von Sarajewo auf Erzherzog Franz Ferdinand (28. 6. 1914) ausgelösten Julikrise liefen die verschiedenen Konfliktlinien zusammen. In der Schlußphase wurden sie auf doppelte Weise kurzgeschlossen – durch die Militärstrategien und Bündnisabsprachen und durch den Serbien von

Rußland empfohlenen Schachzug, es solle sich den Großmächten anvertrauen (23. 7. 1914), d. h. die Konferenzdiplomatie gegen Österreich-Ungarn kehren.

Das Attentat des Bosniaken Princip war das Werk der radikal-nationalistischen Geheimorganisation „Schwarze Hand", die seit der „Kapitulation" der Regierung Pasič im März 1909 die offizielle Außenpolitik Serbiens durch eine Strategie vollendeter Tatsachen, auf den Kurs eines Befreiungskampfes der Südslawen gegen die Doppelmonarche drängen wollte. Der wirkliche Leiter der „Schwarzen Hand", General D. Dimitrievic, war Chef des serbischen Geheimdienstes und stand im Kontakt mit dem russischen Militärattaché in Belgrad, Artamanov. Die Einschätzung, daß Wien berechtigt sei, eine Strafaktion zu verhängen, war nicht auf die Mittelmächte beschränkt. Die Sympathien versandeten, je länger Wien seine Forderungen an Serbien zurückhielt bzw. dann am 23. 7. 1914 überzogene, auf ein Polizeiprotektorat hinauslaufende Ansprüche ultimativ unterbreitete. Die Verzögerung der „Strafaktion" hing damit zusammen, daß (1) der ungarische Ministerpräsident Tisza gegen einen Krieg eintrat und erst nach der Erklärung des deutschen Botschafters Tschirschkys, Berlin decke eine Präventivaktion gegen Serbien, überspielt werden konnte; (2) zuvor die Ernte eingebracht werden sollte (Berchtold gegenüber Conrad); (3) das Ultimatum nicht vor oder während des Staatsbesuches Poincarés in Petersburg vorliegen sollte. Generalstabschef Conrad rechnete angesichts der Streikwellen und sonstiger innenpolitischer Schwierigkeiten in Rußland nicht mit einer konsequenten Sekundantenrolle des Zarenreiches für Serbien. Die dem Wiener Sonderbotschafter Graf Hoyos am 5./6. Juli 1914 erteilte Blankovollmacht des Reiches bedeutete, daß Berlin den Sekundanten spielen würde, komme, was da wolle. Österreich-Ungarn verfuhr aber nicht nach Plan R (Offensive in Galizien zur Entlastung der VIII. deutschen Armee in Ostpreußen), sondern vollzog die Mobilmachung am 24./25. 7. 1914 entsprechend Plan B, d. h. Strafaktion gegen Serbien. Nach dem Debakel in den Balkankrisen 1908/09 und 1912/13 war Rußland entschlossen, die Schutzmachtfunktion für Serbien diesmal durchzustehen. In Petersburg und in Paris ging man davon aus, daß Deutschland hinter Österreichs „neuer" Vitalität stecke und daß man dem deutschen Militarismus jeden weiteren Triumph verwehren müsse. Die Generalstäbe waren zuversichtlich, daß die Allianz dem „deutschen" Gegner gewachsen wäre. Poincaré und Ministerpräsident Viviani ermunterten Rußland bei ihrem Aufenthalt in Petersburg nicht zum Krieg; dies taten jedoch Botschafter Paléologue und Militärattaché de Laguiche (im Einvernehmen mit Generalstabschef Joffre). Sie beeinflußten jedoch Rußlands Optionen, indem sie die in Petersburg vorherrschende Ansicht bekräftigten, daß eine weitere diplomatische Niederlage eine untragbare Schwächung des Zweibundes bedeute. Erste Anzeichen einer festen Haltung Englands griff Poincaré (22. 7. 1914) auf, um Rußland aus seiner Untätigkeit heraus zur Aktion zu bewegen.

England erwartete von der deutschen Politik, daß sie zügelnd auf Wien einwirke. Greys erster Vermittlungsvorschlag (21. 7.) regte Gespräche zwischen

Wien und Petersburg an; diese Kontakte quer zu den Bündnissen kamen Poincaré ungelegen. Die Reichsleitung folgte dem englischen Rat jedoch erst am 27./28. 7., als Wien bereits den Krieg gegen Serbien erklärt hatte, und zwar mit dem Ziel, doch noch eine Lokalisierung des Konfliktes mittels der Formel „Halt vor Belgrad" zu erreichen.

Die deutsche Politik des kalkulierten Risikos

Nachdem die Ausgangshypothese der deutschen Strategie des „kalkulierten Risikos", — nämlich Serbien und Rußland durch eine schnelle, von Militärmacht flankierte politische Offensive schachmatt zu setzen und die Entente zu sprengen [378, HILLGRUBER], — von den Ereignissen überholt worden war, beruhte die Möglichkeit, den Krieg zu lokalisieren, im wesentlichen darauf, daß Deutschland seinen Verbündeten zu Direktverhandlungen mit Rußland drängte. Die von Bethmann Hollweg gestartete Aktion (27. 7.), ein Faustpfand zu nehmen („Halt vor Belgrad") und das Ausmaß der Strafaktion einer Vereinbarung mit Rußland vorzubehalten, hatte jedoch nur begrenzte Erfolgschancen. Denn zum einen blockte Wien den Rat der Reichsleitung zur Mäßigung ab und eskalierte später (29. 7.) den Konflikt (Bombardierung Belgrads), weil es die diplomatischen Dämpfungsversuche ausdrücklich beenden wollte. Zum anderen hatte Rußland bereits die Vormobilmachung in den vier südlichen Militärbezirken (25. 7.) eingeleitet, wodurch Wien signalisiert werden sollte, daß die Zarenmacht hinter Serbien stehe. Ferner hatte Serbien noch vor der Übergabe der Antwortnote am 25. 7. seinerseits mobil gemacht.

Die deutsche Taktik, Rußland die Kriegsschuld anzulasten

Der deutsche Vorschlag, Direktverhandlungen zwischen Wien und Petersburg zu führen, bezweckte, Rußland den „schwarzen Peter" zuzuspielen. Rußland konnte entweder die Lokalisierung des Konfliktes zulassen, d. h. Serbien ins Unrecht setzen und sich — nach eigenem wie nach deutschem Kalkül — in den Augen Frankreichs und Englands als Alliierten diskreditieren; oder Rußland löste den allgemeinen Krieg aus — dies würde der deutschen Politik die Begründung liefern, um von einem Verteidigungskrieg zu sprechen und die Aversionen der Sozialdemokraten gegen das Zarenreich mobilisieren, d. h. den Burgfrieden im Inneren schaffen zu können [425, ZECHLIN].

Die englische Linie

Das britische Kabinett war — im Unterschied zu den Spitzenkräften im Foreign Office, dem Generalstab und den Konservativen — darauf eingestimmt, in einem Konflikt zwischen dem Zwei- und dem Dreibund nicht Partei nehmen zu müssen (Grey gegenüber ausländischen Botschaftern, 23./24. 7. 1914). Frankreich und Rußland intensivierten ihren Druck auf London, eher dem Zweibund zu helfen als ihm in die Quere zu kommen. Der späte Vorstoß Greys (1. 8. 1914), Deutschland solle die belgische Neutralität respektieren, dafür werde England Frankreichs Neutralität gewährleisten, war ein ernstgemeinter Schritt zur Friedenssicherung. Wilhelm II. war bereit, diesen Vorschlag aufzugreifen, obwohl er am 29. 7. auf Drängen des Generalstabschefs dem Reichskanzler Zeit für Gespräche mit London vorenthalten hatte. Der Schritt Greys enthüllte aber auch, wie wenig der englische Außenminister die Mechanismen der französisch-russischen Allianz begriff, auf die er England „moralisch" festgelegt hatte.

Angesichts der durch das Kaiserwort „Jetzt oder nie" (3. 7. 1914) und durch die Äußerungen Moltkes in den Generalstabsgesprächen (Mai 1914) demonstrierten Entschlossenheit, Österreich-Ungarn gegebenenfalls zum Krieg gegen Serbien zu drängen, hingen die Chancen zur Lokalisierung des Serbisch-Habsburgischen Konfliktes letztlich davon ab, ob dem Reichskanzler die Zügelung der Präventivkriegsbereitschaft des Generalstabs gelang. Nach dem Kronrat (29. 7.) startete der Reichskanzler – parallel zur Aufforderung an Wien, englische Vermittlungsversuche nicht schroff abzulehnen – den Versuch, die englische Neutralität mit dem Versprechen sicherzustellen, Belgiens Status nach Kriegsende wiederherzustellen und Frankreich (freilich ohne die Kolonien zu erwähnen) kein Gebiet abzunehmen. Durch die Zusage Moltkes gegenüber Conrad (am Abend des 30. 7.), daß das Reich die russische Teilmobilmachung mit einer Generalmobilmachung beantworten werde, wurden die Initiativen der Reichsleitung vom Generalstab als gescheitert abgestempelt. Im übrigen bestärkte die über den englischen Botschafter Goschen laufende Aktion Bethmann Hollwegs in England lediglich den Verdacht, daß das Reich einen schnellen Erfolg über Frankreich auf „billige Weise" erzielen wolle. Der Vorschlag ähnelte in seinem Zuschnitt zwar dem für London gerade noch akzeptablen „Halt vor Belgrad" – Konzept; er ignorierte aber, daß England die „low countries" – und dazu rechnete seit 1903/04 von der Sicherheitsfunktion her auch Frankreich – nicht als Faustpfand zur Disposition Deutschlands stellen konnte. Grey ließ Berlin wissen (über Botschafter Lichnowsky, gleichfalls am 29. 7. abends), daß England in den Krieg eintreten werde. Als dies in der Reichshauptstadt bekannt wurde, entfiel für Bethmann Hollweg die Grundlage, um Aufschub für diplomatische Kontakte gegenüber der Forderung Moltkes geltend zu machen, Rußland und Frankreich zu einer klaren Antwort zu zwingen, ob sie den Krieg wollten oder nicht. Die deutschen Militärs argumentierten, daß die am 30. 7. (abends) eingeleitete russische Mobilmachung den Krieg bedeute. Jedes diplomatische Manöver lasse den Feind näher an Berlin heranrücken und verschlechtere automatisch die Chancen für einen erfolgreichen Westfeldzug. Moltkes Diktum (1. 8. 1914), es sei unmöglich, im Westen eine Defensive zu beziehen, vielmehr dürfe keine Zeit verloren gehen, machte der Reichsleitung erstmals klar, daß die Strategie des Schlieffen-Plans, d. h. die durch die Festlegung auf die sofortige Einnahme Lüttichs bedingte Fast-Identität von Mobilmachung und Kriegseröffnung, das Kommando über die deutsche Politik beanspruchte.

<small>Die deutsche Politik: Bethmann Hollweg versus Moltke</small>

Die Frage nach Kriegsursachen und Kriegsschuld muß folgende Faktoren und Ereignisketten in ihre Bilanz aufnehmen:

<small>Kriegsursachen und Kriegsschuld</small>

– In Wien waren Hof, Politik und Militärs unfähig, beherrscht auf Serbiens Unrechtstat zu reagieren. Man hatte schon vor dem Attentat von Sarajewo nicht verstanden, eine Balkanordnung mit dem Ziel einer Eindämmung großserbischer Ambitionen zu arrangieren und durch Reformen im Inneren zugunsten der slawischen Völker der serbischen Herausforderung die Stoßkraft zu nehmen.

- Ähnlich wie die Berater Kaiser Franz Josephs (Berchtold, Conrad), so drängten auch Sazanov und die russischen Militärs den Zaren, daß ein Entschluß zum Krieg für das Regime legitimierend wirken, d. h. die Stützgruppen der Monarchie bei der Stange halten werde. Innenpolitisch in die Defensive gedrängt, wuchs die Bereitschaft zu Offensivaktionen gegen einen Gegner, den man durch Nationalitätenkonflikte außenpolitisch für aktionsunfähig hielt.
- Im Unterschied zu den Krisen vor 1914 glaubten sowohl *Paris* (Poincaré) als auch *Berlin* (Bethmann Hollweg, Moltke), daß man nicht mehr die Option habe, Rußland bzw. Österreich-Ungarn die Kriegsbereitschaft entschlossen auszureden. Der Partner sollte Prestigeerfolge erkämpfen, um einem selbst in Zukunft als wertvoller Verbündeter dienen zu können. Die Bereitschaft, über die Selbstbehauptung der Blöcke hinauszudenken und Rückzugspositionen vorzubereiten, war vor der Julikrise erschöpft und machte der Einstellung Platz, das Risiko eines Kriegsausbruchs annehmen zu müssen.
- Die Kräfte, die — wie Bethmann Hollweg oder Kokovzov — vor einem Krieg warnten, weil dieser zum Zerfall des Reiches führen könnte, wurden vor der Julikrise gestürzt (Kokovzov im Februar 1914) oder in der Julikrise an den Rand gedrängt. Sowohl in Berlin als auch in Petersburg hatte sich in militärischen Kreisen, aber auch unter Diplomaten und Politikern die Auffassung eines kommenden großen Krieges gefestigt, in dem es um die Vorherrschaft zwischen den Mittelmächten oder einer Entente ging, in der Rußlands Gewicht bestimmend sein würde.
- Die *deutsche Politik* schließlich nahm sehenden Auges das Risiko eines kontinentalen Krieges in Kauf — allerdings kalkulierte man, daß Frankreich und England nicht unbedingt einer intransigenten russischen Politik zur Deckung Serbiens folgen würden und daß Rußland vielleicht doch nicht den Konfliktkurs innenpolitisch durchstehen könnte. Aus der Furcht heraus, Rußland könne dank seines Übergewichtes in wenigen Jahren Deutschlands Wohlverhalten auch ohne Krieg erzwingen, ging Berlin das Risiko ein, die Kriegswilligkeit des Zarenregimes zu testen. Diese politische Zielsetzung ging von der Voraussetzung aus, daß die deutsche Militärmacht auf Rußland noch abschreckend wirke. Wiche Rußland jetzt zurück, würde es sich auch von den „Westmächten" separieren. Die deutsche Politik, die in der ersten Phase der Julikrise den Verbündeten nicht zum zügigen diplomatischen Agieren hatte bewegen können, geriet in der zweiten Phase der Krise — nach dem 22./23. 7. — in den Zugzwang der vom Generalstab gegenüber Wien verfolgten krisenverschärfenden Präventivkriegspsychose. Die Mitteilung (23./24. 7.), daß Wien den Krieg gegen Serbien erst am 10. 8. voll werde führen können, Rußland aber schon die Teilmobilmachung einleite, zwang die deutsche Militärführung, Österreich-Ungarn ebenso wie Rußland zu erklären, daß die russische Teilmobilmachung Krieg mit dem Reich bedeute. Österreich-Ungarn entzog der Planung des deutschen Generalstabs die Basis, denn diese hatte

österreichische Aktionen gegen Rußland in Galizien als Entlastung für die deutsche Ostpreußenarmee während der deutschen Angriffskriegsaktionen gegen Frankreich einkalkuliert. Die wachsende Überzeugung Bethmann Hollwegs und des Auswärtigen Amtes, daß das Reich nicht umhin könne, Machtmittel zur Einschüchterung Rußlands aufbieten zu müssen, war ein Grund mehr, warum die Politik sich dem Urteil der Militärs beugte. Angesichts der wachsenden Stärke Rußlands befürchtete Bethmann Hollweg, daß ein Rat zur Mäßigung den Wiener Verbündeten in die Arme der „Kapitalmacht" Frankreich treiben könnte und das Reich nur noch auf sich selbst gestellt einer Welt von Feinden gegenüberstände.

Die Faktoren, die zur Kriegsbereitschaft der europäischen Mächte führten, waren vielschichtig: Die Prestigesucht, aufzutrumpfen und dem Verbündeten zu imponieren; die Konfliktbereitschaft auf Seiten fast aller Regierungen und ihrer Stützgruppen; das Zusammentreffen mehrerer festverwurzelter Antagonismen; die erschreckende Unkenntnis oder Unachtsamkeit der Kabinette und Auswärtigen Ämter über die ihrer Politik von der Militärstrategie angelegten Fesseln; die Unfähigkeit der „zivilen" Instanzen in den drei östlichen Kaiserreichen, ihre Verantwortlichkeit gegenüber den Militärs als Ratgeber der Monarchen zum Ausdruck zu bringen. All dies führte dazu, daß die Julikrise im Unterschied zu den vorhergehenden Krisen tatsächlich zum Kriegsausbruch führte. Die Politiker und Diplomaten, die nicht vermochten, „Sicherheit" vor Erpreßbarkeit zu erzielen, bestellten gleichsam in der Julikrise die Militärs als Nothelfer, die durch schnelle und durchgreifende offensive Kriegsführung den Beziehungen zwischen den Mächten eine entscheidende Wende zum eigenen Vorteil bringen sollten.
[456, FARRAR].

II. Grundprobleme und Tendenzen der Forschung

1. Das Zeitalter des Imperialismus

Periodisierung — Das Problem der Periodisierung, der Eingrenzung der Epoche, und die Interpretation der in ihr vorherrschenden wirtschaftlichen, politischen und kulturellen Strömungen unter dem Aspekt, ob sie auf einen Hauptnenner gebracht werden können und ob der auf diese Weise konstituierte Epochen-Begriff „Imperialismus" heißen solle, sind bestimmend für das historische Verständnis des Zeitraumes 1890–1914. Über den ersten Teil des Fragenkomplexes gibt es einen weitgehenden Konsens: (1885) 1890–1914(18) bildet eine gängige Epoche, sei es als Ausklang des 19. Jahrhunderts, als Endglied im Zeitalter Europas, oder als zweite Phase in der „Transformation Europas" [113, N. Stone]. Besonders aus amerikanischer Sicht werden die Besonderheiten des 19. Jahrhunderts als Zeitalter Europas hervorgehoben, in welchem die Epoche des Imperialismus Höhepunkt, aber zugleich auch „Offenbarungseid" eines vergänglichen Herrschaftstraumes ist [87, R. F. Betts, False Dawn; 89, G. A. Craig, Europe; 94, F. Gilbert, End of an Era; 114, B. Tuchmann, Proud Tower].

Begriffsbestimmung „Imperialismus" — Erhebliche Schwierigkeiten bereitet es hingegen, eine angemessene begriffliche Konzeption zu finden. Der Grund dafür liegt im Zeitalter selbst, in den Verschiedenartigkeiten der nationalen Imperialismen; des russischen und des französischen, des britischen und des deutschen Typus. Von dieser Ausgangslage her hat die Wissenschaftsgeschichte unterschiedliche Bewertungen der Grundtendenzen des Zeitalters vorgenommen.

a) Interpretationsmuster

Die Schwierigkeiten, die Epoche 1890–1914 auf ihren Begriff zu bringen, resultieren überdies daraus, daß „Imperialismus" von vornherein Elemente enthält, die für das Zeitalter gar nicht spezifisch sein müssen. Imperialismus handelt von Herrschaft und Abhängigkeit [80, H. U. Wehler, Imperialismus]. Einige Interpreten meinen, „Mächtige" mit entwickelten Industriegesellschaften gleichsetzen und die übrige Welt unter „Abhängige" subsumieren zu können. Damit ist der Streit über grundsätzliche Interpretationsprobleme vorprogrammiert. Bedeutet Verfügungsgewalt über ökonomisches Potential immer schon die Chance zur Durchsetzung des eigenen Herrschaftsanspruches? Zielt diese Einflußnahme auf die Mehrung wirtschaftlicher Vorteile oder stets zugleich auch auf Disziplinierung des „politischen" Willens „Abhängiger"? Herrschen im wirtschaftlichen, kulturellen, politischen Leben in einer Epoche und in kleineren Aktions-Zeiteinheiten ursächlich zusammenhängende Antriebskräfte vor? Sind diese Impulse materielle Interessen oder bewegen auch „Ideen" nach ihrer eigenen Entwicklungslogik den von ihr erfaßten Kultur-, Politik- oder gar Wirtschaftsbereich? In den ökonomischen, den Sozialimperialismus-Theorien schlagen die von einer bestimmten Denkstruktur geprägten Antworten auf die Interpretationsmodelle durch (s. u.).

Werden der ökonomische und der politikhistorische Ansatz „Imperialismus – Herrschaft und Abhängigkeit" konsequent durchgeführt, besteht die Gefahr, daß der Bezug auf „Wirtschaft *und* Politik im Zeitalter 1890–1914" verlorengeht. Die in Anlehnung an F. PERROUX [133, Independence] entwickelten Theorien wirtschaftlicher Herrschaft umfassen Beziehungen zwischen Einzelunternehmen und Volkswirtschaften. Obwohl politikgeschichtliche Kriterien nicht eigens herangezogen werden, implizieren die Interpretationsmodelle politische Herrschaft. Demgegenüber konzentrieren A. D. LOW [171, Lion Rampant], W. J. MOMMSEN [174, Britisches Empire] die Begriffsbildung auf Formen der „imperial authority". Je nachdem, wie die errichtete Herrschaft sich legitimiert, wie Machtteilung und Machtverwaltung erfolgen, wie weit der Aktionsradius der imperialen Macht reicht, welche Stufenfolgen die „imperial authority" im Laufe ihrer Präsenz durchmacht, so unterschiedlich sind die Typen imperialer Herrschaft eines „Mutterlandes" in seinem Hoheitsgebiet.

„Herrschaft" und „Abhängigkeit"

Verkürzt wiedergegeben, bestimmen zwei Argumentationsmuster die Diskussion über Wesen und Typen des Imperialismus. Beide betrachten das Zeitalter von dessen (Fern)Wirkungen her:

Argumentationsmuster

(1) Ist das erkenntnisleitende Interesse an den Strukturproblemen der heutigen Weltwirtschaftsordnung ausschlaggebend, so kehrt die Forschung auf der Suche nach den Ursachen auf die Zeit der europäischen Kolonialherrschaft in Übersee zurück. Neben der Ermittlung der wirtschaftlichen Determinanten des Abhängigkeitsverhältnisses der „Kolonialgebiete" von den imperialistischen Ländern geht es auch darum, die Diskrepanz zu erklären, daß die meisten Staaten der Dritten Welt nach der Erlangung der politischen Selbständigkeit [131, NUSCHELER; 137, ALBERTINI] wirtschaftlich abhängig blieben. Ist dies historisch daraus zu erklären, daß endogene „kollaborationswillige" Kräfte in der Peripherie die Expansion der Europäer induzierten und auf diese Weise dauerhaft folgenreiche Interessengemeinschaften begründet wurden?

(2) Gelten der Erste und der Zweite Weltkrieg als wichtigste Folge der Epoche und bewertet man die Kriege als europäischen Bürgerkrieg, so dominieren im Geschichtsbild die nationalen Rivalitäten, der Kollaps des europäischen Gleichgewichtssystems, des „Concert of Europe" [92, L. DEHIO; 388, R. LANGHORNE].

Zu (1) Die polit-ökonomischen Imperialismus-Konzeptionen erkennen einen Kausalzusammenhang zwischen der Struktur des heutigen Nord-Süd-Konflikts und dem Entwicklungsgefälle, das seine Konturen in der Epoche des „klassi-

Polit-ökonomische Interpretationsmuster

schen" Imperialismus erhielt. Die expandierenden, miteinander in Konkurrenz stehenden Industriegesellschaften zwangen den von ihnen eroberten, aber auch den indirekt beherrschten Gebieten einseitig bestimmte wirtschaftliche Funktionen auf. In der arbeitsteiligen internationalen Ökonomie mußten sie den Part des Rohstofflieferanten und des Absatzmarktes für die entwickelten Industrieländer spielen. [128, P. Baran, Politische Ökonomie der Rückständigkeit; 135, D. Senghaas, Peripherer Kapitalismus; 130, E. Krippendorff, Internationales System]. Die Industriegesellschaften, so lauten die Kernthesen, organisierten die Austauschverhältnisse und die Wachstumsbedingungen in der internationalen Arbeitsteilung dauerhaft zum Nachteil der Länder des „Südens", und zwar auf doppelte Weise. Dem „Süden" wurde in zwei Phasen eine dualistische Ökonomie aufgezwungen: In der ersten Phase wurde das lokale Gewerbe unter der Flagge des freien Welthandels („open door") durch ausländische Industrieimporte zerstört, die landwirtschaftliche bzw. Rohstofferzeugung von den Kolonialherren auf die Bedürfnisse der kapitalistischen Staaten ausgerichtet. Die monopolistischen Handelsgesellschaften hielten die Preise bzw. die Einkünfte der Erzeuger künstlich niedrig. In der zweiten Phase beuteten die Kapitalmächte die lokalen Ressourcen unter Einsatz massiver Investitionen intensiv für die Erzeugung bestimmter Güter aus; die beschäftigungsintensiven landwirtschaftlichen und gewerblichen Sektoren wurden hingegen systematisch vernachlässigt. Das Ergebnis war eine dualistische Ökonomie: Das Nebeneinander von Subsistenz-Sektoren und kapitalintensiven, weltmarktorientierten „modernen" Sektoren. In den Dependencia-Theorien und in der These „abhängiger Reproduktion aufgrund struktureller Gewalt" [134, J. Galtung; 132, Ch. Palloix, L'economie mondiale capitaliste; 134, D. Senghaas, Imperialismus und strukturelle Gewalt] wird dieses Interpretationsmodell vielfach variiert.

Imperialismus – Kapitalistische Entwicklung

Die historische Dimension des Zeitalters ergibt sich aus der Periodisierung in der Kette europäischer Expansionswellen seit dem späten 15. Jahrhundert, aus der Ortsbestimmung in der „Weltgeschichte Europas" (H. Freyer). In der langen Vorbereitungszeit des modernen Imperialismus, so faßt I. Geiss die Forschungsliteratur zusammen, „kamen Ansätze ..., Methoden, Kenntnisse und Erfahrungen der verschiedensten Art zusammen, die es ermöglichten, innerhalb von knapp zwei Jahrzehnten den davorliegenden historischen Prozeß zu seinem Abschluß und Kulminationspunkt voranzutreiben." Dieser Prozeß erscheint als „nach außen gewandte Konsequenz aus dem Entstehen moderner Wirtschaftsformen, die nach innen zum Entstehen von Kapitalismus und Industrialisierung einerseits, zum überwiegend bürgerlich beherrschten Nationalstaat mit monarchischer oder republikanischer Staatsspitze andererseits führte." [67, Geiss, Stellung des modernen Imperialismus in der Weltgeschichte, 23]. H. U. Wehlers [233] Interpretation betont demgegenüber stärker die Notwendigkeit, die Entwicklung von industriewirtschaftlichen Gesellschaftssystemen als Zäsur in der Expansionsbewegung Europas nach Übersee und auf dem eurasischen Kontinent zu begreifen.

Die vorgestellten Interpretationen lassen die euro-zentrische Perspektive älterer Imperialismus-Deutungen hinter sich und untersuchen den „Impact of Western Man" [307, WOODRUFF] auf die außer-europäischen Altreiche und Kulturkreise [136, R. v. ALBERTINI, Moderne Kolonialgeschichte; 143, D. K. FIELDHOUSE, Kolonialreiche].

Imperialismus als Fremdherrschaft sucht KRIPPENDORFF [129] unter der Fragestellung „Internationales System zwischen Stabilisierung und Klassenkampf" auszumachen. Er stilisiert bürgerliche Herrschaftsformationen zur dominierenden Kraft, und zwar in allen imperialistischen Gesellschaften, unbeschadet davon, wie sich Bürgertum in Großbritannien, Frankreich, Rußland, Deutschland, Italien in sozialhistorischer und in soziologischer Sicht darbietet. Seine Behauptung lautet, daß die bürgerlichen Staaten Europas bzw. des „Westens" zur Erringung der Vorherrschaft in der Welt militärische Gewalt (Flottenmacht, überlegene Waffentechnik), politische Druckmittel und wirtschaftliche Instrumente zur Zerstörung gewerblicher Konkurrenz (z. B. in Indien zugunsten Lancashires) koordiniert einsetzten. Konsequent durchgehalten, korreliert Krippendorff die Phase des Aufstiegs bürgerlicher Herrschaft mit den Herrschaftsformationen Kapitalismus → Imperialismus → Militarismus → Faschismus. Diese Deutung setzt sich über eine Reihe von Fragen hinweg: (a) Sind nicht gerade die Unterschiede beispielsweise zwischen dem britischen und dem französischen, dem deutschen und dem russischen Imperialismus ein Beweis, wie verschiedenartig die Entstehung „bürgerlicher" Nationalstaaten, die Herausbildung „moderner" Wirtschaftsformen und vor allem die Beziehungen dieser politischen und wirtschaftlichen Prozesse untereinander verliefen? (b) Hatten die Unterschiede in der Entwicklung kapitalistischer Gesellschaften auf die Länder an der Peripherie gravierendere Auswirkungen als die allen Imperialismen gemeinsamen Merkmale? (c) Gelten die von Krippendorff in seinen Katalog aufgenommenen Herrschaftsmittel tatsächlich in allen Fällen und für alle „kapitalistischen" Staaten gleichermaßen? Im Grunde handelt es sich, wie L. GALL [652, Ausbildung und Charakter des Interventionsstaates] im einzelnen darlegt, um die gleiche Debatte, die um den „organisierten Kapitalismus" geführt wird. In beiden Fällen geht es um die Autonomie politisch begründeter und politisch ausgetragener Konflikte gegenüber einem die unterschiedlichen politischen Traditionen und Intentionen der „Nationalstaaten" einebnenden „sachlichen Systemzwang", mag man ihn Modernisierung, Produktionskräfte oder schlichtweg Kapitalismus nennen.

Zu (2) Im deutlichen Gegensatz zu den weitmaschigen Korrelationen zwischen „notwendiger Abhängigkeit der europäisch bürgerlich-kapitalistischen Gesellschaftsformationen" von der Eroberung immer neuer Gebiete in Übersee betonen L. GALL [367, Europäische Mächte], K. HILDEBRAND [435, Wettrüsten], A. HILLGRUBER [377, Großmacht- und Weltpolitik], R. LANGHORNE [388, Collapse], daß die oligopolistische Staatenkonkurrenz weiterhin die europäische Welt prägt. Die grundlegenden Veränderungen und die Verschiebungen

Fremdherrschaft

Staatenkonkurrenz im Zeitalter des Imperialismus

in den europäischen Machtverhältnissen blieben durchgehend von dem „so zentralen machtpolitischen Konkurrenzgedanken" bestimmt. Die Abgrenzung soll nicht bedeuten, daß Gleichgewichts- und Machtpolitik, als Domäne der politischen Geschichte, und Imperialismus, als Domäne der Wirtschafts- und Gesellschaftsgeschichte, einander schematisch gegenübergestellt werden sollen. Freilich konstruieren W. BAUMGART [51, Eine neue Imperialismustheorie?; 84, Imperialismus] oder RAULFF [402, Zwischen Machtpolitik und Imperialismus], die an ältere Forschungsleistungen [93, H. FRIEDJUNG] erinnern, einen Gegensatz zwischen Machtpolitik und Imperialismus. Baumgart sieht im Imperialismus – ähnlich wie die Neu-Rankeaner (E. Marcks, E. Lenz) – eine bruchlose Fortsetzung der Kolonialpolitik der europäischen Mächte des 18. und 19. Jahrhunderts. Seine Deutung reduziert Imperialismus auf koloniale Empire-Bildung und gibt vor, daß Imperialismus dem Kalkül der Machtpolitik unterliege. Der Machttrieb der führenden Nationalstaaten und die internationale Mächterivalität sind für ihn die Gestaltungskräfte des Zeitalters. Die Kompensationsgeschäfte und Teilungsabkommen zwischen den nicht-deutschen Weltmächten dienen ihm als Beweis, daß „Politik" dem „Imperialismus" die Hand führte. Die politische Strategie der kalkulierbar bleibenden Auseinandersetzung sorgte dafür, daß die für die Gleichgewichtspolitik der europäischen Mächte maßgeblichen Grundsätze auch die Vorgänge in Übersee regulierten. Ebenso hat der Klassiker der Imperialismus-Politik, W. L. LANGER [387, Diplomacy], die friedliche Regulierung imperialer Konflikte zwischen den europäischen Mächten – im Gegensatz zu den marxistischen Theorien von Lenin, R. Luxemburg – unterstrichen. Auch HYAM [166, Reappraisal] knüpft an diese Tradition an.

„National"-Imperialismus

Von diesen Positionen zu unterscheiden ist der Deutungsansatz von TH. SCHIEDER [110, Staatsgründungen], W. J. MOMMSEN [325, Finanzimperialismus, 32 ff.)], K. ROHE [183]. Sie begründen ihre Annahme, daß „Imperialismus" nicht allein oder hauptsächlich aus ökonomischen Funktionen begriffen werden könne, damit, daß es gerade in diesem Zeitalter Antriebskräfte politischen Handelns gibt, die nicht aus materiellen Interessen ableitbar sind – dazu zählen sie vor allem „Nationalismus". [Vergl. 159, FLINT/WILLIAMS, Perspectives]. Sie deuten europäischen Imperialismus als Steigerungsform des Nationalismus [76, MOMMSEN, Zeitalter, 18f.], betonen aber die Divergenzen zwischen „offiziellem" Imperialismus (Weltpolitik als Regierungspolitik) und „nationalistischem Imperialismus" (der Agitationsverbände). Die Anlehnung an die Schlagworte des Zeitalters – „Greater Britain", „La Grande France", „Größeres Deutschland" – heißt keineswegs Verzicht auf sozio-ökonomische Strukturanalysen (s. u.). Auch WEHLER [234, Kampfverbände] konstatiert den Funktionswandel des Nationalismus in den 1880/90er Jahren, begreift den „neuen" Nationalismus aber wohl zu einseitig als kompensatorische Entwicklungsideologie, als Begleit- und Folgeerscheinung des wirtschaftlichen Transformations- und Modernisierungsprozesses.

R. GIRAULT [96, Diplomatie européenne], D. C. WATT [114a], M. S. ANDER-

SON [82, Ascendence of Europe], H. BRUNSCHWIG [194), begreifen mit Mommsen und Schieder Imperialismus als National-Imperialismus, und zwar aufgrund folgender Sachverhalte: (1) Der nationale Gedanke setzte die Rahmenbedingungen politischen Wirkens in der Epoche [217, ELEY, Social Imperialism]; er fungierte als Vehikel verschiedener konservativer, bürgerlicher und linksdemokratischer Interessen.

(2) Die antagonistische Expansion (Th. Schieder) der europäischen Industriestaaten erlangte letztlich — nach 1910/11 — in Verbindung mit dem an Exportinteressen geknüpften Handelsimperialismus — bestimmenden Einfluß über international(istisch)e Gegenkräfte (Finanzimperialismus; konservative Ausgleichpolitik; Friedensbewegungen der Linken) [96, GIRAULT].

(3) Die Germanisierungs-, Russifizierungsbestrebungen sowie vergleichbare, gegen nationale Minderheiten gerichtete Geltungsbedürfnisse (britische Irlandpolitik) brachten nicht nur Volksgruppen auf oftmals brutale Weise um ihre Rechte, sondern beeinflußten auch die Beziehungen zu Nachbarstaaten [109, TH. SCHIEDER; 90, O. DANN, Nationalismus; 274, R. A. KANN, Multinational Empire].

(4) Die in Übersee auf eigene Faust (und Rechnung) tätigen national-bewußten Kaufleute und Finanziers (Carl Peters; Mackinnon), Militärs, Gouverneure (Lord Cromer; Lyautey) lösten entscheidende Impulse zur Errichtung formaler Herrschaft aus: Expansion der Kolonialverwaltung; Unterstellung der „Entwicklungsgebiete" (unter ein Kolonialministerium). Durch ihren von den Hauptstädten in der „Metropole" aus schwer kontrollierbaren „Sub-Imperialismus" und durch die von ihnen angezettelten Agitationskampagnen im Mutterland re-importierten die Empire-Bildner häufig das Konfliktpotential von der Peripherie in die Metropole. An die Stelle des von der „Expansionspublizistik erstrebten Exports innerer Probleme durch koloniale Expansion" trat der Rücktransport der Probleme in Gestalt des Protests einer „neuen Rechten" gegen die amtliche (zurückhaltendere) Weltpolitik [138, BADE].

b) Gesamtdarstellungen der Epoche

Unter den großen Gesamtdarstellungen der Epoche findet sich eine Reihe von Werken, die empirische Forschungen zugleich auf den Begriff bringen. Die in den 1930er Jahren entstandenen Studien G. W. HALLGARTENS [97, Imperialismus vor 1914] spüren die Interessen von Finanziers und Unternehmern sowie die Verbindungen mit den „politisch Mächtigen" auf. Die These einer Verschwörung zwischen Hochfinanz, Großindustrie und „Staat" (als Agent des Kapitals), deren „Opfer" die Arbeiter im Heimatstaat und die Eingeborenen in den Kolonien sind, greift sicherlich zu kurz. Die entgegengesetzte Auffassung eines „etatistischen Imperialismus" [120, W. J. MOMMSEN] entwickelte H. FRIEDJUNG [93] in seinem dreibändigen, unmittelbar nach dem 1. Weltkrieg erschienenen Werk. Es reflektiert die Grundauffassung der deutschen historischen Zunft, daß „Imperialismus" – begriffen als Gebietsherrschaft/Kolonialismus im Sinne des „Greater Britain" – eine notwendige Ausdehnungsphase des europäischen Nationalstaats bilde; der nationale Wille zur Weltgeltung habe die Großmächte zum Wettlauf um ihren Platz im Weltstaatensystem getrieben. Der Aspekt der Rivalität zwischen „imperialen" Nationalstaaten beherrscht auch die Deutungen von G. BARRACLOUGH [83, Europäisches Gleichgewicht und neuer Imperialismus]; L. DEHIO [91]; TH. SCHIEDER [109]; R. ROSECRANCE [108, Power Politics]; J. HASWELL [98, Battle for Empire]; GILLARD [95, Struggle for Asia]. Die herausragende, in vieler Hinsicht noch heute gültige Darstellung stammt aus der Feder von W. L. LANGER [387]; Langer behandelt die machtpolitischen Rivalitäten ebenso wie die Veränderungen in der weltwirtschaftlichen Hierarchie. Seine Interpretation verknüpft die Methoden und Instrumente der finanz- und handelspolitischen Penetration mit den Sub-Imperialismen der „men on the spot". Darüber hinaus erfaßt er die internen (sozial-imperialistischen) Bestimmungsfaktoren des Imperialismus als Ablenkungsmanöver von skandalgeschwächten Regimen und aus innergesellschaftlichen Spannungslagen. Einen Nachfolger findet Langer in R. GIRAULTS „Diplomatie européenne et imperialismes" [96]; unter den im Überblick erörterten Erscheinungen hebt er den Nationalismus als treibende Kraft hervor. Vom Imperialismus als Form gesteigerten Nationalismus geht auch W. J. MOMMSEN [76, Zeitalter; 175, Nationale und ökonomische Faktoren] aus. Seine Analyse der gesellschaftlichen Konstellationen und die vergleichende Einschätzung des Wandels politischer und sozialer Strömungen (Konservatismus, Liberalismus, Sozialismus) in den Imperien füllt die „leeren Hülsen" des Rankeschen Konzepts des Kampfes der großen Mächte mit den Erkenntnissen sozialhistorischer Forschung. Die von Land zu Land unterschiedlichen Interaktionen zwischen Nationalismus/Imperialismus, Staatsbildung und sozialem Wandel suchen TH. SCHIEDER/P. ALTER [110] und O. DANN [90] als Herausgeber von Sammelbänden zu erfassen. In seinen vergleichenden Studien verdeutlicht MOMMSEN [106, Europäischer Imperialismus] nicht nur die Widersprüche zwischen verschiedenen Deutungsschemata, sondern auch die Gegensätze im „Imperialismus" selbst. In seiner Bilanz überwiegen die negativen Faktoren: Korrumpierung des Liberalismus durch den Imperialismus; technologische Stagnation in Frankreich und in England infolge der Kapitalausfuhr; Zerstörung außer-europäischer Gesellschaftsordnungen. Schließlich ist die Rede von einer Radikalisierung der Rechten als Endpunkt eines sich überschlagenden Patriotismus und damit die Aushöhlung „alter" Ordnungen in Europa selbst. Die Radikalisierung der Rechten ist auch Thema der Studien von ROGGER/WEBER [107]; P. KENNEDY/A. J. NICHOLLS [71], W. MOCK [173, Imperiale Herrschaft]. In einer großartigen Synthese verknüpft A. J. MAYER [101; ferner 102–104] die Machterhaltungsstrategie der „alten Eliten" und die Erosion der bürgerlich-liberalen „Mitte" im Zeitalter des politischen Massenmarktes zu einem Profil der Ursachen und der Genesis des europäischen Bürgerkrieges.

2. Imperialismus-Theorien

Die historische Entwicklung der Imperialismus-Theorien legt W. J. MOMMSEN [120] in einem souveränen Überblick dar. In präzisen, die Denkansätze der Autoren heraushebenden Formulierungen gelingt es ihm, den Beitrag Friedjungs und Schumpeters, Hobsons und der Marxisten, also der Zeitgenossen der Epoche, zur begrifflichen Erfassung der Wirklichkeiten genauso kenntlich zu machen wie die veränderten Perspektiven, unter denen nach dem 2. Weltkrieg bürgerliche und marxistisch-leninistische, aber vor allem auch Vertreter der 3. Welt Imperialismus analysieren und bewerten. Vergleichbare Leistungen verdanken wir B. J. COHEN [65, Question of Imperialism] und THORNTON [125, Doctrines]. Bemüht um die Einbringung der Ergebnisse der empirischen Imperialismus-Forschung in die Theoriedebatte, versucht H. RUMPLER [77] Wehlers Aufschlüsselung des Zusammenhangs zwischen „sozialer Abwehrideologie der herrschenden Eliten und Wirtschaftsablauf des industriellen Systems" mit den Aussagen der politisch-historischen Forschungsrichtungen über das Sicherheitsbedürfnis von Staaten zu verbinden. Rumpler bevorzugt jedoch eindeutig die politikhistorischen Erklärungen. Verschiedene Phasen der theoriegeschichtlichen Imperialismus-Diskussion sind dokumentiert in W. R. LOUIS [74]; D. K. FIELDHOUSE [57, Imperialism]; R. OWEN/B. SUTCLIFFE [121, Studies in the Theory of Imperialism]. Weniger als Resumée einer Theorie-Debatte denn als Aufruf und Zwischenbefund der Erforschung des Phänomens sind die bahnbrechenden Arbeiten von D. GEYER [68, Rußland als Problem der vergleichenden Imperialismusforschung] und J. BOUVIER/R. GIRAULT [192, L'impérialisme français] einzuordnen. Mit sicherem Blick für scharfsinnige Analysen legt H. U. WEHLER einen mustergültigen Reader vor [80].

Den klassischen ökonomischen Imperialismus-Theorien, dem britischen Imperialismus und Wehlers Theorie widmet P. HAMPE kritische Untersuchungen [115]. Er rekonstruiert zunächst die wirtschaftswissenschaftlichen Ableitungen der Lehre vom tendenziellen Fall der Profitrate, „überprüft" die Terminologie Hilferdings, Lenins u. a. betr. „Monopol" usw. an der analytischen Sprache moderner Nationalökonomen, bestimmt die Erklärungskraft klassischer Theorien und versucht schließlich, in einer Synthese politische und wirtschaftliche Begründungen des britischen und des deutschen Imperialismus zu liefern.

a) Typen des Imperialismus

α) „Informal and formal imperialism"
Eine wesentliche Etappe der neueren Interpretationsgeschichte des Imperialismus bildet die Studie von R. ROBINSON UND J. GALLAGHER [66, Imperialism of Free Trade]. Sie war ausschlaggebend dafür, daß die britische Variante des Imperialismus für längere Zeit im Mittelpunkt der Diskussion verblieb. Bereits der Titel zeigt an, daß die Autoren „wirtschaftliche Expansion auf der Grundlage des

Die Robinson-Gallagher-Kontroverse

Freihandels" und politische Expansion als zwei Seiten eines Prozesses werten. Sie definieren Imperialismus als „a sufficient political function for integrating new regions into the expanding economy". In ihrer umfangreichen empirischen Studie [181, Africa and the Victorians] bestimmen hingegen fast nur noch strategische Zwecke das Geschichtsbild [159, FLINT/WILLIAMS]. „So far from commercial expansion requiring the extension of territorial claims, it was the extension of territorial claims which in time required commercial expansion . . . Their territorial claims were not made for the sake of African empire or commerce as such. They were little more than by-products of an enforced search for better security in the Mediterranean and the East." [181, ROBINSON/GALLAGHER, Africa, 463, 47]. Robinson/Gallagher bestreiten, daß ein Zusammenhang zwischen Konjunkturschwankungen in der britischen Wirtschaft (vor allem z. Zt. der großen Depression), Kapitalexport und kolonialer Expansion bestehe [vergl. FIELDHOUSE, 158, Economics and Empire]; CROUZET [155, Trade and Empire, 228 f.] stimmt ihnen hier zu: „The lack of change in trade and investments in the empire in relation to total British trade and capital exports seems to fit in with Robinson & Gallaghers argument . . . (and emphasize) the decisive role played by strictly political and strategic factors in British expansion in Africa . . ." Die Kontroverse betraf drei Aspekte: entstand in England nach 1880 ein „new imperialism" [64a, M. E. CHAMBERLAIN]? Wie weit trägt die Formel „trade with informal control if possible; trade with rule if necessary" [66, ROBINSON/GALLAGHER, Imperialism, 13]? Bestimmten politisch-strategische „Sachzwänge" oder wirtschaftliche Aktivitäten Charakter und Stoßrichtung der imperialen Expansion? Die Unterschiede zwischen dem „informal imperialism" [120, MOMMSEN, Theorien, 82 f.] – d. h. den auf die Nutzung von „Marktchancen" gerichteten Kontrollmöglichkeiten – und dem mit staatlichen Machtmitteln gesicherten, durch verschiedenartige indirekte und subsidiäre Formen der Herrschaftsübung verwalteten „formal Empire" [171, A. D. LOW, Lion Rampant; 174, MOMMSEN, British Empire] waren stets nur graduell. Sobald die Autoritätsstrukturen in den informell kontrollierten Gesellschaften – und dies ist ein zentraler Aspekt – unter den Folgen der Penetration europäischer Enklaven (Bankiers, Militärs, Siedlerkolonien, Geschäftsleute) zusammenzubrechen drohten [Beispiel Ägypten, in: 181, Africa, 76 ff.; sowie FIELDHOUSE, 158, Economics and Empire], ersetzte „formale" Herrschaft die wirkungslos gewordenen älteren Politiken. Den gleichen Effekt hatte das Drängen der „local factors" (weiße Herrenschichten), die die Regierung in der Metropole zur Intervention und förmlichen Annexion veranlaßten. Auf die „turbulent frontiers", d. h. die Eskalation lokaler Konflikte zur Intervention europäischer Mächte bzw. deren „men on the spot", als Faktor der (britischen) Arrondierungspolitik setzt besonders J. GALBRAITH [160] den Akzent. Robinson/Gallagher sehen die Anlässe, die den „formal imperialism" Ende des 19. Jahrhunderts – bei weiterhin praktiziertem „informal imperialism" – hervortreten ließen, eher im Zerfall des „indigenious authority" als in den Rivalitäten der großen Mächte. Die Instabilität der Bezie-

Außer-europäische auslösende Momente

hungen zwischen einheimischer Bevölkerung und „Statthaltern" der Metropole an der Peripherie sind auch für FIELDHOUSE [158, Economics and Empire] die entscheidende Ursache der 2. Welle des Kolonialerwerbs.

In einer interessanten Variante erklärt G. S. GRAHAM [163, Tides of Empire; 162, Politics of Naval Supremacy] die Ausdehnung formaler Herrschaft in Übersee aus dem engen Zusammenhang zwischen britischer Seemacht und Werden bzw. Bestand des Empire. Sobald die Flottenpolitik angesichts der Veränderungen innerhalb des europäischen Kräftegleichgewichts nicht mehr ausreichend schien für die Erhaltung der „Pax Britannica" [168, IMLAH], schritt England zum Erwerb von Gebieten, auch wenn von diesen kein „ökonomischer" Anreiz ausging.

Die Kritik an den Studien von Robinson/Gallagher betrifft teils historische Aussagen – u. a. wird die Rolle Ägyptens als Schlüsselglied in der Kettenreaktion der Afrikapolitik bestritten [159 FLINT; 341, NEWBURY; verschiedene Beiträge in 147, GIFFORD/LOUIS und in 144, 145 GANN/DUIGNAN] –, teils reibt sie sich grundsätzlich an der Assoziation der Begriffe Freihandelsimperialismus und informelle Herrschaft. D. C. M. PLATT [179, National Economy] fordert, zwei für Großbritannien typische Sachverhalte im Auge zu behalten: (1) Großbritannien hielt (neben Holland) am Freihandelssystem auch nach 1900 fest. (2) Großbritannien betrieb „preventive annexations". Den „relative decline" der „First Industrial Nation" [708, P. MATHIAS] vor Augen, dienten Gebietserwerb und -arrondierung zur Sicherung der ökonomischen Zukunftsperspektive des Freihandelslandes. „Her Majesty's Government's part in the „New Imperialism" might have been restricted entirely to areas of strategic interest if it had not been for the revival of European Protectionism and the threat to the fair and equal treatment of British trade and finance." [PLATT, 178, Economic factors]. Der „Klassiker" J. HOBSON [117] hatte den britischen Imperialismus auf die Interessenlage bestimmter parasitärer Schichten zurückgeführt. Für Platt hingegen ist der „neue Imperialismus" die britische Antwort auf die doppelte Herausforderung – auf die weltweiten Bestrebungen, geschlossene Handelsstaaten (durch Schutzzölle und Präferenzen abgekapselte Großraumwirtschaften) zu schaffen, und auf die aus nationalem Prestigestreben und aus militärstrategischen Überlegungen erwachsenden Ansprüche der Rivalen, ein Stück vom britischen Löwenanteil am Kolonialbesitz für sich zu erwerben.

Freihandels-imperialismus, „informal" Imperialismus?

Die amerikanische „open door"-Politik erscheint als atlantisches Gegenstück zum britischen Freihandelsimperialismus. Die linksliberale W. A. WILLIAMS-Schule [267, From Colony to Empire] sucht die ungebrochene Traditionslinie eines „informal imperialism" zu etablieren. W. LaFeber, R. van Alstyne, Lloyd Gardner, McCormick behaupten, daß der Konsens sich nicht nur auf die Führungseliten beschränkte. Im Wissen um die einzigartigen objektiven Voraussetzungen ihrer wirtschaftlichen Machtentfaltung – als Agrar- und Rohstoffexporteur, als technologisch fortschreitendes Land und (beginnend) als Kapitalexporteur-, aber auch um die Abhängigkeit des volkswirtschaftlichen Wachstums –

US-„open door"-Imperialismus

und damit der gesellschaftlichen Stabilität — vom Zugang zum offenen, ungeteilten Weltmarkt, hätte der Hauptstrom amerikanischer Politik und Wirtschaft zur „Weltpolitik" gedrängt. Für die Diskussion in Deutschland wurde bedeutsam, daß WEHLER [233, Bismarck; 80, Imperialismus] einerseits an die Kontinuitätsthese des Freihandels-Imperialismus anknüpfte und deutschen Imperialismus in weltwirtschaftliche Zusammenhänge einbettete. Auf der anderen Seite griff er auf H. Rosenbergs Triade (1) krisenhafte Schwankungen des wirtschaftlichen Wachstums, (2) (befürchtete) Erschütterung des Sozialgefüges, (3) Sammlungspolitik der schaffenden und besitzenden Stände zurück und interpretierte sie im Sinne der These KEHRS [224], daß die Zweckgemeinschaft zwischen den vor-industriellen preußischen Eliten und den die „moderne Wirtschaft" prägenden wirtschaftlichen Eliten den ständigen Belastungen nicht standhalten konnte. Seine Imperialismus-Theorie nahm damit Elemente auf, die den „deutschen Sonderweg" konstituieren; sie scheint auf die Analyse des französischen, britischen oder russischen Imperialismus kaum anwendbar [58, LANGEWIESCHE, Deutsches Kaiserreich, 634f]. In der Auseinandersetzung mit H.-U. Wehler hat die deutsche Forschung weiterführende Deutungen des britischen, französischen und russischen Imperialismus entwickelt.

Deutung des deutschen Imperialismus

β) Britischer Imperialismus und politische Kultur
Aus dem Beispiel Großbritanniens ergibt sich für ROHE [183] die allgemeine Perspektive, „daß man den Imperialismus zwar generell . . . an das Phänomen der primär aus ökonomischen Antrieben heraus expandierenden Industriegesellschaft binden soll, daß damit jedoch . . . Eigenart und Charakter des Imperialismus der „klassischen Zeit" in gerader Linie nicht hinreichend erklärt werden kann." Von der grundlegenden Erkenntnis ausgehend, daß vergleichsweise geringe Determination der Politik durch wirtschaftliche Interessengruppen nicht gleichbedeutend ist mit geringer Determination der Politik durch wirtschaftliche Faktoren und Erwägungen, gelangt Rohe zu der Hypothese, daß der Expansionsprozeß in der Ära 1880—1914 in verstärktem Maße über das politische System lief (S. 63), eine „Politik des politischen Systems" vorliege (S. 73). Der verstärkte wirtschaftliche Außendruck und die innerenglische Wirtschaftslage bedeuteten nämlich erhöhte Anforderungen an das politische System; dadurch erhielten die „wirtschaftlichen Fragen eine unmittelbar politische Dimension". Rohe folgt der Sozialimperialismus-Theorie darin, daß Wachstumsstörungen, strukturelle Defizite und ähnliche wirtschaftliche Schwierigkeiten „unter modernen Bedingungen . . . fast notwendig sozio-politisch relevant sind". Als eine Politik, die vom Bestreben nach Aufrechterhaltung einer von innen her bedrohten Herrschafts- und Gesellschaftsordnung diktiert ist, definiert Rohe Sozialimperialismus als „Gesellschaftspolitik im Gewande der Außenpolitik" (S. 69). Soweit die Sozialimperialismus-These jedoch einen Gegensatz „classes vs. masses" unterstellt, versage sie vor dem englischen Fall. „Imperialism . . . was not a manifestation of social defence but a manifestation of modernisation although

supported by interests in favour of the status quo" [71, ROHE, Imperialist Intelligentsia, 140]. Das Auftreten post-liberaler sozialer Ideen, in deren Kontext „Imperialismus" gesehen werden müsse, war aufs engste verbunden mit dem quantitativen Wachstum und der gesellschaftlichen Emanzipation von nichtkommerziellen, oftmals abhängigen Mittel-Klassen-Gruppen, den sogenannten „new professions" [s. dazu 825, W. J. READER, Professional Men]. Ausschlaggebend war nicht das Ablenken gesellschaftlicher Energien nach außen, sondern Statusverheißungen. Imperialismus „löste" das komplizierte Problem, „den Status von Gruppen zu erhöhen, ohne den bisherigen Status anderer Gruppen zu gefährden". Die Gedankenkette: Verstärkter (sicherheits-)politischer und ökonomischer Außendruck auf das politische System → Veränderungsprozesse innerhalb der englischen Gesellschaft (Wertewandel) → neuer Nationalismus/ „larger patriotism" (der selbst wiederum eine Folge sozio-kultureller Veränderungen war) „als notwendige Bedingung dafür, daß das politische System mehr Handlungsspielraum gewinnt" – beschließt die Feststellung, daß die „middle classes" in einem zentralinstanzlich definierten politischen System ihren festen Platz fanden.

Der Wertekanon des britischen „new imperialism" entspricht daher weniger den Präferenzen der traditionellen Aristokratie oder denen der industriellen Mittelklassen. Er entspricht vielmehr den Ambitionen, Bedürfnissen und Interessen der politischen, intellektuellen und administrativen Eliten (S. 73/75), „non-commercial middle class aristocracy", die im Zusammenhang mit den Wandlungen im politischen System und mit den Veränderungen in der sozio-kulturellen Landschaft erfolgreich den Weg nach oben zurücklegten.

Der Erklärungswert dieser Theorie liegt darin, daß sie die wirtschaftlichen Faktoren als Antriebskraft und als Zielwert gesamtgesellschaftlich verantwortlichen (= politischen) Handelns nach innen und nach außen begreift, anhand der Feststellung der Interessen, Ambitionen, Prestigebedürfnisse der den „new imperialism" prägenden „middle classes" jedoch die politische Umformung wirtschaftlicher Momente ermittelt. Indem diese Deutung „neuen Nationalismus" und sozio-kulturelle Veränderungen aufeinanderbezieht, führt sie die Analyseebene der „politischen Kultur" in die Imperialismus-Theorie ein. Der mit „non-commercial middle class aristocracy" umschriebene Befund läßt sich zwar aufgrund der spezifischen religiösen, wirtschaftlichen, sozio-kulturellen Vorbedingungen in England nicht auf andere Länder übertragen. Die Hypothese einer „Politik des politischen Systems" scheint jedoch geeignet, den „neuen" Nationalismus als Resultat einer „politischen Koalitionsbildung" zu erklären, welche die divergierenden Interessen von „trade, finance and industry" weltweit einzusetzen vermochte und ihre Stellung im politischen Entscheidungshandeln durch „Erfolge" legitimierte.

Imperialismus und „politische Kultur"

γ) Französischer Imperialismus – Nationale und internationale Dimensionen
Auf den Entwicklungsrückstand der französischen Industrie bezugnehmend,

bestreitet ZIEBURA [238, Hochimperialismus], daß Wehlers aus dem ungleichmäßigen industriewirtschaftlichen Wachstum und aus den inneren Widersprüchen zwischen politisch herrschenden Klassen und Trägergruppen moderner kapitalistischer Wirtschaft abgeleitete Sozialimperialismus-Theorie auf den französischen Fall zutreffe: „... die Deckung von politischer und sozialer Verfassung war, ... wenn auch auf Kosten schwerer Klassengegensätze, weitgehend gelungen." [210, ZIEBURA, Interne Faktoren, 124]. Der französische (Finanz)Imperialismus „bedurfte zu seiner Reproduktion des informellen Imperialismus in Gestalt eines massiven Kapitalexports"; der Kapitalexport könne als funktionales Äquivalent des Sozialimperialismus gelten. „Als spezifische Variante des informellen Imperialismus" habe der Kapitalexport die ohnehin schon bestehende „Herrschaftssynthese aus Besitzbürgertum ... und den von ihren Kapitalrenten lebenden Mittelschichten" zementiert; damit wurden die Klassengegensätze zur Arbeiterschaft verschärft [Interne Faktoren, 98f., 118]. Ziebura hält „informellen Imperialismus" jedoch nicht für das Hauptmerkmal des französischen Imperialismus vor 1914. Die koloniale und finanzimperialistische Expansion sei vielmehr aus dem zentralen nationalen Erlebnis der Niederlage von 1870/71 zu erklären — Expansion also als Heilmittel gegen „La Décadence", eine Vorstellung, die mit dem sozialdarwinistischen Verständnis vom Wesen der Politik und insbesondere der internationalen Beziehungen in Frankreich zusammenhänge (s. 126/27). Die Feststellungen, daß das 2. französische Kolonialreich primär nicht aus ökonomischen Gründen geschaffen wurde und daß der wirtschaftliche Profit aus dem immensen Kolonialreich die Entwicklung der Volkswirtschaft nicht entscheidend beeinflußte [210, Interne Faktoren, 105ff.], veranlaßten ZIEBURA, systematisch nach dem Zusammenhang zwischen Imperialismus als weltweitem Prozeß und den Bewegungsgesetzen der nationalen Gesellschaftsformationen zu forschen [63, Neue Forschungen, 177ff]. Hierbei griff er einerseits auf die von J. BOUVIER [191; 192], R. GIRAULT [199—200]; P. GUILLEN [201—202], R. POIDEVIN [229; 326/27] und J. THOBIE [208] vorgelegten Untersuchungen über das französische Bankenwesen und den Finanzimperialismus zurück und setzte sich andererseits mit modernen Theorien der internationalen Politik auseinander, insbesondere F. PERROUX [133] und CH. PALLOIX [132]. Im Ergebnis verklammert er zwei Analyse-Ebenen: am französischen und deutschen Hochimperialismus erarbeitet er — auf einer **1. Ebene** — „aus ökonomischem Entwicklungsstand, innergesellschaftlichen Machtverhältnissen auf der Basis dominierender Herrschaftsbündnisse mit ihren Rechtfertigungsideologien und politisch-institutionellen Organisationsformen „Typen des Imperialismus". Auf einer **2. Analyseebene** der „Herausbildung eines transnationalen Beziehungsgeflechtes (der Weltwirtschaft) mit autonomer Dynamik" geht es um den Grad der Integration ökonomischer Trends zu einer „Weltwirtschaft" und um den Grad der Verflechtung der einzelnen Nationalökonomien in die internationalen Austauschbeziehungen.

Die eigentliche Hauptaufgabe der Imperialismus-Forschung sieht Ziebura darin, die Wechselwirkungen zu erfassen zwischen dem „Machtwillen der führenden Nationalstaaten" und den einer eigenen Dynamik folgenden, – d. h. keineswegs als Summe der Aktivitäten der Nationalökonomien zu begreifenden – Entwicklungen der Weltwirtschaft und der Weltstaatenordnung. Zwar haben bereits Th. Schieder, H. Rosenberg, Wehler, Mommsen den Kausalnexus zwischen Mächtesystem/Staatenwelt und Industriesystem/Weltwirtschaft als Strukturgesetz der Neuzeit beschrieben. Doch stößt erst Ziebura in die Dimension der Zusammenhänge zwischen Interdependenz der Nationalökonomien und Autonomiestreben der Großmächte vor. Ihm geht es darum, die Weltwirtschaft als unabhängige Variable in die Gesamtanalyse einzuführen. Die Herausbildung eines einheitlichen Weltmarktes als wichtigstem Merkmal der hochimperialistischen Epoche bedeute nämlich auch, daß zwischen den Nationalökonomien, die durch ihre wachsende Interdependenz selbst die Konturen der Weltwirtschaft beeinflussen, eine dynamisch veränderbare Machtstruktur entstehe, die sich auf die einzelnen Volkswirtschaften und deren Gesellschaftsformation auswirke [Hochimperialismus, 496 ff.]. Die Frage der Vermittlung von Ökonomie und Politik bleibt für Ziebura in jedem konkreten Einzelfall offen, sind ihm doch die insbesondere von den französischen Studien aufgezeigten, vielfältigen Beziehungen eine deutliche Warnung, daß die umfassende, Konstellationen der Weltkonjunktur **und** der Weltpolitik einbeziehende Theorie des Imperialismus noch längst nicht die empirische Analyse ersetzen kann.

δ) Russischer Imperialismus – Prestigegeleitete Großmachtpolitik und Vernachlässigung imperialer Entfaltungsmöglichkeiten
Anhand des Falles Rußland heben D. Geyer [244] und G. Schramm [255] hervor, daß der „Staat" die russischen Wirtschaftskreise zur ökonomischen Expansion drängte; vor allem Witte [Th. v. Laue, 250] habe die von oben forcierte Industrialisierung mit den Traditionen des russischen Siedlungs-, Ausbreitungs- (Turkestan) und macht-strategischen (Mittelasien) Imperialismus verknüpft. Gesellschaftliche Reaktionen auf außenpolitische Vorgänge und außenpolitische Aktionen auf gesellschaftlichen Druck zurückführend, verdeutlicht Geyer zwei Hauptmerkmale des russischen Imperialismus: (1) Die Machteliten machten „nationales Interesse" am Großmachtstatus im traditionalen Wortsinn fest, d. h. sie maßen diesen Status an der Fähigkeit, im internationalen Rüstungswettlauf Schritt zu halten, „wie die anderen" Kolonien oder Halbkolonien hinzuzugewinnen, und wirtschaftliche Vormacht zu entfalten, wann immer eine günstige Konstellation dies erlaubte. Obwohl Rußland, wie seine Akteure erkannten, keinen Krieg mit einer anderen europäischen Großmacht riskieren durfte [244, Geyer, 206 ff.; 255, Schramm, 308], wappnete es sich dennoch für eine Machtpolitik verstärkter Risikobereitschaft. (2) „Gerade der traditionalste Strang russischer Außenpolitik", die Balkanpolitik, bewies die größte Konsensfähigkeit. Doch dadurch geriet das Zarenregime in der Balkanpolitik in eine von ihm nicht manipulierte Abhängigkeit von der „politischen Öffentlichkeit" (in den Hauptstädten Moskau und Petersburg). Die Hinwendung zur macht- und prestigege-

Russischer Imperialismus

leiteten Großmachtrolle gegen die „deutschen Mittelmächte" implizierte, daß der russische Imperialismus Entfaltungsmöglichkeiten im Fernen Osten, in Mittelasien nicht wahrnahm [244, GEYER].

b. Ökonomischer Imperialismus – Ökonomische Theorie des Imperialismus
Die Notwendigkeit, zwischen ökonomischer Interpretation des Imperialismus und dem ökonomischen Imperialismus zu unterscheiden, hat der Wirtschaftshistoriker D. S. LANDES [73, Über das Wesen des ökonomischen Imperialismus] überzeugend damit begründet, daß man den Imperialismus, der keinen ökonomischen Ursprung oder Charakter habe, in die Deutung des Gesamtphänomens einbeziehen müsse. Imperialismus definiert er als „eine mannigfaltige Reaktion auf eine stets gleiche, sich einfach aus der Ungleichheit von Macht ergebende Gelegenheit" [S. 77]. Landes erfaßt sowohl die von den ökonomischen Theorien betonten Aspekte der Ausbeutung, der Errichtung und Nutzbarmachung einer Herrschaft zum Zwecke andauernden materiellen Vorteils, des Profitstrebens bestimmter Gruppen und Gesellschaften als auch die Inbesitznahme großer Teile der Welt aus nicht-ökonomischen Gründen – etwa im Sinne der „turbulent frontier"-These GALBRAITHS [160]. Im einzelnen führt er jene Argumente an, die gegen ökonomische (Imperialismus) Theorien aufgeboten werden:
– Das Zusammenwirken zwischen wirtschaftlichen Interessen und „Staat" ist keine Einbahnstraße;
– die „Kapitalistenklasse"/Bourgeoisie ist in sich viel zu differenziert, als daß man mit der Deutung, der Staat sei Agent des Kapitals, zu aussagekräftigen Analysen kommen könnte;
– die großen internationalen Bankiers, aber auch die Konzerngründer, erkannten früh, daß es vorteilhafter sei, Märkte und Rohstoffquellen aufzuteilen als um sie zu kämpfen. Sie repräsentieren also Kräfte internationaler Kooperation, die begriffen hätten, daß abhängige Staaten die besten Kunden seien.
– Von einer ökonomischen Imperialismus-Interpretation verlangt er den Nachweis, daß die daran interessierten Gruppen in der Lage waren, sich der Macht des Staates für ihre Expansionszwecke zu bedienen, d. h. zu prüfen, ob die von der Regierung und die von den wirtschaftlichen Einflußgruppen verfolgten Gewinn- bzw. Stabilisierungsstrategien in die gleiche Richtung (bezüglich der Region, der Methoden der Penetration, usw.) strebten oder einander in die Quere kamen.

Zur Lösung des Problems „how to decide the relative balance between profit and power in explaining motives ... for expansion in those ... areas where economic interests were also prominent", schlägt R. HYAM [165, Britain's Imperial Century, 374f.] vor, zwischen zwei Ebenen zu unterscheiden, (1) „official mind" in der Entscheidungszentrale im Mutterland, (2) „local levels overseas". „No explanation of the taking of territory will ever be satisfactory unless it is considered at two levels, the one making final political decisions in a European context and framework of reference, and the other contributing to the creation of preparatory conditions in a non-European context, requiring, but certainly not always obtaining, government control".

Im Hinblick auf Frankreich kommt Ziebura zu einer ähnlichen Schlußfolgerung wie Hyam für den britischen Fall. Verschiedene Fallstudien zusammenfassend, stellt ZIEBURA [210, Interne Faktoren] fest, daß Interventionen in Übersee erfolgten, ohne das Gesellschafts- und Wirtschaftssystem als Ganzes zu tangieren.

Die ökonomischen Ursachen des Imperialismus liegen im Streben nach der Einbeziehung neuer Gebiete unter die informelle oder die direkte Kontrolle über eigene Hoheitsgebiete zur Befriedigung des Erwartenshorizonts einer auf Expansion angewiesenen industriellen Wirtschaft. Im Gegensatz zu Robinson/ Gallagher deutet FLINT [159] die britische Expansion in Westafrika als klassischen Fall eines „commercial imperialism", d. h. formeller Herrschaft im Dienst des Handelsvorteils für die britische Geschäftswelt, und zwar im Lichte dessen, was die Regierung als „needs of British commerce" wertete. Dem britischen Motiv, überseeische Gebiete dem Einfluß der Hochschutzzolländer vorzuenthalten, gehen FORSTNER-KANYA/NEWBURY [204] im Fall des britisch-französischen Konfliktes in (West)Afrika und B. DEAN [156], L. K. YOUNG [422] anhand der Bemühungen um „Open door" in China nach. Darauf verweisend, daß das Empire der englischen Wirtschaft erlaube, von den saturierten auf neue Märkte auszuweichen, forderten französische Imperialisten, den Verlust von Märkten durch koloniale Expansion zu ersetzen [ZIEBURA, 210, Interne Faktoren]. Das interessante Phänomen des „business imperialism" untersuchen die von D. C. M. PLATT herausgegebenen Beiträge [176]. Sie zeigen, daß (1) „Weltmarktgesetze" — insbesondere „long-term decline in rates and prices" — für die Frage nach der Verteilung der Vor- und Nachteile wichtiger seien als der „nationale" Antagonismus (zwischen britischen und „lokalen" Kräften); (2) daß die Regierungen der lateinamerikanischen Länder regulierend-kontrollierend (Brasilien-Kaffee; Peru-Guano; Argentinien-Eisenbahnen, u.a.m.) eingriffen, aber die Ausübung ihrer „Souveränität" mit Rücksicht auf die Abhängigkeit von der Expertise britischer Banken, Verkaufsagenturen usw. „pragmatisch" beschränkten. Entscheidend ist ein 3. Aspekt: „British banks lent a semblance of stability to inherently unstable national economies" [PLATT, 176, Latin America, 14].

Ökonomische Ursachen des Imperialismus

Eine ganz andere Frage ist, ob die Kapitalexporte in die Kolonien, die durch gesetzliche Regelungen einen Vorzugsstatus erhielten (in England 1897), oder in die „informal Empire"-Gebiete dort auch Entwicklungshilfe-Funktionen erfüllten. Dafür zwei Beispiele: Bezüglich Kenias entwickelt R. D. WOLFF [187a] die These, daß die „British authorities" eine Agrarexportwirtschaft zur Reduzierung der englischen Abhängigkeit von „Non-Empire"-Quellen entwickeln wollten. Zu diesem Zweck hätten sie die Afrikaner steuerlich so hoch belastet, daß diese sich als Landarbeiter auf den Plantagen der britischen Siedler billig verdingen mußten, u.a.m. Am Fall Ägyptens unter Cromer behauptet R. L. TIGNOR [186a,

Penetration und „Entwicklungshilfe"?

Modernisation, 396 ff.], daß die britische Verwaltung eine Entwicklung nach westlichem Modell nicht begünstigte, da dies die Chancen für eine langfristige englische Herrschaft in Ägypten reduzieren würde. Die Zusammenarbeit mit den Herrenschichten im Lande sprach gegen eine durchgreifende Änderung der „feudalen Grundzüge" in der Sozialstruktur Ägyptens. Am Beispiel der französischen Kongo-Konzessionäre illustriert C. COQUÉRY-VIDROVITCH [196] die auf Ausbeutung statt auf Entwicklung gerichtete Komponente kolonialer Umtriebigkeit (besonders in Französisch-Äquatorialafrika bis zur Verwaltungsreform von 1905). Die Konzessionäre erhielten neben dem Recht der Nutzung von Grund, Boden, Fischerei usw. auch die Polizei- und Justizfunktionen, die Steuerveranlagung und -erhebung, also gebietshoheitliche Aufgaben.

Industrie und Empire Von den Fragestellungen und vom Gegenstand her kommt die inzwischen klassische Studie von E. J. HOBSBAWM [164, Industry and Empire] dem Anspruch, die Wirtschaftsgeschichte eines kapitalistischen Landes im Spannungsfeld „Industrie und Weltreich" zu schreiben, am nächsten. Für die Abhängigkeit der englischen Industrieproduktion vom imperialen Markt gibt er die anregende Begründung, sie sei ein Auffangpolster gewesen, um nicht weiter hinter die USA und Deutschland zurückzufallen. Letztlich bleibt unklar, seit wann die „Krise der englischen Wirtschaft" durch das Heilmittel „Empire"markt eher verschlimmert als tatsächlich kuriert wurde. Der Hinweis, die Ausweichmöglichkeit auf das Empire habe die Ernsthaftigkeit der ökonomischen Strukturprobleme aus dem Bewußtsein verdrängen helfen, führt nicht weiter. Hobsbawm streift lediglich die Probleme der Struktur und des Wandels der englischen Industrieproduktion 1850–1914; insbesondere untersucht er nicht die Wettbewerbsfähigkeit der exportabhängigen, auf den Empiremärkten engagierten Wirtschaftszweige. Hinzu kommt, daß er weder das „formal Empire" als ökonomische Größe bestimmt noch die Austauschbeziehungen Englands mit dem undifferenziert aufgeblähten Bereich „informal Empire" auf sein Thema „Industry and Empire" zurückführt. Die von Hobsbawm vertretene Ansicht, die Zuflucht zum Empire habe England ein Ruhekissen, „to soften Britain's fall in the world" geboten und die Malaise in der Industriewirtschaft verdrängt, hat auch unter „politischen Historikern" des britischen Imperialismus Resonanz gefunden [B.

Außenhandel und Weltreich PORTER, 180, Lion's Share; R. HYAM, 165, Imperial Century]. Das Thema „Trade and Empire" behandelt F. CROUZET [155] in seiner den Forschungsstand zusammenfassenden Übersicht über die Veränderungen im Im- und Export zwischen Mutterland und Empire sowie den inter-imperialen Austausch in der Freihandels-Phase und im Zeitalter des Imperialismus. Aufgrund einer umfassenden Analyse des Zusammenhanges zwischen dem Empire-Handel Englands und dem globalen englischen Außenhandel gelangt Crouzet (S. 227) zu einer von Hobsbawm abweichenden Gesamteinschätzung: „The empire was a source of wealth for Great Britain as an open, dynamic system, integrated into the main current of the international economy, and not a defensive mechanism that would shelter Britain from foreign competition."

c) Marxistische Theorien

Den klassischen marxistischen ökonomischen Imperialismus-Theorien ist das Schicksal widerfahren, daß Anhänger (K. KAUTSKY) und Gegner des wissenschaftlichen Marxismus gleichermaßen die empirischen Kernaussagen zurückwiesen. Die Übernahme der strukturanalytischen, sozialpsychologischen und gesellschaftspolitischen Aussagen in der sowjetkommunistischen Polemik der 1920/30er Jahren bedeutete, daß die Elemente für die Theoriedebatte verloren gingen.

Die These, daß das „Kapital" zur Realisierung des Mehrwerts die Anlage außerhalb der entwickelten (europäischen) Industrieländer suchen mußte, ließ sich leicht widerlegen. Sowohl Hobson als auch Hilferding und Lenin hatten Imperialismus und Kolonialismus nahezu gleichgesetzt, die Attraktivität der Kolonien für das „Kapital" war aber (vor 1914/18) nirgends groß. Die Banken/Bankiers mußten oftmals erst zum Kapitalengagement in den Kolonien − im Unterschied zur Anlage in Nord- und Südamerika, in Rußland, u. a. O. − überredet werden [214, H. BÖHME, Thesen); 181 GALLAGHER/ROBINSON; 325, MOMMSEN, Finanzimperialismus, 37 ff.]. Schon früh konnte GROVER CLARK [140, The Balance Sheets of Imperialism, 1936] zeigen, daß weder die britischen noch die französischen oder deutschen Kolonien [so auch K. HAUSEN, 148, Deutsche Kolonialpolitik in Kamerun, 18] einen ökonomisch relevanten Anteil an den Kapital- und/oder Warenexporten des Mutterlandes erreichten [vergl. TOUTAIN und BAIROCH, in: Lévy-Leboyer, 294; MOMMSEN, 175, Nationale Faktoren, 638 ff.; 210, ZIEBURA, Interne Faktoren, 112].

Die politische Kritik am Imperialismus ging vom Phänomen der Massenarmut aus. Sie widersprach also der Behauptung, daß ein Kolonial- bzw. Weltreich das Wohlstandsniveau zuhause generell anheben werde. Hier setzte HOBSONS These an, daß bestimmte „parasitäre" Interessen, die die neuen Massenmedien („penny press", u. a.) für ihre Zwecke steuerten, ihren privaten Profit zum öffentlichen Wohl deklarierten [H. CH. SCHRÖDER, Einleitung zur deutschen Übersetzung; 122, PORTER, Critics of Empire, Kap. 6/7; 596, P. CLARKE, Liberals and Social Democrats]. Hobson klagte jedoch nicht die „Kapitalisten" als Klasse an, sondern bezichtigte Finanzhäuser, Reeder, Waffenfabrikanten, reiche Erben, Kolonialbürokraten, u. a. Oberschichten, mit Hilfe des von ihnen entfachten „Jingoismus" die Staatsmacht zum Erwerb immer neuer überseeischer Gebiete als Anlageobjekte für ihr „over-saving" zu treiben. Erst R. LUXEMBURG [119], HILFERDING [116] und LENIN [118a] erblickten im Imperialismus die „notwendige" höchste bzw. letzte Stufe des kapitalistischen Systems. Nachdem der Kapitalismus seine Strategien der Ausbeutung im nationalen Hoheitsgebiet gewissermaßen erschöpft habe, suche er − unter Mobilisierung der Staatsmacht − die „freien" Gebiete der Erde an sich zu bringen; diese Rivalität müsse im Weltkrieg der imperialistischen Staaten enden [116, HILFERDING, 507; 119, LUXEMBURG, Akkumulation, 424]. Führen Lenin und Hilferding Imperialismus auf ökonomi-

Hobson

Hilferding, Lenin, R. Luxemburg

sche Bewegungsgesetze des Finanz- bzw. Monopolkapitals zurück, so betont R. Luxemburg am radikalsten den Charakter des Imperialismus als Reaktion auf die „geballte Kraft der proletarischen Bewegung". Ihre These schlägt auch die Brücke zwischen Imperialismus und Militarismus [120, Mommsen, Theorien]. Bei den Führern der Parteien der Sozialistischen Internationale [513, G. Haupt; 790, J. Droz; 189, Ageron; 640 Sumler; 797, S. Miller; 123, H. Ch. Schröder, Sozialismus; 516, G. A. Ritter] wuchs die Sensibilität für die Gefahren des Imperialismus in dem Maße, in dem die Rüstungsausgaben stiegen und Protektionismus, Militarismus, Schließung der Kolonialreiche gegen Drittmächte, überseeischer Annexionismus zu einer Verweigerungsfront auf Kosten der Sozialpolitik und anderer Reformbestrebungen verschmolzen.

DDR-Forschung Die DDR-Forschung legt mit den Studien zum deutschen Imperialismus und zum vergleichenden Imperialismus vor 1914 [225, Klein] eine Vielzahl origineller Untersuchungen vor, die sich bei der Erklärung der Wirkungsweisen imperialistischer Expansionspolitik keineswegs nur an die von Lenin getroffenen, vom partei-offiziellen Standpunkt vorgezeichneten Maßgaben halten. Das Ausprobieren unterschiedlicher Untersuchungsmethoden ermöglicht den Autoren des Kollektivs, durchaus den Zielkonflikt zwischen politischen und ökonomischen Motiven und Interessen zu veranschaulichen (F. Klein am Fall der Balkanpolitik der deutschen Mittelmächte; Lemke am Beispiel der deutsch-russischen Beziehungen). Von den Kernaussagen Lenins wird allerdings nichts zurückgenommen. Ökonomische Motive/Interessen- vor allem das Streben nach Vorteilen für bestimmte „Fraktionen der herrschenden Klasse" — seien für imperialistische Politik verantwortlich. Imperialismus bezeichnet den Modus bürgerlicher Herrschaftssicherung durch Anwendung subtiler ebenso wie direkter Gewalt, nach innen- gegen die Arbeiterschaft- und nach außen- gegen die Befreiungskämpfe der abhängigen Gebiete. Damit behält auch die politische Botschaft ihre Gültigkeit: Gegen imperialistische Unterdrückungs- und Gewaltpolitik helfe nur die Konsolidierung der sozialistischen Staatenwelt.

d) Sozialimperialismus

Die Sozialimperialismus-These ist bereits ein zentrales Erklärungselement der „klassischen" Darstellungen von W. L. Langer [387, Diplomacy of Imperialism, I, 95ff./1960²] und E. Halévy [601, Imperialism and the Rise of Labour]. H. U. Wehler [233, Bismarck] hat sie dahingehend zugespitzt: Sozialimperialismus sei der Versuch der Führungseliten, mit den ökonomischen Folgen permanenter technologischer Innovationen und ihren Auswirkungen auf die Strukturen traditionaler Gesellschaften durch Ablenkung nach außen fertig zu werden [80, Imperialismus, 13 f.]. Das Bedürfnis nach innergesellschaftlicher Stabilisierung, so formuliert D. Geyer [68, Rußland und das Problem . . ., 337], gehört „bei aller Ungleichartigkeit der ökonomischen und politisch-gesellschaftlichen Entwicklung zur Motivstruktur imperialistischer Expansion." Gegen Wehlers These wenden W. Baumgart [51, Eine neue Theorie?], Böhme [214], Zmarz-

LIK [64] ein, daß die Stilisierung Bismarcks zum Meister-Manipulator die Übertragbarkeit des Deutungsmusters einer Stabilisierungsstrategie auf andere imperialistische Staaten in Frage stelle. Die allgemeingültigen Elemente der Theorie gehörten hingegen seit Machiavelli zum Herrschaftswissen und -instrumentarium [so auch WEHLER, 233, Bismarck, 115]. Die spezifische Verbindung der Ablenkungsmanöver nach außen mit dem Legitimationsproblem einer industriellen Gesellschaft müsse von Wehler – insbesondere für die Phase der Weltpolitik und der Hochkonjunktur – jedoch erst noch erwiesen werden.

ZIEBURA [238, Hochimperialismus, 502 ff.] und BÖHME [214, Thesen] werfen die Frage auf, ob in der Bismarck-Ära überhaupt die ökonomische Basis für eine systematische überseeische Expansion bestanden habe. In der Wilhelminischen Zeit drängten ökonomische Kräfte nach außen – für die Bismarckzeit gelte jedoch H. Rosenbergs Feststellung: „Der Militanz im Innern (entsprach) die Konzilianz im Äußeren." In einer engen Anbindung imperialistischer Politik an die Konjunkturbewegungen sieht Böhme wenig Sinn (S. 46) – der Wille, innenpolitische Veränderungen zu unterbinden, behauptete sich unabhängig von fortschreitender Industrialisierung (S. 37). Außenhandels- und -wirtschaftspolitische Entscheidungen, die für die industriewirtschaftlichen Expansionsinteressen nützlich, für die agrarwirtschaftlichen Abschirmungsinteressen schädlich werden könnten, seien dank des übergeordneten Interesses beider Lager an der sekundären Integrationsfunktion der „Weltpolitik" unterblieben (S. 53 f.). Deutsche Überseepolitik konnte wegen der Vetofunktion agrarfreundlicher Interessen nicht den Spuren vorgegebener wirtschaftlicher Expansion folgen. Der Industrialisierungsschub, der unter Caprivi zum Druchbruch gelangte, die Weltmarktorientierung wichtiger Teile der deutschen Wirtschaft sowie die Verbindung zwischen Produktions-, Handels- und Bankinteressen bedeuten für Ziebura, daß die Weltpolitik aus der „beginnenden bzw. sich intensivierenden ökonomischen Penetration" bestimmter Regionen („Mitteleuropa", Marokko) politisches Kapital zu schlagen vermochte. Zur Sicherung und Durchsetzung der deutschen Großmachtstellung verlangten Politik und Wirtschaft – besonders nach 1911 angesichts des Konkurrenzdrucks des „überlegenen" französischen und englischen Kapitals – den Schritt über den informellen Einfluß hinaus zum Erwerb von Absatzgebieten und Rohstoffquellen. Solange Rohstoffe auf dem Weltmarkt „frei" zu beziehen waren, hatten Bank- und Geschäftswelt und Regierungsämter keinen Anlaß gesehen, Rohstoffgebiete unter ihre informelle oder direkte Kontrolle zu bringen. Dieses Ziel verfolgten auch die „liberalen Imperialisten", und zwar sowohl in der (fehlkonzipierten) 2. Marokkokrise als auch in den Gesprächen mit England 1912/14 [210, ZIEBURA, Hochimperialismus, 505 ff.; vergl. 408, SCHÖLLGEN, Kühlmann]. Die deutliche Akzentuierung des doppelten Widerspruchs zwischen (1) weltmarkt- und binnenmarktorientierten Kräften und (2) zwischen Schwerindustrie und Verarbeitungsindustrien beschließt Ziebura – ähnlich wie Böhme – mit der Feststellung, daß die vor-industriellen und die Schwerindustrie-Interessen letztlich die Oberhand hatten.

Gesellschaftliche und wirtschaftliche Stoßrichtungen

Widersprüche im deutschen Imperialismus

Als Hauptschwäche kreidet ZIEBURA [210] der Theorie an, daß sie die „subjektiven Wunschvorstellungen der herrschenden Klassen über die Perpetuierung ihrer eigenen Herrschaft und die daraus abgeleitete Politik mit den objektiven Bewegungsgesetzen von Wirtschaft und Politik gleichsetzt" (S. 502). G. ELEY [217, Social Imperialism, 72, 77ff.] knüpft an Zieburas Kritikpunkte an.

Zwei Varianten des „social imperialism"?

Er verlangt von einer kritischen sozialhistorischen Theorie, daß sie nicht nur die „Manipulation von oben" untersuche, sondern auch die Prädispositionen und die Selbstorganisationen der sozialen Gruppen aufdecke [s. dazu generell 526, R. EVANS, Hg., Society and Politics in Wilhelmine Germany]. Eley erinnert daran, daß Sozialimperialismus für Lenin, Naumann, Schumpeter u. a. „popular support for imperialism" anzeige. Diese Tatsache ist natürlich auch Wehler bekannt; Wehler betont aber, daß seine Definition sowohl Hobson und Lenin berücksichtige als auch in der „modernen" internationalen Forschung Bestand habe. In 2. Linie ficht Eley die Gleichsetzung von Sozialimperialismus und Beharrungsstrategie an. Nicht anders als in England oder Frankreich gab es auch in Deutschland als zweiten Strang „Imperialismus und Sozial-Reform"; dieser „reformistische" Sozialimperialismus habe das politische Geschehen nicht minder beeinflußt als die konservative Utopie der „Manipulation von oben".

Sozialimperialismus und „Reform"?

Mit dem Streit, ob es zwei gleichberechtigte Varianten des Sozialimperialismus oder nur die erfolgreich-dominante Version des Bonapartismus [550, STÜRMER; 214, BÖHME; 232, WEHLER; 212, BERGHAHN) bzw. Präfaschismus (673, PUHLE] gebe, ist die Frage nach der Selbstbehauptungsfähigkeit und Profilierung der liberal-demokratischen Tradition in Deutschland verbunden. Brach der Sozialimperialismus (im Sinne Wehlers) den Elan der bürgerlichen und der SPD-Reformbestrebungen oder betätigte sich das „Mitte-Links"-Spektrum innenpolitisch — wenn auch nicht auf der ganzen Linie erfolgreich — gegen rechts, gerade weil es hinter der „Rechten" in puncto Patriotismus („larger patriotism") nicht zurückstehen wollte? [216 ELEY, Defining, 281f.; 217 ELEY, Social Imperialism, 80; vergl. die Beiträge in: 222, HOLL/LIST, Hg., Liberalismus und imperialistischer Staat]. Man kann mit MOMMSEN (ebda., 140ff.) gewiß konstatieren, daß die imperialistische Sammlungsideologie eine durchgreifende Liberalisierung der deutschen Gesellschaft für mindestens ein Jahrzehnt (1895/96—1905/07) aufgehalten habe. Angesichts der verschärften innenpolitischen Divergenzen zwischen konservativen und liberal-bürgerlichen Kreisen in steuer- und sozialpolitischen Fragen seit 1908/9 kann eine solche Feststellung aber nicht gleichbedeutend sein mit der These einer Selbstpreisgabe oder gar Korruption der „liberalen" und der „realpolitischen Imperialisten" (Mommsen) gegenüber der von konservativen Tendenzen verfolgten Sammlungsideologie. JARAUSCH [437], SHEEHAN [574], SCHMIDT [543, Blockbildungen] deuten „liberalen Imperialismus" als Etappe der Auseinandersetzung zwischen Liberalismus und Konservatismus und nicht als Sündenfall einer staatsorientierten, untertänigen Bürgerblocks-Mentalität.

Wehler, Berghahn, Stegmann, Witt, Puhle unterstützen die erstmals von E. KEHR [294, Schlachtflottenbau] entwickelte These, das „großagrarisch-schwerindustrielle Kondominuum mit der Spitze gegen das Proletariat" „sei effizient genug geblieben, um über alle momentanen Zerwürfnisse [548, STEGMANN; 522, BARKIN] und materiellen Interessengegensätze hinweg die Verfassungsstruktur des Bismarck-Reiches und die Privilegien der altpreußisch-agrarischen Führungsschichten gegen die umwälzenden Auswirkungen der Industrialisierung und der sie begleitenden Demokratisierungs- und Parlamentarisierungstendenzen abzuschirmen, und zwar mit verhängnisvollen Auswirkungen bis hin zum „deutschen Faschismus". Dieser Erfolgsstory der „Manipulation von oben" hält ELEY [523, Sammlungspolitik; 524, Reshaping the Right] den im Kern berechtigten Hinweis entgegen, daß eine „radikale", „populistische" kleinbürgerliche, im Verbände-Nationalismus mobilisierte „Rechte" die Regierungspropaganda – vor allem auf dem Gebiet des „Rüstungsnationalismus" [54, BERGHAHN, Militär] – übertraf. Letztlich agitierte dieser „Extremismus von rechts" gegen die kaiserliche Regierung und gegen das bestehende politische System, höhlte also den Status quo aus [216, ELEY, Defining, 279, 281; 524, Reshaping the Right]. Eley bestreitet, daß der „populistische" Nationalismus sich von den herrschenden Konservativen integrieren ließ, während seine Kritiker, u. a. Berghahn und Puhle, durch den Hinweis auf die Führungsschichten der von Eley untersuchten nationalen Verbände deren Eigenständigkeit (über eine Frühphase in den 1890er Jahren hinaus) leugnen. Puhle hält den mit dem Begriff „Populismus" suggerierten Vergleich mit den USA für deplaziert.

Neue Rechte

Die Sozialimperialismus-Theorie gilt – mit einigen Vorbehalten und nicht als Hauptelement der Interpretation – nach D. GEYER [68, Rußland], B. BONWETSCH [245] auch für Rußland.

Anwendung der Sozialimperialismustheorie auf andere Staaten

Folgt man den Deutungen von BROWN [193], COOKE [195] und PONTEIL [823], dann beständen in Frankreich in der Ära der Neugruppierung des politischen Kräftefeldes in den 1890er Jahren Parallelen zur Welt- und Sammlungspolitik im Reich. Der „réveil national" in den letzten Vorkriegsjahren ist wiederholt in sozialimperialistischen Kategorien beschrieben worden [209, E. WEBER, Nationalist Revival; 640, SUMLER; 403, REUTER], doch stimmen wir der differenzierten, die These der Block-Konfrontation auflösenden Deutung KRUMEICHS [635] zu.

In der englischen Diskussion deuten E. HALÉVY [601], S. SEMMEL [185], SEARLE [617, Efficiency], SCALLY [184] Sozialimperialismus in der Doppelfunktion als (1) Aushilfsmittel gegen innenpolitische Krisen im Gefolge der Demokratisierung und (2) „soziale Reform" zur Stärkung der nationalen Wettbewerbsfähigkeit. Für die Mitglieder der „Efficiency"-Gruppe [617, SEARLE; 605 MATTHEW] war die Gefahr, daß Arbeitslose dem Staat zur Last fallen oder auswandern – also die Verteidigungskraft der britischen Weltmacht schwächen – könnten, das Alarmsignal, um zur Abkehr vom Freihandel und zur Neubesinnung auf die Aufgaben und Funktionen des „Staates" aufzufordern. [183, ROHE; 173, MOCK, Imperiale Herrschaft]. Am englischen „Fall" wird deutlich, daß Sozialimperialismus in den doppelten Zusammenhang (1) der allgemeinen Frontstellung der konservativen Unionisten gegen den Liberalismus als regierende Partei und (2) der Reform des Liberalismus „von innen" durch „Social Liberals" [596, P. CLARKE] und liberale Imperialisten gehört [ROHE, Intelligentsia in 71]. Der latente, nicht-organisierte Konflikt zwischen den Interessen von „finance" und „trade" in der britischen Wirtschaft, auf den RUBINSTEIN [733; 734] und G. THOMPSON [715] aufmerksam machen, vermengte sich mit dem „Klassenkampf" zwischen Liberalen und Konservativen in der Finanz- und Steuerpolitik [608, MURRAY; 610, OFFER]; er war aber nicht identisch mit der Kontroverse zwischen Freihändlern und Schutzzöllnern.

e) Finanzimperialismus

Die Diskussion über Finanzimperialismus konzentrierte sich lange Zeit auf die Abhängigkeitsverhältnisse zwischen formal unabhängigen Staaten und europäischem Industrie- und Handelskapital, z. B England/Argentinien [319, FORD; 176, PLATT]; Ägypten [321, D. S. LANDES; 181, ROBINSON/GALLAGHER/ DENNY]; Frankreich/Rußland [252, MCKAY; 240, O. CRISP; 199, R. GIRAULT]; Persien [383, KAZEMZADEH; 256, Sumner]; China [329, REMER; 422, YOUNG]; Türkei [311, BLAISDELL; 208, THOBIE; 226, MEJCHER]. Das Interesse galt den Instrumenten, mit denen internationales Kapital „Ökonomie und Politik" der abhängigen Gebiete kontrollierte (Schuldenverwaltungen), oder den Folgen des Kapitalexportes für die Zukunftsinvestitionen und die Wettbewerbsfähigkeit der kapitalistischen Länder. W. J. MOMMSEN — mit einem die internationale Forschung zusammenfassenden Artikel sowie als Herausgeber der Referate auf dem deutschen Historikertag 1974 [105] — und F. KLEIN — als Herausgeber und Mitautor der Studienbände zum Imperialismus vor 1914 [225] — haben den Anschluß der west- bzw. ostdeutschen Historie an die Pionierstudien von D. S. LANDES [321, Bankers and Pashas], R. GIRAULT [96], J. THOBIE [208], D. C. M. PLATT [177, Finance, Trade] hergestellt.

„Internationales Kapital" und „Nationalstaat"

Einer ersten grundlegenden Untersuchung von J. VINER [333] über die Rolle der Finanzdiplomatie in der Epoche der Transformation des europäischen „balance-of-power"- zum Weltstaatensystem folgten erst mehr als zwei Jahrzehnte später die großen Studien von R. POIDEVIN [326, Finances et relations internationales; 399, Relations économiques et financières], P. GUILLEN [201, Delcassé et les banques], F. FISCHER [364, Krieg der Illusionen]. Sie verdeutlichen, daß von Fall zu Fall unterschiedliche Konstellationen zwischen imperialnationaler Machtpolitik, regierungsseitig bevorzugten Banken/Unternehmen und Gegenaktionen „dritter" Finanzinteressen bestanden [betr. Delcassé s. GUILLEN; für Rußland s. 199, GIRAULT; zusammenfassend 325, MOMMSEN und 210, ZIEBURA].

Die Frage nach den Wechselwirkungen zwischen „nationaler" und „internationaler" Betätigung des Kapital(exports) und den Machtbeziehungen zwischen den Staaten wurde lange Zeit vernachlässigt. Die Ermittlung des Umfangs und der ökonomischen Wirkung des Kapitalexports gehörte hingegen seit den Studien von H. FEIS [318], A. IMLAH [168] zu den Interessenfeldern der Wirtschaftsgeschichte. Auf die Rolle „kleiner" Privatbanken und namenloser kleiner Anleger neben den Großinvestoren als Träger finanzimperialistischer Operationen macht MOMMSEN [325] aufmerksam; ebenso unterstreicht er die außer-europäischen Randbedingungen, die die finanzielle Penetration ermöglichten bzw. begünstigten.

Insofern der Begriff „Finanzimperialismus" autonome Zusammenarbeit des „internationalen" Kapitals beinhaltet [325, MOMMSEN, 49ff.], stellt sich die Frage, ob deutsches Kapital die Chance wahrnahm, in Juniorpartnerschaften – als „Unter-Imperialismus" – mit kapitalstarken Ländern [238, ZIEBURA, Hochimperialismus] bzw. in marktteiligen internationalen Holdings nicht nur einträgliche Geschäfte zu machen, sondern auch der „Politik" den Weg zu bahnen. Besaß „Finanz"- als informeller Imperialismus ein eigenes Konzept der Interessenwahrnehmung und vermochte er, „Einflußteilung statt Verdrängungswettbewerb" im internationalen Maßstab durchzusetzen? „Informellem" Imperialismus haftet ferner die Vorstellung einer „gemäßigten" Fremdherrschaft an, die sowohl für die betroffenen Gebiete als auch für die anderen Großmächte weniger Reibungsflächen geboten habe. Die Debatte, ob es eine „friedlich prozedierende Expansion deutschen Einflusses" [435, HILDEBRAND, Wettrüsten], eine „Weltpolitik ohne Krieg" [R. v. Kühlmann, Plehn; s. 408, SCHÖLLGEN; 364, F. FISCHER, Krieg der Illusionen], gab, wäre dann gleichbedeutend mit der Frage nach der Wirksamkeit eines deutschen Finanzimperialismus. Die „liberalen Imperialisten", die die Bagdadbahn als Exempel des Finanzimperialismus unterstützten [226, MEJCHER], wollten andere Länder wirtschaftlich von Deutschland abhängig machen, um sie später politisch kontrollieren zu können. Ähnliches haben MCLEAN [172], EDWARDS [361] für den britischen; KAZEMZADEH [383], WEGNER-KORFES [in: 225] für den russischen, GIRAULT [200], GUILLEN [202], THOBIE [207] für den französischen „amtlichen" Einsatz zugunsten bestimmter Banken in Persien, China, der Türkei u.a.O. aufgedeckt.

Übereinstimmend stellen POIDEVIN [229], ZIEBURA [238], MOMMSEN [325, Finanzimperialismus, 76ff.] fest, daß die „politischen" Imperialismen der Großmächte seit 1910/11 „die beteiligten Finanzgruppen zwangen, ihre ökonomischen Ziele nunmehr ganz überwiegend im Rahmen der durch die jeweilige nationale Politik gesetzten Bedingungen zu verfolgen". Die „politischen" Anleihen sollten (1) den Großmächten ihre Klientel im europäischen Machtkampf (auf dem Balkan/Nahost) sichern und (2) die Exportinteressen (vor allem der Rüstungs-, Schwerindustrie) fördern [342, POIDEVIN, Fabricants d'armes]; dadurch wurden dem „Finanz"-kapital die „internationalen Flügel" gestutzt.

In den USA und in Frankreich, dann auch in England, hat sich eine regelrechte Disziplin „Financial Diplomacy" herausgebildet, die den Finanz-Imperialismus in seiner ganzen Bandbreite untersucht. Hervorzuheben sind die Studien über den Dollarimperialismus [263, TH. MCCORMICK; 264, S. NEARING/J.

FREEMAN]; die umfassenden, methodisch vorbildlichen Arbeiten aus der Renouvin-Duroselle Schule [208, J. THOBIE; 199, R. GIRAULT; 201, P. GUILLEN; 326, R. POIDEVIN] und die „Fallstudien" über den britischen Finanzimperialismus [177, D. C. PLATT; 324, D. MCLEAN].

3. WELTWIRTSCHAFT

Europa und Übersee

Die gegenwärtig vorherrschende Tendenz, die Beziehungen zwischen „Europa" und „Übersee" im Zeitalter des klassischen Imperialismus als Vorgeschichte des heutigen Nord-Süd-Gefälles zu begreifen, färbt auch auf die Analyse der Weltwirtschaft vor 1914 ab [133, PERROUX; ferner die Beiträge in 121, OWEN/SUTCLIFFE, Hgg., und 130, KRIPPENDORFF, Internationales System als Geschichte]. Eine andere Forschungsrichtung zeichnet die Konturen der Weltwirtschaft im imperialistischen Zeitalter analog zu einem anderen für die 1950/70er Jahre charakteristischen Bezugsraster. In ihrer Sicht ist Weltwirtschaft „Arbeitsteilung im atlantischen Raum"; B. THOMAS [304] J. G. WILLIAMSON [306] u. a. untersuchen die – im einzelnen jedoch nicht geklärten – Wechselwirkungen zwischen den Faktoren: Ein- bzw. Auswanderung, Kapital- und Handelsströme im Dreieck Nordamerika – Großbritannien – Nordwesteuropa.

Außenhandelsverflechtung und Wachstum

Für die zeitgenössischen Auseinandersetzungen war W. SOMBARTS Formulierung des Gesetzes der fallenden Außenhandelsquote wichtig [697, Die deutsche Volkswirtschaft im 19. Jahrhundert, 1903, Kap. XV; 1954^8, S. 368ff.]. Die These postulierte ein langsameres Wachstum des Außenhandelsvolumens im Vergleich zur steigenden Bedeutung der inländischen Produktion. Mit zunehmender Industrialisierung würde das Verhältnis von Außenhandelsvolumen zu Sozialprodukt abnehmen [348, WULF, Deutscher Außenhandel, 16f.]. Die tatsächliche Entwicklung widerlegte die These; Verschiebungen in der Weltmarktnachfrage zu den Gütern höherer Qualität, der Importanstieg in den „Entwicklungsländern" aufgrund des wachsenden „Einkommens" der überseeischen Gebiete und deren verbesserte „terms of trade" wirkten dem Rückgang der Exporte aus den Industrieländern entgegen.

Goldstandard

Die Kontroverse um die Funktionsbedingungen des Goldstandards stand zwar in engem Zusammenhang mit den Erfahrungen der Inflation im Gefolge des 1. Weltkriegs und der Deflationspolitik in der Zeit der Weltwirtschaftskrise, doch wurde sie weitgehend als wirtschaftswissenschaftlicher Richtungsstreit ausgetragen. [314, BROWN; 316, DE CECCO; 322, LINDERT; 313, BLOOMFIELD]. Im Vergleich mit der „Politisierung" der Finanz-(Reparationen, interalliierte Schulden) und der Handelsbeziehungen nach dem 1. Weltkrieg erschienen die Wachstumskrisen vor 1913/14 als „immanenter Bestandteil des Wachstumsprozesses, der durch politische Eingriffe nur wenig beeinträchtigt wurde." [695, PETZINA/ ABELSHAUSER, 61]. In der Debatte um den „relative decline" der europäischen Volkswirtschaften – verglichen mit der Prosperität in den USA und dem Wachstumsschub in den damaligen Schwellenländern (Kanada, Brasilien, etc.) [303,

Kapitalexport und „Zukunfts"- Investitionen

SVENNILSON; 701, ALDCROFT; 288, CIPOLLA/BORCHARDT, Hgg.; 286, Cambridge Economic History VI] wandte sich das Augenmerk den Warnungen zu, die Sozialliberale (J. Hobson) und Konservative (J. Chamberlain; Deutsch-Konservative Partei) vor 1914 vorgetragen hatten [327, POIDEVIN; 716, TOMLINSON, 55], daß nämlich Kapitalexport heiße, dem Binnenmarkt Zukunftsinvestitionen zu entziehen, die Kaufkraft der breiten Massen zu schwächen und die auswärtige Konkurrenz auf Kosten der heimischen Industrien zu fördern.

Für das Deutsche Reich war das Problem aus drei Gründen weniger akut: (1) Der Anteil der Auslandsemissionen an den Börsenaktivitäten machte nur einen kleinen (ca. 10%) Anteil aus; (2) die deutschen Banken verstanden es, etwa im Falle der Banca Commerciale/Mailand, mit geringen Eigenanteilen „fremdes" Kapital vor ihren Karren zu spannen [399, POIDEVIN, Relations, 705 ff.]; (3) Kapital- und Warenexport gingen zum großen Teil in die gleiche Richtung (im Unterschied vor allem zum französischen Konkurrenten) [zusammenfassend 238, ZIEBURA, Hochimperialismus; 690, V. HENTSCHEL]. _{Deutschland}

Für Großbritannien stellten A. K. CAIRNCROSS [315, Home and Foreign Investment, 195 ff.], MCCLOSKEY [709], CROUZET [705] fest, daß der Kapitalexport keine Vernachlässigung des Investitionskapitals der englischen Industrie bedeutete. In den 1890er Jahren stiegen die „home investments" und hielten das erreichte Niveau. Als 1907/13 der Kapitalstrom ins Ausland im Zeichen des Aufschwungs des Welthandels zunahm, litt die englische Wirtschaft nicht unter Kapitalknappheit. Außerdem leisteten die Kapitalexporteure gleichsam im Zuge der Information über profitable Kapitalanlagemöglichkeiten auch Markterkundungsdienste für die englische Industrie. Da England seit den 1870/80er Jahren strukturell auf Nahrungsmittel- und Rohstoffimporte angewiesen war, bedeuteten die Kapitalexporte – insoweit sie die Transportkosten senkten, zusätzliche Versorgungsquellen erschlossen, etc. – eine Verbilligung der Importe. Im einzelnen deckt Cairncross die komplizierten Zusammenhänge zwischen den 4 Faktoren: „terms of trade", Reallöhne, Auswanderung und Kapitalexport auf. Im Unterschied zu Frankreich hätten die Engländer ihr Kapital in politisch sicheren und ökonomisch wachstumsträchtigen Ländern (USA, weiße Dominions) angelegt. Großbritannien

Die Behauptungen, die Cairncross für England zurückweist, hält er in bezug auf Frankreich für zutreffend. Der französische Rentier habe der französischen Industrie Investitionsmittel vorenthalten, wenig für die Förderung des Güterexports getan und nicht einmal auf die Reduktion der Kosten für Frankreichs Importe geachtet. GIRAULT [in 645], BOUVIER [191], GUILLEN [202] revidieren dieses Bild. Sie beobachten – seit 1903 im Fall des russischen Marktes – eine engere Zusammenarbeit zwischen den im Rußlandgeschäft tätigen Banken und französischen Industriekreisen. Vor allem LÉVY-LEBOYER [294] gelangt in einer großangelegten Neuberechnung der französischen Leistungsbilanz (Außenhandel, Auslandsinvestitionen, Touristentransfer, etc.) zu dem Ergebnis, daß die Expansion des französischen Kapitalexports und die Investitionen im Inland Frankreich

Hand in Hand gingen. Statt das Binnenwachstum zu behindern, hätten beide einander gestützt (S. 15/16). Die steigenden Auslandsinvestitionen verbesserten die „position commerciale du pays" durch Aufbesserung des Währungskurses und durch höhere Deckung der Warenimporte. Er hebt freilich kritisch hervor, daß die französischen Auslandsanlagen — im Unterschied zu den britischen — nicht in „jungen" Ländern erfolgten, sondern in bestimmten Gebieten „festlagen" (S. 24f.). In einem anderen Artikel begründete LÉVY-LEBOYER [295] die These, daß der Agrarsektor für die Verlangsamung des binnenwirtschaftlichen Wachstums der französischen Wirtschaft in der 2. Hälfte des 19. Jahrhunderts verantwortlich sei, mit einem vorbildlich konstruierten Index der Produktivität im Agrarsektor.

Kapitalexport und Arbeitskräfteexport

P. BAIROCH [284, Commerce exterieur] führt aus, daß sich die Kapitalexporte auf die industrielle Entwicklung Europas günstig ausgewirkt hätten, da sie zum großen Teil die Fertigwarenexporte nach sich zogen. Hingegen wirkte sich die Auswanderung nachteilig für die europäischen Staaten aus, insofern sie die Nahrungsmittelproduktion in den Überseegebieten (Kanada, Argentinien, Australasien, USA) und den Export nach Europa beschleunigte (S. 107, 115, 121). Die Hauptursache des verlangsamten englischen, z. T. auch des europäischen Wirtschaftswachstums sieht Bairoch (302ff.) in der Verlangsamung der agrarischen Produktion aufgrund der günstigen Nahrungsmittelimporte; die Folge davon war nicht zuletzt eine sinkende Nachfrage der Landwirtschaft nach Industrieerzeugnissen.

Wettbewerbsfähigkeit der Volkswirtschaften im Vergleich

Das Standardwerk für die Beurteilung der Wettbewerbsfähigkeit der westeuropäischen Nationen in der 2. Phase der Industrialisierung bleibt D. S. LANDES Entfesselter Prometheus [292]. Landes berücksichtigt Erziehungssysteme (Technische Hochschulen, u. a.), Auf- und Annahme neuer Technologien, Effizienz des Bankenapparates; er entwickelt Unternehmerprofile und bezieht sozialgeschichtliche und (wirtschafts)politische Faktoren in die Analyse ein. S.

Deutschland— Großbritannien

B. SAUL [712, Industrialisation and De-Industrialisation?] bezweifelt, daß England im Vergleich mit den USA oder Deutschland gehandicapt gewesen sei. Das höhere Pro-Kopf-Einkommen der Briten sei durch den höheren Anteil der in den „high productivity"-Sektoren beschäftigten Arbeitskräfte zu erklären. Die finanzielle Stärke der etablierten „merchant class", die für den Konsumgüterexport ideale Finanzierungsstrukturen gewährte, bot England — im Unterschied zum fixen Kapital in den deutschen Produktionsmittelindustrien — sogar einen Wettbewerbsvorteil. Ferner profitierte das Exportland Großbritannien davon, daß es den Löwenanteil seiner Ausfuhren (56%) in Gebiete lieferte, die — wie die Dominions- vor 1914 den am stärksten expandierenden Markt für Fertigwarenimporte bildeten [vergl. 155, CROUZET].

„terms of trade"

Die Expansion des Welthandelsvolumens und der Aufschwung in den entwickelten Ländern in der Phase 1895/6—1913 werfen die Frage auf, ob die (west)europäischen Industrieländer im Austausch mit den Agrarerzeuger- und Rohstoffexport-Ländern in Übersee einen einseitigen Vorteil erlangten, und zwar dadurch, daß sie dank steigender Weltmarktpreise für ihre Fertigwaren bei sinkenden/stagnierenden Preisen für Agrargüter/Rohprodukte für den gleichen Exportwert mehr importieren konnten. Die internationalen Austauschrelationen, die „terms of trade" (d. h. der Exportindex als Prozentsatz des Importpreisindexes), folgten in der Periode 1880—1914 keinem einheitlichen Trend [296, MILWARD/SAUL; 290 KENWOOD/LOUGHEED, 165 ff.; 694, PETZINA]. Wegen der unterschiedlichen Zusammensetzung der Import- und der Exportseite der verschiedenen Länder und wegen der ungleichmäßigen Preisbewegungen in den einzelnen Warenklassen ist eine Parallelbewegung in den Wachstumsraten zwischen Industrie- und „Entwicklungsländern" vor 1914 wahrscheinlich. Ferner ist zu berücksichtigen, daß nicht allein die heutigen Länder der 3. Welt Rohstoff- und Agrarexporte tätigten, sondern daß — damals wie heute — die USA, Frankreich, Rußland, aber auch England und Deutschland (Kohle, Getreide, Kali, etc.) bei zahlreichen Primärgütern zu den 3—6 führenden Exporteuren gehörten und somit auf das Weltpreisniveau Einfluß nahmen. In Anbetracht des rapiden Bevölkerungswachstums in den Industrieländern — ausgenommen Frankreich — und der Hochkonjunkturphasen in den USA und Deutschland verzeichneten die agrarischen und industriellen Rohstoffe ein stabiles, nach oben weisendes Preisgefüge. Für einige Industrieländer — etwa Deutschland — verschlechterten sich die „terms of trade" im Zeitraum zwischen 1890 und 1913. [695, ABELSHAUSER/ PETZINA, 74].

Die Einschätzung der Schutzzölle fällt bei Politik- und Wirtschaftshistorikern unterschiedlich aus. P. BAIROCH [284, Commerce exterieur] kommt in seiner großangelegten Untersuchung zu dem Ergebnis, daß die kontinentaleuropäischen Länder in der Phase ihrer Rückkehr zum Schutzzoll ein höheres industriewirtschaftliches Wachstum verzeichneten als in der Freihandelsära, von der hauptsächlich England profitierte (S. 162f.). Auch der Außenhandel, der zu 70% intra-europäisch abgewickelt wurde, expandierte in der zweiten Phase stärker als in der ersten. S. POLLARD [299, Economic Integration, 57] macht darauf aufmerksam, daß die deutschen Importe — trotz der 1885 und 1887 erhöhten Zollsätze — und die Einfuhren des englischen Freihandelslandes ungefähr im gleichen Maß anstiegen. Trotz der Ausweitung des französischen Zolltarifs 1910 stiegen die französischen Importe aus dem Reich zwischen 1909 und 1913 um 400 Mill. Francs an, die Importe aus den aus politischen Gründen „besser" behandelten Partnerländern Italien und England vergleichsweise weniger [343, POIDEVIN, L'exemple, 61]. V. HENTSCHEL [690] legt dar, daß sowohl die Herabsetzung der Tarifsätze für Agrarprodukte in der Caprivi-Ära als auch die Festlegung erhöhter Minimalsätze im Bülow-Tarif, die für die Handelsverträge verbindlich waren, die Entwicklung des deutschen Außenhandels nicht merklich — weder expansiv noch kontraktiv — beeinflußten. Für den Fall, daß in England die Tariff Reformer zum Zuge gekommen wären, hat S. B. SAUL [302, Studies, 228f.] geschätzt, daß dies die Wachstumsrate des Welthandels reduziert hätte. Der Frage, inwieweit Zölle und Kartelle die Wettbewerbsfähigkeit und das

Ökonomische und politische Relevanz der Schutzzoll-Freihandels-kontroversen

Wachstum gefördert oder beschränkt haben, gehen ST. B. WEBB [700] bzw. R. C. ALLEN [702] am Beispiel der Eisen- und Stahlindustrie nach.

Handels- und Machtpolitik

Die politisch-historischen Analysen halten sich an die Freihandels- versus Schutzzoll-Kontroversen. Dabei geht es nicht nur um Kostendruck für die Industrie und um die Lebenshaltungskosten, um die Begünstigung bestimmter „schaffender Stände" oder um die Konservierung „überalteter" wirtschaftlicher Strukturen, sondern auch um die Veränderung der zwischenstaatlichen Beziehungen. Die Umstellung der französischen Handelspolitik von den Grundsätzen der 1860er Jahre auf den Méline-Tarif 1892 beeinflußte die Disposition der Nachbarländer zugunsten der deutschen Mittelmächte [347, WEITOWITZ; 399, POIDEVIN, Relations]. Die Schutzzollbestrebungen im US-Kongreß; die Zollerhöhungen der britischen Dominions; die Umgestaltung des französischen Schutzzollsysems 1910 und die russischen Kampfzollmaßnahmen im Vorfeld der Verhandlungen mit dem Reich 1913/14 trugen dazu bei, daß die Neugruppierung der Kräfte, die sich anläßlich der Kritik an der Reichsfinanzreform des schwarz-blauen Blocks nach 1909 vollzog, nicht auf die Koalitionsbildung in der Handelspolitik übergriff. Die Abwehrmentalität, die der Hansabund, Stresemann und bürgerliche Kreise gegen die wirtschaftliche Einkreisung der deutschen Exportmacht zum Ausdruck brachten [592, ULLMANN, Bund der Industriellen], verschmolz mit den von den Agrariern und den Schwerindustriellen ohnehin geschürten Feindbildern. Beides lud den politischen Nationalismus, der sich im Rüstungsnationalismus [54, BERGHAHN] manifestierte, mit ökonomischen Tendenzen des Kampfes ums Dasein auf [424, WERNECKE; 548, STEGMANN; 236, ZMARZLIK; 364, FISCHER]. Die Subventionierung der deutschen Agrarexporte mit Hilfe des Einfuhrscheinsystems (seit 1894) [552, WITT, Finanzpolitik; 690, HENTSCHEL] stimulierte auf russischer Seite die Exporteure (Südrußlands), unter der Parole „Befreiung von deutscher Abhängigkeit" den allgemeinen Kurs der zaristischen Außenpolitik abzustützen, künftig nicht mehr vor deutschen Überlegenheitsgebärden zurückzuweichen [in 245, BONWETSCH; 213, BERGHAHN, Approach, 182f.; 328, GIRAULT, Decollage économico]. Ähnliche Rivalitätsgesichtspunkte beeinflußten die deutsch-„feindliche" Einstellung jener Industriezweige in Frankreich und in England, die ihre Binnen- und ihre Drittmärkte durch die Exportsubventionspraktiken des Kohlesyndikats, des Stahlwerksverbands u. a. bedroht sahen [337, R. S. HOFFMANN; 385, KENNEDY, Antagonism; 399, POIDEVIN, Relations; 690, HENTSCHEL].

Die Beobachtung, daß England von der Position der „Werkstatt der Welt" zu der des Weltbankiers „herabsinke" und vom Kapitalertrag aus überseeischen Investitionen zu leben beginne, spornte auf deutscher Seite auch „liberale" Imperialisten an, z.B. G. von Schulze-Gävernitz, „Britischer Imperialismus und englischer Freihandel zu Beginn des 20. Jahrhunderts" (1906), den Anspruch auf deutsche Welt- und Flottenpolitik zu begründen. Die gleiche Beobachtung veranlaßte die Tariff Reformer in England (u. a. Garvin, Editor des „Observer"), die Gesamtstrategie zu empfehlen, das British Empire gegebenenfalls durch

Adaptation von effizienten Instrumenten der deutschen „national economy" („Zollverein", „Kriegsverein") zu verteidigen [384, KENNEDY; 173, MOCK].

4. AUSSENBEZIEHUNGEN — INTERESSENPOLITIK UND BÜNDNISSYSTEME

Die These, daß die in den Jahren 1889—94 entstandenen Bündnissysteme und die ökonomische Untermauerung des einen durch die Handelsvertragspolitik Caprivis und des anderen durch die französischen Anleihen an Rußland die internationale Politik bis etwa 1909/10 nicht entscheidend prägten, ist seit W. L. LANGER's monumentaler Geschichte der Diplomatie im Zeitalter des Imperialismus [387] immer wieder bestätigt worden, zuletzt durch R. GIRAULT [96]. Die Friktionen innerhalb der Bündnisse und die Querverbindungen zwischen Teilhabern des einen mit Partnern des anderen „Blocks" haben F. FISCHER [364], R. BRIDGE [352], CRAMPTON [357], N. STONE [in: 461] anhand der Beziehungen zwischen den beiden deutschen „Mittelmächten" sowie mit Frankreich und Rußland veranschaulicht. WEITOWITZ [347] zeigt in seiner Analyse der Handelsvertragsverhandlungen 1890/94, daß die deutsche Politik ihre Zusage der Kooperation gegenüber Österreich—Ungarn nicht einlöste, sondern im Gegenteil in den Verträgen mit Serbien und Rumänien die eigenen Interessen entgegen den erklärten „Kolonial"ambitionen der verbündeten Donaumonarchie im Balkanraum verfolgte. Für die letzten Vorkriegsjahre zeigt D. LÖDING [389], daß man am Wiener Ballhausplatz die deutsche, Serbien einschließende Bündniskonzeption als die der Habsburger Monarchie am meisten bedrohliche Balkankoalition bewertete. Die deutsche wirtschaftliche Durchdringung des Balkans nahm wenig Rücksicht auf die von Wien (z. T. mit französischen Geldern) eingeleiteten Schritte, die Kontrolle über wichtige Bahnlinien im „Orient" in die Hand zu bekommen. Die Divergenzen bzw. die kaum erfolgende Koordination der militärisch-strategischen Planung der Zweibundpartner über den langen Zeitraum der Ära Schlieffen bis etwa 1909 haben G. RITTER [462] und N. STONE [in: 461] ausführlich dargelegt.

R. POIDEVIN [399], C. ALLAIN [349], P. GUILLEN [371], F. FISCHER [364], R. RAULFF [402] haben die ökonomischen Verflechtungen, die internationale (Finanz)Kooperation, die inoffiziellen politischen Kontaktebenen genauso wie die Phasen der kolonialpolitischen Annäherung (1893/5, 1908/10) zwischen Frankreich und dem Deutschen Reich aufgezeigt; sie deckten ebenso die Situationen auf, in denen Delcassé und Holstein/Bülow 1905 sowie Cruppi und Kiderlen-Wächter 1911 den jeweiligen politisch-strategischen Widersacher schachmatt setzen wollten. Dadurch ist das Bild der „Erbfeindschaft" ebenso nachhaltig korrigiert worden wie die These der Nicht-Beziehungen zwischen den Antagonisten der Machtblöcke auf dem Kontinent.

Einen Zusammenhang zwischen der unterschiedlichen Entwicklung in Großbritannien und im Deutschen Reich und dem „Rise of the Anglo-German Anta-

Bündnissysteme und Interessenpolitik

Deutschland—Frankreich

Großbritannien—Deutsches Reich

gonism" herzustellen, ist das Anliegen von P. M. KENNEDY [385]. Er übertrifft die informativen älteren Arbeiten von R. S. HOFFMANN [337] über die Handelsrivalität, von E. M. Carroll über die öffentliche Meinung, die Gesamtdarstellung von R. J. Sontag und eine Vielzahl von Einzelstudien zu Phasen der englisch-deutschen Beziehungen nicht allein durch die Erschließung bislang kaum genutzter bzw. unzugänglicher Privatnachlässe. Vielmehr argumentiert Kennedy auf der Basis eines aufeinander abgestimmten methodischen Konzepts. Insgesamt bereichert er die immer wieder auflebende Diskussion über den Fehlschlag der Bündnissondierungen 1898/1901 um die Einbeziehung gesellschaftlicher Antagonismen und Kooperationen in den Aktionsradius der „großen Politik der europäischen Kabinette".

Deutsche Weltpolitik – Weltmachtstreben?

An Fragestellungen der 1920er Jahre, – an E. Brandenburg, an H. Oncken und O. Becker –, knüpft die Debatte an, ob die deutsche Weltpolitik durch die Zielsetzung, „wie die anderen zu sein" und in den Kampf um den Platz an der Sonne einzugreifen, die globalen Besitz- und Anspruchsverhältnisse zerstören und das europäische Gleichgewicht „revolutionierend" verschieben mußte [86, BERGHAHN, Machtpolitik; 435, HILDEBRAND, Wettrüsten, 185f., 362]. Gedanken von L. Dehio, H. A. Kissinger, G. F. Kennans und D. CALLEOS [355] aufgreifend, entwickelt HILDEBRAND [374] die Hypothese, daß bürgerliche Kräfte die deutsche Politik über die von Bismarck gesetzten Sicherheitsmargen hinausgetrieben hätten. Im anderen Zusammenhang hebt HILDEBRAND [374, „Zwischen Allianz und Antagonismus"] stärker auf die Konditionierung einer innenpolitischen Kultur durch deren internationale Umgebung ab. „Relativ unabhängig von den Regierungsformen versuchten der deutsche Herausforderer dem englischen Herausgeforderten et vice versa seine jeweilige Vorstellung einer Ordnung in Europa und in der Welt aufzuzwingen" (S. 326). Hildebrands Gedankengänge legen zwingend nahe, die Einflußchancen der nationalbürgerlichen Kräfte im Kaiserreich und die Stoßrichtungen des Handels-, Finanz-, Kulturmissions-, Rüstungs-Imperialismus genauer zu analysieren. Dabei wäre auch zu prüfen, ob MOMMSENS [445] Feststellung schon das letzte Wort ist, daß nämlich angesichts der heterogenen, über Europa hinauszielenden Expansionsrichtung der deutschen (Maschinenbau-, Elektro-, chemischen) Industrien und der Großbanken sowie angesichts der nach 1909/10 anwachsenden Schwierigkeiten, die expansiven Energien zu bündeln, eine programmatische Fixierung deutscher „Kriegsziele" eben erst nach Kriegsausbruch – in Erwartung der ersten Waffenerfolge – möglich wurde.

Ziele deutscher Außenpolitik

Die Frage nach den Zielen deutscher Weltpolitik stand lange Zeit unter dem Eindruck der plan- und konzeptionslosen, ungerichtet – objektlosen Wortmacht – und Prestigepolitik des Kaiserreiches [404, RICH; 375, HILLGRUBER; 220, FRAUENDIENST]. Die Erklärung lautete, daß in der deutschen Außenpolitik auf die Dauer keine Richtung dominierte, sondern Bülow, Tirpitz und der Kaiser sich in wechselvollen Kombinationen die Kontrolle teilten [479, STEINBERG]. Entgegen dieser Einschätzung avancierte für BERGHAHN [212, Tirpitzplan,

413 ff.] der Tirpitzplan im Zeitraum 1897/98–1905/7 nicht nur zur Plattform der „großen" Sammlungsbewegung. Er wurde auch zum Richtmaß einer Außenpolitik, die das Reich über die Gefahrenzone der Aufbauphase der „Risikoflotte" unbeschadet hinüberretten sollte. Das Ziel Bülows sieht WINZEN [420] in der Vorbereitung auf einen Kampf mit Großbritannien um die kommerzielle und koloniale Vorrangstellung in der Welt. Langfristig sollte Deutschland gemeinsam mit Rußland die englische Weltmacht niederringen; bis es dahin kam, mußte das Reich sich aber zurückhalten, um jene englisch-russische Konflagration zu erleben, von der das Reich zu Lasten Englands profitieren sollte. Deshalb dürfe Deutschland sich nicht zu früh mit Rußland liieren – andernfalls würde England die Koalition mit Japan, den USA und/oder Frankreich suchen [420, WINZEN, 142 ff.]. Auch B. VOGEL [417] deutet Bülows Konzeption dahin, daß er ein Bündnis mit Rußland anstrebte, in der Annahme, später auch das Potential Rußlands in den Dienst deutscher Weltpolitik stellen zu können (S. 8 ff.). Die um die Jahrhundertwende proklamierte Politik der freien Hand ist für Berghahn, Vogel, Winzen ein Provisorium; sie sollte das Reich in eine günstigere Ausgangsposition zur Ausnutzung der globalen britisch-russischen Rivalitäten bringen. Im Unterschied dazu deutete Kehr die Aversion gegen ein Bündnis mit einer der beiden Flügelmächte als Konsequenz der Sammlungspolitik. Die von den Partnern des Solidarkartells verfolgten Interessen gingen zu Lasten Englands (Interesse der Schwerindustrie) und Rußlands (Interesse der Agrarier) [223, KEHR, Primat, 149–175].

Außenpolitik im Zeitalter des politischen Massenmarktes – der „pennypress", Billigdruck-Bücher, Film- und Bildtechniken, etc. – zu analysieren, heißt die für das Außenverhalten der Nationalstaaten maßgeblichen Steuerungsmechanismen erfassen. Bereits J. HOBSON [117] schlüsselte in seiner Imperialismus-Studie die sozial-psychologischen Voraussetzungen erfolgreicher Manipulation auf. Die einzelnen Regierungen unternahmen Versuche, über Vertrauensjournalisten im eigenen Land genau so wie auf der Gegenseite Stimmung für eine Offerte oder für eine Warnung vor unfreundlichen Akten zu erzeugen. Diese Praxis ist anhand der Tätigkeit O. Hammanns als „Pressechef" Bülows, für Tirpitz' Nachrichtenbüro [469, DEIST], oder am Beispiel der Einschaltung von Th. Wolff und O. Hoetzsch für Bethmann Hollwegs Gegenzug zu den englisch-russischen Marinegesprächen (Mai/Juni 1914) nachgezeichnet worden. [76, W. J. MOMMSEN; 405, K. ROBBINS]. In Frankreich verschaffte sich Delcassé öffentliche Rückendeckung für seine „Umkehrung des Systems Bismarck" [96, R. GIRAULT]. Daß „reveil national" und Revanchestimmung jedoch nicht identisch sind, weist G. ZIEBURA [427] in seiner Analyse der öffentlichen Meinung in Frankreich nach. Die Mobilisierung des politischen Massenmarktes in England schildert Haléry eindringlich in seiner klarsichtigen Untersuchung des demokratisch-imperialistischen Zeitalters. GOLLIN [34] veranschaulicht in einer Fallstudie über den Editor des Observer, J. L. Garvin, des „spiritus rector" des Neo-Imperialismus der Konservativen, die Zusammenfügung bestimmter Topoi zum

Rahmenbedingungen der Außenpolitik

Syndrom einer antideutschen Haltung. Seine Analyse der von Garvin maßgeblich gesteuerten Flottenagitation 1908/9 – „we want eight and we won't wait" – weist ähnliche Züge auf wie sie K. WERNECKE [424] am Fall des Artikels des Petersburger Korrespondenten der Kölnischen Zeitung, R. Ullrich, vom 2. 3. 1914 zur russischen Kriegsgefahr aufdeckt.

„Unpolitische" Einflüsse auf die Beziehungen zwischen Nationen

Vorurteile und zu Klischees erstarrte Deutungsmuster sind jedoch nicht nur das Produkt der „opinion-makers". Für die den politischen Akteuren bewußte Tatsache, daß sich nichts so schwer aus dem Weg räumen lasse wie alte Traditionen, die sich in den Köpfen der Menschen festgesetzt haben, sind auch „un-politische" Einflüsse in Rechnung zu stellen. Ob nun englisch-sprachige Erfolgsautoren (G. B. Shaw, Conrad, Wells) Sympathien für Frankreich statt für deutsche Art und Kultur weckten [435, HILDEBRAND, Wettrüsten]; ob die „Hegelianer" in Oxford, die Anhänger Matthew Arnolds oder „New Liberals" ihre Auseinandersetzung mit deutschem Staatsdenken und politischer Kultur im Geist der Verständigung angingen oder ob sie nur die Verbesserung der Wettbewerbsfähigkeit Englands im Auge hatten: – All dies ergibt die „unspoken assumptions", auf deren zentrale Bedeutung für die zwischenstaatlichen Beziehungen J. JOLL [439] mit großem Nachdruck aufmerksam macht. „Da der Kampf . . . heute nicht mehr diplomatisch zwischen den Regierungen oder militärisch zwischen den Soldaten, sondern . . . unter ständiger Beteiligung aller Volksgenossen ausgefochten werde", entdeckten aufgeschlossene politische Publizisten (K. Riezler/J. . Ruedorffer) „das Ringen um die Meinung der Menschen" – die auswärtige Kulturpolitik – als zweite neue politische Methode im Zeitalter der Weltpolitik und Weltwirtschaft, „neben der Ausnutzung der vielgestaltigen, durch die moderne Entwicklung der Wirtschaft geschaffenen Abhängigkeiten und Einflußmöglichkeiten." [zitiert in 354, R. VOM BRUCH, S. 44]. Auswärtige Kulturpolitik wurde jedoch nicht nur instrumentalisiert als geistig-kulturelle Penetration zur Vorbereitung politischer Kontrolle („paramountcy"), wie dies für einige der französischen „Geographischen Gesellschaften" als Vorläufer des Kolonialerwerbs gezeigt worden ist [84, BAUMGART; 198, GIRARDET]. Gesellschaftliche Initiativen und regierungsseitige Überlegungen trafen sich auch auf dem Gebiet der Anbahnung von Partnerschaften, wie die von VOM BRUCH [354] geschilderten Begleitaktionen zu Bethmann Hollwegs Verständigungspolitik gegenüber England andeuten. Für die Friedensbewegungen [512, O. HALE; 511, CHICKERING] war der Informationsfluß und Kulturaustausch ohnehin die zweite Schiene neben den friedenserhaltenden Wirkungen des „freien Welthandels" [122, PORTER; 510, P. BROCK; 519, SCHEER; 520, WANK, Hg.].

5. Kriegsschuld – Kriegsursachen

Mit seiner zunächst in der Historischen Zeitschrift (1959), dann als Buch (1961) und zuletzt in „Bündnis der Eliten" [527, S. 37ff., 42f.] vorgetragenen These einer Kontinuität von der deutschen „Weltpolitik" zur deutschen Kriegszielpolitik 1914/18 und darüber hinaus bis zum Expansionismus des Dritten Reiches durchbrach F. Fischer [432; 363] den stillschweigenden Konsens, der sich nach den internationalen Kontroversen über die Kriegsschuldfrage angebahnt hatte. Gleichsam parallel zur Hinnahme eines deutschen Anspruchs auf die Revision des Versailler Friedensvertrags im aktuellen politischen Geschehen um 1930 bekräftigten anerkannte Historiker [S. B. Fay], daß das Deutsche Reich einen Defensivkrieg geführt habe, zumindest keine Alleinschuld am Kriegsausbruch trage. R. v. Albertini [429], B. E. Schmitt [407] hatten die krisenverschärfende Politik Berlins herausgearbeitet, daneben aber auch Rußland, z. T. Frankreich, und „natürlich" Österreich–Ungarn als mehr oder weniger kriegsbereit ausgewiesen [s. W. J. Mommsen, 445]. *Fritz Fischers „Kriegsschuld"-These*

Gegenüber dieser, auf einer isolierten, die unmittelbare Vorkriegsphase konzentrierten Sichtweise, verlangte F. Fischer in Anlehnung an L. Dehio [91, Deutschland und die Epoche der Weltkriege] anzuerkennen, daß der deutsche Nationalstaat zwei Hegemonialkriege geführt habe. Diese Kontinuität müsse man als Überlebensstrategie eines „Bündnisses der Eliten" begreifen. Die deutsche Weltpolitik sei von ihren Anfängen her vom klaren Willen zur Sicherung und Erweiterung der europäischen Machtbasis bestimmt worden. In der „Mitteleuropa"-Idee sieht auch die DDR-Historie [225, Klein] die Hauptlinie deutscher Außenpolitik. Eine differenzierte, auf hohem Niveau argumentierende Einschätzung der Bedeutung der Mitteleuropa-Konzeption in der deutschen Außenpolitik 1870–1940 legt B.-J. Wendt [235, Deutschland in der Mitte Europas] vor.

Die Fischer-Kontroverse ist inzwischen selbst Gegenstand historiographischer Bestandsaufnahmen geworden [431, J. Droz; 442, Moses; 441, Koch; 450, Schöllgen; 440, Joll; 445, W. J. Mommsen]. Sie konzentrierte sich anfänglich auf die politisch heiklen, von seinen Kritikern zugespitzten Aussagen Fischers, z. B. M. Freund, Bethmann Hollweg – Der Hitler des Jahres 1914? Die Nestoren der deutschen Geschichtswissenschaft – G. Ritter und H. Herzfeld –, sowie insbesondere E. Zechlin [425], K. D. Erdmann [44], F. Stern, A. Hillgruber [377] machten sich die Zurückweisung der These zum Anliegen, daß Bethmann Hollweg vor und in der Julikrise annexionistische Kriegsziele im Sinne hatte, die ihn nicht nur kriegsbereit gestimmt, sondern auch veranlaßt hätten, die englische Neutralität anzustreben; dies sollte dem Reich gegenüber Frankreich freie Hand verschaffen. Daß auch Reichskanzler und Auswärtiges Amt in der Julikrise Präventivkriegsgedanken hegten, ist kaum noch umstritten – die Gründe für die Bereitschaft, das Kriegsrisiko auszuweiten, bleiben allerdings kontrovers. Fischer, Wehler, Groh, Berghahn, Geiss verfechten die *Kriegsbereitschaft der deutschen Machteliten?*

Flucht-nach-vorn-These: das von den Konservativen geprägte Herrschaftsgefüge suchte den Ausweg aus den verschärften sozialen Spannungen im Krieg, und zwar in der Hoffnung, „durch eine dann erfolgende Nationalisierung der Massen . . . auch die bisher abseits stehenden Teile der Nation in den monarchischen Staat integrieren (zu können)" [363, FISCHER].

Die von Fischer konstruierte Verbindung zwischen offensivem Nationalismus der „herrschenden Klassen", Militarismus [447, REMAK], explosiven sozialen und wirtschaftlichen Verhältnissen und Weltmachtstreben lud zu der Frage ein, ob dergleichen nicht ebenso für die älteren Kolonial- und Imperialmächte zutreffe. Die ganze Spannweite des Themas (zeitlich und sachgebietsbezogen) beherrscht bislang nur D. GEYERS meisterhafte Analyse des zaristischen Rußland [244].

A. J. Mayers „Internal Causes and Purposes of War"

Das Thema „Kriegsbereitschaft bedrohter Machteliten" als Antriebskraft einer konterrevolutionären Strategie ist Ende der 1960er Jahre von A. J. MAYER in einem Forschungsprogramm „Internal Causes and Purposes of War in Europe, 1870–1945" [103] pointiert formuliert, aber nur vereinzelt aufgegriffen worden [443, D. LAMMERS; 106, W. J. MOMMSEN]. Auch die 1981 erschienene Studie „The Persistance of Old Regimes" hat die fällige „Mayer-Debatte" nicht ausgelöst. [101] Eine erste Gegenposition baute W. J. MOMMSEN [534, Latente Krise, 4 f., 110 f.] auf. Als Ursache der Kriegs(risiko)bereitschaft könnten nicht überall die Bedrohungsvorstellungen der „Beharrungskräfte" gelten; vielmehr bildeten geregelte Verfassungsverhältnisse, etablierte politische Konventionen usw. ein Bollwerk gegen den Einfluß bonapartistisch-(prä-faschistischer) Strategien. Mommsen unterscheidet zwischen „kriegstreibenden" und „friedensfähigen" politischen Systemen. Am Beispiel des Kaiserreichs demonstriert er, daß als „verhängnisvolles Resultat verworrener Führungsverhältnisse" „ein geschicktes und elastisches Manövrieren auf diplomatischem Feld nicht mehr möglich war." Der Druck der radikalisierten politischen Rechten konnte, da ein unfertiges Repräsentativsystem bestand, ungefiltert auf die Regierungsspitze durchschlagen.

Mayers gesellschaftspolitische Deutung der europäischen Kriegsursachen hält sich nicht lange bei der Feststellung auf, wie das europäische Staatensystem in den einzelnen Phasen des Zeitalters beschaffen war. Er geht sofort daran, die übergreifenden ökonomischen Trends und die von diesen – mehr oder weniger direkt – bewirkten sozialen Spannungen in den europäischen Gesellschaften darzulegen. Im Ergebnis zeigen die Reaktionen der alten Eliten und die der sozialen Aufsteiger in allen Ländern ähnliche Züge: die sozial-konservativ eingestellten Schichten schlossen sich zusammen: Eine „belagerte Festung" – Mentalität entfaltend, suchten und fanden die „alten" Machteliten sowohl in den von der Expansion der Industrie-Lohnarbeiterschaft betroffenen kleinbürgerlichen als auch in den bildungsbürgerlichen Schichten bereitwillige Partner für das Zweckbündnis unter dem Vorzeichen der „Konterrevolution". In dem Maße, in dem ideologische Appelle den inneren Zusammenhalt dieses Zweckbündnisses wiederherstellen mußten, eskalierten die „nationalen" Propagandakampagnen gegen äußere und innere Feinde, mit dem Ziel, die dem Feindbild angemessene Rüstungspolitik zu realisieren.

In Frankreich formierte sich die Rechte in Reaktion auf die Dreyfus-Affäre neu [624, J. Droz]. Sie machte den Linksrepublikanern den Monopolanspruch auf die „Nation" streitig und besetzte den Begriff mit den u. a. von Barrès, Maurras, Déroulêde ausgegebenen Parolen [629, Girardet]. Personalpolitische Maßnahmen — wie die Ersetzung republikanischer Offiziere durch konservative unter Kriegsminister Castelnau, Hebung des Prestiges der Armee usw. — auf der einen Seite und Repressionsmaßnahmen gegen die Gewerkschaften, denen die anti-militaristische Agitation im Lande angelastet wurde, auf der anderen, kennzeichnen die Bestrebungen, die bürgerlichen Reihen wenigstens in nationalmachtpolitischen Fragen zu schließen und die SFIO von den anderen „Links"-parteien zu separieren [643, Weber; 640, Sumler; 403, Reuter; 635, Krumeich]. Frankreich

Der Hauptstrom der englischen und französischen Historiker hat A. J. Mayers unterschwellige Gleichsetzung der Konservativen in diesen Ländern mit den Trägergruppen des „deutschen Griffs nach der Weltmacht" mit eisigem Schweigen quittiert. Nur wenige — J. Joll [440]; M. C. Gordon [433]; Lammers [443] — formulierten ihre Einwände. Die fehlende Bereitschaft, auf Mayers Kategorien überhaupt einzugehen, hängt z. T. mit Vorbehalten von „Historikern" gegenüber „Politologen" zusammen. Sie spiegelt aber auch das Dilemma wider, einerseits konstatieren zu müssen, daß die innenpolitische Situation in Frankreich oder in England schon äußerst prekär war, ohne sich auf eine Prüfung einlassen zu wollen, ob die sozialen Unruhen, Protestbewegungen, Regierungskrisen etc. daran mitwirkten, daß diese politischen Systeme in der Vorkriegsära nicht „normal" fungierten. Die Scheu, den „Fall" England oder Frankreich so anzugehen, wie Fischer oder die „Kehrites" den deutschen, führt dann dazu, daß die inneren Verhältnisse von den Autoren vergleichender oder außenpolitischer Studien weniger kritisch gesehen werden als man dies aufgrund der Forschungen zu zentralen innenpolitischen Bereichen („industrial relations", steuer- und finanzpolitische Konflikte, u.a.m.) erwarten dürfte. So räumt Gordon [433] ein, daß in England eine Verfassungskrise und eine bürgerkriegsähnliche Atmosphäre herrschten. Er verwirft aber die von Dangerfield [597] und von Halévy [601] zuerst gezogene Verbindung, daß die Abkehr der Konservativen von den Spielregeln des politischen Systems — unter dem Druck der Reformoffensive der Liberalen — zu einer reduzierten Kompromißwilligkeit der führenden Imperialmacht in der Außenpolitik geführt habe; letztes arbeitet insbesondere P. W. Schröder [451] heraus. E. Kehr folgend, kennzeichnet Gordon die in Deutschland von den Agrariern gegen Rußland und von der Schwerindustrie gegen England aufgebauschten Feindbilder als Belastung der internationalen Beziehungen; demgegenüber betont er die pro-deutschen Neigungen in der City of London und die Rolle Englands im Weltwährungs- und -handels- Reduzierte Kompromißwilligkeit in der Innenpolitik — Grenzen der Verständigungspolitik

Deutsch-Britischer Antagonismus

system; letztes soll beweisen, daß England nicht um wirtschaftlicher Interessen willen seinen politischen Einfluß ausdehnte [433, GORDON, 207]. Die „preventive annexations" und die Unterstützung bestimmter britischer Bank- und Handelshäuser in Persien, China, u.a.O. legen allerdings für das Gegenteil Zeugnis ab (s.o. betr. Finanzimperialismus). Greys Devise, Verhandlungen mit Berlin unter Einbeziehung der Ententepartner Frankreich und Rußland zu führen, verfolgte auch das Ziel, die englische Dominanz in ökonomisch interessanten Regionen abzusichern bei gleichzeitiger Wahrung der sicherheitspolitischen Priorität zugunsten der Triple Entente. [381, M. HOWARD; 394, MONGER; 465, WILLIAMSON; 411, STEINER].

„Kriegsrat" 1912 und Julikrise 1914

Für den inzwischen erreichten Diskussionsstand über die deutsche Rolle in der Vorgeschichte des 1. Weltkriegs ist bezeichnend, daß V. R. BERGHAHN [54, Militär, 22] zwar an der Flucht-nach-vorn-These für die Julikrise festhält, den von FISCHER, RÖHL [448], GEISS [369] als Schlüsselglied in der Kontinuitätsthese behandelten „Kriegsrat" vom 8. 12. 1912 aber nunmehr – wie zuvor MOMMSEN [533], WITT [552, Finanzpolitik], G. SCHMIDT [543] – unter dem Aspekt der Ressortkämpfe zwischen Reichsleitung, Heer, Schatzamt und Tirpitz um die Priorität in der Rüstungspolitik sieht: – „möglicherweise sei es damals – doch nicht um einen Krieg (gegangen), sondern um den Ein- bzw. Ausschluß der Marine in der nächsten Wehrvorlage." Die von Fischer und Geiss behauptete Bereitschaft der deutschen Machteliten, das Attentat von Sarajewo als Auslöser des psychologisch und wirtschaftlich vorbereiteten Kriegs zu nutzen, schränkt MOMMSEN [445, Deutsche Weltpolitik] ein. Die relativ starke, auf ihren inneren und äußeren Sicherheitsfunktionen beruhende autonome Machtstellung des Militärs im Herrschaftsgefüge und der von der großbürgerlichen Mitte, von der konservativen und von der kleinbürgerlichen nationalistischen Rechten erzeugte Druck zugunsten eines aggressiven außenpolitischen Erfolgsstrebens mache die Kriegsrisikobereitschaft aus. A. HILLGRUBERS Deutung der Konzeption des

Bethmann Hollwegs Strategie des „kalkulierten Risikos"

„kalkulierten Risikos" [377, Riezler] ist eindeutiger an Bethmann Hollwegs, in den Riezler-Tagebüchern übermittelte Überlegungen gekoppelt, Österreich-Ungarn als einzigem Verbündeten des Reiches die Chance zu verschaffen, seinen Status als Großmacht zu behaupten. Statt aber das Heft in der Hand zu behalten, denn nur so ließe sich das Risiko kalkulieren, habe sich die Reichsleitung durch die Blankovollmacht vom 3. und 5. 7. an Wien in den Zugzwang der von der Donaumonarchie beschlossenen Aktionen gegen Serbien und dessen russischen Protektor begeben. In der kritischen Phase seit dem 23./24. 7. 1914 habe die Reichsleitung – so führen neben Hillgruber auch JARAUSCH [436], ZECHLIN [425] und MOMMSEN [227] aus-, zunehmend dem Militär die Initiative überlassen, zumal der Generalstab seine Informationen über die verbesserten russischen Mobilmachungsmaßnahmen benutzte, um die vom Gegner drohende Gefahr hervorzuheben. Daraus folgerte der deutsche Generalstab, daß der im Schlieffen-Plan festgelegte Aktionsplan allen politisch-diplomatischen Bemühungen gegenüber Vorfahrt haben müsse. GROH [792], ZECHLIN [425], S. MILLER [797],

F. FISCHER [527] sehen die innenpolitischen Sondierungen der Reichsleitung auf das Ziel gerichtet, der SPD die öffentliche Kritik an der Politik Habsburgs auszureden und ihr deutlich zu machen, daß das Zarenregime der Kriegstreiber sei, gegen den es das „Vaterland" zu verteidigen gelte. War das zwischenstaatliche Zusammenspiel innerstaatlicher Kräfte, das Bethmann Hollweg durch den Appell an die englische Regierung, der „Friedenspartei" in Deutschland zu helfen, in Gang bringen wollte, durch die Mechanismen der Bündnissolidarisierung blockiert, so intensivierte die Reichsleitung gleichsam die Verständigungspolitik nach innen. [797, MILLER; 792, GROH; 425, ZECHLIN]. „Verständigungspolitik" nach innen – Konferenzdiplomatie in der Sackgasse

Die Ziele und Aktionen der anderen an der Julikrise beteiligten Staaten und Regierungen erklärt man vorrangig aus den Funktionen der Bündnisse/Ententen und aus den Zielkonflikten in den tonangebenden Kreisen darüber, wie verpflichtend bzw. notwendig die Bündnisse seien. REMAK [446] betont, daß man mit der Kriegsbereitschaft auf russischer und österreichischer Seite in Balkankrisen rechnete. Andere betonen, daß London, indem es die Verbindung zur Donaumonarchie (bereits Mitte der 1890er Jahre) kappte [451, P. W. SCHRÖDER] und dem Zarenreich sowie Frankreich zu unkritisch begegnete [in: 449, BUTTERFIELD; 380, HOELZLE], für die unheilvolle Verfestigung der Bündnisabsprachen mitverantwortlich wäre.

Es bleibt zu fragen, welche Regierung in der Julikrise flexibel-diplomatisch agieren wollte und konnte. Für das Kaiserreich verneint MOMMSEN [227] dies eindeutig unter Hinweis auf die latente innenpolitische Führungskrise und auf die Machtstellung des Militärs, das die eigene Präventivkriegsplanung durchsetzen mußte. Für Frankreich haben GANIAGE [197], ZIEBURA [63] – für den Bereich der Kolonialpolitik – und J.-C. ALLAIN [349] für die Politik in der 2. Marokkokrise gezeigt, daß relativ kleine Cliquen – verschiedener Provenienz und Intention – gemeinsam mit dem Quai d'Orsay fast unbemerkt vom öffentlichen Interesse in den Reibungszonen mit anderen Großmächten entschlossen agierten und mit Hilfe von Militärberatern vor Ort „faits accomplis" schufen. Aufgebracht über die drohende Zuspitzung der Konflikte an der Peripherie zogen die Regierungschefs – Rouvier gegenüber Delcassé in der 1., Caillaux gegenüber Außenminister Cruppi in der 2. Marokkokrise – die Kontrolle über die Außenpolitik an sich und lenkten auf den Verhandlungsweg zurück. Poincaré, dessen Name für „Stärkung der Exekutive" und „Stillhalten" der Parteien in der Außenpolitik im Interesse nationaler Kraftentfaltung stand, nutzte den mit dem Kompromiß in der Innenpolitik geschaffenen Spielraum, um bei seinem Staatsbesuch in Petersburg das Mißtrauen des russischen Verbündeten gegenüber Frankreichs politischer und militärischer Zuverlässigkeit als Verbündeter zu zerstreuen [635, KRUMEICH; 403, REUTER]. Außenpolitische Handlungsspielräume

Frankreich

Die englische Regierung wollte zwar offen bleiben und ihre Vermittlungsdienste anbieten. Sie konnte aber nicht verhindern, daß die Spitzenbeamten des Foreign Office, hohe Militärs und die konservative Opposition so agierten, als ob der englische Kriegseintritt an der Seite Frankreichs beschlossene Sache sei. Großbritannien

Moralisch fühlten sich auch die wichtigsten Kabinettsmitglieder seit der Agadirkrise auf die Erhaltung der Unabhängigkeit der französischen Großmacht verpflichtet. [411, STEINER; 465, WILLIAMSON; 454, WILSON; 434, HAZLEHURST]. Angesichts der Ungewißheit über die Haltung des Schatzkanzlers Lloyd George und der Hinterbänkler wollte allerdings niemand den Premier zur vorzeitigen Entscheidung im Kabinett zwingen.

Es scheint, als habe keine Regierung entschlossen auf die Karte der „diplomacy" setzen wollen. Der auf englischer Seite vorhandene Wille, die Konferenzdiplomatie zu aktivieren, wurde konterkariert durch den spezifischen Vorbehalt, den Druck auf Paris und auf Petersburg in den Grenzen zu halten, die dort noch als akzeptabel galten. HOELZLE [380] geht weit über das Zulässige hinaus, wenn er vom Scheitern der Separatfriedenssondierungen im 1. Weltkrieg auf die Kriegsbereitschaft Frankreichs (S. 308 ff.), Rußlands und Englands in der Julikrise zurückschließt und allen Staaten die Absicht unterstellt, ihre Sicherheit auf Kosten der anderen Großmächte zu erhöhen. Hoelzle bescheinigt eher Bethmann Hollweg als den auf die Zurückdämmung Deutschlands bedachten Politikern der Entente-Mächte eine defensive, von der Sorge um die „Selbstentmachtung Europas" bestimmte Einstellung zur Erhaltung des Gleichgewichts – dazu gehöre freilich, die Bereitschaft der Triple Entente zu testen, ob sie Österreich–Ungarn als fünfte Großmacht und als Partner des Deutschen Reiches weiterhin respektieren wollte.

6. GESTALTUNGSKRÄFTE DES ZEITALTERS

a) Militarismus

Bündnispolitik und Militärstrategien

Die militärischen Kräfte erhielten, wie K. HILDEBRAND [435, Wettrüsten, 169] verdeutlicht, im antagonistischen Staatensystem [109, SCHIEDER] um so größeres Gewicht, je weniger die politischen Führungen die national-imperialen Geltungsbedürfnisse durch politische Aktionen zu befriedigen vermochten. Rüstungs- und Bündnispolitik traten in ein verhängnisvolles Wechselverhältnis, und zwar – wie STEINER [411], MONGER [394] und WILSON [466] für England; G. RITTER [503] und J. STEINBERG [in: 478] für das Deutsche Reich; WILLIAMSON [465] für Frankreich und STONE [in: 461] für Österreich–Ungarn zeigen – aufgrund des Umstands, daß die Regierungschefs und Auswärtigen Ämter die Konsequenzen ihrer Einwilligung in bestimmte Militärstrategien und Militärkonventionen entweder nicht begriffen oder jedenfalls als restriktive Bedingung ihrer Außenpolitik nicht wahrhaben wollten.

„Staatskunst und Kriegshandwerk"

Die von G. RITTER [503, Staatskunst und Kriegshandwerk] entwickelte Dichotomie bestimmte lange Zeit die Militarismus-Debatte, und zwar nicht nur in Deutschland [509, A. VAGTS; 502, RALSTON; 483, BERGHAHN]. Ritter knüpfte an die von L. von Ranke, O. Hintze entwickelte Hypothese an, daß die geopolitischen Sonderverhältnisse und die Rolle als „verspätete Nation" den Staatsmännern und Militärs in Preußen-Deutschland schwierige außenpolitische Wahlchancen vorgaben, und zwar in zweifacher Hinsicht: (1) Die „Macht in der Mitte Europas" mußte durch diplomatische Aushilfen ein Zusammengehen der Flügelmächte verhindern, zugleich aber sicherstellen, daß die zur Bewahrung der Unabhängigkeit als Großmacht aufgebaute, für andere Führungsmächte als Hilfspotential interessante Militärmacht dennoch nicht in Konflikte zwischen Dritten verwickelt wurde. (2) Das Reich habe als verspätete Nation bzw. Großmacht wählen müssen, entweder mit den anderen zu expandieren oder sich damit zufriedenzugeben, die Existenz in den Staatenkonflikten zu behaupten. Die Umstände, unter denen die Reichsgründung erfolgte, hätten das Problem darauf zugespitzt, ob bündnispolitische Netze die von Bismarck zur Sicherung des Reiches in der Mitte Europas für erforderlich gehaltene Schwächung Frankreichs dauerhaft aufrechterhalten könnten oder ob der Fall eines Zweifrontenkriegs angenommen und daher Militärstrategien entwickelt werden sollten, die einen der Gegner zuerst auszuschalten versprachen. Ritter beurteilt Verlauf und Ausgang dieses als schicksalhaft ausgegebenen Problems danach, ob Diplomatie und Militärstrategie koordiniert wurden und ob dabei die „Staatskunst" oder das „Kriegshandwerk" die Oberhand gewann. Vergleichbare Arbeiten über die Beziehungen zwischen zivilen und militärischen Instanzen [493, HAMER] oder die Rolle des Militärs und des Militärischen in den westlichen Demokratien [485, CHALLENER; 509, VAGTS; 502, RALSTON] liegen auf Ritters Linie. In Frankreich führte der Anspruch des Militärs auf effektive Autonomie in der Leitung seines Geschäftsbereichs dazu, daß die „Politik" (das Parlament) dem Generalstab (unter Joffre) die Kontrolle über die Armee überließ (Dekret vom 20. 1. 1912) und die Armeeführung die Aufhebung politisch-ideologisch fundierter Maßgaben (keine Eingliederung der Reserven in die aktive Truppe; verlängerte Dienstpflicht) verlangte und erreichte [502, RALSTON, 336 ff.]. In England beurteilten Militärs und Politiker die „affairs of the world" konträr, mißtrauten wechselseitig ihrer Urteilsfähigkeit [493, HAMER, 262]. In beiden Ländern bot die soziale Struktur des Offizierskorps Anlaß zu heftiger Kritik.

Zivile und militärische Instanzen

Der grundsätzliche Widerspruch gegen Ritters Begriffsbildung kam von der Sozialgeschichte. Die bahnbrechende Wirkung ging von W. SAUER [504] aus. Die Sozialgeschichte konkretisierte ihre generelle Kritik am Konzept der Machtpolitik und am Primat der Außenpolitik, indem sie die gesellschaftspolitischen Vorbedingungen und die Folgewirkungen des „Militärischen" bewußt machte. „Militarismus" galt nicht länger als Ausnahmefall in einem wiederkehrenden Zielkonflikt, sondern wurde als „Rüstungsnationalismus" [54, BERGHAHN] gekennzeichnet. Dadurch aber war Militarismus assoziiert mit Sozialimperialismus. Die innenpolitische Disziplinierungsfunktion der Armee gegenüber der Sozialdemokratie [776, SAUL; 499, MESSERSCHMIDT; 488, DEIST; 490, GIRARDET; 508, TANENBAUM; 403, REUTER] prägte den „kleinbürgerlichen Gesinnungsmilitarismus". Die Übernahme militärischer Werte und Normen durch die

Militarismus – Sozialimperialismus?

Gesellschaft und die Betonung militärischen Prestiges bilden weitere Elemente des Militarismus-Begriffs [496, JOHN, Reserveoffizierskorps]. Den Einfluß sozialdarwinistischer Denkmuster auf die Vorstellungen der hohen Militärs und die Tendenz zur autonomen Planung der Generalstäbe in allen Ländern vor 1914 hob bereits G. Ritter hervor. Die Ergebnisse der älteren und der neueren Forschungsansätze fügt M. MESSERSCHMIDT [499] zusammen.

"Moderne" Militärgeschichte

Die neuere Militarismus-Forschung und Militärgeschichte [483, BERGHAHN] widmet sich den ökonomischen (Rüstung als Faktor staatlicher Konjunkturpolitik) und den gesellschaftlichen Aspekten der (Wehrpflicht)Armeen, ohne die außenpolitischen Konstellationen des europäischen Staatensystems, die Diplomatiegeschichte oder die regierungsinternen Debatten über Schwerpunkte der Strategie und der Rüstungsplanung außer acht zu lassen [506, SCHULTE]. Die Militärstrategien von Heer und Marine der europäischen Mächte [456, FARRAR; 461, KENNEDY]; die kriegswirtschaftlichen Erwartungshaltungen und Vorkehrungen [457, FRENCH; 455, BURCHARDT] und die Rückwirkungen des vom Nationalismus geprägten Zeitalters auf die Armeen in Europa [491, GOOCH] sind in den letzten Jahren gleichfalls gut aufgearbeitet worden.

b) Staatsinterventionismus, organisierter Kapitalismus

Organisierte Interdependenz von Staat und Wirtschaft

Als angemessenes Erklärungsmodell der wichtigsten sozial-ökonomischen und politischen Erscheinungen der Epoche haben J. KOCKA [654], H. U. WEHLER [232] und H. A. WINKLER [659] das Konzept des „organisierten Kapitalismus" entwickelt, und zwar in der Auseinandersetzung mit der Theorie des staatsmonopolistischen Kapitalismus. In gewissem Kontrast zur Dogmatik des Begriffskorsetts hebt die DDR-Wissenschaft inzwischen die Wechselwirkung, teilweise sogar die Konkurrenz zwischen staatlichen Regulierungen und monopolkapitalistischen Wirtschaftsaktivitäten hervor. Das Konzept des organisierten Kapitalismus begreift den zunehmenden staatlichen Einfluß in der Wirtschafts- und Gesellschaftspolitik und das verstärkte Eindringen organisierter Interessen in den politischen Entscheidungsprozeß als zusammengehörige, vom ungleichmäßigen Wachstum der modernen industriekapitalistischen Wirtschaft bedingte Phänomene. Diese Interpretation, die eine „organisierte Interdependenz von Staat und Wirtschaft" nachzuweisen versuche, wird von HENTSCHEL [690, Wirtschaftspolitik] grundsätzlich bezweifelt. Denn die für die kollektive Organisation zum Zweck erfolgreicher privatwirtschaftlicher „Planung" durch Konzernbildungen, Kartelle, Syndikate und zum Zweck staatlich-politischer Steuerung und Lenkung erforderlichen Voraussetzungen habe es im ausreichenden Maße nicht gegeben. Für die Strategien zur Stabilisierung eines durch ökonomische und soziale Krisen erschütterten kapitalistischen Wirtschaftssystems fehlte vor 1914 das nötige Instrumentarium.

Regime-Unterschiede und Staatsinterventionismus

Ein anderer Einwand richtet sich gegen die zu starke Einebnung der Unterschiede zwischen den politischen Regimen, die maßgeblich dafür sind, auf welche Weise und in welcher Richtung sich Staatsinterventionismus und „Organisation" in der Wirtschaft verstärkt herausbildeten [652, GALL]. Für den Bereich der Außenhandelsförderung beispielsweise kann H. P. ULLMANN [658] zeigen, daß die Ministerien Projekte abblockten, die auf eine engere Verzahnung zwischen Staat und Wirtschaft abzielten. Sie nutzten die Möglichkeit, die verschiedenen Verbandsinteressen gegeneinander auszuspielen, um staatliche Autonomiebereiche zu verteidigen. Das Konzept gegen diese Kritiken verteidigend, präzisiert KOCKA [654] die Grundthesen: (1) Der Regelungsmechanismus „Organisation" gewann relativ zu marktmäßigen und traditionalen oder spontanen an Boden. Aus dem hohen Anteil, den die Unternehmen mit Tätigkeiten in mehr als fünf Diversifikationsstufen an den 100 größten Unternehmen im Reich hatten [815, KOCKA], folge, daß das Prinzip der formalen Organisation bei der Kombination verschiedener Teilproduktionen das „Markt"-Prinzip allmählich ergänzte. (2) „Organisation" umfasse die beiden Varianten „Regelung durch formale, hierarchische, tendenziell bürokratische Verwaltung" (auf der Ebene öffentlicher Verwaltung und zentralisierter Konzerne) und „Regelung durch quasi-politisches Aushandeln" zwischen Unternehmen, Verbänden, Behörden. (3) Die allmähliche Organisation des Industriekapitalismus durchlief Phasen und erlebte Brüche. (4) Die Entwicklung des organisierten Kapitalismus wurde maßgeblich geprägt durch die Friktionen und Proteste, die durch Fortschritte in der Organisation des Industriekapitalismus auf Seiten der Arbeiterschaft hervorgerufen wurden.

Organisierter Kapitalismus

Auf einen Bereich, in dem „Staatsinterventionismus" sozial-konservative Zwecksetzungen erfüllte, macht W. ABELSHAUSER [646] in seiner (im deutschen Sprachraum) Pionierarbeit über Staat, Infrastruktur und regionales Wachstumsgefälle am Beispiel der preußischen Eisenbahn- und Industrieansiedlungen, Kanalbau- und Finanzausgleichspolitik aufmerksam. Abelshauser relativiert die Bedeutung der Schutzzollpolitik, die als Paradefall der organisierten Verflechtung von Politik und Wirtschaft für die Thesenbildung über Staatsinterventionismus, Begünstigungs- und Sammlungspolitik fungiert, und schärft den Blick für wirksamere Instrumente ökonomischer Förderungsmaßnahmen und konvergierender Entwicklung der regionalen Einkommensverteilung.

Staat, Infrastruktur und regionales Wachstumsgefälle

7. „DEUTSCHER SONDERWEG"

Für einen wesentlichen Teil der deutschen Geschichtswissenschaft zwischen 1870 und 1940 war die positive Bewertung des deutschen Sonderwegs gegenüber der Entwicklung der westlichen Nachbarländer gleichsam eine patriotische Pflichtübung. Für die Anhänger des Primats der Außenpolitik bedingte die gefährdete strategische Lage in der „Mitte Europas" die Besonderheiten des „Obrigkeitsstaates mit demokratischem Zusatz", wie es Lukács kritisch feststellt. Auch jene Kritiker des Wilhelminischen Reiches, die – wie Max Weber,

Hans Delbrück — den Finger auf das einseitig agrarische Begünstigungssystem, auf den konservativen Kryptoparlamentarismus in Preußen legten, gingen nicht soweit, dem Reich Unregierbarkeit oder Reformunfähigkeit zu attestieren. Sie akzeptierten, daß das Reich mit dem Widerspruch leben müsse, einerseits die von Bismarcks Verfassungsordnung errichteten Dämme gegen eine Demokratisierung hinzunehmen und zum anderen die modernste Wirtschaftsordnung zu entwickeln.

„Reformunfähigkeit" des deutschen Nationalstaats?

In der nach 1945, insbesondere seit den 1960er Jahren aufbrechenden Diskussion setzte sich die zuerst von A. ROSENBERG [542, 1928] formulierte Deutung durch, daß eine Verfassungsordnung, die den Mehrheitskräften der Zukunft — d. h. SPD, Linksliberalen, Zentrum (katholische Volkspartei) — die Mitbestimmung verwehre, zum Zusammenbruch verurteilt wäre. In der Nachfolge E. KEHRS [224] verlagerten H. U. WEHLER [232, Kaiserreich], H. J. PUHLE [in: 551], P. CH. WITT [552] die Analyse von der Ebene des Parlaments und der Parteien auf die der gesellschaftlichen Kräfte, der Verbände. In einer gedankenreichen Studie über den deutschen Nationalstaat präsentierte W. SAUER [in: 740] die These, daß im Grunde schon unter Bismarck in der Endphase „nichts mehr ging", in neuem Gewande: „Reformunfähigkeit" lautete das Fazit. Zu dem von ihnen konstatierten mangelnden Reformwillen der bürgerlichen Schichten und Parteien fügten die Anhänger Kehrs das unerschöpfliche Reservoir derjenigen Faktoren hinzu, die im Begriff „Preußen" gebündelt sind: Militär, Bürokratie, Junkertum, Preußisches Staatsministerium, Umgebung des Kaisers. Damit läßt sich die Hegemonie der Beharrungskräfte im Kaiserreich demonstrieren; gewisse verfassungsmäßige Veränderungen, wie etwa die Isolierung Preußens im Bundesrat [538, RAUH], fallen für die Bilanz nicht ins Gewicht.

a) Der Faktor „Preußen"

Extra-konstitutionelle Stellung der Armee

Den wichtigsten Erklärungsgrund für die nachteiligen Aspekte der deutschen Sonderentwicklung gegenüber den westlichen Nachbarländern bildet die extrakonstitutionelle Stellung der preußischen Armee [223, KEHR; 232, WEHLER; 213, BERGHAHN; 590, SAUL; 499, MESSERSCHMIDT; 550, STÜRMER]. Als Testfall der These, daß der preußische Militär- und Polizeistaat als „Kern" dominierte, demgegenüber Rechts- und Verfassungsstaat verblaßten, und damit rückständig war gegenüber den „civic culture"-bürgerlichen Gesellschaften in Westeuropa, gilt der Ausgang der Zabern-Affäre [213, BERGHAHN, Approach, 174ff.; 534, MOMMSEN, Krise, 84f.; 232, WEHLER]. E. R. HUBER [532, IV, 518ff.], RAUH [539] und HASENBEIN [494] räumen zwar ein, daß das Militär aus der Affäre mit gestärktem Selbstvertrauen hervorging, bestreiten jedoch, daß der „Militärstaat" triumphierte.

Armee und Arbeiterschaft

Die Untersuchung des Verhältnisses Armee — Gesellschaft ergab im einzelnen, daß die Armeeführung sich zwar der Erwartung der „alten Eliten" entsprechend für den innenpolitischen Ernstfall als letzte Bastion bereithielt, zeitweise aber auch den Rückzug auf sich selbst antrat [497, KITCHEN]. Das Militärkabinett (besonders unter Hülsen-Haeseler seit 1901) suchte die innenpolitische Zuverlässigkeit durch eine ultra-konservative Personalpolitik zu gewährleisten, welche das Avancement auf die ostelbischen Führungsschichten konzentrierte [213, BERGHAHN]. Das Offizierskorps identifizierte die SPD, „die vaterlandslosen Gesellen" in ihrem Jargon, als den das Regime bedrohenden Gegner; umgekehrt bildete der Kampf gegen den Militarismus einen der wesentlichen gruppeninternen Integrationsfaktoren der SPD [792, GROH; 504, SAUER; 799, NETTL].

Beim Blick über den Zaun der deutschen Geschichte – nach Frankreich – entdeckte KRUMEICH [635], daß das Offizierskorps in der sich vom revolutionären Erbe her legitimierenden Dritten Republik ähnlich klassengebunden rekrutiert wurde wie in Preußen und die Reihen mit anti-sozialistischen Parolen gegen die Arbeiterbewegung schloß [490, GIRARDET; 508, TANENBAUM]. Generalstab und politische Führung entwickelten eine Militärstrategie, deren Offensivgeist sie zwang, das Parlament über die wahren Beweggründe für die Beseitigung der 1905 vom Linksblock auf zwei Jahre reduzierten Wehrpflicht hinwegzutäuschen.

_{Frankreich}

Die Staat-im-Staate-Stellung der Armee, Rolle und Anteil der „Junker" in den Spitzenpositionen von Militär, Diplomatie, Bürokratie [824, PRERADOVICH; 489, DEMETER; 810, HENNING] prägten das politische Profil des Kaiserreiches im Sinne eines vorindustriellen, agrarisch-feudalen Werte- und Machtsystems. Die Frage ist, ob andere Entwicklungstendenzen Spuren in der Geschichte des Reiches hinterließen. Brachten die Entwicklungsschübe und Organisationsformen der „industriellen Gesellschaft" eine Strukturierung des vor-politischen Raumes im liberalen Geist mit sich? [64, ZMARZLIK]. Unterblieb in Deutschland – im Unterschied zu den westeuropäischen Ländern – die Umsetzung wirtschaftlicher Macht in institutionalisierte politische Herrschaftschancen? Bildhaft gesprochen, kommandierten die deutschen Unternehmer in ihrem Alltag mehr Kräfte als die zum großen Teil aus dem Junkertum rekrutierten Offiziere, initiierten aber keine Aktionen zur Eroberung der politischen Kommandohöhen. Das Industrie-Bürgertum hat jedoch weder in Frankreich noch in England die stärkere Kongruenz zwischen ökonomischen und politischen Herrschaftschancen genutzt, um der Arbeiterschaft die politische und die soziale Emanzipation zu ermöglichen. Es ist kein Zufall, daß das Deutungsmuster eines Zusammenhangs zwischen Schürung des Nationalismus, schwer- und rüstungsindustriellem Einfluß, Militarismus, Sozialkonservatismus von Linksliberalen in England (Hobson) und in Frankreich (Clemenceau) entwickelt wurde und in diesen Ländern ähnlich verhaltensprägend wirkte wie im Lande von Eugen Richter, Fr. Engels und Bebel [122, PORTER; 189, AGERON; 642, TOUCHARD; 634, J. KAYSER; 635, KRUMEICH].

Wirtschaftliche und politische Dispositionen des „Bürgertums"

b) Integrationsfähigkeit der politisch-sozialen Systeme

Das britische „Modell" einer „sozial-liberalen Koalition" vor 1914

Maßstab für das Urteil „Reformunfähigkeit" des Kaiserreichs ist offenbar, wie WEHLER [62, Deutscher Sonderweg, 483 f.] zu erkennen gibt, das englische Beispiel einer sozial-liberalen „Koalition" vor 1914. „Der fatale Riß zwischen der Arbeiterschaft einerseits und wilhelminischer bürgerlicher Gesellschaft andererseits blockierte die Möglichkeit einer Politik stufenweisen verfassungspolitischen Wandels und ließ eine Überwindung der Krise des politischen Systems des Deutschen Reiches zumindest einstweilen nicht zu." [534, MOMMSEN, Krise, 39]. In England hingegen wollten die Liberalen ihren Niedergang, auf den die Konservativen im britischen Zweiparteiensystem hinarbeiteten, durch eine progressive Allianz unter ihrer Führung entgegenwirken [599, EMY]. Die Austragung des Konfliktes mit den „landed interests", mit der politischen Macht der Brauereibesitzer u. a. „Eliten" sollte die Labour Party gleichsam als Speerspitze der Demokratisierung überflüssig machen [608, MURRAY; 610, OFFER; 600, FREEDEN]. Die den regierenden Liberalismus stützende Labour Party befürwortete den Zielkatalog gewerkschaftlicher Forderungen: Recht auf Arbeit, freie Erziehung für alle (mittels öffentlicher Stipendien), „optimum" Lebensstandard, staatliche Altersversorgung [in: 515, MORRIS]. Diese Wunschliste überschritt die Grenze des für die „social liberals" Vorstellbaren [599, EMY; 746, GILBERT]. Daß die Liberalen die Zerreißprobe zwischen einer Politik zur Sicherung ihrer Unterstützung „links" und der Abwanderung nach „rechts" aus Protest gegen die Steuerpolitik Lloyd Georges, den Staatsinterventionismus, etc. bestehen könnten, wird u. a. von Emy in Zweifel gezogen. Der gouvernementale Flügel, der den Charakter der Liberalen als genuin politische Partei – im Unterschied zum Typus „Warenhauskatalogpartei" – bewahren wollte, begründete den Führungsanspruch als Partei des nationalen Imperialismus [605, MATTHEW].

Soziale und bürgerliche Demokratie in Frankreich

In Frankreich drifteten soziale und bürgerliche Demokratie – zunächst im Schatten der Commune, erneut um die Jahrhundertwende – auseinander. Darüber hinaus brach das Lager der „Opportunisten", der Erben Gambettas, in den 1890er Jahren in der Dreyfus-Affäre endgültig auseinander. Auf die Neubegründung der Radikalen und Radikalsozialistischen Partei 1900 [634, J. KAYSER; 622, BERSTEIN] folgte die liberal-konservative Alliance Républicaine Démocratique (1902); die ARD trat ein für innenpolitischen Burgfrieden, starke Exekutive, damit Frankreich außenpolitisch stark und fest auftreten könne. Die gleiche Zielsetzung verfolgte die von Briand und Barthou initiierte Fédération des Gauches, die als Gegenzug zum Erfolg Caillaux' auf dem Kongreß der Radikalen Ende 1912 (mit dem Ziel der ad hoc Zusammenarbeit zwischen den Radikalsozialisten und der SFIO unter Jaurès) gegründet wurde [638, RÉBÉRIOUX].

c) Parteien und Verbände — Zum Problem Demokratisierung und Parlamentarisierung

Die Kontroverse über das „Kaiserreich in der Sackgasse" [53, BERGHAHN] ergibt sich aus der Deutung des Spannungsverhältnisses zwischen vorangetriebener Parlamentarisierung und blockierter Demokratisierung [58, LANGEWIESCHE]. Unstrittig ist, daß Reichstag und Parteien von der „Verreichlichung" der Politik profitierten, welche nicht zuletzt auf die Aktivitäten der Interessen- und Agitationsverbände der Rechten zurückgeht. Auf der anderen Seite bedeutete die Entwicklung von Vorformen parlamentarischer Regierung noch nicht Reformen oder Demokratisierung. Feststeht, daß der „reichsdeutsche Konstitutionalismus" [539, RAUH] zum stillen Verfassungswandel führte. Der Wille zur Selbstbehauptung im konstitutionellen System war bei den bürgerlichen Parteien aber stärker ausgeprägt als der Wille zur Machtübernahme, d. h. zum Kampfe für die „volle" Parlamentarisierung einschließlich des Rollentausches zwischen Regierungs- und Oppositionsparteien [530, GROSSER]. Sie wußten aus Erfahrung, daß die Konservativen „Macht" nicht teilen wollten, und befürchteten — unter anderem aufgrund der Zukunftsstaat-Doktrin der SPD —, daß die SPD die „Macht", hatte sie diese einmal in Händen, gleichfalls nicht wieder hergeben würde. Parlamentarisierung und Demokratisierung im Kaiserreich

Für Witt, Wehler, Stegmann, Puhle, Berghahn sind die „Vorformen" parlamentarischer Regierung im Vergleich mit den außer-parlamentarischen Sammlungsbewegungen relativ unbedeutend, konnte die Solidargemeinschaft der besitzenden Klassen doch ihre Interessen durchsetzen und Veränderungen in den Schlüsselbereichen der öffentlichen Ordnung abblocken. Demgegenüber verweisen NIPPERDEY [60], SCHMIDT [543], ELEY [523] darauf, daß die Mehrheitsfraktionen sich anschicken, die auch im konstitutionellen System unvermeidbaren Abhängigkeiten der Exekutive zu ihren Gunsten zu wenden, d. h. die Regierungspolitik in sozial-, finanz-, ordnungsrechtlichen Fragen mit ihrer Handschrift zu versehen. Die „Ratio" ihrer Reformbestrebungen beschrieb der SPD-Abgeordnete Ludwig Frank anläßlich der Teil-Demokratisierung in Elsaß-Lothringen 1911: falls Zentrum und Nationalliberale sich verständigten, müßte die Reichsleitung Konzessionen machen (u. U. gegen die Konservativen); SPD und Linksliberale (FVP) müßten jene Zwischenlösungen in Kauf nehmen, die für die Mittelparteien akzeptabel wären, wollten sie in der Sache überhaupt Fortschritte verbuchen. Entscheidend war der Gesichtspunkt, die Mehrheitsfähigkeit der Partei zu demonstrieren und diese instrumentell einzusetzen, um Terrainverluste in anderen innenpolitischen Auseinandersetzungen zu verhüten. Die Partner der „Koalition im Werden" [543, SCHMIDT] meinten, in der Sache eher ein Zugeständnis verkraften zu können als ein Scheitern der Verhandlungen mit grundsätzlich akzeptierten Partnern. Selbst Bebel machte sich die Gepflogenheit des politischen Betriebs im Kaiserreich zu eigen, als er im Oktober 1911 im Reichstag durchblicken ließ, die SPD würde „imperialistische Politik" erdulden, vorausgesetzt, die bürgerlichen Imperialisten machten Ernst mit ihren Erklärungen, Reformbestrebungen im Kaiserreich daß Liberalisierung im Innern und Änderungen der Reichsverfassung im nationalen Interesse dringend erforderlich seien [566, MITTMANN, 108; 563, HEKKART, 184]. Diese „pragmatische" Zielsetzung ließ sich ohne formale Verfassungsreform und damit ohne ordnungspolitische Machtkämpfe bewerkstelligen. Sie trug dem Umstand Rechnung, daß die Fronten in Kartell-, sozialpolitischen-, Handelsfragen usw. nicht nur zwischen den Parteien verliefen, sondern quer durch sie hindurch [548, STEGMANN; 530, GROSSER; 544, SCHMIDT; 792, GROH].

<small>Interessen- und Agitationsverbände</small>

Die Widerstandsfähigkeit der Hohenzollern-Monarchie und der sie stützenden Eliten gegen den Druck nach einer Veränderung der bestehenden gesellschaftlichen und politischen Machtverteilung [55, BERGHAHN, 25] wird, wie wir bereits andeuteten, dem Einfluß der Interessen- und der Agitationsverbände zugeschrieben. „Angesichts der Immobilität der Regierungsmaschinerie und der Blockierung des Parlaments bot sich ihnen mehr denn je zuvor die Möglichkeit, den Gang der Dinge von außen her durch Agitation und Einflußnahme in ihrem Sinne zu lenken." [534, MOMMSEN, Krise, 84]. Das Kompetenzchaos der Wilhelminischen Polykratie [232, WEHLER, Kaiserreich, 69f.), die Polyvalenz eines innenpolitisch krisenanfälligen politischen Systems (MOMMSEN) leisteten der Entwicklung Vorschub, daß die politische Initiative auf die politischen Agitationsverbände und „in vielleicht eher geringerem Maße" auf die wirtschaftlichen Interessenverbände übergehen konnte [534, MOMMSEN, Krise, 84f.; 234, WEHLER, Kampfverbände].

<small>Spannungsverhältnisse Parteien-Verbände und ihre Bedeutung für die Sammlungsbewegungen</small>

Das Problem des Spannungsverhältnisses zwischen Parteien und Verbänden [587, NIPPERDEY] ist damit jedoch noch nicht erledigt. Reichstag und Parteien nahmen zwar in den entscheidenden Politikfeldern, in Militär- und Verfassungsfragen, weder die politische Initiative noch prägten sie hier der Reichspolitik ihren Stempel auf. Die Verbände selbst wußten jedoch, daß in den sie interessierenden Angelegenheiten der Steuer- und Finanzgesetzgebung, der Schutzzollgestaltung, aber auch in der Flottenpolitik, die endgültige Aushandlung der Kompromisse den politischen Instanzen vorbehalten blieb, d. h. Reichsleitung, Bundesrat und Mehrheitsparteien im Reichstag [690, HENTSCHEL; 522, BARKIN; 552, WITT]. Gerade der Umstand, daß im gesetzgeberischen Maßnahmestaat praktisch kein Weg an den Fraktionsparteien vorbeiführte, veranlaßte die wirtschaftlichen Interessenverbände, doppelspurig zu fahren, d. h. (1) ihre eigene agitatorische Schlagkraft zu erhöhen und Massenanhang zu rekrutieren, (2) den Gesetzgeber aus bestimmten Konfliktarenen möglichst herauszuhalten (Arbeitskämpfe, Kartellrecht), in anderen hingegen zur Parteinahme für sie zu zwingen. Die nationalen Agitationsverbände, vor allem der Wehr- und der Flottenverein, suchten darüber hinaus das Parteiensystem überhaupt zur Strecke zu bringen. Sie dienten den vom Transformationsprozeß betroffenen klein- und bildungsbürgerlichen Schichten eine Plattform zur Bewältigung der sozio-politischen Krisenerfahrungen an [234, WEHLER, Kampfverbände, 119] und schürten gleichzeitig die Enttäuschung dieser Schichten über die etablierten Mittelparteien. Als homogener, da „Ein-Zweck-orientierter" Interessenverband hatten die Verbände gegenüber den auf Integration verschiedener Traditionen und Interessen verpflichteten Parteien den Vorteil, gezielt mobilzumachen, und zwar auch und gerade gegen die ihnen in der Regel nahestehenden Parteien. Gegenüber den Wirtschaftsverbänden saßen die Parteien allerdings in einer Hinsicht am längeren Hebel, wie ELEY am Beispiel des Wahlkampfes 1898 und des Wirtschaftlichen Ausschusses zur Vorbereitung der Handelsverträge gezeigt hat [523, Sammlungspolitik, 53 ff.]: „the old party loyalties placed heavy constraints upon the ability of the Sammlungspolitiker to realise their aspirations." „Whilst the parties insisted on their separate decision-making identity, their differences would continue to militate against comprehensive agreements over detailed, long-term prescriptions for action." Auch SHEEHAN [in: 567, MOMMSEN, Liberalismus, 38] stellt fest: „In Gebieten, in denen sich die linken und die rechten Liberalen gegen Katholiken oder Konservative zusammengetan hatten, war die Sammlungspolitik politisch sinnlos". Sammlungspolitik, als Stabilisierungsstrategie aus einem Guß verstanden, konnte letztlich nur erfolgreich sein, wenn sie das vorhandene Parteiengefüge zu sprengen vermochte oder die Instanz Reichstag lahmlegte bzw. ausschaltete. Das Beharrungsvermögen der tradierten politischen Ideologien und parlamentarischen Verfahrensweisen, so läßt sich für die innenpolitische Szene am Vorabend des Ersten Weltkriegs in Deutschland [544, SCHMIDT], aber auch in Frankreich feststellen [635, KRUMEICH], wirkte sich gegen die von rechts erhoffte „roll back"-Strategie im Windschatten des nationalen Aufschwungs nach Agadir aus.

Die Interessen- und Agitationsverbände fanden sich im Reich wiederholt zu eindrucksvollen Demonstrationen und wirksamen Interventionen zusammen [548, STEGMANN; 570, PUHLE]. Bei allem Einvernehmen über die Frontstellung gegen die Bestrebungen der Sozialdemokratie waren sie jedoch nicht bereit, ihre Sonderform einer konzertierten politischen Agitation gegen links oder gar gegen die als schwächlich verschriene Reichsregierung dauerhaft unterzuordnen. Ihre Selbsterhaltungsstrategie äußerte sich gerade darin, korporativ in nationale Dachverbände einzutreten. Auf diese Weise glaubten sie, für ihren Verband die erste Stelle in der Loyalität ihrer individuellen Mitglieder bewahren zu können [590, SAUL]. Selbsterhaltungsstreben der Verbände

Zu den Interessenverbänden im kaiserlichen Deutschland gab es weder in Frankreich — abgesehen vom Comité des Forges — noch in England — trotz des Musters eines effizienten Arbeitgeberverbandes, der Engineering Employers Federation [788, WIGHAM, Power to Manage] — vergleichbare Gegenstücke. Die Agitationsverbände hingegen und die Demagogie der Massenpresse webten am „Jingoismus" bzw. an der „fierté nationale" mindestens ebenso aktiv mit wie die Alldeutschen und die Kampfverbände am Rüstungsnationalismus im Kaiserreich [209, E. WEBER; 71, KENNEDY/NICHOLLS; 34, GOLLIN; 173, MOCK; 385, KENNEDY, Antagonism; 635, KRUMEICH]. Verbände und Politik in Frankreich und England

d) Die Parteienlandschaft im Kaiserreich

Parteien-landschaft

Für die besondere Struktur des deutschen Parteiengefüges legt R. LEPSIUS [565] eine überzeugende Erklärung vor. Er arbeitet die Konturen der fünf großen Parteilager als sozio-kulturelle Milieus heraus, d. h. die historische Koinzidenz unterschiedlicher Strukturdimensionen wie Region, Religion, wirtschaftliche Lage, kulturelle Orientierung, schichtenspezifische Zusammensetzung, usw. Vom Parteiengefüge in England und in Frankreich, – dem „Celtic Fringe" bzw. dem „bias" für Konservative in der Vendée und Bretagne und für „Linke" im Süden Frankreichs –, unterscheiden sich die fünf deutschen Parteilager durch Stabilität und geradlinige Entwicklung trotz der Veränderungen im Staats- und im Wahlrecht sowie im wirtschaftlichen Umfeld. Das Parteiensystem war Ausdruck struktureller Konflikte, die vor der Reichsgründung feststanden. Auch in England [612, J. RAMSDEN] und in Frankreich [627, DUVERGER; 630, GOGUEL] blieb die Gesinnungsgemeinschaft ein konstitutiver Faktor der Parteienlandschaft, doch standen sie sich dort als Beharrungs- und Bewegungsparteien in den nationalen Wahlkämpfen, als „tendances" mit steigend plebiszitärem Einschlag gegenüber. Im Reich „blieben die Parteien auf die einmal politisch mobilisierten Gesinnungsgemeinschaften fixiert und haben damit Konflikte ritualisiert und verewigt, die den Demokratisierungsprozeß subkulturell überformten und hemmten." [565, LEPSIUS, 62].

Kritik an Lepsius-„Konservatismus" im Kaiserreich

Der Haupteinwand gegen Lepsius' Deutungsmuster knüpft an die zitierte These an: dem Lager der Reformunwilligen müßten, so argumentieren die „Kehrites" von ihrem Deutungsmuster her schlüssig, nicht nur die von den Interessen- und den nationalen Agitationsverbänden mobilisierten Bevölkerungsgruppen hinzugerechnet werden. Vielmehr umfasse Konservatismus in Deutschland immer auch die Nationalliberalen und das Zentrum, zumal diese im Westen und im Süden des Reiches sowie in Sachsen die Rolle der Konservativen übernahmen [570, PUHLE].

National-Liberale

Die Forschung lastet der „konservativen Partei des westelbischen Deutschland", den Nationalliberalen, und die DDR-Forschung beiden Richtungen des Liberalismus die Verantwortung für die Schattenseiten des deutschen politischen Sonderwegs an. Durch die disparaten regionalen Konstellationen im Kampf ums politische Überleben zu unterschiedlichen Koalitionen genötigt, erblickten die Nationalliberalen das einigende Band in der Profilierung als Partei des neu-deutschen Imperialismus [222, MOMMSEN, 115ff.; 588, NUGENT; 563, HECKART]. Sie wollten dem Sog nach rechts widerstehen, um nicht im Bunde mit Heydebrand und Erzberger zur Bedeutungslosigkeit herabzusinken [548, STEGMANN, 308f.]. Sie wollten sich aber nicht auf eine Fusion mit den 1910 wiedervereinigten Linksliberalen – auf der Linie des Hansabundes gegen „Reaktion und Feudalismus" – einlassen, sondern eine selbständige Partei bleiben [574, SHEEHAN]. Daraus resultierte die Taktik, durch Scharfmachertum in der Außenpolitik die Linie des „Sich-Nicht-Exponierens" in der Innenpolitik zu kompensieren [563, HECKART;

588, NUGENT]. Mit einer gewissen Berechtigung kann HECKART (S. 287) das Scheitern der Linksblock-Mehrheit im Reichstag nach 1912 als Wegbahner demokratischer Reformen dem Rückzug der Nationalliberalen auf einen radikalen Nationalismus anlasten. Man darf daneben jedoch nicht übersehen, daß die Nationalliberalen und die Fortschrittspartei sich im fraglichen Zeitraum (Mai 1914) erneut mit der SPD und dem Zentrum zur Abwehr einer Anti-Streik-Initiative der Rechten im Reichstag zusammenfanden [588, NUGENT].

Trotz des allgemein akzeptierten hohen Stellenwerts der Konservativen für die Entwicklung des Kaiserreiches besitzen wir keine Darstellung, die sie als wirtschaftende Subjekte, als Protestanten, als Machtelite und als politische Korporation im Zusammenhang darstellt. Spannungen innerhalb der Funktionseliten sind mannigfach zu beobachten: in der Frage der Nobilitierung [723a, CECIL]; im Zielkonflikt zwischen dem Interesse der getreideanbauenden ostelbischen Großlandwirtschaft an Exporten (unter Nutzung hoher Welthandelspreise) und dem der Militärs an der Aufstockung der Kriegsvorräte (besonders in den für mögliche Kampfhandlungen entscheidenden Sommermonaten), wobei die Militärs die Aufhebung des Einfuhrscheinsystems verlangten, das als Hauptposten des agrarischen Begünstigungssystems im Kaiserreich gilt [455, BURCHARDT, 207 ff.; 690, HENTSCHEL, 199]. Der preußische Staat wollte sich die Polenpolitik nicht von dem durch drei preußische Landräte gegründeten Ostmarkenverein aus der Hand nehmen lassen [591, TIMS]. Der Bund der Landwirte, eine der effizientesten Interessenvertretungen im Kaiserreich [589, PUHLE], transformierte die Deutsch-Konservative Partei in eine „rabiate Interessengemeinschaft der Agrarier" und durchtränkte sie mit völkischem Nationalismus [570, PUHLE, Conservatism, 39]. Der BdL war Opposition von rechts mit verstärkter Tendenz zur Fronde gegen den Kanzler, aber auch schon gegen den Kaiser. Die Opposition des BdL wirkte sich „zumal gegen die nicht von ihm mediatisierte und mediatisierbare Bürokratie" aus [655, NIPPERDEY, Organisierter Kapitalismus]. Die Terrainverluste in den Reichstagswahlen bedeuteten, daß die Parteigänger der Konservativen um so mehr dafür kämpften, das preußische Wahlrecht zu behaupten und Preußens Hegemonie im Reich zu verteidigen.

Konservative und Bund der Landwirte

Das verfassungspolitische Interesse an der Erhaltung der konstitutionellen Monarchie, in der das Zentrum für alle Parteien koalitionsfähig war, ohne – wie im parlamentarischen Regierungssystem unvermeidlich – als Regierungspartei für die Folgen ihrer Mehrheits(beschaffer)-Rolle zur Verantwortung gezogen werden zu können [530, GROSSER], reiht die katholische Volkspartei ins Lager der konservativen Kräfte ein. Wegen der breitgestreuten sozialen Rekrutierung ihrer Anhängerschaft zum Interessenausgleich und damit zum „regierungsähnlichen" Verhalten genötigt, bot die Treue der Zentrumswähler der Fraktionsspitze die Möglichkeit, zum Schutz der Konfessionsschule und der Agrarinteressen mit den Konservativen zu gehen und dennoch in sozial-, z. T. auch in finanzpolitischen Angelegenheiten den Anschluß an die Linke zu halten. Im Streben nach Anerkennung als „gute Patrioten" und als Befürworter des monar-

Zentrum

chischen Systems [568, MORSEY; 572, ROSS; 578, ZEENDER] sowie in ihrem Selbstverständnis als „politische" Partei wandelte das Zentrum auf den Spuren der Nationalliberalen. Im Unterschied zur „Reichsgründungspartei" konnte das Zentrum als faktische Vertretung der kirchentreuen Katholiken [566, MITTMANN, 95] die Werbearbeit auf den vorgegebenen Wählerstamm konzentrieren und dabei auch noch auf die kostenlose Vorleistung durch Subsidiärorganisationen rechnen. Die politische Vertretung des katholischen Volksteils wies eine einzigartige Konstruktion auf: Der Volksverein für das katholische Deutschland [564, HEITZER] als Ersatz für eine reguläre Parteiorganisation nahm dem Zentrum besonders im Rheinland und in Westfalen die Auseinandersetzung mit der SPD ab. Da der Volksverein aber keine Parteigliederung war, konnte er bestenfalls als sozialpolitisches Gewissen auf die Parteistrategen an den Fraktionsspitzen Einfluß nehmen. Umgekehrt schützte die Fraktionsführung den Volksverein und die katholischen Gewerkvereine im sog. Zentrums- oder Gewerkschaftsstreit 1910 [578, ZEENDER] gegen die Angriffe der Integrationalisten, die unter dem Vorwand der Dezentralisation die Aufsicht der Ordinariate über die Laienorganisation zu erlangen trachteten [566, MITTMANN, 190 ff.]. Als strategisch-taktische Kampfgemeinschaft mit vorgegebenen hierarchischen Strukturen konnte sich das Zentrum besser gegen den Erosionsprozeß der ökonomisch-sozialen Verschiebungen abschirmen als die anderen bürgerlichen Parteien. Stärker als andere Autoren hebt BLACKBOURN [558] hervor, daß die Politik des Zentrums von der Basis beeinflußt wurde, und zwar vor allem in Fragen des Schutzes der nationalen Arbeit und der Abgrenzung nach links. Die wirtschaftlichen und sozialen Entwicklungen, die die Landbevölkerung tangierten, hätten die konservativen Grundzüge des Gesellschaftsbildes der „Katholiken" aktiviert und gegen liberale Reformen gewirkt.

Frankreich In Frankreich wurde die Chance, eine Partei der gemäßigten Rechten – als Pendant zum Zentrum im Kaiserreich – zu gründen, Anfang der 1890er Jahre nicht ausgelotet, als die französische katholische Kirche sich dem Appell Papst Leo XIII. (Februar 1892) verweigerte, nämlich die republikanische Verfassung als legitime Ordnung zu tolerieren. Man wollte nicht die Symbole der Dritten Republik mitanerkennen. Durch die Verwicklung in die Dreyfus-Affäre an der Seite der radikalen Nationalisten um Déroulède und der Konservativen provozierte der Klerikalismus gleichsam die „Revanche" des Linksblockes, der nach dem Wahlerfolg von 1902 Gesetze zur Trennung von Kirche und Staat durchsetzte. In diesem „Kulturkampf" reorganisierte sich der französische Liberalismus [642, TOUCHARD; 638, RÉBÉRIOUX; 637, PARTIN].

8. Gesellschaftliche Verhältnisse und politische Organisationen

a) Bürgertum und Liberalismus

Die politische Rückständigkeit des Kaiserreichs erklären DAHRENDORFF [808], H. U. WEHLER [62], E. KEHR [223] aus historisch-gesellschaftlichen Ursachen, nämlich daraus, daß Deutschland das Land ohne echte Revolution, ohne Zivilcourage und ohne Sinn für Bürgerfreiheit (geblieben) sei. Die DDR-Historiographie zeichnet die Bourgeoisie als Klasse, die den konservativen Eliten die politische Macht überließ, um ihren ökonomischen Interessen zu frönen. FRICKE [561], SEEBER [573], ELM [559] lasten daher den bürgerlichen Interessen(verbänden) und weniger den vor-industriellen agrarischen Eliten die Stabilisierung des Obrigkeits- als Klassenstaat an. GROH [792], STEGMANN [548], FISCHER [527] verorten die Bourgeoisie zwar nicht durchgehend im anti-sozialistischen Lager, betonen aber, daß sie im Entscheidungsfall für die „Reaktion" optierte. Die Interessenverbände der „modernen" Industrien, – der exportorientierten und verarbeitenden Branchen, der chemischen Industrien, aber auch der Banken und Kaufmannschaft –, also Bund der Industriellen (1895), Handelsvertragsverein (1900) und Hansabund (1909), ließen sich aus der Befürchtung heraus, Einfluß zu verlieren, wiederholt für den gesamtindustriellen Standpunkt vereinnahmen. Das habe Annäherung an den Centralverband deutscher Industrieller (Schwer-, Baumwoll-, Textilindustrie) und damit streckenweise zugleich auch an das Solidarkartell der schaffenden Stände mit den Agrar-Konservativen bedeutet [586, MIELKE; 592, ULLMANN]. Die Abwanderung des „gehobenen" Bürgertums und industrieller Unternehmer von der Liberalen Partei Gladstones seit Mitte der 1880er Jahre und erneut im Gefolge der Lloyd George'schen Steuer- und Sozialpolitik sowie generell die Hinwendung der „middle classes" zum Imperialismus in Großbritannien sind in den letzten Jahren deutlich herausgearbeitet worden [183, ROHE; 605, MATTHEW; 106, MOMMSEN]. Die auf die Bewahrung des ökonomischen und gesellschaftlichen Status quo angelegte Politik des französischen Bürgertums und Liberalismus und das Phänomen der „société bloqué" (St. Hoffmann) haben insbesondere PONTEIL [823] und ZIEBURA [210] betont. Zu den von M. Weber und E. Kehr aufgeführten Merkmalen einer „Feudalisierung des Bürgertums" – Kauf von Rittergütern, Korpswesen, Reserveoffiziere als Charaktermajore, u.a.m. – hat RUBINSTEIN Gegenstücke in der englischen Gesellschaftsgeschichte aufgespürt [733]. Die Übertragung militärischer Organisationsprinzipien in die Führung von Großunternehmen, die Kocka am Beispiel Siemens gezeigt hat, ist allerdings symptomatisch für die politische Kultur Preußen–Deutschlands. Die differenzierenden und umfassenden Untersuchungen von H. HENNING [810] über das westdeutsche Bürgertum verdeutlichen hingegen, daß wirtschaftsbürgerliche Leistungsorientierung um 1890 bei den preußischen Beamten in den Westprovinzen vordrang. G. ELEY und D. BLACKBOURN

Politische Reaktionen der „Middle Classes" in England

„Feudalisierung des Bürgertums"

[56] brachten die Debatte über ein von ZMARZLIK [64] angesprochenes Paradox in Gang, daß nämlich bürgerliche Werte das soziale und kulturelle Leben im kaiserlichen Deutschland prägten, diese „Verbürgerlichung" aber offenbar zu Lasten des — jedenfalls ohne Auftrieb für den — politischen Liberalismus vonstatten ging. Den Wirkungszusammenhang zwischen Aufsplitterung des Bürgertums im Gefolge wirtschaftlicher Differenzierungsprozesse und den Spaltungen bzw. Wiedervereinigungen des politischen Liberalismus betrachten TH. SCHIEDER [827a], J. SHEEHAN [574] und — aus marxistischer Sicht — G. SEEBER [546] als ausschlaggebenden Erklärungsgrund für die angesprochene Diskrepanz.

„Mittelstand"

Vom Realeinkommen her gesehen, bildete der Mittelstand in Deutschland durchaus ein drittes gesellschaftliches Lager zwischen Arbeiterschaft und Großgrundbesitz/Hochbürgertum [690, HENTSCHEL, 67ff.]. SHEEHAN [574, Liberalism, 230ff.] subsumiert (für 1907) ca. 3 Mill. selbständige Geschäftsinhaber von Betrieben unter 5 Beschäftigten, Kleinhändler, Bauern unter „alter Mittelstand", ca. 2. Mill. Angestellte und 1. Mill. Beamte unter „neuen Mittelstand". Doch während die Frage, ob und wie die unterschiedliche Teilhabe am Zuwachs des Sozialproduktes die Kampfbereitschaft der „Lohnarbeiter" beeinflußte, oftmals untersucht worden ist [783, TENFELDE/VOLKMANN; 772, POHL; 801, RITTER], muß der Zusammenhang zwischen Differenzierung der mittelständischen Realeinkommen einerseits und Solidarisierungseffekt für politische Zwecke andererseits als weitgehend unerforscht gelten. H. A. WINKLER [594] hebt hervor, daß die Gründung der Handwerks- und Landwirtschaftskammern in den 1890er Jahren in Deutschland eine Art „Organisationsprotektionismus" zugunsten des Mittelstands schuf. Damit konnte der Obrigkeitsstaat auf breiter Basis stabilisiert werden. Für die Wirkungsmöglichkeiten des Liberalismus jedenfalls bedeutete die der konservativen Strategie entlehnte Mittelstandspolitik eine weitere Erschwerung seiner Verankerung im sozialen Rekrutierungsfeld. Die zentrale Frage, ob die bürgerlichen Parteien aufgrund ihrer „nationalen" Integrationsideologien selbst die Urheber davon waren, daß der „politische Massenmarkt" gegen sie aufgebracht werden konnte, oder ob politische Selbstmobilisierung des Kleinbürgertums, der Bauernschaften und der Mittelstände im Spiel ist, — mit der Wirkung, daß die Basis die liberal-bürgerlichen Parteien in der Abgrenzung gegen „links" und dem Eintreten für national-imperiale „Interessen" bestärkte, — verdankt die Forschung zum Kaiserreich der englischen Sozialgeschichte [526, EVANS; 524, ELEY; 558, BLACKBOURN].

„Mittelstand" und „Organisationsprotektionismus"

„Selbstmobilisierung"

b) Landwirtschaft und agrarpolitische Bewegung

Agrarbewegungen im Vergleich

In seiner vergleichenden Studie ermittelt PUHLE [674] zum einen die unterschiedlichen ökonomischen, politischen, rechtlichen und soziokulturellen Startbedingungen der deutschen, amerikanischen und französischen Landwirtschaft. Zum anderen unterstreicht er bestimmte Konvergenz-Tendenzen: in den agrarischen Interessenverbänden setzten die Großproduzenten ihre Interessen durch; hinsichtlich der Zielsetzungen und der Instrumente staatlicher Intervention im Agrarsektor, insbesondere in Bezug auf den Primat der Einkommensstützung und Subventionierung gegenüber Agrarreformen, lägen keine gewichtigen nationalen Differenzen vor. Die von D. SPRING [676] edierten und vergleichend ausgewerteten Beiträge über die „landed elites" in Preußen, Rußland, England, Spanien, Frankreich gehen stärker auf die Rechtsverhältnisse, auf Besitzstrukturen sowie auf die mit der Form der Bewirtschaftung der Güter zusammenhängenden Sozialbeziehungen „auf dem platten Lande" ein. Sie verdeutlichen, welche Besitzgrößen in den einzelnen Ländern die „agrarischen Klassen" konstituieren; welchen Anteil Staat, Krone, Kirche, erbliche Eigentümer, Pächter, Bauern an der landwirtschaftlichen Nutzfläche haben. Dabei wird deutlich, daß die preußischen Junker aufgrund der geringeren Besitzgrößen-Unterschiede als „Klasse" homogener waren als die „landed elites" in England oder Frankreich. Die sozialen Unruhen, Agrarrevolten in Frankreich oder in Rußland sind sicherlich auch daraus zu erklären, daß sich die Gutsbesitzer mit einer land„hungrigen" Bauernschaft, in Rußland auch mit dem Staat konfrontiert sahen. Auch nach den Gemeindereformen konnten die Gutsbesitzer in England und in Preußen – als Friedensrichter bzw. Landräte – in der lokalen Selbstverwaltung ihre einflußreiche Stellung behaupten. Die preußischen, aber auch die englischen Großgrundbesitzer stellten bis weit in den Ersten Weltkrieg hinein politische Führungskräfte; im Unterschied zu den englischen „landed elites" versuchten die preußischen Gutsbesitzer jedoch die industrielle Entwicklung durch Besteuerung des mobilen Kapitals, durch Maßnahmen zur Erhaltung der Konkurrenzfähigkeit auf dem Arbeitskräftemarkt, usf. zu bremsen. Eine umfassende Geschichte der Landwirtschaft, wie sie F. M. THOMPSON [677, English Landed Society] vorgelegt hat, gibt es weder für Frankreich noch für Preußen–Deutschland. Wichtige Anhaltspunkte über die Agrarier als soziale Gruppe im Prozeß der Herausbildung der industriellen Gesellschaft und als „pressure group" (im Parlament) schildert für Frankreich P. BARRAL [665] in seiner Überblicksdarstellung von Méline bis Pisani (1880–1956). In einer methodisch anregenden, auf zahlreiche Einzelfallstudien gestützten Untersuchung wartet E. WEBER [679, Peasants into Frenchmen] mit der These auf, daß Frankreich erst im Laufe der Dritten Republik eine „Nation" geworden sei, insofern Änderungen im Schulwesen und in der (Wehrpflicht)Armee in einem Akkulturationsprozeß die isolierten Regionen, die „countryside" mit ihren Riten, Dialekten etc., in das urbane, das bürgerliche Frankreich einbezogen. Die Besonderheiten der Verhältnisse in Rußland veranschaulicht E. C. THADEN in seinen Studien [257; 258]: der Anteil des „Staats" und der Masse der „Bauern" am Landbesitz war jeweils weitaus höher als der des „Adels"; Adel war ein Personalstatus; um ihn als Stütze des Zarenregimes zu „retten", suchten die Regierungen ihm durch Zinssubventionen wirtschaftlich und durch die Einrichtung der Zemstwos „politisch" zu helfen. Die Problemlage, die aus der Übervölkerung auf dem Lande einerseits und aus der Verselbständigung der Zemstwos und ihrer Kritik an der Politik Zar Nikolas II. sowie aus den Spaltungen des Zemstwo-Liberalismus andererseits resultierte, ist als Thema der Revolutionsforschung (D. GEYER] gut aufgearbeitet [246, 244].

c) Arbeiterbewegungen, Gewerkschaften und Parteien

In der Diskussion um die Reformfähigkeit des Kaiserreiches stand stets mit zur Debatte, ob es in den westlichen Demokratien eher gelang, Klassenkonflikte abzupuffern, und wie tief der „Graben zwischen (industrieller) Arbeiterschaft und ihren Organisationen und den übrigen Gruppen im politischen Raum (war)" [53, BERGHAHN]. In seiner berühmten Standpauke auf dem Amsterdamer Internationalen Sozialistenkongreß 1904 hielt Jaurès der SPD vor, daß sie mit ihrer (Stimmen-, Mandats- und Organisations-)Macht nichts anzufangen wisse. Bebels Replik, daß die Republik in Frankreich weder die Klassengegensätze abgebaut noch Fortschritte in der Sozial- und Finanzpolitik gebracht habe, traf aber gleichfalls den Nagel auf den Kopf [619, ALBERTINI, Steuerreform, 199; 800, RITTER].

Frankreich   Innerhalb der französischen Arbeiterschaft [789, WILLARD; 760, BRON] bestanden zwischen politischem und gewerkschaftlichem Arm, aber auch innerhalb der SFIO und dem CGT, nahezu unversöhnliche Konflikte. Die Brechung des Streiks der nordfranzösischen Eisenbahner 1910 durch Briands Einberufung von 15 000 Streikenden in die Armee [782, SPUHLER] und die gleichzeitige Weigerung von rund 75% der organisierten Arbeitnehmer, Beiträge zur Alters- und Invaliditätsversicherung zu bezahlen, illustriert drastisch die Konfrontation zwischen Arbeiterschaft und „bürgerlicher politischer Gesellschaft" als zwei „Mächten" auf französischem Boden. Die französischen „syndicats" standen in vorderster Linie im Kampf gegen den Militarismus. Man kann hierin und in der ablehnenden Haltung zur Sozialpolitik ein hohes Maß an Distanzierung und Unversöhnlichkeit gegenüber dem Staat der Bourgeoisie erblicken. Mit ZIEBURA [in: 768a] ließe sich durchaus die These vertreten, daß die Weigerung des von der Bourgeoisie dominierten parlamentarischen Regierungssystems, Sozialpolitik ernsthaft und nicht bruchstückhaft zu betreiben [748, HATZFELD], den Syndikalismus begünstigte. Die außerparlamentarischen Protestaktionen sind Ausdruck der Diskreditierung der Zentralgewalt und der Regierungsautorität und des Bestrebens, auf kommunaler Ebene die eigenen Vorstellungen zu realisieren. Daraus erklärt sich die große Rolle, die die „Bourses du Travail" aufgrund ihres Doppelcharakters als städtisch-öffentliche Arbeitsämter und als autonome Gewerkschaftskartelle innehatten [780, SCHÖTTLER; 773, RIDLEY]. Im Deutschen Reich hingegen war die Anhängerschaft der Linksparteien in verschiedenen öffentlich regulierten Politikbereichen — wie der Selbstverwaltung auf kommunaler Ebene, in den Institutionen der Sozialversicherung — im Verfassungsgefüge integriert [794, MAEHL, Bebel; 801, RITTER].

Großbritannien   Die Verhältnisse in Großbritannien sind noch schwieriger zu deuten. Trotz vergleichsweise starker Bereitschaft der Liberalen und der Konservativen, sowohl soziale Reformen in Angriff zu nehmen als auch die Autonomie der Gewerkschaften anzuerkennen, können WATT [114a], DANGERFIELD [597], HALÉVY [601] feststellen, daß soziale Konflikte und Protestbewegungen die Autorität der englischen Regierung stärker herausforderten als in anderen Ländern. Die sozialen Unruhen sind auf die Enttäuschung der Arbeiterschaft über den ineffektiven Parlamentarismus und auf das Mißtrauen gegen die Ausweitung der Staatstätigkeiten zurückzuführen [763, HOLTON; 767, MEACHAM]. Der generelle Befund, daß die Arbeiterschaft sich für „Politik" solange wenig interessierte, wie die politischen und juristischen Instanzen nicht ihre Möglichkeiten beschnitten, ihren ökonomischen Protest auf Betriebsebene zu bekunden, trifft besonders auf die Verhältnisse in England zu [762, GEARY, European Labour Protest]. Die Gewerkschaften, so konstatiert Geary im Vergleich, suchten den offenen Zusammenstoß mit den Unternehmern zu vermeiden und zeigten sich daran interessiert, Techniken friedlicher Konfliktlösungen (Tarifverhandlungen) zu nutzen. Zielten Gewerkschaften also auf Verbesserung der Arbeits- und Daseinsbedingungen, die „shop stewards" movement', – d. h. die Vertrauensleute der Gewerkschaften und „Betriebsräte" –, hingegen auf die Überwindung der Sozialstruktur einer kapitalistischen Wirtschaftsordnung? [in: 768a, HINTON]. HOBSBAWM [762a, Labour's Turning Point] betont die Wichtigkeit der „neuen", mit der rapiden Ausweitung der Mitgliedschaft einhergehenden Kampf- und Organisationsmethoden für die Konstituierung der Arbeiterbewegung im Unterschied zu den mehr auf Selbsthilfe achtenden, pragmatisch vorgehenden traditionsbewußten Facharbeiterverbänden.

Einige der großen Fragen zur politischen Sozialgeschichte der Arbeiterbewegung sind auch in der englischen und französischen Forschung noch nicht geklärt: in welchem Zusammenhang stehen Gewerkschaftsgründung und -struktur mit der „social stratification"? [758, BAIN/COATES/ELLIS]. Ist es Zufall, daß die Angestelltenschaft ihre Besonderheiten in stärkerem Maße der Gesetzgebung und der Unternehmenskonzentration verdankt als die Zusammenschlüsse anderer Arbeitnehmer? [817, KOCKA]. Bewirkten politische Ereignisse oder Justizakte, die – wie die Urteilsfindung im Taff Vale Case 1899/1901 in England oder die französische Rechtssprechung 1892 – eine Serie von „Gegenangriffen" der Arbeitgeber gleichsam amtlich absegneten, den entscheidenden Durchbruch zur Erhöhung der Gewerkschaftsdichte und zur Bereinigung des Verhältnisses zwischen Gewerkschaftsbewegung und „Arbeiterpartei"? [759, SAVILLE; 765, LOUBÈRE; 768, MITCHELL/STEARNS]. Oder resultieren Wachstumsschübe in der Mitgliedschaft aus verstärkter Arbeitskampfwilligkeit, welche ihrerseits an eine Situation gekoppelt ist, in der Arbeiter den Umschlag der Preisentwicklung in ihren Lebenshaltungskosten zu spüren bekommen? [in: 645: BOUVIER]. Konsolidieren „ökonomische" Streiks oder die für die Verbreitung des Sozialismus tauglichen „politischen" Arbeitskämpfe die Gruppensolidarität und damit die Macht der organisierten Arbeiterschaft? [785, TREMPÉ]. Sind an- und ungelernte Arbeiter streikbereiter als (ältere) Facharbeiter und seit wann öffnet sich die

Offene Probleme der Forschung

Kluft zwischen den Führungskadern der Parteien und Gewerkschaften einerseits und der Massenbasis andererseits, bereits in den letzten Vorkriegsjahren oder erst während und nach dem Ersten Weltkrieg? [762, GEARY].

Staat und Arbeiterschaft im Kaiserreich

Blickt man von den Beobachtungen über Frankreich und England hinüber auf die deutschen Verhältnisse im Kaiserreich, so stellt sich die Frage, wie das Spannungsverhältnis zwischen Staat und Arbeiterschaft zu erklären ist: ist es primär bedingt durch den Gegensatz zwischen extra-konstitutioneller Machtstellung des Militärs und der Ohnmacht der demokratischen Kräfte im Rechts- und Verfassungsstaat, wie wir von den „Kehrites" belehrt werden? Oder sind die Strömungen des militanten Syndikalismus und des Lokalismus – im Bergbau, in der Berliner Metallindustrie – das Produkt „struktureller" Konflikte zwischen betrieblichen Streikführern und Gewerkschaftszentralismus [792, GROH]? Liegen die Ursachen also im Wirtschaftsablauf, in Veränderungen der Arbeitsprozesse, in den Arbeitsmarktbedingungen, und hängen sie damit nur indirekt mit den „Herrschaftsstrukturen" des Bismarckreiches zusammen oder sind sie Produkte des sozio-politischen „Klimas" im deutschen Imperialismus?

Die historische Arbeitsmarktforschung [770, TILLY/PIERENKEMPER]; die Untersuchungen über Lage, Herkunft und Verhalten der Arbeiter im Industrialisierungsprozeß [737, STEARNS; 738, TENFELDE] sowie die Sozialgeschichte der Sozialpolitik in Deutschland [756, TENNSTEDT] haben in den letzten Jahren intensiv Anlässe und Ausmaß des gewerkschaftsfeindlichen Klimas im Kaiserreich erforscht und die Zusammenhänge mit der Intensivierung der organisierten Interessenartikulation und Konfliktbereitschaft beider „Tarifparteien" ermittelt. Dabei wurden auch die Rahmenbedingungen deutlich, unter denen Gewerkschaftsführungen dafür eintraten, die Verhältnisse auf dem Weg der Gesetzgebung zu verbessern, d. h. den „politischen" Weg im Unterschied zum autonomen Arbeitskampf zu betreten [783, VOLKMANN].

Gewerkschaftsstrategie

Die Debatte über die Gewerkschaftsstrategie wurde damals ebenso wie heute nicht weniger heftig geführt wie der Streit über den mangelnden Machtwillen, den Immobilismus der SPD. „In Erkenntnis unserer Schwäche den Trieb zur Kräftigung und Vervollkommnung" der Organisation zu wecken, damit die „geplagteste Klasse der heutigen Gesellschaft" einen Anteil an den „Errungenschaften der Kultur" erwerben könne – dies bezeichnete Carl Legien 1892 als „richtige" Gewerkschaftsstrategie [783, VOLKMANN]. Die Gewerkschaften wollten für sich und für ihre Mitglieder durch Pflege der „Organisationsmacht" (in der Hand der Zentralen!) und Einflußnahme auf den Reichstag genau so einen Platz im System erstreiten wie ihn die anderen „sozialen Klassen" erreicht hatten bzw. verteidigten. D. Groh interpretiert dies als Umlenkung der aus der politischen und ökonomischen Benachteiligung erwachsenden Aggressionen der Arbeiter auf einen „Organisationsfetischismus" der Gewerkschafts- und Parteiführungen. In Anbetracht des Druckes, den die Arbeitgeber-/Unternehmerverbände aus ihrer überlegenen Position heraus auf die Arbeiterschaft ausübten, bedeute diese Einstellung eine eindeutige Verschlechterung der Situation im

Arbeitskampfgeschehen. Den Gewerkschaftsführungen wird vorgeworfen [in: 783, SAUL], daß ihre Strategie in eine Sackgasse münden müsse. Demgegenüber lenkt Volkmann den Blick auf bestimmte Branchen und erklärt die reformistische Einstellung einiger Gewerkschaften nicht für aussichtslos, zielten doch auch Interessenverbände auf der Gegenseite, z. B. in den an Tarifvertragsverhandlungen interessierten Gewerben [786, ULLMANN], auf Ausgleich der Interessen auf dem Verhandlungsweg.

Den Strukturwandel der Arbeitskampfmethoden in Korrelation mit der Einschätzung des Konjunkturverlaufs haben für den deutschen Fall erstmalig KAELBLE/VOLKMANN [764] zur Diskussion gestellt. Formen und Häufigkeit des Protests der deutschen Unterschichten im Vergleich mit anderen europäischen Ländern zeigen TILLY/SHORTER [781] auf. Die von MITCHELL/STEARNS [768] herausgegebenen Studien gehen dem Zusammenhang zwischen Arbeiterschaft, Protestverhalten und Genesis sozialdemokratischer Parteien nach.

Die Debatte über die deutsche Sozialdemokratie stand lange Zeit unter dem Vorzeichen „Nation und Staat" bzw. revolutionäre Strategie oder Zwang zur Tolerierung der überlegenen Gegenmacht der preußischen Militärmonarchie. Die erste Frage spielte sich zwischen bürgerlichen und sozialdemokratischen Autoren ab, die zweite blieb weitgehend verwoben mit den Richtungskämpfen innerhalb der „Linken". Die Konzentration auf das Thema, ob und wie die Opfer bzw. Gegenspieler des deutschen Expansionismus und Militarismus die „deutsche Katastrophe" (Meinecke) hätten verhindern können, implizierte, daß die Geschichte der Arbeiterbewegung vorrangig die politischen Verhältnisse untersuchte. Die gegenläufige Forschungsrichtung, wie sie insbesondere in England unter dem Einfluß von Trevelyan, E. P. Thompson vorherrschte, nämlich die Sozialgeschichte der Arbeiterschaft zu schreiben „with the politics left out", gelangte in Deutschland erst nach der Phase der „politischen" Sozialgeschichte voll zum Zuge [783, TENFELDE; 774, RITTER/TENFELDE]. Die Fragestellungen und die Ergebnisse der auseinanderdriftenden Forschungsrichtungen zusammenzufügen, ist die große Leistung von G. A. RITTER [801]. Er bettet die Geschichte der Arbeiterbewegung in die Gesellschafts- und die politische Geschichte ein. Ritter greift den von ROTH [802] entwickelten Begriff der „negativen Integration" auf, um die die Binnenstruktur der Partei und der Gewerkschaften gestaltende „Subkultur" zu verdeutlichen. Dieser Aspekt wird ergänzt durch die positiven, über Berührungspunkte mit den bürgerlichen Schichten vermittelten Integrationsvorgänge. Diese Emanzipationsarbeit auf der Ebene der Kommunalpolitik, der Kulturströmungen, des Sozialversicherungs- und Tarifvertragswesens habe in der Geschichte der deutschen Gesellschaft Spuren gezogen. Auch MAEHL [794] betont in seiner Biographie August Bebels als „Schattenkaiser der deutschen Arbeiter" den Aspekt der Sozialversicherung als Gestaltungsfaktor der politischen Arbeiterbewegung. Demgegenüber veranschlagt GROH [792] die Wechselbeziehungen zwischen den innerparteilichen Auseinandersetzungen und der Innen- und Außenpolitik des Reiches als gering. Im

Die Debatte über die Sozialdemokratie

Die Arbeiter- als Emanzipationsbewegung

Zusammenhang mit den großen Debatten über Militarismus, Kolonialismus, Massenstreik, Wahlrechtsdemonstrationen hätten sich zwar mehrere Richtungen innerhalb der Bewegung mit unterschiedlichen Strategien profiliert, nach außen hin wurde jedoch das Image der Umsturz-Partei konserviert; verantwortlich dafür seien der Illusionismus der Parteilinken und der Immobilismus des Parteizentrums. Groh deutet die sich verschärfende Konfliktlage aus dem für Staat und SPD in gleicher Weise maßgeblichen Bestreben, das eigene Lager zusammenzuhalten, indem man das ideologisch fixierte Feindbild beschwor. Ritter hingegen fordert dazu auf, zunächst einmal die Betroffenheit der „Massen" von den ideologischen Kontroversen nachzuweisen.

Man müsse die Auswirkungen des kapitalistischen Systems auf die soziale Lage der Schichten und die Prägekraft der Faktoren, die Klassenbewußtsein schufen oder konservierten, abwägen gegenüber den von politischer Machtausübung ausgehenden Wirkungen auf der einen Seite und den von den Organisationen der Arbeiterschaft erwirkten Änderungen im sozialen und politischen Alltag andererseits. Darauf gestützt, könne man feststellen, daß die Unnachgiebigkeit der „herrschenden Klassen" in den für die Integration der Arbeiterschaft in den Staat entscheidenden Fragen des Wahl-, Koalitionsrechts usf. dem „Zentrum" um Kautsky, Bebel und Auer und den Gruppen des linken Flügels half, das Image der SPD als revolutionäre Partei zu pflegen, obwohl die SPD in der praktischen Alltagsarbeit der Reichstagsfraktion und die Gewerkschaften längst taktische Kampfgemeinschaften mit bürgerlichen Gruppierungen gebildet hatte.

Die Spaltung der SPD und ihre Vorgeschichte Gegenüber der zuerst von C. SCHORSKE [803] aufgestellten These, daß die 1916/7 vollzogene Spaltung sich bereits 1905/6 abzeichnete, unterstreicht Ritter die Bedeutung der Faktoren, die vor 1914 den Zusammenhalt der Partei ausmachten. Er hebt die Position der Parteiführung hervor, die auf die Wirkungskraft der „Verhältnisse" setzte statt die Parteieinheit durch Vorwärtsstrategien – sei es der Reformisten, sei es der linken Revolutionäre – zu untergraben. Außerdem sei die Spaltung 1916/17 auf dem linken Spektrum erfolgt, während die Bruchlinie vor 1913/4 eher durch den Verdruß der „Rechten" über die Tolerierungspraxis der Parteiführung gegenüber dem linken Zentrum um Liebknecht und den Radikalen markiert wurde. Schließlich bestreitet Ritter die von der DDR-Forschung, aber auch von GROH vertretene These, daß sich die sozioökonomische Situation der Arbeiterschaft in der Vorkriegsphase merklich verschlechtert habe. Mit besonderem Nachdruck betont Ritter, daß neben der Linie der Systemgegnerschaft in der Geschichte der Arbeiterbewegung eine zweite Kontinuitätslinie bestehe. Er erinnert an die wechselseitigen Erwartungen und Sympathien zwischen bürgerlich-demokratischen (Th. Barth) und sozialdemokratischen Reformbestrebungen (v. Vollmar), an die Revisionismusdebatte um die Jahrhundertwende, an die Großblockdiskussion, den Interfraktionellen Ausschuß und an die lange Lebensdauer der Weimarer Koalition im Preußen der

Reformismus Republik. NETTL [799] erklärt den Einfluß der Reformisten damit, daß die Rolle und der Status der Fraktion in der SPD-Hierarchie durch die Wahlerfolge gestärkt wurde, und zwar zu einer Zeit, in der auch der Reichstag selbst an Bedeutung gewann. Die Erwartung, auf dem Arbeitsfeld der Fraktion auf gegenseitige Hilfe angewiesen zu sein, trug dazu bei, eine gewisse Solidarität der Praktiker des parlamentarischen und des gewerkschaftlichen „Kampfes" gegen die Dogmatiker in der Parteipresse, auf den Parteitagen usf. herauszubilden [566, Mittmann, 286]. Laut NETTL näherte sich die SPD durch die von Parlamentariern und Gewerkschaftlern geleistete praktische Reformarbeit dem Typ einer „pressure group" anstelle der von Kautsky avisierten „Erb"-Partei. Kautsky ging von der Erwartung aus, daß die SPD, indem sie in der Isolation weiterwachse, im Gegenlager Unruhe und Desintegration verursachen würde; als „Neue Gesellschaft" könne die SPD durch Abwarten ihre Macht steigern und als „Staat im Staate" das Erbe der bürgerlichen Gesellschaft antreten. Die zweite Kontinuitätslinie, die der Reformisten, verdeutlicht P. STEINBACH [804]. Er schildert die SPD als eine demokratische, der gesellschaftlichen Koexistenz, dem Pluralismus und der Toleranz verpflichtete Bewegung, die auch für den Fall, daß sie die Mehrheit der Wähler gewinnen und die „Macht" erringen sollte, an anderes als an die Errichtung eines „umgekehrten Klassenstaates" dachte. Aus dem Demokratieverständnis folgerten die Reformisten, daß die SPD, solange sie eine Minderheitspartei war und die Mehrheit des Volkes erst noch gewinnen müßte, mit den fortschrittlich-bürgerlichen Kräften auf den Ausbau des Rechts- und Verfassungsstaates, bürgerlicher und sozialer Rechte hinarbeiten sollte. Die SPD müsse ihre Isolierung durchbrechen, um die gesellschaftlichen Verhältnisse durch gesetzgeberische Gestaltung zu verbessern. Für die Reformisten in der SPD galt die gleiche Grundüberzeugung, die bei Jaurès in der SFIO und bei MacDonald und bei Henderson in der Labour Party anzutreffen ist: das Vordringen sozialistischer Ideen sei nur in Verbindung mit dem Aufbau parlamentarischer Institutionen und mit der Entfaltung bürgerlicher Freiheiten zu erreichen. Mit dem Gespür für die Notwendigkeit der institutionellen Absicherung politischer Freiheiten gegenüber „Staat" und gesellschaftlichen Gegnern ging die Öffnung gegenüber liberalen Verfassungsvorstellungen einher. Wie die anderen Parteien der Sozialistischen Internationale [513, HAUPT] strebte die SPD sowohl Minimalziele – bürgerliche Freiheiten, gleiches Wahlrecht, soziale Reformen – als auch in marxistische Termini gekleidete Maximalziele an; beides war im Erfurter Programm von 1891 fixiert. Im Vergleich mit den anderen Parteien in Deutschland [569, NIPPERDEY] und den Schwesterparteien im Ausland [799, NETTL] ragte die SPD durch ihre Doppelfunktion als politischer Ausschuß der Außenseiter im Kaiserreich und als staatsähnliche Großorganisation – mit dem Parteivorstand als Regierung, eigener Bürokratie und eigenem veröffentlichten Haushaltsgebaren, Wohlfahrtsleistungen und Beitragspflichten – hervor. In Frankreich und in England wirkten bis ins frühe 20. Jahrhundert mehrere sozialistische Gruppen neben- und gegeneinander. In der SPD wurden vom Zentrum abweichende lokalistische (1889–93)/syndikalistische und revisionistische Taktiken (1899, 1903) von Parteitagen offiziell mißbilligt [805, STEINBERG; 800, RITTER].

Die SPD im Vergleich

III. Quellen und Literatur

A. Quellen

1. Akteneditionen

1. Amtliche Aktenstücke zur Geschichte der europäischen Politik, 1885–1914. Die belgischen Dokumente zur Vorgeschichte des Weltkriegs, hg. v. B. SCHWERTFEGER, 9 Bde., Berlin 1925
2. Bayrische Dokumente zum Kriegsausbruch und zum Versailler Schuldspruch, hg. v. P. DIRR, München–Berlin, 1928 (4. Auflage)
3. M. BEHNEN, Quellen zur deutschen Außenpolitik im Zeitalter des Imperialismus 1890–1911, Darmstadt 1977
4. L. BITTNER, u. a., Hgg., Österreich–Ungarns Außenpolitik von der Bosnischen Krise 1908 bis zum Kriegsausbruch 1914, 8 Bde., Wien 1930f.
5. K. BOURNE, The Foreign Policy of Victorian England 1830–1902, Part II: Selected Documents, Oxford 1970
6. British Documents on the Origins of the War, 1898–1914, hgg. v. G. P. GOOCH und H. TEMPERLEY, 11 Bde., London 1926–1932
7. Documents Diplomatiques Francais (1871–1914), 2e. Série, hg. v. Ministère des Affaires Etrangéres, 9 Bde., Paris 1930–1946
8. I. GEISS, Hg., Julikrise und Kriegsausbruch 1914, 2 Bde., Hannover 1963/4
9. Die Große Politik der europäischen Kabinette 1871–1914. Im Auftrage des Auswärtigen Amtes hg. v. J. LEPSIUS, A. MENDELSSOHN-BARTHOLDY, F. THIMME, 40 Bde., Berlin 1922–27
10. E. HÖLZLE, Hg. Quellen zur Entstehung des Ersten Weltkriegs. Internationale Dokumente 1901–1914, 1978
11. M. HURST, Hg., Key Treaties for the Great Powers 1814–1914, 2 Bde., 1974
12. M. N. POKROWSKI, Hg., Die Internationalen Beziehungen im Zeitalter des Imperialismus. Dokumente aus den Archiven der Zaristischen und der Provisorischen Regierung (Deutsche Ausgabe hg. v. O. Hoetzsch, Berlin 1931–34).
13. J. H. WIENER, Hg., Great Britain: Foreign Policy and the Span of Empire 1689–1971. A Documentary History, 4 Bde., 1972

2. Dokumente zur Innenpolitik

14. Th. Blanke, u. a., Hgg., Kollektives Arbeitsrecht. Quellentexte zur Geschichte des Arbeitsrechtes in Deutschland, Bd. I: 1840–1932, Hamburg 1975
15. W. Deist, Hg., Militär und Innenpolitik im Weltkrieg 1914–1918, Düsseldorf 1970
16. E. J. Evans, Hg., Social Policy 1830–1914. Individualism, Collectivism and the Origins of the Welfare State, London 1978
17. E. R. Huber, Hg., Dokumente zur deutschen Verfassungsgeschichte. Bd. 2: Deutsche Verfassungsdokumente 1851–1918, Stuttgart 1964
18. K. Kupisch, Hg., Quellen zur Geschichte des deutschen Protestantismus 1871–1945, Göttingen 1960
19. P. Rassow/K. E. Born, Hgg., Akten zur staatlichen Sozialpolitik in Deutschland 1890–1914, Wiesbaden 1959
20. G. A. Ritter, Hg., Historisches Lesebuch, Frankfurt 1967^2
21. G. A. Ritter/J. Kocka, Hgg., Deutsche Sozialgeschichte. Bd. 2: 1870–1914. Dokumente und Skizzen, München 1974
22. W. Treue, Hg., Deutsche Parteiprogramme 1861–1961, Göttingen 1961^3
23. Verhandlungen des Deutschen Reichstages. Stenographische Berichte

3. Biographien, Memoiren, Reden, Tagebücher

24. K. Adenauer, Reden 1917–1967. Eine Auswahl, hg. v. H. P. Schwarz, Stuttgart 1975
25. J.-Cl. Allain, Joseph Caillaux, de défi victorieux, 1863–1914, Paris 1978
26. Bernhard Fürst von Bülow, Denkwürdigkeiten, Bd. I–IV, hg. v. F. Stockhausen, Berlin 1930–1931, s. dazu F. Thimme, Hg., Front wider Bülow, München 1931; F. Hiller von Gaertringen, Fürst Bülows Denkwürdigkeiten. Untersuchungen zu ihrer Entstehungsgeschichte und ihrer Kritik. Tübingen 1956
27. L. Cecil, Albert Ballin. Wirtschaft und Politik im Deutschen Kaiserreich, Hamburg 1969 (Princeton 1967)
28. L. Derfler, Alexander Millerand: The Socialist Years, 1977
29. K. Epstein, Matthias Erzberger und das Dilemma der deutschen Demokratie, Berlin 1962 (Princeton 1959)
30. J. C. G. Röhl, Hg., Philipp Eulenburgs Politische Korrespondenz, 3 Bde., Boppard 1976, 1983
31. P. Fraser, Joseph Chamberlain. Radicalism and Empire, 1868–1914, London 1966
32. C. Fürstenberg, Die Lebensgeschichte eines deutschen Bankiers. Niedergeschrieben von H. Fürstenberg, Berlin 1931 (Nachdruck 1961)

33. J. L. Garvin/ J. Amery, The Life of Joseph Chamberlain, 6 Bde., London 1931–1969
34. A. M. Gollin, The Observer and J. L. Garvin 1908–1914, Oxford UP 1960
35. A. M. Gollin, Proconsul in Politics: A study of Lord Milner in opposition and power, London 1964
36. H. Hantsch, Leopold Graf Berchtold: Grandseigneur und Staatsmann, 2 Bde., Köln/Graz 1963
37. Briefwechsel Hertling-Lerchenfeld 1912–1917. Dienstliche Privatkorrespondenz zwischen dem bayerischen Ministerpräsidenten Georg Graf von Hertling und dem bayerischen Gesandten in Berlin, Hugo Graf von und zu Lerchenfeld, hg. v. E. Deuerlein, Boppard 1973
38. H. Herzfeld, Johannes von Miquel, 2 Bde. Berlin 1938/39
39. Chlodwig Fürst von Hohenlohe-Schillingsfürst, Denkwürdigkeiten der Reichskanzlerzeit, hg. v. K. A. v. Müller, Stuttgart–Berlin 1931
40. K. H. Jarausch, The Enigmatic Chancellor. Bethmann Hollweg and the Hybris of Imperial Germany, Yale UP 1973
41. P. Miquel, Poincaré, Paris 1961
42. G. A. v. Müller, Der Kaiser. Aufzeichnungen des Chefs des Marinekabinetts Admiral Georg Alexander von Müller über die Ära Wilhelms II., hg. v. W. Görlitz, Göttingen 1965
43. N. Rich/ M. H. Fisher, Hgg., Die geheimen Papiere Friedrich von Holsteins (deutsche Ausgabe von W. Frauendienst), 4. Bde., Göttingen 1956–63
44. K. Riezler, Tagebücher, Aufsätze, Dokumente, eingeleitet und hg. v. K. D. Erdmann, Göttingen 1972
45. G. Suarez, Briand. Sa vie, son oeuvre avec son journal et de nombreux documents inédits, 6 Bde., Paris 1938–1952
46. A. v. Tirpitz, Politische Dokumente. Der Aufbau der deutschen Weltmacht. Stuttgart–Berlin 1924
47. A. v. Tirpitz, Erinnerungen. Leipzig 1920
48. Alfred Graf von Waldersee, Denkwürdigkeiten des Generalfeldmarschalls Alfred Grafen von Waldersee, bearbeitet und hg. v. H.-O. Meisner, 3 Bde., Stuttgart–Berlin 1923/25
49. Kuno Graf Westarp, Konservative Politik im letzten Jahrzehnt des Kaiserreichs, Berlin 1935
50. Briefe Kaiser Wilhelms II. an den Zaren 1894 bis 1914, hg. v. W. Goetz, Berlin 1920

B. Literatur

1. Literaturberichte, Forschungskontroversen

51. W. Baumgart, Eine neue Imperialismustheorie? Bemerkungen zu dem Buche von Hans-Ulrich Wehler über Bismarcks Imperialismus, in: MGM 1971/2, 197–207
52. W. Baumgart, „Das größere Frankreich". Neue Forschungen über den französischen Imperialismus 1880–1914, in: VSWG 61 (1974), 185–198
53. V. R. Berghahn, Das Kaiserreich in der Sackgasse, in: NPL 16 (1971), 494–506
54. V. R. Berghahn, Militär, industrialisierte Kriegsführung und Nationalismus, in: NPL 26 (1981), 20–41
55. V. R. Berghahn, Der Bericht der Preußischen Oberrechnungskammer. „Wehlers" Kaiserreich und seine Kritiker, in: GG 2 (1976), 125–136
56. D. Blackbourn/G. Eley, Mythen deutscher Geschichtsschreibung. Die gescheiterte bürgerliche Revolution von 1848. Frankfurt a. M. 1980
57. D. K. Fieldhouse, Imperialism: An Historiographical Revision, in: EcHR 14 (1961), 187–209
58. D. Langewiesche, Das Deutsche Kaiserreich – Bemerkungen zur Diskussion über Parlamentarisierung und Demokratisierung Deutschlands, in: AfS 19 (1979), 628–642
59. A. Lüdtke, Staatsstreich oder Krieg: Zum Deutschen Kaiserreich von 1871, in: NPL 18 (1973), 309–358
60. Th. Nipperdey, Wehlers „Kaiserreich": Eine kritische Auseinandersetzung, in: Ders., Gesellschaft, Kultur, Theorie. Gesammelte Aufsätze zur neueren Geschichte, Göttingen 1976.
61. Th. Nipperdey, 1933 und Kontinuität der deutschen Geschichte, in: HZ 227 (1978), 87–111
62. H. U. Wehler, Deutscher Sonderweg oder allgemeine Probleme des westlichen Kapitalismus?, in: Merkur 1981/H. 5
63. G. Ziebura, Neue Forschungen zum französischen Kolonialismus. Ergebnisse und offene Fragen, in: NPL 21 (1976), 156–181
64. H. G. Zmarzlik, Das Kaiserreich in neuer Sicht?, in: HZ 222 (1976), 105–126

2. Imperialismus – Grundzüge und Grundlagen

64a. M. E. Chamberlain, The New Imperialism, London 1970
65. B. J. Cohen, The Question of Imperialism. The Political Economy of Dominance and Dependance, New York 1973

66. J. Gallagher/R. Robinson, The Imperialism of Free Trade, 1815—1914, in: EcHR 4 (1953/4), übersetzt in: 80, H. U. Wehler
67. I. Geiss, Die Stellung des modernen Imperialismus in der Weltgeschichte, in: Ders. und J. Radkau, Hgg., Imperialismus im 20. Jahrhundert, München 1976, 19—41
68. D. Geyer, Rußland als Problem der vergleichenden Imperialismusforschung, in: R. v. Thadden u. a., Hgg., Das Vergangene und die Geschichte, Göttingen 1973, 337—368
69. R. Girault, Les impérialismes de la première moitié du XXe siècle, in: RI 7 (1976), 193—209
70. J. Hütter, Einführung in die internationale Politik, Stuttgart 1976
71. P. Kennedy/A. J. Nicholls, Hgg., Nationalist and Racialist Movements in Britain and Germany before 1914, Oxford 1981
72. W. H. Koch, Der Sozialdarwinismus: Seine Genese und sein Einfluß auf das imperialistische Denken, München 1973
73. D. S. Landes, Some Thoughts on the Nature of Economic Imperialism, in: JEH 21 (1961), übersetzt in: Wehler (80)
74. W. R. Louis, Hg., Imperialism. The Robinson and Gallagher Controversy, London 1975
75. W. J. Mommsen, Hg., Der moderne Imperialismus, Stuttgart 1971
76. W. J. Mommsen, Das Zeitalter des Imperialismus, Frankfurt 1969
77. H. Rumpler, Zum gegenwärtigen Stand der Imperialismusdebatte, in: GWU 25 (1974), 257—271
78. E. Stokes, Late 19th Century Colonial Expansion and the Attack on the Theory of Economic Imperialism: A Case of Mistaken Identity?, in: HJ 12 (1969), 285—301
79. A. P. Thornton, Imperialism in the 20th Century, London 1978
80. H. U. Wehler, Hg., Imperialismus (NWB 37), Köln 1970
81. M. Wolfe, Hg. The Economic Causes of Imperialism, New York 1972

3. Europa im Zeitalter des Imperialismus

82. M. S. Anderson, The Ascendancy of Europe. Aspects of European History 1815—1914, London 1972
83. G. Barraclough, Das europäische Gleichgewicht und der neue Imperialismus, in: G. Mann, Hg., Propyläen Weltgeschichte 8, Berlin/Wien 1960, 703—739
84. W. Baumgart, Der Imperialismus. Idee und Wirklichkeit der englischen und französischen Kolonialexpansion 1880—1914, Wiesbaden 1975
85. M. Baumont, u. a., L'Europe de 1900 à 1914, Paris 1966

86. V. R. Berghahn, Rüstung und Machtpolitik. Zur Anatomie des „Kalten Krieges" vor 1914. Düsseldorf 1973
87. R. F. Betts, The False Dawn. European Imperialism in the 19th century, Minneapolis 1976
88. P. J. Cain, European Expansion Overseas 1830—1914, in: History 54 (1974)
89. G. A. Craig, Geschichte Europas im 19. und 20. Jahrhundert, München 1978/79
90. O. Dann, Hg., Nationalismus und sozialer Wandel, Hamburg 1978
91. L. Dehio, Deutschland und die Weltpolitik im 20. Jahrhundert, Frankfurt 1961
92. L. Dehio, Gleichgewicht oder Hegemonie. Betrachtungen über ein Grundproblem der neueren Staatengeschichte, Krefeld 1948
93. H. Friedjung, Das Zeitalter des Imperialismus 1884—1914, 3 Bde., Berlin 1919/22
94. F. Gilbert, The End of the European Era, 1890 to the Present, New York 1979²
95. D. Gillard, The Struggle for Asia 1818—1914. A Study in British and Russian Imperialism, London 1980
96. R. Girault, Diplomatie européenne et impérialismes. Histoire des relations internationales contemporaines, I: 1871—1914, Paris/New York 1979
97. G. W. F. Hallgarten, Imperialismus vor 1914. Die soziologischen Grundlagen der Außenpolitik europäischer Großmächte vor dem Ersten Weltkrieg, 2. Bde., München 1963²
98. J. Haswell, The Battle for Empire. A Century of Anglo-French conflict, London 1976
99. F. H. Hinsley, Power and the Pursuit of Peace. Theory and Practise in the History of Relations between States, Cambridge 1963
100. J. Joll, Europe since 1870. An International History, London 1973
101. A. J. Mayer, The Persistance of the Old Regime in Europe to the Great War, London 1981
102. A. J. Mayer, The Dynamics of Counterrevolution in Europe 1870—1956: An Analytical Framework, New York 1971
103. A. J. Mayer, Causes and Purposes of War in Europe, 1870—1956: A Research Assignment, In: JMH 41 (1969), 291—303
104. A. J. Mayer, Domestic Causes of the First World War, in: L. Krieger/F. Stern, Hgg., The Responsibility of Power, New York 1967
105. W. J. Mommsen, Hg., Imperialismus im Nahen und Mittleren Osten, in: GG 1(1975)
106. W. J. Mommsen, Der europäische Imperialismus. Aufsätze und Abhandlungen, Göttingen 1979

107. H. Rogger/E. Weber, Hgg., The European Right. A Historical Profile, Berkeley 1966
108. R. Rosecrance, A. Alexandroff u. a., Power, Balance of Power and States in the 19th Century International Relations, London 1975
109. Th. Schieder, Hg., Europa im Zeitalter der Nationalstaaten und europäische Weltpolitik bis zum Ersten Weltkrieg (Hb. d. europ. Gesch. Bd. 6), Stuttgart 1968
110. Th. Schieder/ P. Alter, Hgg., Staatsgründungen und Nationalitätsprinzip, München 1974
111. R. Schnerb, Le XIXe siècle. L'apogée de l'expansion européenne 1815–1914, Paris 1968[5]
112. T. Smith, Patterns of Imperialism: United States, Britain and the late industrialising world since 1815, Cambridge 1982
113. N. Stone, Europe Transformed 1878–1919 (Fontana History of Europe), 1983
114. B. Tuchman, The Proud Tower. A portrait of Europe before the war, 1890–1914, 1962. Nachdruck New York 1981
114a. D. C. Watt, A History of the World in the 20th Century, London 1967

4. Imperialismus-Theorien

a. Klassische Imperialismus-Theorie

115. P. Hampe, Die „ökonomische Imperialismustheorie". Kritische Untersuchungen, München 1976
116. R. Hilferding, Das Finanzkapital. Eine Studie über die jüngste Entwicklung des Kapitalismus, Wien 1910
117. J. A. Hobson, Imperialism. A Study, London 1905[2] (deutsch: Köln 1968)
118. V. G. Kiernan, Marxism and Imperialism, London 1974
118a. W. I. Lenin, Der Imperialismus als höchstes Stadium des Kapitalismus. Gemeinverständlicher Abriß (1916), in: ders., Werke, Bd. 22, Ost-Berlin 1960
119. R. Luxemburg, Die Akkumulation des Kapitals. Ein Beitrag zur ökonomischen Erklärung des Imperialismus, Leipzig 1921
120. W. J. Mommsen, Imperialismustheorien. Ein Überblick über die neueren Imperialismusinterpretationen, Göttingen 1977, 1980[2]
121. R. Owen/ B. Sutcliffe, Hgg., Studies in the Theory of Imperialism, London 1972
122. B. Porter, Critics of Empire. British Radical attitudes to colonialism in Africa 1895–1914, London/New York 1968

123. H. Ch. Schröder, Sozialismus und Imperialismus. Die Auseinandersetzung der deutschen Sozialdemokratie mit dem Imperialismusproblem und der Weltpolitik vor 1914, Hannover 1968, 1977²
124. J. Schumpeter, Zur Soziologie der Imperialismen, in: Ders., Aufsätze zur Soziologie, Tübingen 1953
125. A. P. Thornton, Doctrines of Imperialism, New York 1965
126. H. Wagner, Neue Fragestellungen in der politischen Ökonomie des Imperialismus und ihre Beziehungen zur wirtschaftlichen Forschung, in: JWG 1966, 96–125

b. Dependencia- und neue Imperialismus-Theorien

127. S. Amin/Ch. Palloix, Neuere Beiträge zur Imperialismustheorie, München 1971, 1973²
128. P. Baran, Über die politische Ökonomie der Rückständigkeit, 1952
129. E. Krippendorff, Hg., Probleme der Internationalen Beziehungen, Frankfurt 1972
130. E. Krippendorff, Internationales System als Geschichte, Frankfurt 1975
131. F. Nuscheler, Dritte Welt und Imperialismustheorie, in: Civitas 10 (1971), 28–84
132. Ch. Palloix, L'économie mondiale capitaliste, 2 Bde., Paris 1971
133. F. Perroux, Indépendence de l'économie nationale et interdépendance des nations, 1952, Paris 1969
134. D. Senghaas, Hg., Imperialismus und strukturelle Gewalt. Analysen über abhängige Reproduktion, Frankfurt 1972, 1973²
135. D. Senghaas, Hg., Peripherer Kapitalismus, Frankfurt 1974

5. Kolonialgeschichte

136. R. v. Albertini, Europäische Kolonialherrschaft. Die Expansion in Übersee von 1880 bis 1940. Zürich/Freiburg 1976
137. R. v. Albertini, Dekolonisation. Die Diskussion über Verwaltung und Zukunft der Kolonien 1919 bis 1960, Köln 1966
138. K. J. Bade, Hg., Imperialismus und Kolonialmission. Kaiserliches Deutschland und koloniales Imperium, Wiesbaden 1982
139. M. E. Chamberlain, The Scramble for Africa, London 1979⁴
140. Grover Clark, The Balance Sheet of Imperialism. Facts and Figures on Colonies, New York 1936 (Nachdruck 1967)
141. W. B. Cohen, Rulers of Empire: The French Colonial Service in Africa, Stanford 1971

142. R. O. Collins, Hg., Problems of the History of Colonial Africa, 1860–1960, 1970
143. D. K. Fieldhouse, The Colonial Empires (deutsch: Die Kolonialreiche seit dem 18. Jahrhundert, Fischer-Weltgeschichte Bd. 29, 1965)
144. L. H. Gann/P. Duignan, Hgg., The History and Politics of Colonialism 1870–1914, Cambridge 1969
145. L. H. Gann/P. Duignan, The Rulers of German Africa 1884–1914, Stanford 1977
146. P. Gifford/R. Louis, Hgg., Britain and Germany in Africa. Imperial Rivalry and Colonial Rule, New Haven/London 1967
147. P. Gifford/R. Louis, Hgg., France and Britain in Africa, New Haven/London 1971
148. K. Hausen, Deutsche Kolonialherrschaft in Afrika. Wirtschaftsinteressen und Kolonialverwaltung in Kamerun vor 1914, Zürich 1970
149. W. D. Smith, The German Colonial Empire, Chapel Hill 1978
150. H. Stöcker, Hg., Drang nach Afrika. Die koloniale Expansionspolitik und Herrschaft des deutschen Imperialismus in Afrika von den Anfängen bis zum Ende des 2. Weltkrieges, Berlin 1977

6. Typen des Imperialismus

a. Britischer Imperialismus

151. M. Beloff, Britain's Liberal Empire 1897–1921, London 1969
152. H. Browne, Joseph Chamberlain, Radical and Imperialist, London 1979 (Neuauflage)
153. P. J. Cain, Economic Factors in British Imperialism, 1815–1914, London 1978
154. P.-J. Cain/A. G. Hopkins, The Political Economy of British Expansion Overseas, 1750–1914, in: EcHR 33 (1980), 463–490
155. F. Crouzet, Trade and empire: The British experience from the establishment of free trade until the first world war, in: B. M. Ratcliffe, Hg., Britain and the World, 1760–1914, 1975, 209–235
156. B. Dean, British Informal Empire. The Case of China, in: JCCP 14 (1976)
157. D. Dilks, Curzon in India, New York 1970
158. D. K. Fieldhouse, Economics and Empire, 1830–1914, London 1973
159. J. E. Flint/G. Williams, Hgg., Perspectives of Empire, London 1973
160. J. S. Galbraith, The „Turbulent Frontier" as a Factor in British Expansion, in: CSSH 2 (1959/60), 150–168
161. D. C. Gordon, The Dominion Partnership in Imperial Defence 1870–1914, Baltimore 1965

162. G. S. Graham, The Politics of Naval Supremacy, London 1965
163. G. S. Graham, Tides of Empire. Discursions on the Expansion of Britain Overseas, Montreal/London 1972
164. E. Hobsbawm, Industry and Empire: An Economic History of Britain since 1750, London 1968 (deutsch Frankfurt 1969)
165. R. Hyam, Britain's Imperial Century, 1815–1914: A Study of Empire and Expansion, New York 1976
166. R. Hyam/G. Martin, Hgg., Reappraisals in British imperial history, London 1975
167. W. G. Hynes, The Economics of Empire. Britain, Africa and the New Imperialism, 1870–1895, London 1979
168. A. H. Imlah, Economic Elements in the Pax Britannica. Studies in British Foreign Trade in the 19th Century, Cambridge (Mass.) 1958, 1969^2
169. J. E. Kendle, The Colonial and Imperial Conferences 1887–1911. A Study in Imperial Organisation, London 1967
170. J. E. Kendle, The Round Table Movement and imperial union, London 1975
171. A. D. Low, Lion Rampant. Essays in the Study of British Imperialism, London 1979
172. D. McLean, Chinese Railway and the Townley Agreement of 1903, in: Modern Asian Studies 7 (1973)
173. W. Mock, Imperiale Herrschaft und Nationales Interesse. „Constructive Imperialism" oder Freihandel in Großbritannien vor dem 1. Weltkrieg, Stuttgart 1982
174. W. J. Mommsen, Das Britische Empire. Strukturanalyse eines britischen Herrschaftsverbandes, in: HZ 233 (1981), 317–361
175. W. J. Mommsen, Nationale und ökonomische Faktoren im britischen Imperialismus vor 1914, in: HZ 206 (1968), 618–664
176. D. C. M. Platt, Business Imperialism 1840–1930. An Inquiry based on British Experience in Latin America, Oxford 1977
177. D. C. M. Platt, Finance, Trade and Politics in British Foreign Policy 1815–1914, Oxford 1968, 1971^2
178. D. C. M. Platt, Economic Factors in British Policy during the „New Imperialism", in: Past & Present 39 (1968), 120–138
179. D. C. M. Platt, The National Economy and British Imperial Expansion Before 1914, in: JICH 2 (1970), 2–14
180. B. Porter, The Lion's Share. A short history of British imperialism 1850–1970, London 1977^2
181. R. Robinson/J. Gallagher/A. Denny, Africa and the Victorians. The Official Mind of Imperialism, London 1961, 1967^2, Neuauflage 1978
182. R. Robinson, Non-European Foundations of European Imperialism. Sketch for a Theory of Collaboration, in: 121, Owen/Sutcliffe

183. K. ROHE, Ursachen und Bedingungen des modernen britischen Imperialismus vor 1914, in: 75, W. J. Mommsen, 60—84
184. R. S. SCALLY, The Origins of the Lloyd George Coalition, Princeton 1975
185. R. SEMMEL, Imperialism and Social Reform. English Social-Imperial Thought 1895—1914, London 1960
186. A. SYKES, Tariff Reform in British Politics 1903—1913, Oxford 1979
186a. R. L. TIGNOR, Modernisation and British Colonial Rule in Egypt, 1882—1914, Princeton 1966
187. B. R. TOMLINSON, India and the British Empire 1880—1935, in: Indian Economic and Social History Review 12 (1975)
187a. R. D. WOLFF, The Economics of Colonialism: Britain and Kenya 1870—1930, New Haven 1974

b. Französischer Imperialismus

188. CH.-R. AGERON, France coloniale ou parti colonial?, Paris 1978
189. CH.-R. AGERON, L'anticolonialisme en France de 1871 à 1914, Paris 1973
190. C. M. ANDREW/A. S. KANYA-FORSTNER, The French Colonial Party: Its Composition, Aims and Influence, 1885—1914, in: HJ 14 (1971), 99—128
191. J. BOUVIER, Les traits majeurs de l'impérialisme francais avant 1914, in: Le Mouvement social 86 (1974), 3—24
192. J. BOUVIER/R. GIRAULT, L'Impérialisme francais d'avant 1914, Paris 1976
193. R. G. BROWN, Fashoda Reconsidered. The Impact of Domestic Politics on French Policy in Africa 1893—1898, Baltimore/London 1970
194. H. BRUNSCHWIG, Mythes et réalities de l'impérialisme colonial francais 1871—1914, Paris 1960
195. J. J. COOKE, New French Imperialism 1880—1910: The Third Republic and Colonial Expansion, Newton Abbot/Hamden 1973
196. C. COQUÉRY-VIDROVITCH, Le Congo francais au temps des grandes compagnies concessionaires 1898—1930, Paris 1972
197. J. GANIAGE, L'Expansion coloniale de la France sous la IIIe République (1871—1914), Paris 1968
198. R. GIRARDET, L'idée coloniale en France. De 1871 à 1962, Paris 1972
199. R. GIRAULT, Emprunts russes et investissements francais en Russie (1887—1914), Paris 1973
200. R. GIRAULT, Le milieu bancaire francais face au relations internationales avant 1914, in: RI 1 (1974), 27—37
201. P. GUILLEN, Delcassé et les banques. L'emprunt de 1904, Paris 1972
202. P. GUILLEN, Milieux d'affaires et impérialisme colonial, in: RI 1(1974), 57—69
203. M. MICHEL, La Mission Marchand 1895—1899, Paris 1972
204. C. W. NEWBURY/A. S. KANYA-FORSTNER, French Policy and the Origins

of the Scramble for West Africa, in: The Journal of African History 10 (1969), 253—276
205. H. SIEBERG, Eugène Etienne und die französische Kolonialpolitik 1887—1904, Köln/Opladen 1968
206. W. I. SHORROCK, French Imperialism in the Middle East: The Failure of Policy in Syria and Lebanon, 1900—1914, Madison 1976
207. J. THOBIE, L'emprunt ottoman 4% 1901/5: Le triptyque finance-industrie-diplomatie, in: RI 1(1974), 71—85
208. J. THOBIE, Intérêts et impérialisme francais dans l'Empire ottoman, 1895—1914, Paris 1977
209. E. WEBER, The Nationalist Revival in France, 1905—1914, Berkeley 1959
210. G. ZIEBURA, Interne Faktoren des französischen Hochimperialismus 1871—1914. Versuch einer gesamtgesellschaftlichen Analyse, in: 75, W. J. Mommsen, 85—139

c. Deutsche Weltpolitik und Imperialismus

211. W. BAUMGART, Deutschland im Zeitalter des Imperialismus, 1890—1914. Grundkräfte, Thesen und Strukturen, Frankfurt/Berlin/Wien 1972
212. V. R. BERGHAHN, Der Tirpitz-Plan. Genesis und Verfall einer innenpolitischen Krisenstrategie unter Wilhelm II., Düsseldorf 1971
213. V. R. BERGHAHN, Germany and the Approach of War in 1914, London 1973
214. H. BÖHME, Thesen zur Beurteilung der gesellschaftlichen, wirtschaftlichen und politischen Ursachen des deutschen Imperialismus, in: 75, W. J. Mommsen, 31—59
215. G. BRUNN, Deutschland und Brasilien (1889—1914), Köln 1971
216. G. ELEY, Defining social imperialism: use and abuse of an idea, in: Social History, 3 (1976), 265—290
217. G. ELEY, Social Imperialism in Germany. Reformist Synthesis or reactionary sleight of hand?, in: J. Radkau/I. Geiss, Hgg., Imperialismus im 20. Jh., 1976, 71—86
218. E. FEHRENBACH, Wandlungen des deutschen Kaisergedankens 1871—1918, München/Wien 1969
219. I. L. D. FORBES, German Informal Imperialism in South America before 1914, in: EcHR 31 (1978), 384—398
220. W. FRAUENDIENST, Deutsche Weltpolitik: Zur Problematik des Wilhelminischen Reiches, in: WaG 25 (1959), 1—39
221. A. H. GANZ, Colonial policy and Imperial German Navy, in: MGM 21 (1977), 35—52
222. K. HOLL/G. LIST, Hgg., Liberalismus und imperialistischer Staat, Göttingen 1975
223. E. KEHR, Der Primat der Innenpolitik. Gesammelte Aufsätze zur preu-

ßisch-deutschen Sozialgeschichte im 19. und 20. Jahrhundert, hg. v. H.-U. Wehler, Berlin 1970²

224. E. KEHR, Schlachtflottenbau und Parteipolitik, 1894—1901. Versuch eines Querschnittes durch die innenpolitischen, sozialen und ideologischen Voraussetzungen des deutschen Imperialismus, Berlin 1930

225. F. KLEIN, Hg., Studien zum deutschen Imperialismus vor 1914, Berlin 1976

226. H. MEJCHER, Die Bagdadbahn als Instrument deutschen wirtschaftlichen Einflusses im Osmanischen Reich, in: GG 1 (1975), 447—481

227. W. J. MOMMSEN, Domestic Factors in German Foreign Policy before 1914, in: CEH 6 (1973), 3—43

228. J. MOSES/P. M. KENNEDY, Hgg., Germany in the Pacific and Far East 1870—1914, 1977

229. R. POIDEVIN, Aspects de l'impérialisme allemand avant 1914, in: RI 1976/6, 111—124

230. J. SCHÄFER, Deutsche Militärhilfe an Südamerika. Militär- und Rüstungsinteressen in Argentinien, Bolivien und Chile vor 1914, Düsseldorf 1974

231. J. WALLACH, Anatomie einer Militärhilfe. Die preußisch-deutschen Militärmissionen in der Türkei 1835—1919, Düsseldorf 1976

232. H.-U. WEHLER, Das Deutsche Kaiserreich 1871—1918, Göttingen 1973

233. H.-U. WEHLER, Bismarck und der Imperialismus, Köln/Berlin 1969, 1972²

234. H. U. WEHLER, Zur Funktion und Struktur der nationalen Kampfverbände im Kaiserreich, in: W. Conze/G. Schramm/K. Zernack, Hgg., Modernisierung und nationale Gesellschaft im ausgehenden 18. und im 19. Jahrhundert, Berlin 1979, 113—124

235. B.-J. WENDT, Deutschland in der Mitte Europas. Grundkonstellationen der Geschichte, in: deutsche studien 1982, 220—275

236. H. G. ZMARZLIK, Der Sozialdarwinismus in Deutschland als geschichtliches Problem, in: ders., Wieviel Zukunft hat unsere Vergangenheit?, München 1970

237. W. ZORN, Wirtschaft und Politik im deutschen Imperialismus, in: W. Abel, u. a., Hgg., Wirtschaft, Geschichte und Wirtschaftsgeschichte, Stuttgart 1966, 340—354

238. G. ZIEBURA, Sozialökonomische Grundfragen des deutschen Imperialismus vor 1914, in: 741, H.-U. Wehler, 495—524

d. Rußland

239. W. L. BLACKWELL, Hg., Russian Economic Development from Peter the Great to Stalin, New York 1974

240. O. CRISP, Studies in the Russian Economy Before 1914, New York 1976

241. O. CRISP, French Investment in Russian Joint Stock Companies 1894—1914, in: Business History 2 (1960), 75—90
242. O. CRISP, The Russian Liberals and the 1906 Anglo-French Loan to Russia, in: SEER 39 (1960), 497—511
243. A. GERSCHENKRON, Economic Backwardness in Historical Perspective, Harvard UP 1962
244. D. GEYER, Der russische Imperialismus. Studien über den Zusammenhang von innerer und auswärtiger Politik 1860—1914, Göttingen 1977
245. D. GEYER, Hg., Wirtschaft und Gesellschaft im vorrevolutionären Rußland, Köln 1975
246. D. GEYER, Lenin in der russischen Sozialdemokratie. Die Arbeiterbewegung im Zarenreich als Organisationsproblem der revolutionären Intelligenz 1890—1903, Köln—Graz 1962
247. A. E. HEALEY, The Russian Autocracy in Crisis, 1905—1907, Hamden 1976
248. G. A. HOSKING, The Russian Constitutional Experiment. Government and Duma 1907—14, Cambridge/London 1973
249. G. KATKOV/F. OBERLÄNDER/N. POPPE/G. v. RAUCH, Hgg., Rußlands Aufbruch ins 20. Jahrhundert. Politik, Gesellschaft, Kultur 1894—1917, Olten 1970
250. TH. V. LAUE, Sergei Witte and the Industrialization of Russia, New York 1963
251. U. LISZKOWSKI, Zwischen Liberalismus und Imperialismus. Die zaristische Außenpolitik im Urteil Miljukovs und der Kadettenpartei, Stuttgart 1974
252. J. P. MCKAY, Pioneers for Profit. Foreign Entrepreneurship and Russian Industrialization 1855—1913, Chicago 1970
253. J. NÖTZOLD, Wirtschaftspolitische Alternativen der Entwicklung Rußlands in der Ära Witte und Stolypin, Berlin 1966
254. R. A. PIERCE, Russian Central Asia 1867—1917. A Study in Colonial Rule, Berkeley 1960
255. G. SCHRAMM, Das Zarenreich: ein Beispielfall für Imperialismus. Folgerungen aus einem Buch von Dietrich Geyer, in: GG 7 (1981), 297—310
256. B. H. SUMNER, Tsardom and Imperialism in the Far and Middle East, 1880—1914, in: 80, H. U. Wehler, 321—350
257. E. C. THADEN, Russia since 1801. The Making of a new society, New York 1971
258. E. C. THADEN, Conservative Nationalism in 19th Century Russia. Seattle 1964
259. J. N. WESTWOOD, Endurance and Endeavour. Russian History 1812—1971, Oxford UP 1973

e. Vereinigte Staaten von Nordamerika

260. H. U. FAULKNER, American Economic History, New York 1960
261. A. S. LINK/W. LEARY, The Diplomacy of World Power. The United States, 1885–1920, London 1970
262. E. R. MAY, Imperial Democracy: The Emergence of America as a Great Power, New York 1961
263. TH. J. MCCORMICK, China Market: America's Quest for Informal Empire, Chicago 1967
264. S. NEARING/J. FREEMAN, Dollar Diplomacy, New York 1925
265. G. RYSTAD, Ambiguous Imperialism: American foreign policy and domestic politics at the turn of the century, Lund 1975
266. H.-U. WEHLER, Der Aufstieg des amerikanischen Imperialismus. Studien zur Entwicklung des Imperium Americanum 1865–1900, Göttingen 1974
267. W. A. WILLIAMS, Hg., From Colony to Empire. Essays in the History of American Foreign Relations, New York 1972
268. W. WOODRUFF, America's Impact on the World. A study of the role of the United States in the World Economy 1750–1970, London 1974

f. Österreich–Ungarn, Italien, Naher Osten

269. G. G. ARNAKIS/W. S. VUCINICH, The Near East in Modern Times. Vol. II: Forty Crucial Years 1900–1940, New York 1972
270. J. T. BEREND/G. RANKI, u. a., Wirtschafts- und Sozialgeschichte Ost- und Südosteuropas 1850–1914, Stuttgart 1980
271. R. J. B. BOSWORTH, Italy, the least of the Great Powers. Italian Foreign Policy before the First World War, Cambridge 1979
272. F. R. BRIDGE, From Sadowa to Sarajevo. The Foreign Policy of Austria-Hungary 1866–1914, London 1972
273. P. HANAK, Die nationale Frage in der Österreichisch-Ungarischen Monarchie 1900–1918, Budapest 1966
274. R. A. KANN, The Multinational Empire. Nationalism and National Reform in the Habsburg Monarchy 1848 to 1918, 2 Bde., New York 1950
275. C. J. LOWE/F. AMARZARI, Italian Foreign Policy 1870–1914, Boston 1975
276. H. MATIS, Österreichs Wirtschaft 1848–1913. Konjunkturelle Dynamik und gesellschaftlicher Wandel im Zeitalter Franz Josephs I., Berlin 1972
277. H. MOMMSEN, Sozialdemokratie und Nationalitätenfrage im Habsburgischen Vielvölkerstaat, Wien 1963
278. CH. SETON-WATSON, Italy from Liberalism to Fascism 1870–1925, London 1967
279. ST. J. SHAW, History of the Ottoman Empire and Modern Turkey, Cambridge 1976/77
280. R. A. WEBSTER, Industrial Imperialism in Italy 1908–1915, Berkeley 1975

7. Europa in der Weltwirtschaft

281. A. Armengaud/H. van Dijk/J. A. de Jonge, Wirtschafts- und Sozialgeschichte Westeuropas 1850–1914, Stuttgart 1981
282. W. Ashworth, A Short History of the International Economy 1850–1950, London 1975³
283. Ph. S. Bagwell/G. E. Mingay, Britain and America 1850–1939. A Study of Economic Change, London 1970
284. P. Bairoch, Commerce extérieur et développement économique de l'Europe au XIXe siècle, Paris 1976
285. K. Borchardt/E. Schremmer/W. Zorn, Hgg., Weltwirtschaftliche und währungspolitische Probleme seit dem Ausgang des Mittelalters, Stuttgart/New York 1981
286. The Cambridge Economic History of Europe, Bd. VI: The industrial revolutions and after, Cambridge 1966; Bd. VII, hg. von P. Mathias/M. M. Postan, Cambridge 1978
287. R. E. Cameron, France and the Economic Development of Europe 1800–1914, Princeton 1961
288. C. M. Cipolla/K. Borchardt, Hgg., Europäische Wirtschaftsgeschichte, Bd. IV: Die Entwicklung der industriellen Gesellschaften, Stuttgart 1977
289. C. M. Cipolla/K. Borchardt, Hgg., Bevölkerungsgeschichte Europas, München 1971
290. A. G. Kenwood/A. L. Lougheed, The Growth of the International Economy 1820–1960, 1971, 1979²
291. S. Kuznets, Economic Growth of Nations, 1971
292. D. S. Landes, Der entfesselte Prometheus. Technologischer Wandel und industrielle Entwicklung in Westeuropa von 1750 bis zur Gegenwart, Köln 1973 (Cambridge 1969)
293. J.-A. Lesourd/Cl. Gérard, Nouvelle histoire économique, Bd. I: Le XIXe siècle, Paris 1976
294. M. Lévy-Leboyer, Hg., La position internationale de la France. Aspects économiques et financières, XIX/XXe siècles, Paris 1977
295. M. Lévy-Leboyer, Les processus d'industrialisation: le cas de l'Angleterre et de la France, in: RH 239 (1968), 281–298
296. A. Milward/S. B. Saul, The Economic Development of the Economies of Continental Europe 1850–1914, London 1977
297. P. O'Brien/C. Keyder, Economic Growth in Britain and France 1780–1914. Two Paths to the 20th Century, London 1978
298. S. Pollard, Peaceful Change. The Industrialization of Europe 1760–1970, 1981
299. S. Pollard, The Integration of the European Economy since 1815, London 1981

300. S. Pollard/C. Holmes, Industrial Power and National Rivalry 1870–1914, 1972
301. A. Sartorius von Waltershausen, Die Entstehung der Weltwirtschaft. Geschichte des zwischenstaatlichen Wirtschaftslebens vom letzten Viertel des 18. Jahrhunderts bis 1914, 1931
302. S. B. Saul, Studies in British Overseas Trade 1870–1914, Liverpool 1960
303. I. Svennilson, Growth and Stagnation in the European Economy, Genf 1954
304. B. Thomas, Migration and Economic Growth, Cambridge 1954
305. W. Treue, Wirtschaftsgeschichte der Neuzeit, 2 Bde., Stuttgart 1973³
306. J. G. Williamson, American Growth and the Balance of Payments 1820–1913, Chapel Hill, 1964
307. W. Woodruff, Impact of Western Man: A Study of Europe's Role in the World Economy, 1750–1960, New York 1966
308. W. Woodruff, The Emergence of an International Economy, 1700–1914, London 1971
309. W. S. und E. S. Woytinski, World Commerce and Governments, New York 1955

a. *Weltwährungssystem und Kapitalexporte, Finanzimperialismus*

310. J. H. Adler, Hg., Capital Movements and Economic Development, London 1970
311. D. C. Blaisdell, European Financial Control in the Ottoman Empire, New York 1966²
312. S. Bloom, Europe and America. New York 1961
313. A. J. Bloomfield, Patterns of Fluctuation in International Investment before 1914, Princeton 1968
314. W. A. Brown, The International Gold Standard Reinterpreted, 1914–1934, New York 1940
315. A. K. Cairncross, Home and foreign investment 1870–1913, Cambridge 1953
316. M. de Cecco, Money and Empire. The international gold standard 1890–1914, Oxford 1974
317. M. Edelstein, Realized Rates of return on United Kingdom Home and Colonial Portfolio Investment in the Age of High Imperialism, in: Explorations in Economic History 13 (1976), 283–329
318. H. Feis, Europe: The World's Banker, 1870–1914. An Account of European Foreign Investment and the Connection of World Finance with Diplomacy before the War, New York 1930, 1961
319. A. G. Ford, The Gold Standard 1880–1914, Britain and Argentinia, Oxford 1962

320. A. R. Hall, Hg., The Export of Capital from Britain, 1870—1914, London 1968
321. D. S. Landes, Bankers and Pashas: International Finance and Economic Imperialism in Egypt, Cambridge (Mass.) 1958, 1969²
322. P. H. Lindert, Key Currencies and Gold 1900—1930, Princeton 1969
323. J. Mai, Das deutsche Kapital in Rußland 1850—1894, Berlin 1970
324. D. McLean, Finance and Informal Empire before the First World War, in: EcHR 29 (1976), 291—305
325. W. J. Mommsen, Europäischer Finanzimperialismus vor 1914. Ein Beitrag zu einer pluralistischen Theorie des Imperialismus, in: HZ 224 (1977), 17—81
326. R. Poidevin, Finances et relations internationales, 1887—1914, Paris 1970
327. R. Poidevin, Protectionisme douanier et protectionisme financier, fin XIXe siécle à 1914, in: RI 15 (1978), 213—225
328. Relations internationales, No. 29 (1982): Banques et investissements 1850—1914
329. C. F. Remer, Foreign Investment in China, New York 1933
330. Z. Steiner, Finance, Trade and Politics in British Foreign Policy 1815—1914, in: HJ 13 (1970), 545—552
331. R. Triffin, The Evolution of the International Monetary System: Historical Reappraisal and Future Perspectives, Princeton 1964
332. A. Vagts, Bilanzen und Balancen. Aufsätze zur internationalen Finanz und internationalen Politik, hg. v. H.-U. Wehler, Frankfurt 1979
333. J. Viner, International Finance and Balance of Power Diplomacy, 1880—1914, in: Southwestern Political and Social Quarterly, 1929, 407—451.

b. Außenhandel, Außenhandels- und Machtpolitik

334. K. W. Deutsch, National Industrialization and the Declining Share of the International Economic Sector 1890—1959, in: World Politics 13 (1960/61)
335. F. Hilgerdt, The Network of World Trade, Genf 1942
336. F. Hilgerdt, Industrialization and Foreign Trade, Genf 1945
337. R. J. S. Hoffmann, Great Britain and the German Trade Rivalry, 1875—1914, Philadelphia 1933, Nachdruck New York 1964
338. W. G. Hoffmann, Strukturwandlungen im Außenhandel der deutschen Volkswirtschaft seit der Mitte des 19. Jahrhunderts, in: Kyklos 20 (1967)
339. A. Maizels, Industrial Growth and World Trade, Cambridge 1963
340. J. S. Mortimer, Commercial interests and German diplomacy in the Agadir Crisis, in: HJ 10 (1967), 440—456

341. C. W. Newbury, The tariff factor in Anglo-French West African partition, in: 147, Gifford/Louis
342. R. Poidevin, Fabricants d'armes et relations internationales au début du XXe siècle, in: RI 1974/5, 39—56
343. R. Poidevin, Protectionisme et relations internationales: L'example du tarif douanier francais de 1910, in: RH 245 (1971), 47—62
344. D. Salem, Sur quelques conséquences du retour de la France au protectionisme à la fin du XIXe siècle, in: Revue d'histoire économique et sociale 45 (1967), 327—337
345. G. Schmoller/M. Sering/A. Wagner, Hg., Handels- und Machtpolitik. Reden und Aufsätze, 2 Bde., Stuttgart 1900
346. R. Wagenführ, Die Bedeutung des Außenmarktes für die deutsche Industriewirtschaft. Die Exportquote der deutschen Industrie von 1870 bis 1936, Sonderheft des Instituts für Konjunkturforschung 41 (1936)
347. R. Weitowitz, Deutsche Politik und Handelspolitik unter Reichskanzler Leo von Caprivi 1890—1894, Düsseldorf 1978
348. J. Wulf, Der Deutsche Außenhandel seit 1850. Entwicklung, Strukturwandlungen und Beziehungen zum Wirtschaftswachstum, Basel 1968

8. Die Beziehungen zwischen den „grossen Mächten"

349. J. C. Allain, Agadir (1911), une crise impérialiste en Europe pour la conquête du Maroc, Paris 1976
350. Ch. Andrew, Théophile Delcassé and the Making of the Entente Cordiale: A Re-appraisal of French Foreign Policy, 1889—1905, London 1968
351. K. O. von Aretin/W. Conze, Hgg., Deutschland und Rußland im Zeitalter des Kapitalismus 1861—1914, Wiesbaden 1977
352. F. R. Bridge, Great Britain and Austria-Hungary 1906—1914: A Diplomatic History, London 1972
353. F. R. Bridge/R. Bullen, The Great Powers and the European States System 1815—1914, London/New York 1980
354. R. vom Bruch, Gesellschaftliche Initiativen in den auswärtigen Kulturbeziehungen Deutschlands vor 1914. Der Beitrag des deutschen Bildungsbürgertums, in: Zs. f. Kulturaustausch 31 (1981), 43—67
355. D. Calleo, The German Problem Reconsidered. Germany and the World Order, 1870 to the Present, Cambridge 1978
356. M. K. Chapman, Great Britain and the Bagdad Railway 1888—1914, Northampton (Mass.) 1948
357. R. J. Crampton, The Hollow Detente. Anglo-German Relations in the Balkans, 1911—1914, London 1979
358. J. Dülffer, Regeln gegen den Krieg? Die Haager Friedenskonferenzen 1899 und 1907 in der internationalen Politik, Berlin 1981

359. K. Düwell/W. Link, Hgg., Deutsche auswärtige Kulturpolitik seit 1871 – Geschichte und Struktur. Köln 1981

360. E. M. Earle, Turkey, the Great Powers, and the Bagdad Railway. A Study in Imperialism, New York 1923

361. E. W. Edwards, The Origins of British Financial Co-operation with France in China 1903–1906, in: EHR 86 (1971)

362. F. Fellner, Der Dreibund. Europäische Diplomatie vor dem Ersten Weltkrieg, München 1960

363. F. Fischer, Griff nach der Weltmacht. Die Kriegszielpolitik des kaiserlichen Deutschland 1914–1918, Düsseldorf 1970[4]

364. F. Fischer, Krieg der Illusionen. Die deutsche Politik von 1911 bis 1914, Düsseldorf 1971[2]

365. F. Fischer, Juli 1914: Wir sind nicht hineingeschlittert. Das Staatsgeheimnis um die Riezler-Tagebücher. Eine Streitschrift, Hamburg 1983

366. R. M. Francis, The British Withdrawal from the Bagdad railway project in 1903, in: HJ 16 (1973), 168–178

367. L. Gall, Die europäischen Mächte und der Balkan im 19. Jahrhundert, in: HZ 228 (1979), 551–571

368. H. W. Gatzke, Germany and the United States. A „Special Relationship"?, Harvard UP 1980

369. I. Geiss, German Foreign Policy, 1871–1914, London 1976

370. I. Geiss/B. J. Wendt, Hgg., Deutschland in der Weltpolitik des 19. und 20. Jahrhunderts, Düsseldorf 1973

371. P. Guillen, L'Allemagne et le Maroc de 1870 à 1905, Paris 1967

372. O. Hauser, Deutschland und der englisch-russische Gegensatz 1900–1914, Göttingen 1958

373. E. Ch. Helmreich, The Diplomacy of the Balkan Wars 1912–13, Cambridge (Mass.) 1938

374. K. Hildebrand, Zwischen Allianz und Antagonismus. Das Problem bilateraler Normalität in den britisch-deutschen Beziehungen des 19. Jahrhunderts (1870–1914), in: H. Dollinger, u. a., Hgg., Weltpolitik, Europagedanke, Regionalismus, Münster 1982, 305–331

375. A. Hillgruber, Die gescheiterte Großmacht. Eine Skizze des Deutschen Reiches 1871–1945, Düsseldorf 1980

376. A. Hillgruber, Deutsche Rußlandpolitik 1871–1918: Grundlagen-Grundmuster-Grundprobleme, in: Saeculum 27 (1976), 94–108

377. A. Hillgruber, Deutsche Großmacht- und Weltpolitik im 19. und 20. Jahrhundert. Aufsätze, Düsseldorf 1977

378. A. Hillgruber, Deutschlands Rolle in der Vorgeschichte der beiden Weltkriege, Göttingen 1967

379. F. Hinsley, Hg., British Foreign Policy under Sir Edward Grey, Cambridge 1977

380. E. HÖLZLE, Die Selbstentmachtung Europas. Das Experiment des Friedens im Ersten Weltkrieg, Göttingen 1975
381. M. HOWARD, The Continental Commitment, London 1972
382. M. JACKS, The Purchase of the British Government's Shares in the British Petroleum Company, 1912–1914, in: Past & Present 39 (1968)
383. F. KAZEMZADEH, Russia and Britain in Persia, 1864–1914, Yale UP 1968
384. P. M. KENNEDY, The Realities behind Diplomacy. Background Influences on British External Policy 1865–1980, London 1981
385. P. M. KENNEDY, The Rise of the Anglo-German Antagonism, 1860–1914, London 1980
386. M. KENT, Oil and Empire: British Policy and Mesopotamian Oil, 1900–1920, 1976
387. W. F. LANGER, The Diplomacy of Imperialism 1890–1902, 2 Bde., New York 1960^2
388. R. LANGHORNE, The Collapse of the Concert of Europe. International Politics 1890–1914, London 1981
389. D. LÖDING, Deutschlands und Österreich–Ungarns Balkanpolitik von 1912–1914 unter besonderer Berücksichtigung ihrer Wirtschaftsinteressen, Hamburg 1969 (Diss.)
390. C. LOWE/M. L. DOCKRILL, Mirage of Power. British Foreign Policy, 1902–1922, 3 Bde., London 1972
391. C. J. LOWE, The Reluctant Imperialists. British Foreign Policy 1878–1902, London 1967
392. C. J. LOWE, Salisbury and the Mediterranean 1886–1896, London 1965
393. A. MALOZEMOFF, Russian Far Eastern Policy, 1881–1904, Berkeley 1958
394. G. W. MONGER, The End of Isolation: British Policy 1900–1907, London 1963 (deutsche Ausgabe Seeheim 1969)
395. I. H. NISH, The Anglo-Japanese alliance: The diplomacy of two island empires, 1894–1907, London 1966
396. E. ONCKEN, Panthersprung nach Agadir. Die deutsche Politik während der zweiten Marokkokrise 1911, Düsseldorf 1981
397. B. PERKINS, The Great Rapprochement. England and the United States 1895–1914, New York 1968
398. J. B. PLASS, England zwischen Deutschland und Rußland: Der Persische Golf in der britischen Vorkriegspolitik 1899–1907, Hamburg 1966
399. R. POIDEVIN, Les relations économiques et financières entre la France et l'Allemagne de 1898 à 1914, Paris 1969
400. I. RAABE, Beiträge zur Geschichte der diplomatischen Beziehungen zwischen Frankreich und Österreich-Ungarn 1908–1912, Wien 1971
401. L. RATHMANN, Berlin–Bagdad. Die imperialistische Nahostpolitik des kaiserlichen Deutschland, Berlin 1962

402. H. RAULFF, Zwischen Machtpolitik und Imperialismus. Die deutsche Frankreichpolitik 1904–1906, Düsseldorf 1976
403. P. W. REUTER, Die Balkanpolitik des französischen Imperialismus 1911–1914, Frankfurt/New York 1979
404. N. RICH, Friedrich von Holstein. Politics and Diplomacy in the Era of Bismarck and Wilhelm II., 2 Bde., Cambridge 1965
405. K. ROBBINS, Sir Edward Grey, London 1971
406. G. N. SANDERSON, England, Europe and the Upper Nile 1882–1899, Edinburgh 1965
407. B. E. SCHMITT, The Annexation of Bosnia 1908/9, Cambridge (Mass.) 1937
408. G. SCHÖLLGEN, Richard von Kühlmann und das deutsch-englische Verhältnis 1912–14. Zur Bedeutung der Peripherie in der europäischen Vorkriegspolitik, in: HZ 230 (1980), 293–337
409. B. F. SCHULTE, Europäische Krise und Erster Weltkrieg. Beiträge zur Militärpolitik des Kaiserreiches 1871–1914, Bern 1983
410. P. STEIN, Die Neuorientierung der österreichisch-ungarischen Außenpolitik 1895–1897, Frankfurt 1972
411. Z. S. STEINER, Britain and the Origins of the First World War, London 1977
412. Z. S. STEINER, The Foreign Office and foreign policy, 1898–1914, Cambridge 1969
413. W. STINGEL, Der Ferne Osten in der deutschen Politik vor dem Ersten Weltkrieg (1902–1914), Frankfurt 1978
414. A. J. P. TAYLOR, The Struggle for Mastery in Europe 1843–1918, Oxford 1954
415. E. C. THADEN, Russia and the Balkan Alliance of 1912, Pennsylvania UP 1965
416. A. C. TURNER, The Unique Partnership. Britain and the United States, New York 1971
417. B. VOGEL, Deutsche Rußlandpolitik. Das Scheitern der deutschen Weltpolitik unter Bülow 1900–1906. Düsseldorf 1973
418. J. A. WHITE, The Diplomacy of the Russo-Japanese War, Princeton 1965
419. J. WILLEQUET, Le Congo Belge et la Weltpolitik (1894–1914), Brüssel 1962
420. P. WINZEN, Bülows Weltmachtkonzept. Untersuchungen zur Frühphase seiner Außenpolitik 1897–1901, Boppard 1977
421. K. WORMER, Großbritannien, Rußland und Deutschland. Zur britischen Weltreichspolitik am Vorabend des Ersten Weltkriegs, München 1980
422. L. K. YOUNG, British Policy in China, 1895–1902, Oxford 1970
423. H. F. YOUNG, Prince Lichnowsky and the Great War, Athens, Ga. 1977
424. K. WERNECKE, Der Wille zur Weltgeltung. Außenpolitik und Öffentlich-

keit im Kaiserreich am Vorabend des Ersten Weltkrieges, Düsseldorf 1970²

425. E. ZECHLIN, Krieg und Kriegsrisiko. Zur Deutschen Politik im Ersten Weltkrieg. (Aufsätze), Düsseldorf 1979
426. G. ZIEBURA, Hg., Grundfragen der deutschen Außenpolitik seit 1871, Darmstadt 1975
427. G. ZIEBURA, Die deutsche Frage in der öffentlichen Meinung Frankreichs von 1911–1914, Berlin 1955
428. W. ZÜRRER, Die Nahostpolitik Frankreichs und Rußlands 1891–1898, Wiesbaden 1970

9. Ausbruch des Ersten Weltkriegs: Vorgeschichte und Ursachen

429. L. ALBERTINI, The Origins of the War of 1914, 3 Bde., 1952, Oxford 1965²
430. V. R. BERGHAHN/W. DEIST, Kaiserliche Marine und Kriegsausbruch 1914. Neue Dokumente zur Juli-Krise, in: MGM 1970, 37–58
431. J. DROZ, Les causes de la Première Guerre mondiale. Essai d'historiographie, Paris 1973
432. F. FISCHER, Deutsche Kriegsziele, Revolutionierung und Separatfrieden im Osten, 1914–1918, in: HZ 188 (1959), 259–310
433. M. R. GORDON, Domestic Conflict and the Origins of the First World War. The British and the German Cases, in: JMH 46 (1974), 191–226
434. C. HAZLEHURST, Politicians at War, July 1914 to May 1915. A Prologue to the Triumph of Lloyd George, London 1971
435. K. HILDEBRAND, Imperialismus, Wettrüsten und Kriegsausbruch 1914, in: NPL 20 (1975), 160–194 und 339–364
436. K. H. JARAUSCH, Statesman versus Structures: Germany's Role in the Outbreak of World War One reexamined, in: Laurentian University Review 5 (1973), 133–160
437. K. H. JARAUSCH, World Power or Tragic Fate? The Kriegsschuldfrage as Historical Neurosis, in: CEH 5 (1972), 72–92
438. K. H. JARAUSCH, The Illusion of Limited War: Chancellor Bethmann Hollweg's Calculated Risk, July 1914, in: CEH 2 (1969)
439. J. JOLL, 1914: The Unspoken Assumptions, London 1968
440. J. JOLL, War Guilt 1914: A Continuing Controversy, in: P. Kluke/P. Alter, Hgg., Aspekte der deutsch-britischen Beziehungen im Laufe der Jahrhunderte, Stuttgart 1978, 60–80
441. H. W. KOCH, Hg., The Origins of the First World War, London 1972
442. J. A. MOSES, The Politics of Illusion: The Fischer Controversy in German Historiography, New York 1975

443. D. LAMMERS, Arno Mayer and the British decision for war in 1914, in: Journal of British Studies 12 (1973), 137–165
444. W. LAQUEUR/G. I. MOSSE, Hg., Kriegsausbruch 1914, München 1967
445. W. J. MOMMSEN, Die deutsche Weltpolitik und der Erste Weltkrieg, in: NPL 16 (1971), 482–493
446. J. REMAK, 1914 – The Third Balkan War: Origins reconsidered, in: JMH 43 (1971)
447. J. REMAK, Hg., The First World War. Causes, Conduct, Consequences, New York 1971
448. J. C. G. RÖHL, An der Schwelle zum Weltkrieg: Eine Dokumentation über den „Kriegsrat" vom 8. Dezember 1912, in: MGM 1977, 77–134
449. W. SCHIEDER, Hg., Erster Weltkrieg. Ursachen, Entstehung und Kriegsziele, Köln 1969
450. G. SCHÖLLGEN, „Fischer-Kontroverse" und Kontinuitätsproblem. Deutsche Kriegsziele im Zeitalter der Weltkriege, in: A. Hillgruber/J. Dülffer, Hgg., Ploetz, Geschichte der Weltkriege, Freiburg/Würzburg 1981, 163–177
451. P. W. SCHRÖDER, World War I as Galloping Gertie. A Reply to Joachim Remak, in: JMH 44 (1972), 318–345
452. L. C. F. TURNER, The edge of the precipice: A comparison between November 1912 and July 1914, in: Royal Military College Historical Journal 3 (1974)
453. L. C. F. TURNER, Origins of the First World War, London 1970
454. K. WILSON, The British Cabinet's decision for war, 2. August 1914, in: British Journal of International Studies 1 (1975)

10. WETTRÜSTEN UND MILITARISMUS

a. Generalstäbe, Strategische Planung

455. L. BURCHARDT, Friedenswirtschaft und Kriegsvorsorge. Deutschlands wirtschaftliche Rüstungsbestrebungen vor 1914, Boppard 1968
456. L. L. FARRAR, The Short War Illusion. German Policy, Strategy, and Domestic Affairs, August-December 1914, Oxford 1973
457. D. FRENCH, British Economic and Strategic Planning 1905–1915, London/Boston 1982
458. J. GOOCH, The Plans of War: The General Staff and British Military Strategy, 1900–1916, New York 1974
459. G. W. F. HALLGARTEN, Das Wettrüsten. Seine Geschichte bis zur Gegenwart, Frankfurt 1967

460. H. HERZFELD, Die deutsche Rüstungspolitik vor dem Weltkrieg, Bonn/Leipzig 1923
461. P. M. KENNEDY, Hg., The War Plans of the Great Powers, 1880–1914, London 1979
462. G. RITTER, Der Schlieffenplan. Kritik eines Mythos, München 1956
463. L. C. F. TURNER, The Russian Mobilization in 1914, in: JCH 3 (1968), 65–88
464. L. C. F. TURNER, The Role of the General Staffs in July 1914, in: Australian Journal of Politics and History 11 (1965), 305–323
465. S. R. WILLIAMSON, The Politics of Grand Strategy. Britain and France prepare for war, 1904–1914, Harvard UP 1969
466. K. M. WILSON, To the Western Front: British war plans and the „military entente" with France before the first world war, in: BJIS 3 (1977), 151–168

b. Marine und Flottenwettrüsten

467. V. R. BERGHAHN, Zu den Zielen des deutschen Flottenbaus unter Wilhelm II., in: HZ 210 (1970), 34–100
468. E. BÖHM, Überseehandel und Flottenbau. Hanseatische Kaufmannschaft und Deutsche Seerüstung 1879–1902, Düsseldorf 1972
469. W. DEIST, Flottenpolitik und Flottenpropaganda. Das Nachrichtenbüro des Reichsmarineamtes, 1897–1914, Stuttgart 1976
470. P. G. HALPERN, The Mediterranean Naval Situation 1908–1914, Cambridge (Mass.) 1971
471. W. HUBATSCH, Der Kulminationspunkt der deutschen Marinepolitik im Jahre 1912, in: HZ 176 (1953)
472. W. HUBATSCH, Die Ära Tirpitz. Studien zur deutschen Marinepolitik, 1890–1918, Göttingen 1955
473. P. M. KENNEDY, The Rise and Fall of British Naval Mastery, London 1976
474. P. M. KENNEDY, The development of German naval operations plans against England, 1896–1914, in: EHR 89 (1974)
475. A. J. MARDER, Anatomy of British Sea Power: A history of British Naval Policy in the pre-Dreadnought era, 1880–1905, Hamden 1940, Nachdruck 1972
476. A. J. MARDER, From the Dreadnought to Scapa Flow: The Royal Navy in the Fisher Era 1904–1919, Oxford 1970
477. W. PETTER, Deutsche Flottenrüstung von Wallenstein bis Tirpitz, in: Hb. d. dt. Militärgeschichte, 7. Lieferung, VIII: Deutsche Marinegeschichte der Neuzeit, München 1977
478. H. SCHOTTELIUS/W. DEIST, Hgg., Marine und Marinepolitik im kaiserlichen Deutschland, 1871–1914, Düsseldorf 1972

479. J. STEINBERG, Yesterday's Deterrent: Tirpitz and the birth of the German battle fleet, London 1965
480. J. STEINBERG, The Copenhagen Complex, in: JCH 1 (1966), 23–46
481. E. L. WOODWARD, Great Britain and the German Navy, Oxford 1935, London 1964²

c. *Militarismus*

482. V. R. BERGHAHN, Hg., Militarismus, Köln 1975
483. V. R. BERGHAHN, Militarism, The History of an International Debate, 1861–1979, Leamington 1981
484. G. BREIT, Das Staats- und Gesellschaftsbild deutscher Generale beider Weltkriege im Spiegel ihrer Memoiren, Boppard 1973
485. R. D. CHALLENER, The French Theory of the Nation in Arms, 1866–1939, New York 1954
486. R. D. CHALLENER, Admirals, Generals and American Foreign Policy, 1898–1914, Princeton 1973
487. L. DEHIO, Um den deutschen Militarismus, in: HZ 180 (1955), 43–64
488. W. Deist, Armee und Arbeiterschaft 1905–1918, in: Francia 2 (1974), 458–481
489. K. DEMETER, Das deutsche Offizierskorps in Gesellschaft und Staat, 1650–1945, Frankfurt 1965⁴
489a. M. GEYER, Sozialdemokratie und Nationalstaat (Rezensionen), in: MGM 21 (1977), 239–243
490. R. GIRARDET, La société militaire dans la France contemporaine 1815–1939, Paris 1954
491. J. GOOCH, Armies in Europe, London/Boston 1980
492. D. GROH, „Je eher, desto besser". Innenpolitische Faktoren für die Präventivkriegsbereitschaft des Deutschen Reiches 1913/14, in: PVS 13 (1972)
493. W. S. HAMER, The British Army. Civil and Military Relations, 1885–1905, Oxford 1970
494. H. HASENBEIN, Die parlamentarische Kontrolle des militärischen Oberbefehls im Deutschen Reich 1871–1918, Göttingen 1968 (phil. Diss.)
495. R. HÖHN, Sozialismus und Heer. Bd. 3: Der Kampf des Heeres gegen die Sozialdemokratie, Bad Harzburg 1969
496. H. JOHN, Das deutsche Reserveoffizierskorps im Deutschen Kaiserreich 1890–1914. Ein sozialpolitischer Beitrag zur Untersuchung der gesellschaftlichen Militarisierung im Wilhelminischen Deutschland, Frankfurt 1981
497. M. KITCHEN, The German Officer Corps 1890–1914, Oxford 1968
498. E. KNOLL/J. N. MCFADDEN, Hgg., American Militarism, New York 1969

499. M. MESSERSCHMIDT, Militär und Politik in der Bismarckzeit und im wilhelminischen Deutschland, Darmstadt 1975
500. A. MORITZ, Das Problem des Präventivkrieges in der deutschen Politik während der ersten Marokkokrise, Bern–Frankfurt 1974
501. A. J. A. MORRIS, Haldane's army reforms 1906–1908: the deception of the Radicals, in: History 56 (1971)
502. D. B. RALSTON, The Army of the Republic. The Place of the Military in the Political Evolution of France 1871–1914, Cambridge (Mass.) 1967
503. G. RITTER, Staatskunst und Kriegshandwerk. Das Problem des Militarismus in Deutschland, Bd. 2, München 1960
504. W. SAUER, Die politische Geschichte der deutschen Armee und das Problem des Militarismus, in: PVS 6 (1965), 341–353
505. W. SCHMIDT-RICHBERG, Deutsche Militärgeschichte 1648–1939. Teil V: Von der Entlassung Bismarcks bis zum Ende des Ersten Weltkriegs (1890–1918), München 1983
506. B.-F. SCHULTE, Die deutsche Armee 1900–1914. Zwischen Beharren und Veränderung. Düsseldorf 1977
507. A. SUMMERS, Militarism in Britain before the Great War, in: History Workshop Journal 2 (1976)
508. J. K. TANENBAUM, General Maurice Sarrail 1856–1929: The French Army and Left Wing Politics, Chapel Hill 1974
509. A. VAGTS, A History of Militarism. Romance and Realities of a Profession, London 1938

11. FRIEDENSBEWEGUNGEN, PAZIFISMUS, ZWEITE SOZIALISTISCHE INTERNATIONALE

510. P. BROCK, Pacifism in Europe to 1914, Princeton 1972
511. R. CHICKERING, Imperial Germany and a World Without War: The Peace Movement and German Society, 1892–1914, Princeton 1975
512. O. J. HALE, The Great Illusion 1900–1914, New York/London 1971
513. G. HAUPT, Socialism and the Great War: The Collapse of the Second International, Oxford UP 1972
514. J. JOLL, The Second International 1889–1914, London 1974
515. A. J. A. MORRIS, Hg., Edwardian Radicalism 1900–1914, London 1974
516. G. A. RITTER, Hg. und Einleitung, Die II. Internationale 1918/1919, Berlin 1980
517. G. A. RITTER, Die britische Arbeiterbewegung und die II. Internationale 1889–1914, in: H. Dollinger u. a., Hgg., Weltpolitik-Europagedanke-Regionalismus, Münster 1982, 333–362

518. K. Robbins, The Abolition of War. The „Peace Movement" in Britain, 1914–1919, Cardiff 1976
519. F.-K. Scheer, Die deutsche Friedensgesellschaft (1892–1933), Frankfurt 1981
520. S. Wank, Hg., Doves and Diplomats. Foreign Office and Peace Movements in Europe and America in the 20th Century, Westport/London 1978
521. J. M. Winter, Socialism and the Challenge of War: Ideas and Politics in Britain 1912–1918, Boston 1974

12. Innere Entwicklung der Grossmächte

a. Deutsches Reich

522. K. D. Barkin, The Controversy over German Industrialization 1890–1902, Chicago 1970
523. G. Eley, Sammlungspolitik, Social Imperialism, and the Navy Law of 1898, in: MGM 1974, 29–63
524. G. Eley, Reshaping the German Right. Radical Nationalism and Political Change after Bismarck, New Haven/London 1980
525. Th. Eschenburg, Das Kaiserreich am Scheideweg. Bassermann, Bülow und der Block, Berlin 1929
526. R. J. Evans, Hg., Society and Politics in Wilhelmine Germany, London 1978
527. F. Fischer, Bündnis der Eliten, Düsseldorf 1979
528. W. Gagel, Die Wahlrechtsfrage in der Geschichte der deutschen liberalen Parteien 1848–1918, Düsseldorf 1958
529. W. Gerloff, Die Finanz- und Steuerpolitik des deutschen Reiches nebst ihren Beziehungen zu Landes- und Gemeindefinanzen von der Gründung des Norddeutschen Bundes bis zur Gegenwart, Jena 1913
530. D. Grosser, Vom monarchischen Konstitutionalismus zur parlamentarischen Demokratie. Die Verfassungspolitik der deutschen Parteien im letzten Jahrzehnt des Kaiserreichs, Den Haag 1970
531. H. Horn, Der Kampf um den Bau des Mittellandkanals, Köln/Opladen 1964
532. E. R. Huber, Deutsche Verfassungsgeschichte seit 1789, Bd. 4: Struktur und Krisen des Kaiserreichs, Stuttgart 1969
533. W. J. Mommsen, Die latente Krise des Wilhelminischen Reiches. Staat und Gesellschaft in Deutschland 1890–1914, in: MGM 15 (1974), 7–28

534. W. J. Mommsen, Die latente Krise des Deutschen Reiches 1909–1914, in: Brandt/Meyer/Just, Hgg., Hb. d. dt. Gesch., Bd. 4/Ia, Frankfurt 1975
535. A. J. Nichols, Germany after Bismarck. The Caprivi Era, 1890–1894, Cambridge (Mass.) 1958, New York 1968
536. H. Pogge v. Strandmann, Staatsstreichpläne, Alldeutsche und Bethmann Hollweg, in: ders./I. Geiss, Die Erforderlichkeit des Unmöglichen, Frankfurt 1965
537. H.-J. Puhle/H.-U. Wehler, Hgg., Preußen im Rückblick, Göttingen 1980
538. M. Rauh, Föderalismus und Parlamentarismus im Wilhelminischen Reich, Düsseldorf 1973
539. M. Rauh, Die Parlamentarisierung des Deutschen Reiches, Düsseldorf 1977
540. J. C. G. Röhl/N. Sombart, Hgg., Kaiser Wilhelm II. New Interpretations. The Corfu Papers, Cambridge 1982
541. J. C. G. Röhl, Germany after Bismarck, London 1967/deutsch Tübingen 1969
542. A. Rosenberg, Die Entstehung der deutschen Republik 1871–1918, Berlin 1928; Neuauflage, eingeleitet und hg. von K. Kersten, Die Entstehung der Weimarer Republik, Frankfurt 1961
543. G. Schmidt, Innenpolitische Blockbildungen in Deutschland am Vorabend des Ersten Weltkriegs, in: Aus Politik und Zeitgeschichte, B 20/72
544. G. Schmidt, Parlamentarisierung oder „präventive Konterrevolution"? Die deutsche Innenpolitik im Spannungsfeld konservativer Sammlungsbewegungen und latenter Reformbestrebungen, in: G. A. Ritter, Hg., Gesellschaft, Parlament und Regierung, Düsseldorf 1974, 249–278
545. D. Schoenbaum, Zabern 1913. Consensus Politics in Imperial Germany, London 1982
546. G. Seeber, u. a., Bismarcks Sturz. Zur Rolle der Klassen in der Endphase des preußisch-deutschen Bonapartismus 1884/5–1890, Berlin 1977
547. J. J. Sheehan, Hg., Imperial Germany, New York 1976
548. D. Stegmann, Die Erben Bismarcks. Parteien und Verbände in der Spätphase des Wilhelminischen Deutschlands. Sammlungspolitik 1897–1918, Köln 1970
549. M. Stürmer, Das ruhelose Reich. Deutschland 1866–1918, Berlin 1983
550. M. Stürmer, Staatsstreichpläne im Bismarckreich, in: HZ 209 (1969), 566–615
551. M. Stürmer, Hg., Das kaiserliche Deutschland. Politik und Gesellschaft 1870–1918, Düsseldorf 1970, Nachdruck 1978
552. P. Ch. Witt, Die Finanzpolitik des Deutschen Reiches von 1903–1913. Eine Studie zur Innenpolitik des Wilhelminischen Deutschlands, Lübeck/Hamburg 1970

553. P. Ch. Witt, Reichsfinanzen und Rüstungspolitik 1898—1914, in: 478, 146—177
554. P. Ch. Witt, Innenpolitik und Imperialismus in der Vorgeschichte des Ersten Weltkriegs, in: 222, Holl/List, 7—34
555. H. G. Zmarzlik, Bethmann Hollweg als Reichskanzler, 1909—1914, Düsseldorf 1957

δ. Deutsche Parteien 1890—1918

556. K. Bachem, Vorgeschichte, Geschichte und Politik der deutschen Zentrumspartei, 1815—1914, Bd. 5—7, Köln 1929
557. J. Bertram, Die Wahlen zum Deutschen Reichstag vom Jahre 1912. Parteien und Verbände in der Innenpolitik des Wilhelminischen Reiches, Düsseldorf 1964
558. D. Blackbourn, Class, Religion and Local Politics in Wilhelmine Germany, New Haven 1980
559. L. Elm, Zwischen Fortschritt und Reaktion. Geschichte der Parteien der liberalen Bourgeoisie in Deutschland 1893—1918, Berlin 1968
560. H. Fenske, Wahlrecht und Parteiensystem. Ein Beitrag zur deutschen Parteiengeschichte, Frankfurt 1972
561. D. Fricke, Hg., Die bürgerlichen Parteien in Deutschland 1830—1945, 2 Bde., Leipzig 1968—1970
562. L. Gall, Hg., Liberalismus, Köln 1976
563. B. Heckart, From Bassermann to Bebel. The Grand Bloc's Quest for Reform in the Kaiserreich 1900—1914, New Haven/London 1974
564. H. Heitzer, Der Volksverein für das Katholische Deutschland im Kaiserreich 1890—1918, Mainz 1979
565. R. Lepsius, Parteiensystem und Sozialstruktur. Zum Problem der Demokratisierung der deutschen Gesellschaft, in: 571, Ritter
566. U. Mittmann, Fraktion und Partei. Ein Vergleich von Zentrum und SPD im Kaiserreich, Düsseldorf 1976
567. W. J. Mommsen, Hg., Liberalismus im aufsteigenden Industriestaat, in: GG 4 (1978)
568. R. Morsey, Die deutschen Katholiken und der Nationalstaat zwischen Kulturkampf und erstem Weltkrieg, in: HJb. 90 (1970), 31—64
569. Th. Nipperdey, Die Organisation der deutschen Parteien vor 1918, Düsseldorf 1961
570. H.-J. Puhle, Conservatism in Modern German History, in: JCH 13 (1978), 689—720
571. G. A. Ritter, Hg., Deutsche Parteien vor 1918, Köln 1973
572. R. J. Ross, Beleaguered Tower: The Dilemma of Political Catholicism in Wilhelmine Germany, Notre Dame, Ind. 1976

573. G. SEEBER, Zwischen Bebel und Bismarck. Zur Geschichte des Linksliberalismus in Deutschland 1871–1893, Berlin 1965
574. J. J. SHEEHAN, German Liberalism in the 19th Century, Chicago 1978
575. D. STEGMANN/B.-J. WENDT/P. CH. WITT, Hgg., Deutscher Konservatismus im 19. und 20. Jahrhundert, Bonn 1983
576. J. THIEL, Die Großblockpolitik der Nationalliberalen Partei Badens 1905 bis 1914. Ein Beitrag zur Zusammenarbeit von Liberalismus und Sozialdemokratie in der Spätphase des Wilhelminischen Deutschlands, Stuttgart 1976
577. H. A. WINKLER, Liberalismus und Antiliberalismus. Studien zur politischen Sozialgeschichte des 19. und 20. Jahrhunderts, Göttingen 1979
578. J. K. ZEENDER, The German Center Party: 1890–1906, Philadelphia 1976

ß. Verbände im Wilhelminischen Reich

579. F. BLAICH, Staat und Verbände in Deutschland zwischen 1871 und 1945, Wiesbaden 1979
580. G. ERDMANN, Die deutschen Arbeitgeberverbände im sozialgeschichtlichen Wandel der Zeit, Neuwied/Berlin 1966
581. G. D. FELDMAN/U. NOCKEN, Trade Associations and Economic Power: Interest Group Development in the German Iron and Steel and Machine Building Industries 1900–1933, in: BHR 49 (1975), 413–445
582. G. W. F. HALLGARTEN/J. RADKAU, Deutsche Industrie und Politik: Von Bismarck bis heute, Frankfurt 1974
583. I. HAMEL, Völkischer Verband und nationale Gewerkschaft. Der Deutschnationale Handlungsgehilfenverband 1893–1933, Frankfurt 1967
584. H. KAELBLE, Industrielle Interessenpolitik in der Wilhelminischen Gesellschaft. Centralverband Deutscher Industrieller 1895–1914, Berlin 1967
585. A. KRUCK, Geschichte des Alldeutschen Verbandes 1890–1939, Wiesbaden 1954
586. S. MIELKE, Der Hansa-Bund für Gewerbe, Handel und Industrie 1909–1914. Der gescheiterte Versuch einer antifeudalen Sammlungspolitik, Göttingen 1976
587. TH. NIPPERDEY, Interessenverbände und Parteien in Deutschland vor dem ersten Weltkrieg, in: PVS 2 (1961), 262–280
588. T. K. NUGENT: The Bourgeoisie awakes: Socio-economic Interest Groups in Germany 1909–1914, Ann Arbor University Microfilms 1979
589. H. J. PUHLE, Agrarische Interessenpolitik und preußischer Konservatismus im wilhelminischen Reich, 1893–1914, Bonn 1975²
590. K. SAUL, Der Deutsche Kriegerbund. Zur innenpolitischen Funktion eines „nationalen" Verbandes im kaiserlichen Deutschland, in: MGM 6 (1969), 95–159
591. R. W. TIMS, Germanizing Prussian Poland. The H-K-T Society and the

Struggle for the Eastern Marches in the German Empire 1894–1919, New York 1966/Nachdruck)
592. H.-P. ULLMANN, Der Bund der Industriellen. Organisation, Einfluß und Politik klein- und mittelbetrieblicher Industrieller im Deutschen Kaiserreich 1895–1914, Göttingen 1976
593. H. J. VARAIN, Hg., Interessenverbände in Deutschland, Köln 1973
594. H. A. WINKLER, Pluralismus oder Protektionismus? Verfassungspolitische Probleme des Verbandswesens im Deutschen Kaiserreich, Wiesbaden 1972

b. Großbritannien

595. K. D. BROWN, Hg., Essays in Anti-Labour History. Responses to the rise of labour in Britain, London 1974
596. P. F. CLARKE, Liberals and Social Democrats, Cambridge 1979
597. G. DANGERFIELD, The Strange Death of Liberal England, New York 1935
598. H. V. EMY, The impact of financial policy on English party politics before 1914, in: HJ 15 (1972), 103–131
599. H. V. EMY, Liberals, Radicals and Social Politics 1892–1914, Cambridge 1973
600. M. FREEDEN, The New Liberalism: An ideology of Social reform, Oxford 1978
601. E. HALÉVY, History of the English People in the 19th century, Bd. 5: Imperialism and the rise of Labour; Bd. 6: The Rule of Democracy, 1934, Nachdruck 1961
602. D. A. HAMER, The Irish Question and Liberal Politics 1886–1894, in: HJ 3 (1969)
603. U. K. HICKS, British public finances: Their structure and development 1880–1952, London 1954
604. P. N. S. MANSERGH, The Irish Question 1840–1921, London 1965
605. H. C. G. MATTHEW, The Liberal Imperialists. The Ideas and Politics of a Post-Gladstonian Elite, Oxford 1973
606. R. T. MCKENZIE, British Political Parties, London 1963[2]
607. K. MIDDLEMAS, Politics in Industrial Society. The Experience of the British System since 1911, London 1979
608. B. K. MURRAY, The People's Budget 1909/1910. Lloyd George and Liberal Politics, Oxford 1980
609. A. O'DAY, Hg., The Edwardian Age: Conflict and Stability 1900–1914, London 1979
610. A. OFFER, Property and Politics 1870–1914. Landownership, Law, Ideology and Urban Development in England, Cambridge 1981
611. G. D. PHILIPPS, The Diehards, Cambridge (Mass.) 1978

612. J. Ramsden, A history of the Conservative Party, Bd. 3: The age of Balfour and Baldwin, 1902–1940, London 1978
613. G. A. Ritter, Parlament und Demokratie in Großbritannien, Göttingen 1972
614. P. Rowland, The Last Liberal Governments, 2 Bde., London 1968–1971
615. A. K. Russell, Liberal Landslide. The General Election of 1906, Newton Abbott 1973
616. B. E. V. Sabine, A History of Income Tax, London 1966
617. G. R. Searle, The quest for national efficiency. A Study in British politics and political thought, 1899–1914, Oxford 1971
618. C. J. Wrigley, David Lloyd George and the British Labour Movement, New York 1976

c. Frankreich

619. R. von Albertini, Die Diskussion um die französische Steuerreform 1907–1909, in: Schweizer Beiträge zur Allgemeinen Geschichte 13 (1955), 183–201
620. R. Anderson, France 1870–1914. Politics and Society, London 1977
621. J.-J. Becker, 1914: Comment les Francais sont entrent dans la Guerre, Paris 1977
622. S. Berstein, Histoire du Parti Radical, Bd. 1, Paris 1980
623. J. Bouvier/J. Wolff, Hgg., Deux siècles de fiscalité francaise, Paris 1973
624. J. Droz, Der Nationalismus der Linken und der Nationalismus der Rechten in Frankreich (1871–1914), in: HZ 210 (1970), 1–13
625. G. Duby, Hg., Histoire de la France, Bd. 3: Les temps nouveaux. De 1852 à nos jours, Paris 1972
626. J.-B. Duroselle, La France de la „Belle Epoque". La France et les Francais 1900–1914, Paris 1972
627. M. Duverger, Hg., Partis politiques et classes sociales en France, Paris 1955
628. M. Frajerman/D. Winock, Le Vote de l'impôt générale sur le revenu, 1907–1914, 1973
629. R. Girardet, Le Nationalisme francais, 1871–1914, Paris 1966
630. F. Goguel, La Politique des partis sous la 3e République, Paris 1973[4]
631. H. Guillemin, Nationalistes et Nationaux (1870–1940), Paris 1974
632. J. Hülsheimer, Interessengruppen und Zollpolitik in Frankreich: Die Auseinandersetzung um die Aufstellung des Zolltarifs von 1892, Diss. Heidelberg 1973
633. J. Julliard, Clemenceau, briseur de grèves. Paris 1965
634. J. Kayser, Les grandes batailles du radicalisme 1820–1901, Paris 1962

635. G. Krumeich, Aufrüstung und Innenpolitik in Frankreich vor dem Ersten Weltkrieg. Die Einführung der dreijährigen Dienstpflicht 1913/14, Wiesbaden 1980
636. J.-M. Mayeur, Les débuts de la IIIe République, 1871–1898, Paris 1973
637. M. O. Partin, Waldeck-Rousseau, Combes, and the Church: The Politics of Anti-Clericalism, 1899–1905, Durham (N. C.) 1969
638. M. Rébérioux, La République radicale? 1898–1914, Paris 1975
639. R. Rémond, La Droite en France, Paris 1963², Neuauflage 1968
640. D. E. Sumler, Domestic Influences on the Nationalist Revival in France, 1909–1914, in: FHS 6 (1970), 517–537
641. E. R. Tanenbaum, Die-hard Reactionaries in 20th Century France, New York 1962
642. J. Touchard, La gauche en France depuis 1900, Paris 1977
643. E. Weber, The Nationalist Revival in France, 1905–1914, Berkeley 1968²
644. Th. Zeldin, France 1848–1945, 3 Bde. New York 1973–82
645. G. Ziebura/H.-G. Haupt, Hgg., Wirtschaft und Gesellschaft in Frankreich seit 1789, Köln 1975

13. Wirtschaftliche Entwicklungen

a. Staatsinterventionismus, Organisierter Kapitalismus

646. W. Abelshauser, Infrastruktur und interregionaler Wohlstandsausgleich im Preußen der Hochindustrialisierung, in: 647, 9–58
647. F. Blaich, Hg., Staatliche Umverteilungspolitik in historischer Perspektive. Beiträge zur Entwicklung des Staatsinterventionismus in Deutschland und Österreich, Berlin 1980
648. J. Bouvier/L. Fontvieille, Hgg., L'Etat et les finances publiques en France (XVI–XXe siècle), in: Annales Economiques, Société, Civilisation, März/April 1978, 207–278
649. H. Daems/H. van der Wee, Hgg., The Rise of Managerial Capitalism, London 1974
650. F. Facius, Wirtschaft und Staat. Die Entwicklung der staatlichen Wirtschaftsverwaltung in Deutschland vom 17. Jahrhundert bis 1945, Boppard 1959
651. G. D. Feldman, Army, Industry and Labor in Germany 1914–1918, Princeton 1966
652. L. Gall, Zu Ausbildung und Charakter des Interventionsstaates, in: W. Pöls, Hg., Staat und Gesellschaft im politischen Wandel, Stuttgart 1979, 1–16

653. J. Kocka, Klassengesellschaft im Krieg. Deutsche Sozialgeschichte 1914–1918, Göttingen 1978²
654. J. Kocka, Organisierter Kapitalismus im Kaiserreich?, in: HZ 230 (1980), 613–631
655. Th. Nipperdey, Organisierter Kapitalismus. Verbände und Krise des Kaiserreiches, in: GG 5 (1979), 418–433
656. A. T. Peacock/J. V. Wiseman, The Growth of Public Expenditure in the United Kingdom, London 1967²
657. G. A. Ritter, Hg., Vom Wohlfahrtsausschuß zum Wohlfahrtsstaat, Köln 1973
658. H. P. Ullmann, Staatliche Exportförderung und private Exportinitiative. Probleme des Staatsinterventionismus im Deutschen Kaiserreich am Beispiel der staatlichen Außenhandelsförderung (1880–1919), in: VSWG 65 (1978), 157–216
659. H. A. Winkler, Hg., Organisierter Kapitalismus. Voraussetzungen und Anfänge. Göttingen 1974
660. P. Ch. Witt, Finanzpolitik und sozialer Wandel. Wachstum und Funktionswandel der Staatsausgaben in Deutschland 1871–1933, in: 741, Wehler, 565–574
661. L. Zumpe, Hg., Wirtschaft und Staat im Imperialismus: Beiträge zur Entwicklungsgeschichte des staatsmonopolistischen Kapitalismus in Deutschland, Berlin 1976

b. Landwirtschaft, Agrarkonjunkturen und Agrarbewegungen

662. W. Abel, Geschichte der Deutschen Landwirtschaft, Stuttgart 1967
663. W. Abel, Agrarkrisen und Agrarkonjunkturen. Eine Geschichte der Land- und Ernährungswirtschaft seit dem hohen Mittelalter, Hamburg/Berlin 1978
664. P. Barral, Aspects régionaux de l'agrarisme francais avant 1930, in: Le mouvement social 67 (1969)
665. P. Barral, Les agrariens français de Méline à Pisani, Paris 1968
666. J. Flemming, Landwirtschaftliche Interessen und Demokratie. Ländliche Gesellschaft, Agrarverbände und Staat 1890–1925, Bonn 1978
667. A. Gerschenkron, Bread and Democracy in Germany, New York 1968²
668. E. O. Golob, The Méline Tariff. French Agriculture and the Nationalist Economic Policy, New York 1944
669. H. Haushofer, Die deutsche Landwirtschaft im technischen Zeitalter, Stuttgart 1972²
670. J. C. Hunt, Peasants, Grain Tariffs, and Meat Quotas: Imperial German Protectionism reexamined, in: CEH 7 (1974), 311–331

671. B. MOORE, Soziale Ursprünge von Diktatur und Demokratie. Die Rolle der Grundbesitzer und Bauern bei der Entstehung der modernen Welt, Frankfurt 1969
672. P. J. PERRY, Hg., British Agriculture, 1875–1914, London 1973
673. H. J. PUHLE, Von der Agrarkrise zum Präfaschismus. Thesen zum Stellenwert der agrarischen Interessenverbände in der deutschen Politik am Ende des 19. Jahrhunderts, Wiesbaden 1972
674. H. J. PUHLE, Politische Agrarbewegungen in kapitalistischen Industriegesellschaften. Deutschland, USA und Frankreich im 20. Jahrhundert, Göttingen 1975
675. H. ROSENBERG, Probleme der deutschen Sozialgeschichte, Frankfurt 1969
676. D. SPRING, Hg., European Landed Elites in the 19th Century, Baltimore/London 1977
677. F. M. L. THOMPSON, English Landed Society in the 19th Century, London 1963
678. F. B. TIPTON, Farm labour and power politics: Germany 1850–1914, in: JEH 34 (1974)
679. E. WEBER, Peasants into Frenchman. The Modernization of Rural France, 1870–1914, Stanford UP 1976

c. *Wirtschaft: Deutsches Reich*

680. W. ABELSHAUSER/D. PETZINA, Hgg., Deutsche Wirtschaftsgeschichte im Industriezeitalter. Konjunktur, Krise, Wachstum, Königstein 1981
681. H. AUBIN/W. ZORN, Hgg., Handbuch der deutschen Wirtschafts- und Sozialgeschichte, Bd. 2: Das 19. und 20. Jahrhundert, Stuttgart 1976
682. K. BORCHARDT, Grundriß der deutschen Wirtschaftsgeschichte, Göttingen 1978
683. K. BORCHARDT, Wachstum, Krisen, Handlungsspielräume der Wirtschaftspolitik. Studien zur Wirtschaftsgeschichte des 19. und 20. Jahrhunderts, Göttingen 1982
684. K. E. BORN, Geld und Banken im 19. und 20. Jahrhundert, Stuttgart 1977
685. K. E. BORN, Hg., Moderne deutsche Wirtschaftsgeschichte, Köln 1966
686. A. FEILER, Die Konjunkturperiode 1907–1913 in Deutschland, Jena 1914
687. G. HARDACH, Deutschland in der Weltwirtschaft 1870–1970, Frankfurt 1977
688. K. HELFFERICH, Deutschlands Volkswohlstand 1888–1913, Berlin 1915
689. F. W. HENNING, Wirtschafts- und Sozialgeschichte, Bd. 2: Die Industrialisierung in Deutschland, Paderborn 1973
690. V. HENTSCHEL, Wirtschaft und Wirtschaftspolitik im Wilhelminischen Deutschland. Organisierter Kapitalismus und Interventionsstaat, Stuttgart 1978

691. V. Hentschel, Deutsche Wirtschafts- und Sozialpolitik 1815–1945, Düsseldorf 1980
692. H. Kellenbenz, Deutsche Wirtschaftsgeschichte, Bd. 2: Vom Ausgang des 18. Jahrhunderts bis zum Ende des Zweiten Weltkriegs, München 1981
693. M. Kitchen, The Political Economy of Germany 1815–1914, London 1978
694. D. Petzina, Die deutsche Wirtschaft in der Zwischenkriegszeit, Wiesbaden 1977
695. D. Petzina/W. Abelshauser, Zum Problem der relativen Stagnation der deutschen Wirtschaft in den 20er Jahren, in: H. Mommsen/D. Petzina/B. Weisbrod, Hgg., Industrielles System und politische Entwicklung in der Weimarer Republik, 1974
696. J. Riesser, Die deutschen Großbanken und ihre Konzentration im Zusammenhang mit der Entwicklung der Gesamtwirtschaft in Deutschland, Jena 1912^4
697. W. Sombart, Die deutsche Volkswirtschaft im 19. Jahrhundert und im Anfang des 20. Jahrhunderts, Berlin 1919, 1954^8
698. R. Spree, Wachstumstrends und Konjunkturzyklen in der deutschen Wirtschaft von 1820 bis 1913, Göttingen 1978
699. G. Stolper/K. Häuser/K. Borchardt, Deutsche Wirtschaft seit 1870, Tübingen 1966^2
700. St. B. Webb, Tariffs, Cartels, Technology, and Growth in the German Steel Industry, JEH 40 (1980), 309–330

d. *Wirtschaft: Großbritannien*

701. D. H. Aldcroft, Hg., The Development of British Industry and Foreign Competition, London 1968
702. R. C. Allen, International Competition in Iron and Steel, 1880–1913, in: JEH 39 (1979), 911–937
703. W. Ashworth, An Economic History of England 1870–1939, London 1960, 1978 (Neuaufl.)
704. N. K. Buxton, The Economic Development of the British Coal Industry from the Industrial Revolution to the Present Day, London 1979
705. F. Crouzet, L'Economie de la Grande-Bretagne victorienne, Paris 1978
706. Ph. Deane/W. A. Cole, British Economic Growth 1688–1959, Trends and Structures, Cambridge 1967
707. D. A. Farnie, The English Cotton Industry and the World Market 1815–1896, London 1979
708. P. Mathias, The First Industrial Nation. An Economic History of Britain 1700–1914, 1969, Neuauflage London 1978
709. D. N. McCloskey, Enterprise and Trade in Victorian Britain. Essays in Historical Economics, 1981

710. P. L. PAYNE, The Emergence of the large-Scale Company in Great Britain, 1870–1914, in: EcHR 20 (1967), 519–542
711. S. POLLARD/P. ROBERTSON, The British Shipbuilding Industry 1870–1914, Cambridge (Mass.) 1979
712. S. B. SAUL, Industrialisation and De-Industrialisation? The Interaction of the German and British Economics before the First World War, London 1980
713. R. S. SAYERS, The Bank of England 1891–1944, 3 Bde., Cambridge 1976
714. R. S. SAYERS, A History of Economic Change in England 1880–1939, 1967
715. G. THOMPSON, The Relationship between the Financial and Industrial Sectors in the United Kingdom Economy, in: Economy and Society 6 (1977)
716. J. TOMLINSON, Problems of British Economic Policy 1870–1945, London 1981

e. Wirtschaft: Frankreich

717. J. BOUVIER, Un siècle de banque francaise. Les contraintes de l'Etat et les incertitudes des marchés, Paris 1973
718. J. BOUVIER, u. a., Hgg., Histoire économique et sociale de la France, Bd. 4: L'ère industrielle et la société d'aujourdhui (1880–1980), Paris 1979
719. J. BOUVIER/F. FURET/M. GILLET, Le mouvement du profit en France au XIXe siècle, Paris 1965
720. F. CARON, Histoire économique de la France XIXe/XXe siècles, Paris 1981
721. F. CROUZET, Essor, déclin et renaissance de l'industrie française de locomotives, 1838–1914, in: Revue d'Histoire économique et sociale 55 (1977), 114–210
722. M. LÉVY-LEBOYER, La „décélération" de l'économie française dans la seconde moitié due XIXe siècle, in: RHES 4 (1971), 485–507
723. T. J. MARKOVITCH, L'industrie francaise de 1789 à 1964, 4 Bde., 1964/65

14. SOZIALE ENTWICKLUNGEN UND SOZIALE KONFLIKTE

a. Sozialgeschichte

723a. L. CECIL, The German Diplomatic Service 1871–1914, Princeton 1976
724. G. CROSSICK, Hg., The Lower Middle Class in Britain, 1870–1914, New York 1977
725. G. DUPEUX, La société francaise 1789–1970, Paris 1972[6]

726. W. L. Guttsman, The English Ruling Class, London 1969
727. H. Kaelble, Hg., Geschichte der sozialen Mobilität seit der industriellen Revolution, Königstein/Ts. 1978
728. M. Kolinsky, Continuity and Change in European Society. Germany, France and Italy since 1870, London 1974
729. D. Kynaston, King Labour: The Britisch Working Class, 1850−1914, Totowa 1976
730. D. Langewiesche, Wanderungsbewegungen in der Hochindustrialisierungsperiode. Regionale, interstädtische und innerstädtische Mobilität in Deutschland 1880−1914, in: VSWG 64 (1977), 1−40
731. T. H. Marshall, Class, Citizenship, and Social Development, New York 1964
732. E. H. Phelps Brown, A Century of Pay: The Course of Pay and Production in France, Germany, Sweden, the U. K. and the U.S.A., 1860−1960, Oxford 1968
733. W. D. Rubinstein, Men of Property: The Very Wealthy in Britain since the Industrial Revolution, London 1981
734. W. D. Rubinstein, Wealth, Elites, and the Class Structure of Modern Britain, in: Past & Present 76 (1977)
735. P. Sorlin, La Société Francaise, I: 1840−1940, Paris 1969
736. P. Stanworth/A. Giddens, Hgg., Elites and Power in British Society, 1974
737. P. N. Stearns, European Society in Upheaval. Social History since 1800, New York/London 1967
738. K. Tenfelde, Sozialgeschichte der Bergarbeiterschaft an der Ruhr im 19. Jahrhundert, Bonn 1977
739. H. U. Wehler, Hg., Klassen in der europäischen Sozialgeschichte, Göttingen 1980
740. H. U. Wehler, Hg., Moderne deutsche Sozialgeschichte, Köln 1968
741. H. U. Wehler, Hg., Sozialgeschichte heute, Göttingen 1974

b. Sozialpolitik

742. G. Adelmann, Die soziale Betriebsverfassung des Ruhrbergbaus vom Anfang des 19. Jahrhunderts bis zum Ersten Weltkrieg, Bonn 1962
743. K.-E. Born, Staat und Sozialpolitik seit Bismarcks Sturz, Wiesbaden 1957
744. M. Bruce, The Coming of the Welfare State, London 1966[3]
745. D. Fraser, The Evolution of the British Welfare State, London 1973
746. B. B. Gilbert, The Evolution of National Insurance in Great Britain: The origins of the welfare state, London 1966
747. J. Harris, Unemployment and Politics: A Study in English Social History, Oxford UP 1972

748. H. Hatzfeld, Du paupérisme à la sécurité sociale. Essai sur les origines de la sécurité sociale en France, 1850—1940, Paris 1971
749. J. R. Hay, The Origins of the Liberal Welfare Reforms, 1906—1914, London 1975
750. P. A. Köhler/H. F. Zacher, Hgg., Ein Jahrhundert Sozialversicherung in der Bundesrepublik Deutschland, Frankreich, Großbritannien, Österreich und der Schweiz, Berlin 1981
751. D. Lindenlaub, Richtungskämpfe im Verein für Sozialpolitik. Wissenschaft und Sozialpolitik im Kaiserreich . . . 1890—1914, Wiesbaden 1967
752. W. J. Mommsen, Hg., The Emergence of the Welfare State in Britain and Germany 1850—1950, London 1981
753. H. Pohl, Hg., Betriebliche Sozialpolitik deutscher Unternehmer seit dem 19. Jahrhundert, Wiesbaden 1978
754. U. Ratz, Sozialreform und Arbeiterschaft. Die „Gesellschaft für Soziale Reform" und die sozialdemokratische Arbeiterbewegung von der Jahrhundertwende bis zum Ausbruch des Ersten Weltkrieges, Berlin 1980
755. F. B. Smith, The People's Health 1830—1910, London 1979
756. F. Tennstedt, Sozialgeschichte der Sozialpolitik in Deutschland, Göttingen 1981
757. P. Thane, Hg., The Origins of British Social Policy, Totowa 1978

c. Soziale Konflikte, Gewerkschaften

758. G. S. Bain/D. Coates/V. Ellis, Social Stratification and Trade Unionism, 1973
759. A. Briggs/J. Saville, Hgg., Essays in Labour History 1886—1923, London 1971
760. J. Bron, Histoire du mouvement ouvrier francais, Paris 1970/71
761. H. A. Clegg/A. Fox/A. F. Thompson, A History of British Trade Unionism since 1889, Bd. 1.: 1889—1910, Oxford 1964
762. D. Geary, European Labour Protest 1848—1939, London 1982
762a. E. J. Hobsbawm, Hg., Labour's Turning Point, London 1948
763. R. J. Holton, British Syndicalism 1900—1914: Myths and Realities, London 1976
764. H. Kaelble/H. Volkmann, Konjunktur und Streik während des Übergangs zum organisierten Kapitalismus in Deutschland, In: ZfWSW 92 (1972), 513—544
765. L. A. Loubère, Left-wing radicals, Strikes and the Military, 1880—1907, in: FHR 3 (1963), 93—105
766. K. J. Mattheier, Die Gelben. Nationale Arbeiter zwischen Wirtschaftsfrieden und Streik, Düsseldorf 1973
767. S. Meacham, The sense of an impending clash: English working-class unrest before World War I, in: AHR 77 (1972)

768. H. Mitchell/P. N. Stearns, Workers and Protest: The European Labour Movement, the working classes and the origins of Social Democracy, 1890–1914, Ithaca, 1971

768a. W. J. Mommsen/G. Husung, Hgg., The Development of Trade Unionism in Great Britain, France and Germany from the 1880 to the First World War (Konferenz des Deutschen Historischen Instituts London, 28.–30. 5. 1981)

769. J. A. Moses, German Trade Unionism from Bismarck to Hitler, London 1981

770. T. Pierenkemper/R. Tilly, Hgg., Historische Arbeitsmarktforschung, Göttingen 1981

771. G. A. Phillips, The Triple Industrial Alliance in 1914, in: EcHR 24 (1971)

772. H. Pohl, Hg., Die Entwicklung des Arbeitskampfrechts in Deutschland und in den westlichen Nachbarstaaten, Wiesbaden 1980

773. F. F. Ridley, Revolutionary Syndicalism in France, Cambridge (Mass.) 1971

774. G. A. Ritter/K. Tenfelde, Der Durchbruch der Freien Gewerkschaften Deutschlands zur Massenbewegung im letzten Viertel des 19. Jahrhunderts, in: 787, Vetter, 61–120

775. J. Rückert/W. Friedrich, Betriebliche Arbeitsausschüsse in Deutschland, Großbritannien und Frankreich im späten 19. und frühen 20. Jahrhundert, Frankfurt 1979

776. K. Saul, Staat, Industrie, Arbeiterbewegung im Kaiserreich. Zur Innen- und Sozialpolitik des Wilhelminischen Deutschland 1903–1914, Düsseldorf 1974

777. M. Schneider, Die christlichen Gewerkschaften 1894–1933, Bonn 1982

778. M. Schneider, Aussperrung. Ihre Geschichte und Funktion vom Kaiserreich bis heute, Köln 1980

779. K. Schönhoven, Expansion und Konzentration. Studien zur Entwicklung der Freien Gewerkschaften im Wilhelminischen Deutschland 1890 bis 1914, Stuttgart 1980

780. P. Schöttler, Die Entstehung der „Bourses du Travail". Sozialpolitik und französischer Syndikalismus am Ende des 19. Jahrhunderts, Frankfurt 1982

781. E. L. Shorter/Ch. Tilly, Strikes in France 1830–1968, Cambridge 1974

782. H. Spuhler, Der Generalstreik der Eisenbahner in Frankreich 1910. Das Scheitern des revolutionären Syndikalismus und die repressive Politik Briands, Berlin 1975

783. K. Tenfelde/H. Volkmann, Hgg., Streik. Zur Geschichte des Arbeitskampfes in Deutschland während der Industrialisierung, München 1981

784. Ch., L. und R. Tilly, The Rebellious Century, Harvard UP 1975

785. R. Trempé, Les mineurs de Carmaux, 2 Bde., Paris 1971

786. P. ULLMANN, Tarifverträge und Tarifpolitik in Deutschland bis 1914, Bern 1977
787. H. O. VETTER, Hg., Vom Sozialistengesetz zur Mitbestimmung, Köln 1975
788. E. WIGHAM, The Power to manage: A history of the Engineering Employers' Federation, London 1973
789. C. WILLARD, Geschichte der französischen Arbeiterbewegung, Frankfurt 1981

15. ARBEITERBEWEGUNG, SOZIALDEMOKRATIE, SOZIALISTISCHE PARTEIEN

790. J. DROZ, Hg., Histoire du socialisme, Bd. 2: de 1875 à 1918, Paris 1974
791. D. GEARY, The German labour movement 1848−1919, in: EStR 6 (1976)
792. D. GROH, Negative Integration und revolutionärer Attentismus. Die deutsche Sozialdemokratie am Vorabend des Ersten Weltkrieges, Frankfurt 1973
793. E. H. HUNT, British Labour History 1815−1914, London 1981
794. W. H. MAEHL, August Bebel. Shadow Emperor of the German Workers, Philadelphia 1980
795. D. MARQUAND, Ramsay MacDonald, London 1977
796. R. MCKIBBIN, The Evolution of the Labour Party 1910−1924, London 1974
797. S. MILLER, Burgfrieden und Klassenkampf. Die deutsche Sozialdemokratie im Ersten Weltkrieg, Düsseldorf 1974
798. H. MOMMSEN, Arbeiterbewegung und Nationale Frage, Göttingen 1978
799. J. P. NETTL, The German Social Democratic Party 1890−1914 as a political model, in: Past & Present 30 (1965), 65−95
800. G. A. RITTER, Arbeiterbewegung, Parteien und Parlamentarismus, Göttingen 1976
801. G. A. RITTER, Staat, Arbeiterschaft und Arbeiterbewegung in Deutschland, Berlin 1980
802. G. ROTH, The Social Democrats in Imperial Germany. A Study in Working-Class Isolation and National Integration, Totowa 1963
803. C. E. SCHORSKE, German Social Democracy 1905−1917. The Development of the Great Schism, Harvard 1955, New York 1972
804. P. STEINBACH, Sozialdemokratisches Verfassungsverständnis zwischen Reichsgründung und Nationalsozialismus, in: Aus Politik und Zeitgeschichte B 22/80, 19−33
805. H.-J. STEINBERG, Sozialismus und deutsche Sozialdemokratie. Zur Ideologie der Partei vor dem 1. Weltkrieg, 1967, Bonn 1976[4]

16. Unternehmer, Angestellte, Bourgeoisie, Bürgertum

806. D. W. Blackbourn, The Mittelstand in German Society and Politics, 1871–1914, in: Social History 4 (1977)
807. A. D. Chandler/H. Daems, Hgg., Managerial Hierarchies, Cambridge (Mass.) 1980
808. R. Dahrendorff, Gesellschaft und Demokratie in Deutschland, München 1971
809. R. Gellately, The Politics of Economic Despair: Shopkeepers and German Politics, 1890–1914, New York 1974
810. H. Henning, Das westdeutsche Bürgertum in der Epoche der Hochindustrialisierung 1860–1914, München 1972 (Teil 1)
811. H. Jäger, Unternehmer in der deutschen Politik (1890–1918), Bonn 1967
812. K. H. Jarausch, Students, Society, and Politics in Imperial Germany. The Rise of Academic Illiberalism, Princeton 1982
813. K. H. Jarausch, Hg., The Transformation of Higher Learning 1860–1930. Expansion, Diversification, Social Opening and Professionalisation in England, Germany, Russia and the United States, Stuttgart 1983
814. J. Kocka, Hg., Soziale Schichtung und Mobilität in Deutschland im 19. und 20. Jahrhundert, in: GG1 (1975)
815. J. Kocka, Großunternehmen und der Aufstieg des Manager-Kapitalismus im späten 19. und frühen 20. Jahrhundert: Deutschland im internationalen Vergleich, in: HZ 230 (1981), 39–60
816. J. Kocka, Angestellte zwischen Faschismus und Demokratie. Zur politischen Sozialgeschichte der Angestellten: USA 1890–1940 im internationalen Vergleich, Göttingen 1977
817. J. Kocka, Hg., Angestellte im europäischen Vergleich, in: GG Sonderheft 7, Göttingen 1981
818. G. Martin, Die bürgerlichen Exzellenzen. Zur Sozialgeschichte der preußischen Generalität 1812–1918, Düsseldorf 1979
819. D. McClellan, State, Society and Universities in Germany, 1700–1914, Cambridge 1980
820. Ch. Morazé, La France bourgeoise XVIII–XXe siécle, 1946, 1952²
821. G. Palmade, Capitalisme et capitalistes francais au XIXe siècle, Paris 1963
822. P. L. Payne, British Entrepreneurship in the 19th century, London 1974
823. F. Ponteil, Les classes bourgeoises et l'avénement de la démocratie 1815–1914, Paris 1968
824. N. V. Preradovich, Die Führungsschichten in Österreich und Preußen 1804–1918, Wiesbaden 1967²
825. W. J. Reader, Professional Men: The rise of the professional classes in 19th century England, London 1966
826. F. Ringer, The Decline of the Mandarines. The German Academic Community 1890–1933, Cambridge (Mass.) 1969

827. H. Rosenberg, Machteliten und Wirtschaftskonjunkturen, Göttingen 1978
827a. Th. Schieder, Staat und Gesellschaft im Wandel unserer Zeit, München 1958
828. K. Vondung, Hg., Das wilhelminische Bildungsbürgertum. Zur Sozialgeschichte seiner Ideen, Göttingen 1976

Abkürzungsverzeichnis

AfS	Archiv für Sozialgeschichte
AHR	American Historical Review
BHR	Business History Review
BJIS	British Journal of International Studies
CEH	Central European History
CSSH	Comparative Studies in Society and History
EcHR	Economic History Review
EHR	English Historical Review
EstR	European Studies Review
FHS	French Historical Studies
GG	Geschichte und Gesellschaft
GWU	Geschichte in Wissenschaft und Unterricht
HJ	Historical Journal
HJb	Historisches Jahrbuch der Görres-Gesellschaft
HZ	Historische Zeitschrift
JCCP	Journal of Commonwealth and Comparative Politics
JCH	Journal of Contemporary History
JEH	Journal of Economic History
JICH	Journal of Imperial and Commonwealth History
JMH	Journal of Modern History
JWG	Jahrbuch für Wirtschaftsgeschichte
MGM	Militärgeschichtliche Mitteilungen
NPL	Neue Politische Literatur
NWB	Neue Wissenschaftliche Bibliothek
PVS	Politische Vierteljahresschrift
RH	Revue Historique
RHES	Revue d'histoire économique et sociale
RI	Relations Internationales
SEER	The Slavonic and East European Review
VSWG	Vierteljahrsschrift für Sozial- und Wirtschaftsgeschichte
WaG	Welt als Geschichte
ZfWSW	Zeitschrift für Wirtschafts- und Sozialwissenschaften

Zeittafel

1890

4.2.	Februar-Erlasse: Kaiserliche Ankündigung eines „Neuen Kurs" in der Sozialpolitik
20.2.	Wahlen zum Deutschen Reichstag; SPD gewinnt erstmals Mehrheit der abgegebenen Stimmen
18.3.	Rücktritt Bismarcks
18.6.	Erlöschen des Rückversicherungsvertrages
1.7.	Helgoland-Sansibar-Vertrag zwischen Großbritannien und dem Deutschen Reich
1.10.	Außer-Kraft-Treten des Sozialistengesetzes
16./17.11.	Bildung der Generalkommission der Gewerkschaften Deutschlands anläßlich der 1. Konferenz der Vorstände deutscher Gewerkschaften

1891

März	Beginn des Baus der Transsibirischen Eisenbahn
15.5.	Enzyklika "Rerum Novarum"
6.5.	Verlängerung des Dreibundvertrags zwischen Italien, Österreich-Ungarn und dem Deutschen Reich
11.6.	Schutzzollgesetz Rußlands (Mendeleev-Tarif)
23.7.	Besuch der französischen Kriegsflotte in Kronstadt
27.8.	Französisch-russische Entente
14.–21.10.	Erfurter Parteitag der SPD, „Erfurter Programm"
18.12.	Der Deutsche Reichstag stimmt den Handelsverträgen mit Österreich-Ungarn, Belgien, Italien, der Schweiz zu

1892

11.1.	Verabschiedung des Méline-Schutzzolltarifs in Frankreich
Januar	Proteste der Liberalen gegen Zedlitz' Entwurf eines Volksschulgesetzes
23.3.	Rücktritt Caprivis als Präsident des Preußischen Staatsministeriums
März/Mai und August-November	Bergarbeiterstreiks in Frankreich, die zum Zwecke politischer Mobilisierung weitergeführt werden
17.8.	französisch-russische Militärkonvention, Vereinbarung zwischen den Generalstäben
November	Panamaskandal in Frankreich

1893

18.2.	Gründungsversammlung des Bundes der Landwirte
Februar-September	2. Home-Rule-Gesetzvorlage der Regierung Gladstone, vom Unterhaus angenommen, Veto des Oberhauses
Juni	Französisch-russischer Handelsvertrag
Juni-Oktober	Handels- und Zollkrieg zwischen Rußland und dem Deutschen Reich
15.7.	Verabschiedung der „Lex Huene" im Reichstag (nach Neuwahlen); Heraufsetzung der Friedenspräsenzstärke um rd. 59 000 Mann
August-17.11.	Bergarbeiterstreik in Großbritannien
13.10.	Gegenbesuch der russischen Kriegsmarine in Toulon

1894

27.12.93-4.1.	Notenwechsel zwischen Frankreich und Rußland setzt die Militärkonvention von 1892 in Kraft und vereinbart Verteidigungsbündnis
31.1.	Anfrage Außenministers Rosebery betr. Verhalten des Dreibundes im Falle eines britisch-russischen Konfliktes um die Meerengen
10.2.	Unterzeichnung des deutsch-russischen Handelsvertrags; Annahme durch den Reichstag am 16.3.
Mai-Nov.	Streit zwischen Frankreich/Deutsches Reich und Großbritannien um den Kongo-Vertrag und Ostafrika
24.6.	Ermordung des französischen Staatspräsidenten Carnot durch einen italienischen Anarchisten
1.8.	Ausbruch des japanisch-chinesischen Krieges
23.10.	Rücktritt Caprivis als Reichskanzler
26.10.	Ernennung des Fürsten Chlodwig zu Hohenlohe-Schillingsfürst zum Reichskanzler
1.11.	Thronbesteigung Nikolaus II. in Rußland
5.12.	Einbringung der „Umsturzvorlage" in den Deutschen Reichstag
Dezember	Beginn der Dreyfus-Affäre in Frankreich

1895

17.4.	Frieden von Shimonoseki (China muß Formosa und die Pescadores-Inseln an Japan abtreten)
18.6.	Eröffnung des Nord-Ostsee-Kanals (Kaiser Wilhelm-Kanal)
Juni	Rücktritt der Liberalen Regierung, Bildung der Konservativen-, Neuwahlen, Bestätigung der Regierung Salisbury

September	Gründung der Confédération Générale du Travail
29.12.	Jameson Raid

1896

3.1.	Depesche Wilhelm II, an den Präsidenten der Burenrepublik, Krüger
Januar	Anfragen Österreich-Ungarn an Großbritannien, sich auf die Verteidigung der Meerengen festzulegen; wegen der englischen Ablehnung unterbleibt die Erneuerung des Mittelmeerabkommens
1.3.	Niederlage Italiens gegen Abessinien in der Schlacht von Adua
1.7.	Reichstag verabschiedet Bürgerliches Gesetzbuch (BGB)
ab Sommer	Unruhen und Protestaktionen in Finnland, Polen, Baltikum, in der Ukraine gegen „Russifizierungspolitik"
November/6.2.97	Hamburger Hafenarbeiterstreik

1897

−1899	Obstruktionspolitik der deutschen und tschechischen Nationalisten in der österreichischen Reichshälfte aufgrund des Erlasses bzw. der Zurücknahme der Badeni'schen Sprachenverordnung
April	Ausbruch des griechisch-türkischen Krieges
27.−29.4.	Besuch Kaiser Franz Josephs in Petersburg
5.5.	Russisch-österreichisches Stillhalte-Abkommen für den Balkan
Juni	Staatssekretärs-(Regierungs-)Krise im Deutschen Reich
15.6.	Tirpitz wird Staatssekretär im Reichsmarineamt
15.7.	Aufruf des preußischen Finanzministers Miquel zur Sammlung der staatstragenden Kräfte
Juli−15.1.98	Metallarbeiter-(„engineering")Streik in Großbritannien
30.7.	Großbritannien kündigt den Handelsvertrag von 1865 mit dem Deutschen Reich (Zollverein)
20.10.	Bülow wird Staatssekretär im deutschen Auswärtigen Amt
14.11.	Landung einer deutschen Kreuzer-Division in Kiautschou
6.12.	Einbringung des ersten Tirpitzschen Flottengesetzes im Reichstag; Bülows „Platz-an-der-Sonne"-Rede
14.12.	Rußland nimmt Port Arthur in Besitz

1898

6.3.	Pachtvertrag des Deutschen Reiches mit China betr. Kiautschou

28.3.	Reichstag verabschiedet das erste Flottengesetz Tirpitz'
Ende März–Mai	Englisch-deutsche Bündnissondierungen
April–August	Amerikanisch-spanischer Krieg; die USA besetzen Guam und die Philippinen, Protektormacht über Kuba und Puerto Rico
16.6.	Wahlen zum Deutschen Reichstag
August	Ausbruch des Samoa-Konflikts zwischen Deutschland, Großbritannien und den USA
30.8.	Windsor-Vertrag über künftige Interessenwahrnehmung Deutschlands und Großbritanniens im Fall der Auflösung des portugiesischen Kolonialreichs in Afrika
18.9.–4.11.	Faschoda-Krise
8.11.	Wilhelm II. in Damaskus, erklärt sich zum Schutzherrn der 300 Millionen Mohammedaner
21.11.	Französisch-italienischer Handelsvertrag beendet zehnjährigen Zoll- und Handelskrieg

1899

14.3.	Einbringung der Mittelland-Kanalvorlage im preußischen Landtag
21.3.	Britisch-französische Deklaration über beiderseitige Interessensphären im Sudan und Mittelafrika
23.3.–30.12.	Erteilung der Vorkonzessionen und Konzessionen zum Bau der Bagdadbahn durch den Sultan
2.4.	Einbringung des Gesetzentwurfs zum Schutz der gewerblichen Arbeitsverhältnisse („Zuchthausvorlage") im Reichstag; am 20.11. vom Reichstag abgelehnt
28.4.	Britisch-russisches Abkommen über Einflußzonen in Süd- und Nordchina
18.5.–29.7.	Erste Haager Friedenskonferenz, Abrüstungsfragen
22.6.	Regierung der republikanischen Konzentration in Frankreich unter Waldeck-Rousseau
9.8.	Erweiterung des französisch-russischen Bündnisses anläßlich Delcassés Besuch in Petersburg
12.10.	Ausbruch des Burenkriegs
8.11.	Besuch des Zaren Nikolaus II. in Potsdam
14.11.	Deutsch-britisches Abkommen über Samoa
20.–28.11.	Besuch Wilhelms II. und Bülows in England

1900

25.1.	Einbringung der Flottenvorlage im Reichstag; Verdoppelung des geplanten Flottenbestands

2.2.	Großbritannien überläßt den USA den Bau des Panama-Kanals (Hay-Pauncefote-Vertragsentwurf)
12.6.	Verabschiedung der Flottenvorlage durch den Reichstag
Juni—August	„Boxer"-Aufstand in China, gemeinsame Intervention der europäischen Großmächte
16.10.	Jangtse-Abkommen (Deutsches Reich—Großbritannien)
17.10.	Bülow zum Reichskanzler ernannt

1901

Januar—Mai	„Bündnis"verhandlungen zwischen Großbritannien und dem Reich
25.4.	Besuch Delcassés in Petersburg; Ratifizierung der revidierten Militärkonvention
22.7.	Urteil des House of Lords als Oberster Gerichtshof im Taff Vale-Case
Oktober—Dezember	öffentliche Dispute zwischen Chamberlain und Bülow; Ende der sog. Bündnisverhandlungen

1902

30.1.	Abschluß des britisch-japanischen Bündnisses
31.5.	Friede von Vereeniging, Ende des Burenkriegs
30.6.—10.7.	französisch-italienische Entente
1.11.	französisch-italienisches Geheimabkommen
13./14.12.	Verabschiedung des Bülow-Zoll-Tarifs durch den Reichstag

1903

19.—23.1.	Reichstagsdebatte, Kritik am „persönlichen Regime" des Kaisers
13.4.	Konstituierung der „Société Impériale Ottomane des chemins de fer de Bagdad" und Beginn des Baus der Bagdadbahn
1.—4.5.	Besuch König Eduards VII. in Paris
11.6.	Ermordung des serbischen Königspaares durch nationalistische Offiziere
16.6.	Wahlen zum Deutschen Reichstag (Stichwahlen bis 27.6.); Mandatsgewinne für die SPD
Juni	offizieller Beginn der Tariff-Reform-Kampagne Joseph Chamberlains
13.—19.9.	Parteitag der SPD in Dresden, Verurteilung der Revisionisten und Reformisten
3.10.	Mürzsteger Punktation: Russisch-österreichische Vereinbarung betr. Erhaltung des Status quo in der Türkei und Durchführung von Reformen in Mazedonien

1904

8.2.	Ausbruch des russisch-japanischen Kriegs; japanischer Überfall auf Port Arthur
8.4.	Entente Cordiale zwischen Frankreich und Großbritannien
28.7.	Unterzeichnung des deutsch-russischen Handelsvertrags
August	Internationaler Sozialisten-Kongreß in Amsterdam
3.10.(bis 1908)	Herero- und Hottentotten-Aufstände in Deutsch-Südwestafrika
21./22.10.	Doggerbank-Zwischenfall; Bündnisvorschlag Wilhelms II. an den Zaren

1905

2.1.	Fall von Port Arthur
22.1.	„Blutiger Sonntag" in Petersburg
Januar–März	Bergarbeiterstreik im Ruhrgebiet
2.2.	Rede des Ersten Zivillords der britischen Admiralität, Lee; Ankündigung, ggf. die deutsche Kriegsmarine durch einen Überraschungsschlag auszuschalten
Februar	„Caxton Hall Concordat" zwischen Trades Union Congress, Labour Representation Committee und General Federation of Trade Unions
22.2.	Zustimmung des Reichstags zu den Handelsverträgen mit Rußland, Österreich-Ungarn, Rumänien, Serbien, Belgien, Italien, und der Schweiz
1.–10.3.	Niederlage Rußlands in der Schlacht von Mukden
31.3.	Landung Wilhelms II. in Tanger, 1. Marokko-Krise
27.5.	Schlacht bei Tshushima, Vernichtung der russischen Flotte
6.6.	Sturz Außenminister Delcassés
Mai–Oktober	soziale Unruhen, „Revolution" in Rußland
23./24.7.	Treffen Wilhelms II. mit dem Zaren bei Björkö
5.9.	Frieden von Portsmouth (USA) zwischen Japan und Rußland
28.9.	Einvernehmen über das Programm für eine Marokko-Konferenz
Dezember	Gesetz über die Trennung von Staat und Kirche in Frankreich vom Parlament verabschiedet; tritt am 11.12.1906 in Kraft

1906

1.1.	Moltke zum Nachfolger Schlieffens als Generalstabschef des deutschen Heeres ernannt
12.1. bis Ende Januar	Wahlen zum britischen Unterhaus; überlegener Erfolg der Liberalen

16.1.–7.4.	Konferenz von Algeciras
Ende Januar	Außenminister Grey autorisiert Stabsgespräche zwischen Großbritannien und Belgien resp. Großbritannien und Frankreich
Februar	Stapellauf der beiden ersten britischen „Dreadnoughts"
16.2.	Geheimtreffen des Vorstands der SPD und der Gewerkschaftsführung betr. Haltung in der Massenstreikfrage
April	Beginn des Handels- und Zollkriegs zwischen Österreich-Ungarn und Serbien („Schweinekrieg")
19.5.	Reichstag verabschiedet in 3. Lesung Novelle zum deutschen Flottengesetz
Oktober–20.7.1909	Regierung Clemenceau in Frankreich
13.10.	Confédération Générale du Travail nimmt Charta von Amiens an
13.12.	Auflösung des Reichstags und Neuwahlen („Hottentottenwahlen")

1907

25.1.–5.2.	Wahlen und Stichwahlen zum Deutschen Reichstag
Februar	Bildung des Bülow-Blocks
Mai	Nach Einführung des allgemeinen Wahlrechts in Zisleithanien (Österreich) erste Wahlen auf dieser Rechtsgrundlage
10.6.	Französisch-japanische Entente
Juni	Auflösung der 2. Duma und Oktroyierung eines neuen Wahlrechts
15.6.	Eröffnung der Zweiten Haager Friedenskonferenz
30.7.	Russisch-japanische Entente
3.–6.8.	Monarchentreffen Wilhelm II./Nikolaus II. in Swinemünde
14.8.	Treffen Wilhelms II. mit Eduard VII. in Wilhelmshöhe
17.–24.8.	Kongreß der Sozialistischen Internationale in Stuttgart
31.8.	Britisch-Russische Entente *bez.* Persien, Tibet und Afghanistan
November–Januar 1908	Wahlrechtsdemonstrationen in Preußen gegen das Dreiklassenwahlrecht

1908

27.3.	Beschleunigungsprogramm für den Flottenbau im Reichstag in 3. Lesung angenommen
8.4.	Umbildung der Liberalen Regierung unter Asquith; Lloyd George wird Schatzkanzler
9.–10.6.	Treffen Eduards VII. mit dem Zaren in Reval

Anfang Juli	Erhebung der „Jungtürken" in Saloniki, führt zum Sturz des Sultans
Mitte August	Treffen Wilhelms II. mit Eduard VII. in Kronberg (Flottenabkommen von deutscher Seite abgelehnt)
16.9.	Treffen Ährenthals mit Iswolskij auf Schloß Buchlau
7.10.	Annexion Bosniens und der Herzegowina durch Österreich-Ungarn
8.10.	Wilhelm II. versichert Österreich–Ungarn „unerschütterlicher Bündnistreue"
28.10.	Die englische Tageszeitung Daily Telegraph veröffentlicht Interview des Kaisers mit Oberst Worthley vom Februar 1908
10./11.11.	Reichstagsdebatte über Daily-Telegraph-Affäre; Kritik am persönlichen Regiment Wilhelms II., doch bleiben die Ansätze zur Verfassungsreform stecken
15.11.	Einbringung der Reichsfinanzreform-Vorlage im Reichstag

1909

1.1.–März	Briefwechsel zwischen den Generalstabschefs Moltke und Conrad von Hötzendorff
9.2.	deutsch-französisches Abkommen über Marokko
12.–29.3.	Erhöhung des britischen Marine-Etats vom Parlament – vor dem Hintergrund einer Flottenagitation – beschlossen
14.–23.3.	Deutsche Druckmanöver auf Rußland, Serbien nicht gegen Österreich–Ungarn zu unterstützen
24.3.	faktisches Auseinanderbrechen des Bülow-Blocks
30.4.	Lloyd George's „People's Budget" im Parlament eingebracht
12.6.	Gründung des Hansabundes
24.6.	Bülows Reichsfinanzreformvorlage scheitert im Reichstag, Bülow reicht sein Rücktrittsgesuch ein
14.7.	Bethmann Hollweg zum Reichskanzler ernannt
Oktober	russisch-italienischer Geheimvertrag von Raccognigi
Oktober–Mai 1910	Bemühungen Bethmann Hollwegs um ein Neutralitätsabkommen mit Großbritannien

1910

15.1.	Wahlen in Großbritannien
6.2.–6.3.	Wahlrechtsdemonstrationen gegen preußisches Dreiklassenwahlrecht
1.4.	Inkrafttreten des neuen französischen Schutzzollgesetzes

27.5.	Bethmann Hollweg zieht die am 10.2.1910 eingebrachte Wahlreformvorlage zurück
29./30.10.	Regierung Briand erhält Vertrauensvotum für Niederwerfung des Eisenbahnerstreiks
3./4.11.	Deutsch-russisches Monarchen- und Außenministertreffen in Potsdam betr. Interessenabgrenzung in Persien und in der Bagdadbahnfrage
2.–20.12.	Wahlen in Großbritannien; Patt zwischen Liberalen und Konservativen, doch regieren die Liberalen mit parlamentarischer Unterstützung der Labour Party und der Irish Nationalists weiter (bis 1915)

1911

21.5.	Französische Truppen besetzen Fez (Marokko)
26.5.	Verabschiedung der Elsaß-Lothringischen Verfassungsreform durch den Reichstag
30.5.	Reichsversicherungsordnung tritt in Kraft
1.7.	Landung des deutschen Kanonenboots „Panther" in Agadir, Zuspitzung der 2. Marokko-Krise
21.7.	Mansion House-Rede Lloyd Georges
10.8.	Parliament Act in Großbritannien; unter Androhung eines Pair-Schubs stimmt das Oberhaus dem von der Regierungsmehrheit im Unterhaus gebilligten Gesetz zu; House of Lords verliert u. a. Vetorecht in Finanzfragen
Mitte August	Eisenbahnerstreik in Großbritannien
29.9.	Italien annektiert Tripolis, Ausbruch des italienisch-türkischen Kriegs
4.11.	Deutsch-französisches Abkommen über Marokko-Kongo
16.12.	National Insurance Act tritt in Großbritannien in Kraft

1912

12.–25.1.	Wahlen zum Deutschen Reichstag; SPD wird stärkste Fraktion
13.1.	Regierung Poincaré in Frankreich
7.2.	Wilhelm II. kündigt Heeres- und Flottenvorlagen an
8./9.2.	Gespräche Haldanes mit Bethmann Hollweg, Wilhelm II. und Tirpitz in Berlin
Februar–März	Bergarbeiterstreik in Großbritannien
10.–19.3.	Bergarbeiterstreik im Ruhrgebiet
13.3.	Abschluß der Balkanliga zwischen Serbien und Bulgarien
14.–21.5.	Reichstag verabschiedet Marine- und Heeresvorlage, Treffen Wilhelms II. mit dem Zaren in Baltisch-Port

Ende Juli	Absprachen zwischen Frankreich und Großbritannien betr. Disposition der Kriegsmarine im Kriegsfall
August	Besuch Poincarés in Petersburg; französisch-russische Marinekonvention
17.10.	Balkanliga erklärt der Türkei den Krieg/1. Balkankrieg
22./23.11.	Briefwechsel Grey—Cambon
Ende November —Dezember	Adria-Krise
27.11.	Reichstagsdebatte über Lebensmittelteuerungen; Reichstag macht erstmals vom Recht Gebrauch, Mißtrauensvotum gegen den Reichskanzler zu stellen
5.12.	Erneuerung und (auf Drängen Italiens) offensive Umdeutung des Dreibundvertrags
8.12.	sog. Kriegsrat Wilhelms II. mit Moltke und Tirpitz, ohne den Reichskanzler

1913

17.1.	Poincaré zum Präsidenten der Republik Frankreich gewählt
26.3.	Der britische Marineminister Churchill schlägt „Naval Holiday" vor
30.5.	Präliminarfrieden von London zur Beilegung des Balkankriegs
30.6.	Reichstag billigt Heeresverstärkung und vereinbart Steuerkompromiß
30.6.	Ausbruch des zweiten Balkankriegs
19.7.—7.8.	Kammer und Senat verabschieden „loi de trois ans"
10.8.	Frieden von Bukarest; Bulgarien muß Mazedonien abtreten
13.8.	Paraphierung eines deutsch-britischen Abkommens über portugiesische Kolonien (Mozambique, Angola)
24.8.	Neubelebung des „Kartells der schaffenden Stände" anläßlich der Jahrestagung des Reichsdeutschen Mittelstandsverbands
September	Parteitag der SPD in Jena, „Massenstreikdebatte"
18.10.	Deutsches Reich deckt Österreich-Ungarns Ultimatum an Serbien
November—Dezember	Zabern-Affäre und Reichstagsdebatte (Mißtrauensvotum gegen Bethmann Hollweg)
14.12.	Liman von Sanders-Mission trifft in Konstantinopel ein

1914

20.1.	„Innenminister" Delbrück erklärt im Reichstag „Stop der Sozialpolitik"

15.2.	deutsch-französische Vereinbarungen über finanzimperialistische Interessen im Nahen und Mittleren Osten
2.3.	Alarmartikel in der „Kölnischen Zeitung", Warnung vor russischer Rüstung gegen Deutschland
März–Juli	Rebellion in Ulster, in Armeekreisen gegen „Home-Rule for Ireland"
23.4.	„Triple Alliance" der drei großen britischen Gewerkschaften der Bergarbeiter, Eisenbahner und Transportarbeiter, Verabredung betr. gemeinsamer Streikvorbereitungen
26.4. und 10.5.	Wahlen in Frankreich, Mandatsgewinne für die S.F.I.O.
Mai	britisch-russische Fühlungnahmen betr. Abschluß einer Marinekonvention
15.6.	Paraphierung eines deutsch-britischen Abkommens betr. Bagdadbahn und Ölkonzessionen in Mesopotamien
28.6.	Ermordung Erzherzogs Franz Ferdinand in Sarajewo
5.7.	Hoyos-Mission in Berlin: Wilhelm II. erteilt Österreich-Ungarn „Blankovollmacht"
6.7.	Wilhelm II. bricht zur Yacht-Reise nach Norwegen auf
15.7.	Poincaré und Ministerpräsident Viviani brechen zum Staatsbesuch nach Petersburg auf
20.–23.7.	Staatsbesuch Poincarés und Vivianis in Petersburg
23.7.	Österreichs Ultimatum an Serbien übergeben
25.7.	Russischer Kronrat beschließt, Serbien zu unterstützen; Anordnung, die Mobilmachung einzuleiten
25.7.	Wien bricht diplomatische Beziehungen mit Serbien ab
25.7.	Die Reichsregierung gibt Greys Vermittlungsvorschläge an Wien weiter
26.7.	Grey schlägt Viermächte-Konferenz (Botschafterebene) in London vor
26.7.	Österreich–Ungarn macht an der Grenze zum Russischen Reich mobil
26.7.	Frankreich beginnt mit Kriegsbereitschafts-Vorbereitung
27.7.	Bethmann Hollweg lehnt Greys Vorschlag ab, die französische Regierung akzeptiert den Vorschlag einer Viermächte-Konferenz
28.7.	Österreich–Ungarn erklärt Serbien den Krieg
28.7.	Wilhelm II. appelliert an den Verbündeten, „Halt in Belgrad" zu machen
28.7.	Teilmobilmachung Rußlands in den vier westlichen Militärdistrikten
29.7.	Wien lehnt Verhandlungen mit Serbien ab
29.7.	Deutschland warnt Rußland vor Teil-Mobilmachung

29.7.	Generalstabschef Moltke verlangt Generalmobilmachung
29.7.	Bethmann Hollweg bemüht um Sicherung der britischen Neutralität
29.7.	Grey lehnt Neutralität Großbritanniens im Fall eines „continental war" ab
30.7.	Generalmobilmachung in Rußland für den 31.7. angeordnet
31.7.	nach Bekanntwerden der russischen Generalmobilmachung verkündet Wilhelm II. „Zustand drohender Kriegsgefahr"
31.7.	Französischer Ministerrat beschließt Generalmobilmachung
31.7.	Generalmobilmachung in Österreich–Ungarn
1.8.	Generalmobilmachung im Deutschen Reich und Kriegserklärung an Rußland
2.8.	Deutsches Ultimatum an Belgien, deutsche Truppen besetzen Luxemburg
3.8.	Deutschland erklärt Frankreich den Krieg
3.8.	Italien erklärt seine Neutralität
3.8.	Britisches Kabinett beschließt Ultimatum an Deutschland
3./4.8.	Einmarsch deutscher Truppen in Belgien
4.8.	Britisches Ultimatum an Deutsches Reich übermittelt

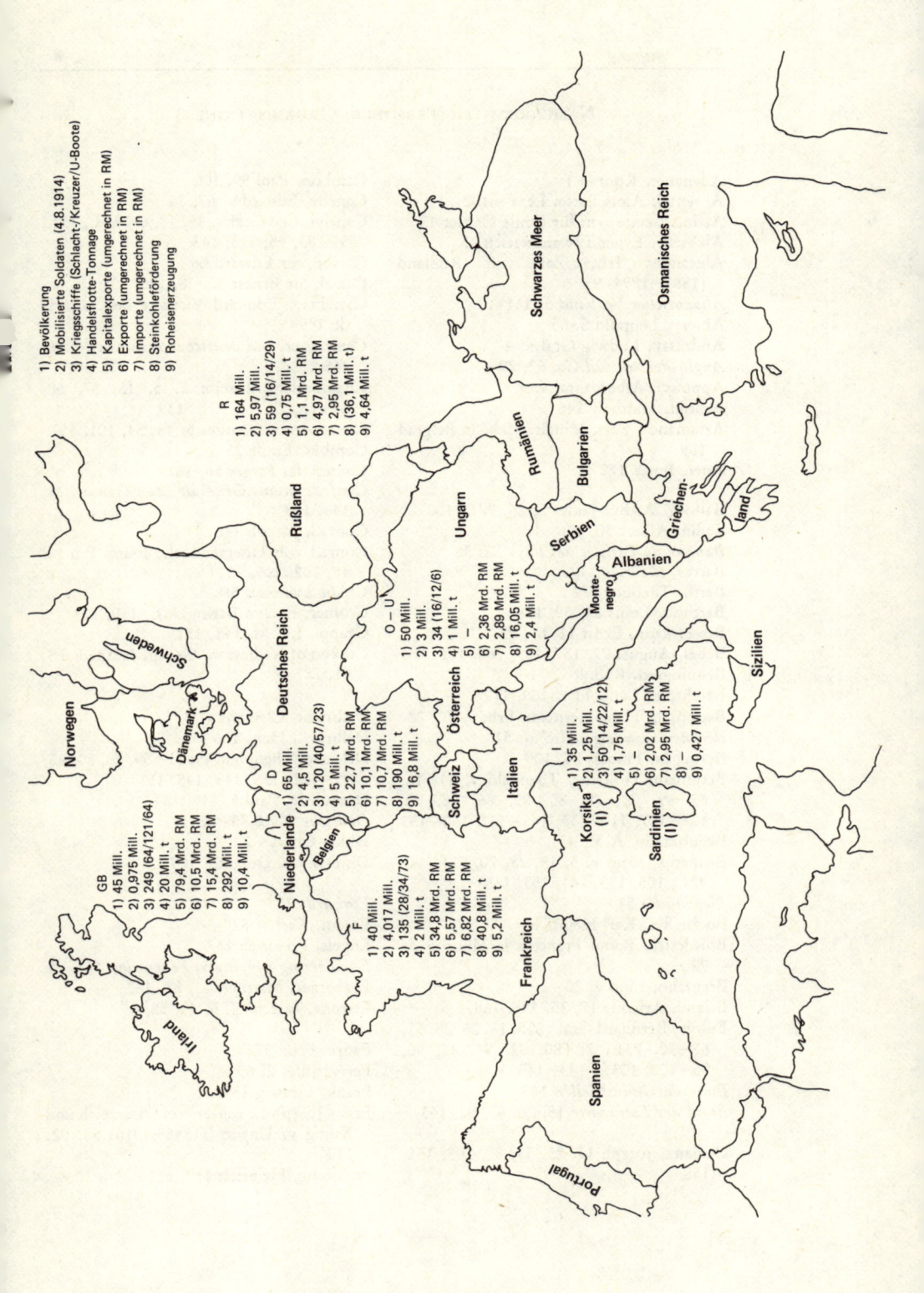

Legende:
1) Bevölkerung
2) Mobilisierte Soldaten (4.8.1914)
3) Kriegsschiffe (Schlacht-/Kreuzer/U-Boote)
4) Handelsflotte-Tonnage
5) Kapitalexporte (umgerechnet in RM)
6) Exporte (umgerechnet in RM)
7) Importe (umgerechnet in RM)
8) Steinkohleförderung
9) Roheisenerzeugung

R (Rußland)
1) 164 Mill.
2) 5,97 Mill.
3) 59 (16/14/29)
4) 0,75 Mill. t
5) 1,1 Mrd. RM
6) 4,97 Mrd. RM
7) 2,95 Mrd. RM
8) (36,1 Mill. t)
9) 4,64 Mill. t

D (Deutsches Reich)
1) 65 Mill.
2) 4,5 Mill.
3) 120 (40/57/23)
4) 5 Mill. t
5) 22,7 Mrd. RM
6) 10,1 Mrd. RM
7) 10,7 Mrd. RM
8) 190 Mill. t
9) 16,8 Mill. t

O – U (Österreich-Ungarn)
1) 50 Mill.
2) 3 Mill.
3) 34 (16/12/6)
4) 1 Mill. t
5) –
6) 2,36 Mrd. RM
7) 2,89 Mrd. RM
8) 16,05 Mill. t
9) 2,4 Mill. t

GB
1) 45 Mill.
2) 0,975 Mill.
3) 249 (64/121/64)
4) 20 Mill. t
5) 79,4 Mrd. RM
6) 10,5 Mrd. RM
7) 15,4 Mrd. RM
8) 292 Mill. t
9) 10,4 Mill. t

F (Frankreich)
1) 40 Mill.
2) 4,017 Mill.
3) 135 (28/34/73)
4) 2 Mill. t
5) 34,8 Mrd. RM
6) 5,57 Mrd. RM
7) 6,82 Mrd. RM
8) 40,8 Mill. t
9) 5,2 Mill. t

I (Italien)
1) 35 Mill.
2) 1,25 Mill.
3) 50 (14/22/12)
4) 1,75 Mill. t
5) –
6) 2,02 Mrd. RM
7) 2,95 Mrd. RM
8) –
9) 0,427 Mill. t

Namenregister (Personen, Organisationen)

Adenauer, Konrad 1
Ährental, Alois Baron Lexa v. 102
Alain, Pseudonym für Emile Cartier 13
Alekseev, Evgenii Iwanowitsch 45
Alexander III., Zar von Rußland (1881—1894) 93
Alldeutscher Verband 5, 161
Amery, Leopold S. 65
Andrassy, Ludwig Graf v. 4
Anglo-Persian Oil Co. 62, 79
Apponyi, Albert Graf v. 4
Arnold, Matthew 146
Artamanov, russ. Militärattaché in Belgrad 109
Auer, Ignaz 172

Balfour, Arthur James 5, 26, 97f., 100
Ballin, Albert 30, 106
Banque de Paris et des Pays Bas 56
Barrès, Maurice 149
Barth, Theodor 172
Barthou, Louis 25, 59, 158
Bassermann, Ernst 11, 69, 73
Bebel, August 27, 157, 159, 168, 171f.
Benningsen, Rudolf v. 71
Berchtold, Leopold v. 109, 112
Berlepsch, Hans Hermann Frh. v. 20, 72
Berliner Handesgesellschaft 51
Bertie, Sir Francis 86, 105
Bethmann Hollweg, Theobald v. 11, 16, 67—69, 72, 78, 80, 82, 86, 88, 90, 104—107, 110—113, 145—147, 150—152
Bezobrazov, A.M. 45
Bismarck, Otto v. 5, 18, 28, 70, 72f., 90, 92f., 105, 133, 144, 153, 156
Bleichröder 51
Boetticher, Karl Heinrich v. 72
Boisdeffre, Raoul François le Mouton de 92
Brentano, Lujo v. 20
Briand, Aristide 17, 25, 158, 168
Bülow, Bernhard Graf v. 15, 18, 26, 28, 51, 68—70, 73f., 78—80, 82, 84, 87, 90, 95—100, 103f., 143—145
Bund der Industriellen 165
Bund der Landwirte 15, 26, 68, 92, 163

Caillaux, Joseph 13, 25, 59, 80, 105, 151, 158

Cambon, Paul 99, 106
Capelle, Eduard v. 67, 84
Caprivi, Leo Graf v. 15, 18, 67, 69f., 72f., 91—93, 95, 113, 143
Carson, Sir Edward 66
Cassel, Sir Ernest 30, 78, 106
Castelnau, Edouard Vicomte de Curières de 149
Centralverband deutscher Industrieller 16, 165
Chamberlain, Joseph 2, 5, 15, 57, 60, 63—65, 78, 94, 97f., 139
Clemenceau, Georges 5, 13, 54, 101, 157
Combes, Emile 25
Comité des Forges 56, 161
Confédération Générale du Travail 21, 149, 168
Conrad, Joseph 146
Conrad von Hoetzendorff, Franz Frh. v. 48, 102, 109, 111f.
Crédit Lyonnais 56
Cromer, Evelyn Baring 56f., 119, 129
Cruppi, J.C.M. 143, 151
Curzon of Kedleston, George Nathaniel 5, 61, 78

Delbrück, Clemens v. 72
Delbrück, Hans 156
Delcassé, Théophile 49, 57—59, 76, 80, 83, 99—101, 136, 143, 145, 151
Déroulède, Paul 5, 149, 164
Deutsche Bank 75—80
Dilke, Charles 2
Dimitrievic, Dragutin 109

Ehrhardt 75
Einem, Karl v. 82
Engels, Friedrich 157
Engineering Employers Federation 161
Erzberger, Matthias 11, 88, 162
Etienne, Eugène 2, 5, 25, 58, 65

Faure, Felix 57
Ferry, Jules 2, 65
Frank, Ludwig 159
Franz Joseph I., Kaiser von Österreich und König v. Ungarn (1848—1916) 58, 92, 112
Friedjung, Heinrich 119, 121

Namenregister

Gambetta, Léon 158
Garvin, James Louis 142, 145
Gladstone, William Ewart 60, 165
Goremykin, Iwan Longinowitsch 50
Goschen, Sir William Edward 111
Grey, Sir Edward 64, 78, 89f., 106, 109f., 150
Gunzbourg, Baron Jacques de 30
Gwinner, Arthur v. 78

Hahn, Diederich 72
Haldane, Richard Burdon Viscount 83, 89, 106
Hamman, Otto 145
Hanotaux, Gabriel 57
Hansabund 68, 71, 144, 162, 165
Hansemann, Ferdinand v. 25
Harcourt, Lewis V. 89
Hatzfeldt, Paul v. 97
Headlam-Morley, J. 62
Heeringen, August v. 67
Henderson, Arthur 173
Heydebrand und der Lase, Ernst v. 162
Hilferding, Rudolf 121, 131
Hirsch, Wilhelm 30
Hobson, John A. 121, 123, 131, 134, 139, 145, 157
Hoetzsch, Otto 108, 145
Hohenlohe-Schillingsfürst, Clodwig Fürst zu 67f., 71, 81
Hollmann, Ferdinand v. 67
Holstein, Friedrich v. 5, 92–95, 97, 100, 104, 143
Hoyos, Alexander Graf v. 109
Hülsen-Haeseler, Dietrich v. 157

Imperial Bank of Persia 61
Isvolskij, Alexander 45, 101–103

Jagow, Gottlieb v. 78, 86, 107
Jaurès, Jean 158, 168, 173
Joffre, Joseph 52, 59, 83, 109, 153

Kardorff, Wilhelm v. 68
Kautsky, Karl 172f.
Kennemann, Hermann 25
Kiderlen-Wächter, Alfred v. 104f., 107, 143
Kitchener, Sir Herbert Horatio 57
Kokovzov, V.N. 51, 101, 112
Krüger, Paulus Stephanus 94
Krupp 75f.

Kühlmann, Richard v. 78, 90, 137
Kuhlmann 56

Laguiche, General de, frz. Militärattaché in Petersburg 109
Lamsdorff, Wladimir Nikolajewitsch 49, 98, 100
Lansdowne, Harry C. 64, 78, 98, 100
Legien, Carl 170
Lenin, Wladimir Iljitsch 29, 55, 118, 121, 131f., 134
Leo XIII., Papst (1878–1903) 164
Leroy-Beaulieu, Paul 2
Lichnowsky, Karl Max Fürst v. 90, 111
Liebknecht, Karl 172
Lloyd George, David 12, 17, 85, 89, 105, 152, 158, 165
Luxemburg, Rosa 118, 131f.
Lyautey, Louis Hubert 119
Lynch Brothers & Co. 78

Mac Donald, Ramsay 173
Mackinnon, William 119
Mann, Heinrich 18
Marchand, Jean Baptiste 57
Marschall von Bieberstein, Adolf Frh. v. 73, 77, 92, 94
Maurras, Charles 149
Mc Kinley, William 91
Méline, Jules 8, 13, 26, 91, 142, 167
Mendeleev, D.I. 91
Mendelssohn 51
Metternich, Paul Graf v. 90
Millerand, Alexandre 21, 55
Miquel, Johannes v. 11, 15, 26, 67, 71, 78, 95
Molkenbuhr, Hermann 27
Moltke, Hellmuth Graf v. 82f., 85f., 107f., 110–112
Muravev, M.N. 45, 56, 97f.

Naumann, Friedrich 134
Nelidov, A.I. 45, 56
New Liberals 146
Nicolson, Sir Arthur 101
Nikolaus II., Zar von Rußland (1894–1917) 45, 79, 97, 108, 112, 167

Obručev, Nikolei Nikolajewitsch 92f.

Paléologue, Maurice 109
Pasic, Nikolas 102, 109

Péchiney 56
Peters, Carl 119
Plehn, Hans 137
Plehwe, V.K. 48
Pobedenozev, K.P. 25
Podbielski, Viktor v. 96
Poincaré, Raymond, 26, 30, 52, 59, 83, 106, 108—110, 112, 151
Posadowsky-Wehner, Arthur Graf v. 15, 18, 70f., 96
Princip, Attentäter von Sarajewo 109

Rheinbaben, Georg v. 96
Rhodes, Cecil 56, 94
Richter, Eugen 157
Riezler, Kurt 3, 86, 146, 150
Rosebery, Archibald Philip Primrose 2, 60, 94
Rosen, Friedrich 90
Rothschilds 30, 57
Rouvier, Maurice 25, 79f., 151
Royal Dutch/Shell Gruppe 79

Salisbury, Robert-Cecil 5, 57, 97f.
Say, Léon 13
Sazanov, Sergei Dimitrijewitsch 45, 104, 108
Schlieffen(-Plan), s. Deutsches Reich/ Militär
Schneider-Creusot 76
Schulze-Gävernitz, Gerhard v. 142
Schumpeter, Joseph A. 121, 134
Seeley, Robert 2, 89
Selborne, William Waldegrave Palmer 61
Shaw, George Bernhard 146
Siebert, Bernt v. 108
Siemens, Georg v. 76
Société Générale 56
Solf, Wilhelm 90
Saint-Gobain 56
Stolypin, Peter Arkadjinowitsch 25, 46f., 50, 101

Stresemann, Gustav 142
Suchomlinow, Wladimir Alexandrowitsch 52

Thomson-Houston 56
Tiedemann, Christoph v. 25
Tirpitz, Alfred v. 5, 18, 26, 67f., 71f., 74, 80, 82, 84—87, 90, 95f., 100, 104, 106, 144f., 150
Tisza, Stephan Graf v. 109
Tschirschky und Boegendorff, Heinrich Leopold v. 109

Union Parisienne 56
Union des industries minières et métallurgiques 56

Victoria, Königin von Großbritannien (1837—1901) 63
Viviani, René 109
Vollmar, Georg v. 172
Vysnegradskij, A.I. 48

Waldeck-Rousseau, Pierre Marie 25, 55, 58
Waldersee, Alfred Graf v. 18, 91—93
Warburg, Max 30
Weber, Max 1f., 55, 155, 165
Wells, Herbert George 146
de Wendel 56
Wermuth, Adolf 80
Wilhelm II., König von Preußen u. dt. Kaiser (1888—1918) 5, 18, 50, 57, 69, 71, 74, 76—80, 82, 84f., 87, 90—94, 96, 100, 104, 106—108, 110—144
Witte, Sergei Juljewitsch 44—50, 80, 93, 96f., 100, 127
Wolff, Theodor 108, 145

Zimmermann, Arthur 86
Zuckmayer, Carl 18

Sachregister

Adria-Krise 85f.
Agadir-Krise 88, 103, 106, 152, 161
Agitationsverbände (Wehr-, Flottenverein) 25f., 28, 160–162
Agrarverhältnisse 8, 10, 46, 55, 71, 74, 96, 142f., 163, 166f.
Ägypten 60, 62f., 66, 77, 136, 150
Algeciras-Konferenz 51, 88, 101f., 105
Algerien 4, 36, 53
Arbeitskämpfe (Streiks) 7, 16–19, 22–28, 57, 168
Attentat von Sarajewo 108, 111, 150
Auslandsinvestitionen (s. Kapitalexporte) 42
Auswanderung 31, 138–140

Bagdadbahn 30, 75–80, 102–109
Balkan, -krisen (s. „Orientfrage")
Beharrungskräfte 23
Belgien 22f., 33, 89, 90, 111
– Kongo 89f.
– Neutralität 110f.
Bewegungsparteien 23
Bismarck-Zeit 67, 73
Bonapartismus 134
Bosnien-Krise 102ff.
Bosporus (Meerengen) 4, 45, 52, 79, 93f., 103, 108
Bourses du Travail 21, 166
Boxeraufstand 98
Buchlau, Treffen von 92, 102ff.
Bülow-Block 68f., 71
„Bündnis der Eliten" 11, 15, 81, 147
Bündnispolitik 102, 105, 110, 112
Burenkrieg 94–99
Bürgertum, bürgerliches Lager 16, 23, 67–73, 82, 117, 119, 128, 134, 142, 144, 148, 150, 156ff., 162, 164ff., 172
Burgfrieden 110

China 63, 67, 73, 96–98, 136f.
City of London 32, 39f., 41f., 46, 65, 99, 133, 149
Clearing-Stellen 32, 39
„Concert of Europe" 104, 115
„Copenhaguening" 85, 99f.

Dänemark 33
Deutsches Reich 1, 3–6, 8, 14–19, 23, 26, 32, 34, 41, 49, 67–90, 130, 140f., 147, 151f., 157, 161
– Arbeiterbewegung und Staatsgewalt 72, 156, 170f.
– Auslandsinvestitionen 37f., 42f., 139f.
– Außenhandel 23, 33f., 38, 80, 95f., 160
  – Vertragspartner 38
  – Rußland 6, 38, 47, 51, 91, 96f., 108
  – „Westmächte" 6, 38f.
  – und Kapitalexport 38
  – Weltmarkt 74, 90, 133
– Außenpolitik 1, 73, 153ff.
– Außenbeziehungen
  – Frankreich 28, 73, 75–79, 81, 85, 88, 91, 100, 105
    „Erbfeindschaft" 143
  – Großbritannien 73ff., 77ff., 83–89, 92–98, 144
    Bündnissondierungen 78, 97f., 144
    Verständigung mit 11, 89, 92, 105, 107, 145
  – Rußland 17, 50, 73–75, 79, 81, 85, 88, 92–99, 107, 132, 145
    „Krieg mit Rußland" 92
    Draht nach Petersburg 103f.
  – Österreich-Ungarn 4, 87, 92, 98
– Bündnispolitik 29
– Chinapolitik 67, 73, 96f.
– „Drohpolitik" 67, 81, 89, 105
– Einkreisungskomplex 83, 85, 88, 103
– Kontinentalliga 83, 93, 99
– „Macht in der Mitte Europas" 1, 153, 155
– „Mitteleuropa" 74, 90f., 133, 147
– „Politik der freien Hand" 97f., 145
– Weltpolitik 2, 5, 11, 28, 58, 67, 71, 73f., 76, 80, 84, 89f., 94–96, 142, 144, 148
– „Weltpolitik ohne Krieg" 6, 89, 137
– Wilhelmstraße/Auswärtiges Amt 58, 77, 81, 83f., 87, 92, 147
– Banken 139, 144
– Bundesrat 11, 156, 160
– Bundesstaaten 10, 72
– Demokratisierung 72, 135, 156, 159, 162
– Finanz- und Steuerpolitik 10f., 18, 70f., 72, 160
– Flottenpolitik 5, 8, 23, 67f., 74, 78, 81f., 84, 90, 94f., 104, 142, 145, 160
  – Flottenbau 11, 73f., 77, 80–83, 85, 91, 96–98, 106

- Großkampf(Schlachtschiff-)flotte 81f., 84, 87, 95
- Gefahrenzone im Flottenbau 85, 96, 145
- Risiko-Flotte 71, 74, 77, 87, 145
- Rivalität mit Großbritannien 5, 81, 86f., 104
- Flottenabkommen mit Großbritannien 81, 106
- Gewerkschaften 19−23, 170, 172
- Handel und Gewerbe 10, 71, 165
- Handelspolitik 26, 71, 95, 141f., 161
- Handelsvertragspolitik 68f., 91, 143
  - Handelsverträge 15, 70f., 91f., 96, 143
  - Rumänien 70, 143
  - Rußland 70, 91, 92, 93, 96
- Handelsrivalität mit Großbritannien 144
- Industriezweige 8, 19, 23, 38, 71f., 74, 92ff., 133, 142, 145, 149, 165
  - Wettbewerbsfähigkeit 95
  - Exportindustrien 70, 91, 165
- Innenpolitik
  - Neuer Kurs 18, 72, 91
  - Ausnahmegesetze 70f., 74
  - Wahlrechtsfrage 68, 72
  - Schulpolitik 68, 70, 163
  - Kartellfragen 38, 160
  - Sammlungspolitik (s. dort)
- Kammern 166
- Kolonialerwerb und Kolonialpolitik 67, 73, 84, 89f.
  - „Mittelafrika" 73, 89f., 105
  - Kolonialabsprachen mit Frankreich 143
  - Kolonialabsprachen mit England 89f., 104, 106, 133
- Kommandogewalt des Monarchen 12, 17, 69, 72
- Landwirtschaft 8, 74, 166f.
- Militär
  - Deckungsfrage 11, 24, 69
  - Flottenvorlagen 26, 70, 80, 84f., 106
  - Friedenspräsenzstärke 11, 82, 93
  - Generalstab 28, 85−89, 111, 150
  - Heeresverstärkung 81, 92
  - Heeresvorlagen 11, 18, 26, 28, 70, 72, 80, 82, 89, 92f., 106
  - Kriegsministerium 82, 83
  - Militärkabinett 157
  - Präventivkriegsidee, -pläne 5, 85f., 100, 111, 147, 151
  - Verhältnis Flotten-: Heeresstärke 11, 18, 81, 86, 103, 105f., 150
  - Stellung des Militärs im Herrschaftsgefüge 17, 81, 89, 156
- Parlamentarisierung 69f., 135, 156, 159
- Parteiengefüge 67, 69, 161f.
  - Agrarkonservative 8, 10, 26, 92, 165
  - Konservative 14, 20, 24, 67, 70f., 92, 159, 161−163
  - Liberale 68−71
  - Linksliberale, Fortschrittspartei 11, 15f., 18, 24, 68, 156, 159, 161f., 163
  - Nationalliberale 10f., 15, 70f., 159, 161−164
  - SPD 11, 15f., 20, 22ff., 27, 29, 68, 70, 72, 107, 110, 134, 151, 156ff., 159, 163f., 168, 170−173
  - Zentrum 10f., 15, 18, 24, 68, 70f., 156, 159, 161−164
- Reichsfinanzreform 8, 11f., 68f., 71
- Reichskanzler, Reichsleitung 11, 18, 20, 29, 68f., 70−73, 76f., 81f., 86f., 88f., 90, 94, 96, 98, 104, 106f., 110f., 147, 150f., 159ff.
- Reichstag 11, 70, 159−61, 163, 172f.
- Reichstagsauflösung 12, 18, 68, 86, 93
  - mehrheiten 11, 17, 20, 71f., 159
  - wahlrecht 69f.
  - Mißtrauensvotum 17
- Reformbestrebungen 72, 134, 151, 160
- Reform(un)fähigkeit 68, 156, 158, 162
- Waffenexporte 75
- Zollpolitik 15, 38, 68, 70, 160f.
  - Agrarschutz 15, 71, 91f., 95, 133, 156
  - Bülow-Tarif 15, 71, 141, 161

„Deutscher Sonderweg" 124, 155, 162
Dollarimperialismus 75, 137
Dominions 39, 59−65, 91, 123, 129f., 139f., 142
Doppelwährung 42
Dreibund 4, 59, 92f., 102
Dreiklassenwahlrecht 69, 163
Dreyfus-Affäre 25, 57, 149, 158, 164
„Drohpolitik" 67, 81, 89, 105

Einfuhrscheinsystem 70, 163
Elsaß-Lothringen 17, 54, 57f., 159
Emanzipation 157, 170
Ententen 58, 63f., 78, 84, 86, 88, 100, 104, 108, 150f.
Erster Weltkrieg, Ursachen 3f., 29, 111

Euphrat 79
Europäischer Bürgerkrieg 120, 152
Europäisches Gleichgewicht 4, 6, 58, 63, 90, 92, 115, 118, 120, 123, 144, 152
Europäisches Staatensystem 1, 3, 9, 90, 116f., 120, 127, 136, 148, 152, 158

Faschoda-Krise 49, 56−58, 63, 97
Finanzimperialismus 45, 126, 136−138
Finanzzentren 32, 39−42
Fischer-Kontroverse 147
Frankreich 2, 5f., 8f., 13f., 16f., 23, 33, 49, 53−59, 75, 78f., 81, 90, 92−94, 98, 104, 106, 135−137, 141, 145, 147, 149, 151−153, 157f., 161f., 164, 167f., 173
− Außenhandel 33, 36, 140
− Außenpolitik 5, 49, 53, 57, 100
  − Großbritannien 56−58, 100
  − Deutschland 56, 58, 100, 126
  − Rußland 4, 48, 52, 56ff., 93, 106, 143, 151
  − Quai d'Orsay 53, 105, 151
− Banken 55f., 78, 90, 126, 139
− Gewerkschaften 21, 149, 168
− Industriestruktur 54, 56, 139
− als Kapitalmacht 4, 36, 40, 49, 55, 58, 97, 126, 139f.
− Kolonialreich 53, 100, 104, 126, 151
− Militär 14, 17, 28
  − Militärdienst 14, 59, 153, 167
  − Generalstab 28, 83, 86, 153
  − Aufmarschplan XVII 59, 83, 85
− Parteiengefüge 165
  − Alliance Republicaine Democratique 158
  − Radikalsozialisten 13, 24, 53, 148f., 158
  − SFIO 24, 27, 149, 158, 168, 173
− Protektionismus 13f., 36, 91, 93
− Radikalisierung der Rechten 24−26
− Rentiers 55, 139
− „reveil national" 25, 135, 145
− Regierungssystem 13f., 88, 151
− Steuerpolitik 13f., 25, 59
− Trennung von Staat und Kirche 25, 164
− Zollpolitik 14, 55, 141f.

Freihandel (s. auch Großbritannien) 6, 15, 32, 122, 142
Friedensbewegungen 146
„Friedenspartei" 90, 151
Friedensschlüsse

− Portsmouth 50
− Shimonoseki 93

Galizien 88, 92, 113
Geheimverträge 4, 88, 94, 103
„Gelbe Gefahr" 93
Generalstäbe 28f., 49, 52, 83, 85−89, 109−112, 150, 153
Geographische Gesellschaften 146
Germanisierungspolitik 119, 161
Gesellschaft für Soziale Reform 9, 16
Gewerkschaften 2, 7, 9
− Verhältnis zu sozialistischen Parteien 7, 21
− Wahlrechtsdemonstrationen 22f., 27
− Deutsches Reich 19−23, 170, 172
− Frankreich 21, 149, 168
− Großbritannien 15, 20ff., 158, 169
Goldstandard 6, 41f., 138f.
Großbritannien 2−8, 12, 15, 17, 19, 23, 26, 32f., 37, 54, 57, 59−66, 73, 75, 77, 79, 84, 86, 89f., 93, 96, 98−101, 105, 137f., 141, 148f., 151f., 157f., 161f., 165, 167f., 173
− Außenhandelsstruktur 39, 61
− Außenpolitik 6, 62, 99
  − Deutsches Reich 5, 12, 59, 62−64, 84, 94f., 97, 103f., 106
  − Frankreich 59, 64, 86, 94, 104
  − Rußland 48, 59, 62f., 86, 89, 100f., 108, 145
    Konflikte mit Rußland 3, 46, 49f., 57, 62f., 73, 77, 84, 97, 99, 145
  − Japan 59, 63, 64, 84, 99, 100
  − U.S.A. 59, 62, 64
  − Foreign Office 61−63, 86, 108, 110, 151
  − Strategische Stützpunkte 59, 62f.
− British Expeditionary Force 12, 58, 83, 104
− Budget- und Verfassungskonflikt 8, 12, 66, 149
− Colonial Conferences 63
− „continental commitment" 99
− Empire
  − Ägypten 60, 62f., 66, 150
  − Dominions (s. dort)
  − Indien (s. dort)
  − Kolonien 60, 94
− Ententen (s. dort)
− Finanz- und Steuerpolitik 8, 12, 136, 158
− Flotte (Royal Navy) 61, 63, 84, 87, 123

- Dreadnoughtbau 84, 86, 103, 106
- Fernblockade 87, 106
- Two-Power-Standard 62, 85
- Gewerkschaften 15, 20f., 158, 169
  - „closed shop" 21f.
  - Caxton Hall Konkordat 21
  - Trades Union Congress 20f.
- Handelspolitik 6, 60, 139
  - Freihandel 7, 15, 32, 39, 59, 65f., 123, 135f., 142, 149
  - „Tariff Reform" 12, 15, 26, 63, 65f., 78, 136, 141f.
  - Importe 33f., 139
  - Exporte 33, 64
  - „invisible exports" 65
  - Handelshäuser 60f., 140
- Imperiale Conferences 60
- Imperial Federation 60, 63
- Imperial Preference 63, 65
- Imperiale Verteidigungsgemeinschaft 60
- Imperial Zollverein 60, 62, 143
- Industriestruktur 34, 38f., 61, 65f., 140, 169
- Irlandfrage 25f., 66, 119
- als Kapitalmacht 32, 39f., 65, 99, 133, 149
  - Kapitalexporte 7, 39ff., 45, 69, 139
  - „invisible incomes" 39, 61
- Parteiengefüge 158, 170
  - Konservative und Unionisten 15, 60, 62, 65f., 110, 136, 149, 151, 158, 168
  - Labour Party, und Independent Labour Party 15, 20, 22, 26, 158, 173
  - Liberale 12, 15, 24, 26, 60, 62, 66, 88, 136, 142, 158, 165, 168
- Parlamentsreform 12, 26
- Pax Britannica 123
- Regierung (Liberale) 12, 15, 20, 101, 110, 149, 151, 158

Großraumwirtschaft 123
Gutsbesitzer („landed elites", Junkertum) 8, 10, 12, 14, 25, 46, 92, 156ff., 166, 167

Haldane-Mission 106
Handelsflotte 35, 75
Handelsimperialismus 3, 129, 144
Helgoland-Sansibar-Vertrag 5

Imperialismus 1–5, 38, 114, 117–126, 129–131
Indien 59, 61f., 64, 66, 84
Industrialisierung 44, 47, 54, 133, 135, 170

Industriegesellschaft 116
„Industriestaat" 2, 8, 67, 95f.
Internationale Arbeitsteilung 32, 42, 110, 138
Internationale Kooperation 3, 128
Internationalismus 9, 88
Italien 4, 81, 94, 102f., 107, 139, 141
Jameson-Raid 94
Japan 1, 6, 32, 64, 89, 93, 97, 100, 145
- Krieg mit Rußland 18, 45, 47, 49–52, 87, 96–100
„Je eher, desto besser"-Devise 82
Jingoismus 131, 161
Julikrise 28f., 82, 86, 88, 101, 108–113, 147, 150f.
Jungtürken 79, 102

„kalkuliertes Kriegsrisiko" 86, 110, 150
Kanada 31, 34, 63, 138, 140
Kap-Kairo-Projekt 56, 58
Kapitalexporte 2, 7, 36, 39ff., 42, 49, 55, 58, 69, 122, 126, 129, 139f.
Kapitalismus 117, 131f., 154ff.
Kartelle, Syndikate, Trusts 154
Kiautschau 33, 96f.
Kolonien 1, 53, 60, 67, 73, 84, 90, 94, 100, 104f., 115, 118, 126, 131, 151
Konferenzdiplomatie 88, 100, 103, 109, 152
Konjunkturen 7f., 15, 19, 41, 48, 77, 101, 122f., 138
Konservatismus 69, 120
Kontinentalliga 83, 93, 99
Kontinuitätsproblem 147, 150
Korea 50
„Kriegsrat" (8.12.1912) 82, 107, 150
Kriegsschuld 111, 147f., 150
Kulturpolitik, auswärtige 146
Kuweit 78

Landflucht 8, 10
Latein(Süd)amerika 30f., 35, 136, 140
„Lex Huene" 71, 93
Liberalismus 12, 120, 125, 157
Liberale Imperialisten 89f., 133f., 137
Liman-von-Sanders-Krise 52, 108
Libyen 4

Madyarisierungspolitik 25
Mahdi-Aufstand 57
Marokko-Krisen 4, 51, 73, 103, 133
- Erste (1905) 30, 58, 80, 82, 151

– Zweite (1911) 27, 30, 58f., 73, 80, 104f., 133, 151
Massenstreikdebatte 23, 27, 172
Meistbegünstigung 31, 91
„merchant bankers" 40
Militär 7, 28f., 113, 150f., 154, 156f.
– als Ordnungsfaktor 17, 19, 47f., 54, 150f., 153, 156f., 170
– Feindbilder der Militärs 29
– und Bündnispolitik 29, 81, 108, 151f.
– Strategien 4, 6, 28, 59, 81, 83, 86, 143, 152–154, 157
Militarismus 105, 109, 132, 152ff., 157, 165, 172
„Mittelafrika" 73, 89f., 105
„Mitteleuropa" 74, 90f., 133, 147
Mittelklassen 2, 8f., 20, 74, 125, 166
Mittelmeerabkommen 94
Mittelparteien 2, 11f., 26f., 68, 159–161
– Mitte-Linke, Linksblock 14, 21, 24, 54, 71, 134, 136, 157f., 163
– Mitte-Rechte 24, 27, 62, 136, 142, 150
Mobilmachungszeit 59
Modernisierung 117f., 124
Monarchentreffen
– Björkö 99
– Potsdam 79, 104f.
– Reval 102f., 104
– Swinemünde 79
Mürzsteger Punktation 95

Nationalismus 2, 4, 9, 23ff., 28, 46, 118, 135, 145, 157
National-Imperialismus 24, 114, 118, 127
Nationalstaat 2, 9, 29f., 117, 120, 152
Neuer Kurs 18, 72, 91
Niederlande 33, 111
Nord-Ostsee-Kanal 82
Nord-Süd-Gefälle, -konflikt 3, 116, 138

Offensivkrieg 74, 81
„Open door" 95, 123f.
Opportunisten 158
„Orientfrage" (Naher Osten, Balkan) 3, 45f., 52, 77f., 81, 88, 90, 102–104, 107–109, 137, 143
Österreich-Ungarn 4, 6, 22f., 52, 58, 88, 91, 93f., 96, 102, 109, 112, 147, 150, 152
– Balkanpolitik 88, 92, 102, 113
– Deutschland 41, 43, 92, 95f., 102
– Rußland 3, 52f., 94, 98, 101
– Militärstrategie 109

Panamakanal 64
Pamir-Krise 94
Panslawismus 45, 107
Parteien (s. einzelne Länder)
„People's Budget" 8, 12
Persien 63, 77f., 136f.
„Politik des politischen Systems" 124f.
Populismus 135
Port Arthur 93
Portugal (Kolonien) 89f., 97
Präfaschismus 134, 148
Preußen 10f., 69f., 156, 163, 167
Preußen-Deutschland 153, 165
Preußische Seehandlung 78
Preußisches Staatsministerium 11, 20, 69, 92, 156
Primat der Außenpolitik 153, 155
Protektionismus 6f., 13f., 31, 36, 42, 59, 91, 93, 123, 141f.

Rechte, Radikalisierung der Rechten 24ff., 29, 66, 68, 90, 105, 119, 134f., 148, 150, 158, 163f.
Rentier 55, 139
Rohstoffe 32, 42, 133, 141
Rußland 5f., 8, 17, 32, 35, 44–53, 59, 64, 75, 79, 81, 86, 90–92, 94, 96–98, 100–103, 107f., 112, 135f., 141f., 148, 151f., 167
– Außenbeziehungen
  – Konflikte mit England 3, 45f., 49f., 57, 59, 62f., 73, 77, 79, 84, 97, 99f.
  – Zusammenwirken mit England 48, 52, 97, 101, 103f.,
  – Japan 18, 45, 47, 49–52, 96, 99ff.
  – Deutschland (s. dort)
  – Türkei 49f., 52f., 79, 101
  – Balkan 45f., 52, 102f., 107, 127
  – Meerengenfrage 4, 45, 52, 79
  – Persien 44f., 49, 52, 59, 63, 79, 101
  – China 44–48, 50, 63, 79, 82, 94f., 97f.
  – Österreich-Ungarn (s. dort)
– Exporte (insbes. Getreide-) 47, 51, 91, 108
– Frankreich
  – Bündnis 4, 48, 51, 86, 92f., 103, 106, 110
  – Militärpakt 4, 49, 52, 85, 89, 93, 98
  – Kapitalmarkt 51, 96, 99, 108, 143
– Marinekonvention, Flottenbesuche 89, 92, 93, 106, 108

- Marinekonvention mit England 89, 108
- Imperialismus
  - „geborgter Imperialismus" 44
  - Abhängigkeit vom britischen Kapitalmarkt 99
  - Abhängigkeit vom französischen Kapitalmarkt 51, 96, 99, 108, 143
  - Eisenbahnimperialismus 46–48, 51 strategischer Eisenbahnbau 47 ff., 51 f., 62, 85 f.
    Transsibirische Eisenbahn 46, 48
- Industrialisierung 44, 47, 54
- Innenpolitische Verhältnisse und Krisen 9, 47 ff., 50, 52, 74, 99
  - Duma 47, 50
  - „Mir" 46
- Revolution 1905 9, 48 f., 52, 99, 168
- Rüstungsindustrie 47, 51
- Rüstungsprogramme 28, 50, 53, 57, 85 f., 92, 103, 127

Russisch-Chinesische Bank 45, 48
Russifizierungspolitik 25, 119
Rüstungsnationalismus 135, 142, 153, 161
Rüstungspolitik 150

Sammlungsbewegungen, Sammlungspolitik 26, 67, 69, 71, 74, 95, 124, 145, 155, 159
Samoa-Krise 73, 80
Schwarz-Blauer Block 142
Schweiz 33
Schwerindustrie 41, 137, 142
Schweden 22 f.
Selbstverwaltung, lokale 49, 167
Semstwo („Landschaft") 49, 167
Serbien 52, 102 f., 107, 109 f., 150
Siam-Krise 94
Solidarprotektionismus 13
Soziale Konflikte
- Deutschland 16, 18 ff., 24, 27, 74, 170 f.
- Frankreich 16 f., 54, 57, 168
- Großbritannien 17, 19 f., 22, 28, 149, 169
Sozialimperialismus 28, 74, 95, 120, 123 f., 132–134, 153
Sozialismus 120, 173
Sozialistische Internationale 27 f., 132, 168 f., 172 f.
Sozialpolitik
- Deutschland 16, 19, 69–72, 74, 170
- Frankreich 168
- Großbritannien 12, 15, 27, 65, 169

Spanien 167
Spanisch-amerikanischer Krieg 73
„Splendid Isolation" 6, 99
Staatsinterventionismus 8 ff., 155, 158, 166 f.
„Staple goods industries" 34, 38 f., 61, 65 f., 140, 169
Staatsstreichdrohungen 50, 67, 74, 91
Steuerstaat 12
Streiks (s. Arbeitskämpfe)
Südafrika 94, 97
Syndikalismus 17, 20 f., 168
„System Delcassé" 5, 49, 57, 100

Taff Vale Case 20, 169
„terms of trade" 138 f., 141
Teuerungskrisen 10, 15, 68, 142
Tigris 76, 79
Tirpitz-Plan (s. Deutschland, Flotte) 81 f., 145
Trades Dispute Act 20
Transvaal 94
„Triple Alliance" 22
Türkei (Osmanisches Reich) 63, 75–80, 95, 102, 107, 136 f.
Tunesien 4, 53
„turbulent frontier" 122, 128
Turkestan 77
„Two-Power-Standard" 62, 85

Venezuela-Krise 61
Verbände (pressure groups) 2, 160 ff.
- Frankreich 54, 56, 161, 166
- Deutschland 25, 142, 160–166, 170
Vereinigte Staaten von Amerika 1, 6, 31 ff., 37 ff., 41, 47, 64, 89, 90, 130, 135, 137, 139–142, 145

Wahlrechtsdemonstrationen 22 f., 27, 172
„Weg nach Indien" 4, 46, 61, 63, 78, 94
Welthandel 6, 31–33, 101, 138 ff., 146
Weltmarkt 33, 35, 90, 124
„Weltpolitik ohne Krieg" 6, 89, 137
Weltwährungssystem 6, 30, 41 f., 46, 119, 128 f., 131, 136–138
Weltwirtschaft 1 ff., 5 ff., 37, 115, 120, 126 f., 129, 138
„Werkstatt der Welt" 38, 65, 142
Wettrüsten 11, 26–28, 62, 65, 84 f., 101
Wohlfahrtsstaatsdenken 12

Yangtse-Vertrag 64, 97 f.

Zabern-Krise 17, 156
Zahlungsbilanzen 43, 139
Zentralbanken 42

Zoll- und Handelskriege 7, 31, 92f., 96
Zweifrontenkrieg 85

Das 19. Jahrhundert

Reformen im rheinbündischen Deutschland
Herausgegeben von Eberhard Weis unter Mitarbeit von Elisabeth Müller-Luckner
1984. XVI, 310 Seiten, ca. DM 78,-
ISBN 3-486-51671-X
Schriften des Historischen Kollegs, Band 4
Mit Beiträgen von:
Jean Tulard, Alfred Kube, Michael Müller, Dietmar Stutzer, Christof Dipper, Roger Dufraisse, Hans-Peter Ullmann, Pankraz Fried, Wolfgang von Hippel, Karl Möckl, Wilhelm Volkert, Bernd Wunder, Christian Probst, Walter Demel, Werner K. Blessing, Elisabeth Fehrenbach, Helmut Berding und Rudolf Vierhaus.

Regine Quack-Eustathiades
Der deutsche Philhellenismus während des griechischen Freiheitskampfes 1821 - 1827
1984. 285 Seiten, DM 98,-
ISBN 3-486-52031-8
Südosteuropäische Arbeiten, Band 79

Gregor Schöllgen
Imperialismus und Gleichgewicht
Deutschland, England und die orientalische Frage 1871 - 1914
1984. XIV, 501 Seiten, DM 120,-
ISBN 3-486-52001-6

Dieter Düding
Organisierter gesellschaftlicher Nationalismus in Deutschland (1808 - 1847)
1984. Ca. 336 Seiten, ca. DM 98,-
ISBN 3-486-51631-0
Studien zur Geschichte des neunzehnten Jahrhunderts, Band 13

Lothar Gall
Europa auf dem Weg in die Moderne 1850 - 1890
1984. 268 Seiten, geb. DM 64,-
ISBN 3-486-48891-0
brosch. DM 32,-
ISBN 3-486-49771-5
Oldenbourg Grundriß der Geschichte, Band 14

Historische Zeitschrift, Beiheft 9:
Vereinswesen und bürgerliche Gesellschaft in Deutschland
Herausgegeben von Otto Dann
1984. Ca. 180 Seiten, ca. DM 48,-
(für Bezieher der HZ ca. DM 38,-)
ISBN 3-486-52081-4
Mit Beiträgen von:
Wolfgang Hardtwig, Dieter Langewiesche, Klaus Tenfelde, Alfons Hueber, Albrecht Lehmann und Hans-Jörg Siewert.

Oldenbourg

Historisches Kolleg

Schriften des Historischen Kollegs

In erstaunlich kurzer Zeit ist das Historische Kolleg nicht nur in München heimisch, sondern auch ein Begriff für die deutsche und internationale Wissenschaft geworden. In einer Zeit, in der die Hochschulen unter der Last überhöhter Studentenzahlen leiden und nicht nur dadurch ihr Forschungsauftrag in Frage gestellt wird, ist der Ruf nach Stätten ungestörter Forschung immer lauter geworden. Sie sollen dem Bedürfnis nach konzentriertem Nachdenken und kontinuierlicher Quellenarbeit dienen, dürfen aber nicht dem Rückzug in eine allzu große Isolierung, in den vielberufenen Elfenbeinturm der Wissenschaft Vorschub leisten. Die Stiftung Historisches Kolleg sieht daher, den sie leitenden Förderungsintentionen gemäß, wohl die große Entlastung ihrer Stipendiaten von den Lehr- und Verwaltungsverpflichtungen an den Universitäten vor, verpflichtet sie aber, sich der Öffentlichkeit mit einem Vortrag zu stellen, der in freier Wahl ein Thema aus ihrem Forschungsprojekt behandeln soll, und, was vielleicht noch von größerer wissenschaftlicher Auswirkung ist, in einem Symposium den Kontakt und die Aussprache mit allen denjenigen zu suchen, die mit ihren eigenen Arbeiten in der Nähe dieses Projekts tätig sind.

Band 1: Das römisch-deutsche Reich im politischen System Karls V.
Hrsg. Heinrich Lutz
1982. XII, 288 Seiten, DM 78,–
ISBN 3-486-51371-0
Beiträge von: H. Angermeier, M. Csáky, J.M. Headley, H. Kellenbenz, H.G. Koenigsberger, A. Kohler, A. Luttenberger, V. Press, H. Rabe, H. Weber

Band 2: Innenpolitische Probleme des Bismarck-Reiches
Hrsg. Otto Pflanze
1983. XII, 304 Seiten, DM 78,–
ISBN 3-486-51481-4
Beiträge von: K. Bade, W. Becker, D. Blackbourn, W. Conze, E. Engelberg, W.P. Fuchs, W.J. Mommsen, W. Pöls, K.E. Pollmann, J. Sheehan, M. Stürmer

Band 3: Gastfreundschaft, Taverne und Gasthaus im Mittelalter
Hrsg. Hans Conrad Peyer
1983. XIV, 275 Seiten, DM 78,–
ISBN 3-486-51661-2
Beiträge von: J. Chartres, N. Coulet, F. Glaser, O. Hiltbrunner, J.A. van Houtte, H. Hundsbichler, H. Kellenbenz, W.H. Kerntke, I. Rabecka-Brykszyńska, L. Schmugge, Th. Schuler, K. Schulz, Th. Szabo

Band 4: Reformen im rheinbündischen Deutschland
Hrsg. Eberhard Weis
1984. XVI, 310 Seiten, DM 78,–
ISBN 3-486-51671-X
Beiträge von: H Berding, W.K. Blessing, W. Demel, Ch. Dipper, R. Dufraisse, E. Fehrenbach, P. Fried, W.v. Hippel, A. Kube, K. Möckl, M. Müller, Ch. Probst, D. Stutzer, J. Tulard, H.-P. Ullmann, R. Vierhaus, W. Volkert, B. Wunder

Band 5: Säkulare Aspekte in der Reformationszeit
Hrsg. Heinz Angermeier
1983. XI, 278 Seiten, DM 78,–
ISBN 3-486-51841-0
Beiträge von: H. Angermeier, B. Diestelkamp, W. Heinemeyer, E. Meuthen, P. Schmid, W. Schulze, W. Sellert, P. Stadler

R. Oldenbourg Verlag
Rosenheimer Straße 145
8000 München 80

Oldenbourg

Geschichtswissenschaft

Herta Nagl-Docekal
Die Objektivität der Geschichtswissenschaft
Systematische Untersuchungen zum wissenschaftlichen Status der Historie
1982. 280 Seiten, DM 52,– ISBN 3-486-51251-X
Überlieferung und Aufgabe, Band 22

Dieter Ruloff
Geschichtsforschung und Sozialwissenschaft
Eine vergleichende Untersuchung erkenntnistheoretischer und wissenschaftslogischer Ansätze
1984. X, 467 Seiten, DM 98,– ISBN 3-486-51621-3
Forschungsergebnisse bei Oldenbourg

Biographie und Geschichtswissenschaft
Aufsätze zur Theorie und Praxis biographischer Arbeit
Herausgegeben von Grete Klingenstein, Heinrich Lutz und Gerald Stourzh
1980. 268 Seiten, DM 54,– ISBN 3-486-42351-7
Wiener Beiträge zur Geschichte der Neuzeit, Band 6

Hans Hecker
Russische Universalgeschichtsschreibung
Von den „Vierziger Jahren" des 19. Jahrhunderts bis zur sowjetischen „Weltgeschichte" (1955 - 1965)
1983. XV, 376 Seiten, DM 98,– ISBN 3-486-51121-1
Studien zur modernen Geschichte, Band 29

Erich Zöllner
Probleme und Aufgaben der österreichischen Geschichtsforschung
Ausgewählte Aufsätze
Herausgegeben von Heide Dienst und Gernot Heiß
1984. 458 Seiten, DM 88,– ISBN 3-486-51951-4

Oldenbourg